**2026 COMPACT
공기업 전공필기**

기·출·적·중
경제학

끝까지 책임진다! 시대에듀!
QR코드를 통해 도서 출간 이후 발견된 오류나 개정법령, 변경된 시험 정보, 최신기출문제, 도서 업데이트 자료 등이 있는지 확인해 보세요! **시대에듀 합격 스마트 앱**을 통해서도 알려 드리고 있으니 구글 플레이나 앱 스토어에서 다운받아 사용하세요.
또한, 파본 도서인 경우에는 구입하신 곳에서 교환해 드립니다.

편집진행 김준일 · 이경민 · 오다움 | **표지디자인** 김경모 | **본문디자인** 하한우 · 양혜련

2026 COMPACT 공기업 전공필기

기·출·적·중
경제학

Always with you

사람의 인연은 길에서 우연하게 만나거나 함께 살아가는 것만을 의미하지는 않습니다.
책을 펴내는 출판사와 그 책을 읽는 독자의 만남도 소중한 인연입니다.
시대에듀는 항상 독자의 마음을 헤아리기 위해 노력하고 있습니다. 늘 독자와 함께하겠습니다.

자격증 • 공무원 • 금융/보험 • 면허증 • 언어/외국어 • 검정고시/독학사 • 기업체/취업
이 시대의 모든 합격! 시대에듀에서 합격하세요!
www.youtube.com → 시대에듀 → 구독

PREFACE

머리말

공기업 전공필기 경제학 시험의 최적 대비서

경제학은 자원이 제한된 상황에서 사람들이 어떻게 행동하는지 관찰하고, 합리적 의사결정에 대해 연구하는 학문입니다. 따라서 경제학은 인류가 현시대를 살아가고 새로운 사회를 구축하는 데 필수적으로 동반되는 학문이라고 볼 수 있습니다. 이렇게 매력적인 학문인 경제학을 선택하여 시험을 준비하는 수험생 여러분을 만나게 되어 기쁩니다.

앞으로 공부하면서 알게 될 내용이지만, 경제학에서 중요하게 여기는 두 가지가 있습니다. 바로 '효율성'과 '공평성'입니다. 경제학을 공부하는 수험생분들을 위해 본서 또한 수험생분들이 어떻게 하면 경제학을 '효율적'으로, 적절한 시간을 '공평히' 배분하며 공부할 수 있을지 고민하였습니다. 여러분은 이 고민의 흔적을 책의 곳곳에서 직접 느낄 수 있을 것이라 생각합니다.

이 책의 특징은 다음과 같습니다.

- **첫 째** 최신복원문제와 기출 키워드 및 중요도를 통해 최신 시험의 출제 방향성을 파악함으로써 스스로에게 유리한 학습방향을 찾도록 하였습니다.
- **둘 째** 경제학 이론을 탄탄하고 꼼꼼하게 정리하여 확실한 기본기를 다질 수 있게 하였습니다.
- **셋 째** 기본이론뿐만 아니라 변별력을 위해 종종 출제되지만 놓치기 쉬운 세부이론을 추가하여 경쟁력을 강화할 수 있도록 하였습니다.
- **넷 째** 2020년부터 2024년까지 최근 5개년간 출제된 기출을 분석하여 실전과 유사하게 문제를 구성하였습니다.
- **다섯째** 직접 시간을 측정하며 풀 수 있는 하프모의고사로 수험생 여러분들이 실전감각을 익힐 수 있도록 하였습니다.

이렇듯 탄탄한 기본이론들과 틈틈이 채워진 세부이론을 통해 더욱 효율적으로 학습할 수 있으며, 방대하지 않은 양질의 기출분석문제와 하프모의고사를 풀며 수험생 여러분들의 소중한 시간을 적절히 사용할 수 있을 것입니다.

수험생 여러분들이 이 책을 온몸으로 소화하여 공기업 합격의 문을 활짝 열기를 진심으로 기원합니다.

시대전공필기연구소 일동

이 책의 구성

1 최신복원문제와 기출 키워드

- 이론을 학습하기에 앞서 최신복원문제를 통해 기출의 방향성을 먼저 파악하여 이론 습득에 흥미를 느낄 수 있도록 하였습니다.
- 출제빈도가 잦은 기출 키워드를 정리하여, 이론을 공부하기 전 중점적으로 봐야 할 중심주제를 먼저 확인할 수 있게 하였습니다.

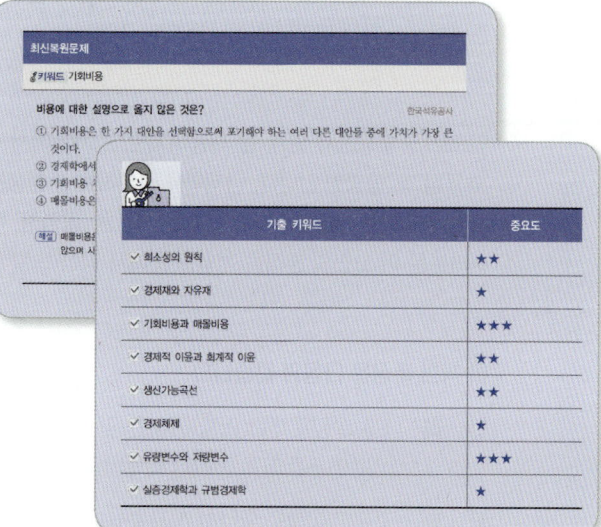

2 탄탄한 기본이론

- 경제학 이론을 완벽하게 정리하여 기본기를 탄탄하게 다질 수 있게 하였습니다.
- 심화이론들을 이해하기 용이하게 정리하여 간편하게 학습할 수 있도록 하였습니다.

3 개념더하기와 개념체크 OX

- 개념더하기를 통해 놓치기 쉬운 세부이론들을 확인하여 경쟁력을 강화할 수 있도록 하였습니다.
- 개념체크 OX를 통해 중요이론을 철저히 복습할 수 있게 하였습니다.

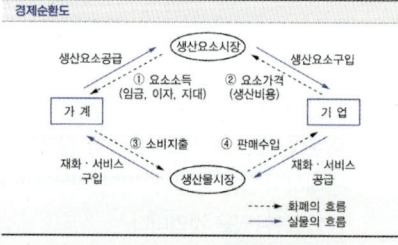

개념체크OX
- 규모의 경제가 있을 때 자연독점이 발생할 수 있다. O X
- 자연독점이 발생했을 때 생산량이 증가하면 한계비용은 반드시 하락한다. O X

O, X

개념더하기

세이의 법칙
- 재화의 공급은 수요를 창출한다. 따라서 각 시장에서 생산물 및 생산요소에 대한 초과공급이 발생하지 않는다.
- 세이의 법칙은 화폐를 고려하지 않으나 왈라스의 법칙에서는 화폐를 하나의 재화로 간주한다.

4 기출분석문제

- 최근 5개년 동안 출제된 문제들의 유형을 복원하여 실전과 같은 문제를 풀 수 있도록 하였습니다.
- 출제가 잦은 기출 키워드들을 반영해 문제를 구성하여 효율적으로 문제풀이를 연습할 수 있도록 하였습니다.
- 해당 문제 유형이나 키워드가 출제되었던 기관명을 기재하여 각 기관이 선호하는 출제 경향을 파악할 수 있도록 하였습니다.

5 하프모의고사

- 직접 시간을 재며 풀 수 있는 모의고사를 통해 실전감각을 익힐 수 있도록 하였습니다.
- 다양한 유형의 문제를 통해 이론에 대한 이해도를 스스로 점검할 수 있도록 하였습니다.

공공기관의 의미

공공기관이란 정부의 투자·출자 또는 정부의 재정지원 등으로 설립·운영되는 기관으로서 일정 요건에 해당하여 기획재정부장관이 매년 지정한 기관을 의미합니다.

공공기관의 운영에 관한 법률(제4조)

공공기관의 현황

- **2025년 공공기관 지정 331개**
  - **공기업 31개**: 직원정원이 300명, 총 수입액 200억 원, 자산규모가 30억원 이상이면서, 총 수입액 중 자체 수입액이 차지하는 비중이 50% 이상인 공공기관
    - **시장형 14개**: 자산규모가 2조원 이상이고, 총 수입액 중 자체 수입액이 85% 이상인 공기업(한국전력공사, 한국가스공사 등)
    - **준시장형 17개**: 시장형 공기업이 아닌 공기업(한국조폐공사, 한국방송광고진흥공사 등)
  - **준정부기관 57개**: 직원정원이 300명, 총 수입액이 200억 원, 자산규모가 30억원 이상이면서, 총 수입액 중 자체 수입액이 차지하는 비중이 50% 미만인 공공기관
    - **기금관리형 12개**: 국가재정법에 따라 기금을 관리하거나, 기금의 관리를 위탁받은 준정부기관(국민체육진흥공단, 근로복지공단 등)
    - **위탁집행형 45개**: 기금관리형 준정부기관이 아닌 준정부기관(한국국제협력단, 한국장학재단 등)
  - **기타공공기관 243개**: 공기업, 준정부기관이 아닌 공공기관

이 책의 차례

PART 1 | 미시경제학

핵심이론 + 기출분석문제

- CHAPTER 01 경제학의 기초 · · · · · · · · · 002
- CHAPTER 02 수요와 공급 · · · · · · · · · 016
- CHAPTER 03 소비자이론 · · · · · · · · · 038
- CHAPTER 04 생산자이론 · · · · · · · · · 066
- CHAPTER 05 시장이론 · · · · · · · · · 092
- CHAPTER 06 생산요소시장과 소득분배이론 · · · · · · · · · 124
- CHAPTER 07 시장과 효율성 · · · · · · · · · 144
- CHAPTER 08 공공경제이론 · · · · · · · · · 158

PART 1 미시경제학 심화문제 · · · · · · · · · 172

PART 2 | 거시경제학

핵심이론 + 기출분석문제

- CHAPTER 01 거시경제학의 기초 · · · · · · · · · 182
- CHAPTER 02 국민소득결정이론 · · · · · · · · · 194
- CHAPTER 03 소비함수와 투자함수 · · · · · · · · · 208
- CHAPTER 04 화폐금융론 · · · · · · · · · 224
- CHAPTER 05 총수요와 총공급이론 · · · · · · · · · 242
- CHAPTER 06 거시경제 안정화 정책 · · · · · · · · · 262
- CHAPTER 07 인플레이션과 실업 · · · · · · · · · 278
- CHAPTER 08 동태경제이론 · · · · · · · · · 294

PART 2 거시경제학 심화문제 · · · · · · · · · 315

이 책의 차례

PART 3 국제경제학

핵심이론 + 기출분석문제

CHAPTER 01 국제무역이론 ················ 324
CHAPTER 02 환율이론 ················ 342
CHAPTER 03 국제수지론 ················ 352

PART 3 국제경제학 심화문제 ················ 366

하프모의고사

제1회 하프모의고사 ················ 370
제2회 하프모의고사 ················ 374
제3회 하프모의고사 ················ 379
제4회 하프모의고사 ················ 383
정답 및 해설 ················ 387

공기업 전공필기 경제학

PART 1
미시경제학

Chapter 01	경제학의 기초
Chapter 02	수요와 공급
Chapter 03	소비자이론
Chapter 04	생산자이론
Chapter 05	시장이론
Chapter 06	생산요소시장과 소득분배이론
Chapter 07	시장과 효율성
Chapter 08	공공경제이론
PART 1	미시경제학 심화문제

최신복원문제

🔑 키워드 기회비용

비용에 대한 설명으로 옳지 않은 것은? 　　　　　　　　　　　　　　　　　　　　　　　　　한국석유공사

① 기회비용은 한 가지 대안을 선택함으로써 포기해야 하는 여러 다른 대안들 중에 가치가 가장 큰 것이다.
② 경제학에서 합리적인 선택을 할 때 기회비용을 고려하여 의사결정해야 한다.
③ 기회비용 체증의 법칙에 따라 생산가능곡선은 원점에 대하여 오목한 형태이다.
④ 매몰비용은 사업을 중단하면 회수가능한 비용이다.

해설　매몰비용은 이미 투입된 명시적 비용으로 회수할 수 없는 비용이다. 매몰비용은 합리적인 선택과정에서 고려하지 않으며 사업을 중단하더라도 회수할 수 없는 비용이다.

정답　④

Chapter 01
경제학의 기초

기출 키워드	중요도
☑ 희소성의 원칙	★★
☑ 경제재와 자유재	★
☑ 기회비용과 매몰비용	★★★
☑ 경제적 이윤과 회계적 이윤	★★
☑ 생산가능곡선	★★
☑ 경제체제	★
☑ 유량변수와 저량변수	★★★
☑ 실증경제학과 규범경제학	★

CHAPTER 01 경제학의 기초

1 경제학의 개요

1 주요 경제개념

(1) 경제학의 정의
① 경제학은 제한된 자원하에서 개인이나 사회의 행동으로 발생하는 여러 경제문제와 현상을 연구하는 학문이다.
② 경제학은 사회과학의 독립된 한 분야로 재화의 생산 및 교환, 분배, 소비에 대하여 연구하는 학문이다.
③ 경제학에서는 사회적·개인적 차원에서 이루어지는 모든 경제적 선택행위를 연구의 대상으로 삼는다.

(2) 희소성의 원칙
① 희소성의 원칙은 인간의 무한한 욕망을 충족시킬 자원이 상대적으로 부족한 것을 의미한다.
② 경제주체는 이러한 희소성으로 인해 선택의 문제에 직면하게 되고, 기회비용을 파악하여 제한된 자원을 합리적으로 사용하기 위해 노력한다.
③ 희소성의 원칙은 모든 경제이론의 출발점이며, 다른 모든 경제 원리나 이론들은 희소성의 개념과 관련되어 있다.

(3) 경제재와 자유재

경제재	• 경제재는 희소성을 가지고 있는 자원으로, 합리적 의사결정을 통해 선택해야 하는 재화를 말한다. • 일상생활에서 돈을 지불하고 구입하는 일련의 재화와 서비스를 모두 포함한다. • 시대나 환경에 따라 자유재로 바뀔 수 있다. 　예 지식재산권으로 보호받는 특허나 저작물의 경우 돈을 주고 거래되지만 보호 기간이 만료되면 누구나 활용할 수 있다.
자유재	• 자유재는 희소성을 가지고 있지 않으므로 값을 지불하지 않고도 누구나 마음대로 사용할 수 있는 재화를 말한다. • 경제주체의 욕구에 비해 상대적으로 자원의 양이 풍부한 재화로 경제적 판단이 요구되지 않는 재화를 모두 포함한다. 　예 공기, 햇빛 • 자유재는 시대나 환경에 따라 경제재로 바뀔 수 있다. 　예 과거에 누구나 값을 지불하지 않고 이용하던 맑은 물이 환경오염으로 희소해지자 사람들이 정수기에 사용료를 지불하여 이용하거나 생수를 구매한다.

개념체크OX
• 희소성의 원칙은 인간의 욕망에 비해 자원이 절대적으로 부족한 것을 의미한다. ⓞⓧ
• 자유재는 희소성을 가지고 있지 않다. ⓞⓧ

X, O

(4) 주요 3대 경제문제(P. A. Samuelson)

① 무엇을 얼마나 생산할 것인가? (생산물의 종류와 수량)
② 어떻게 생산할 것인가? (생산방법)
③ 누구를 위하여 생산할 것인가? (소득분배)

2 합리적 선택과 기회비용

(1) 합리적 선택

① 합리적 선택이란 주어진 자원으로 최대 만족을 주는 선택 혹은 일정한 효과를 최소한의 비용으로 얻고자 하는 선택이다.
② 주어진 여건 하에서 기회비용을 최소화하고 만족을 극대화하는 선택이다.
③ 합리적 선택을 하기 위해서는 비용뿐만 아니라 편익도 고려해야 한다. 비용이 같으면 편익이 가장 큰 선택을, 편익이 같으면 비용이 가장 적게 드는 선택을 하는 것이 합리적이다.

(2) 기회비용(Opportunity Cost)

① 기회비용은 한 가지 대안을 선택함으로써 포기해야 하는 다른 대안들 중에 가장 가치가 큰 것을 의미한다.
② 경제학에서 사용하는 비용은 전부 기회비용 개념이며, 합리적 선택을 위해서는 항상 기회비용을 고려하여 의사결정해야 한다.
③ 기회비용은 객관적으로 나타난 명시적 비용(회계적 비용)과 눈에 보이지 않는 암묵적 비용의 합으로 구성된다.

> 경제적 비용 = 기회비용 = 명시적 비용 + 암묵적 비용

④ 경제적 이윤과 회계적 이윤의 비교

경제적 이윤	회계적 이윤

• 경제적 이윤
  = 편익(총수입) − 경제적 비용(기회비용)
  = 회계적 이윤 − 암묵적 비용
• 사업주가 자원 배분이 합리적인지 판단하는 데 쓰는 지표이다.
• 경제적 이윤은 경제적 부가가치(EVA)로 나타내기도 한다.
• 경제학에서 장기적으로 기업의 퇴출 여부 판단의 기준이 된다.
	• 회계적 이윤
	  = 편익(총수입) − 명시적 비용(회계적 비용)
	• 사업주가 외부 이해관계자(채권자, 주주, 금융기관 등)에게 사업성과를 보여주기 위한 지표이다.
	• 회계적 이윤은 객관적으로 측정 가능한 명시적 비용만을 반영한다.

(3) 매몰비용(Sunk Cost)

① 매몰비용은 이미 투입된 명시적 비용으로, 회수할 수 없는 비용을 말한다.
② 합리적인 선택과정에서 이미 지출되었으나 회수할 수 없는 매몰비용은 고려하지 않는다.

> **개념더하기**
>
> **매몰비용의 오류**
> 매몰비용의 오류는 잘못된 지출에 대한 결정을 인정하지 않고 오히려 그것을 정당화하기 위하여 더 큰 지출을 감행하는 것을 말한다. '콩고드 효과'라고도 한다.

③ 대부분의 공장설비 투자비, 광고비, 연구개발 투자비 등의 고정비용은 매몰비용에 해당한다.
④ 매몰비용은 사업을 중단하더라도 회수할 수 없는 비용이다.

3 생산가능곡선(PPC ; Production Possibility Curve)

(1) 생산가능곡선의 개념

① 생산가능곡선은 경제 내의 모든 생산요소를 가장 효율적으로 사용하여 최대로 생산할 수 있는 두 재화의 조합을 나타내는 곡선이다.
② 생산요소의 양이 주어져 있는 상태에서 X재와 Y재만을 생산한다고 가정할 때, X재의 생산량을 증가시키기 위해서는 Y재의 생산량을 감소시켜야 하므로 생산가능곡선은 우하향한다.
③ 한계변환율(MRT_{XY} ; Marginal Rate of Transformation)은 X재 1단위를 추가로 생산하기 위해 포기해야 하는 Y재의 양에 해당하므로 X재 1단위에 대한 기회비용을 말한다.
④ 한계변환율은 생산가능곡선의 접선의 기울기(절댓값)이다.
⑤ 생산가능곡선은 '기회비용 체증의 법칙'으로 인해 원점에 대하여 오목한 형태이다.

> **개념더하기**
>
> **생산가능곡선과 기회비용의 관계**
> • 원점에 대해 오목한 생산가능곡선 : 기회비용이 체증한다.
> • 원점에 대해 선형인 생산가능곡선 : 기회비용이 일정하다.
> • 원점에 대해 볼록한 생산가능곡선 : 기회비용이 체감한다.

(2) 생산가능곡선의 해석

① 생산가능곡선상에 위치한 점 A, B, C는 가장 효율적인 생산을 달성한 조합을 나타내는 점이다.
② 생산가능곡선 내부에 위치한 점 D는 생산은 가능하지만 현재 보유하고 있는 생산요소를 비효율적으로 사용하고 있는 조합을 나타내는 점이다. 이 상황에서는 실업률이 올라가거나 공장의 가동률이 떨어진다.
③ 생산가능곡선 외부에 위치한 점 E는 현재의 기술수준과 주어진 생산요소로는 생산이 불가능한 조합을 나타낸다.

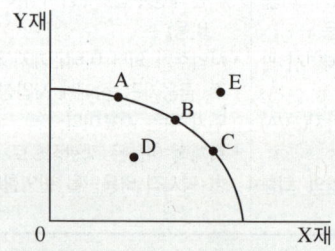

생산가능곡선

(3) 생산가능곡선의 이동

① 기술진보가 이루어지면 생산 가능한 재화의 수량이 증가하므로 생산가능곡선이 바깥쪽으로 이동한다.
② 생산에 투입할 수 있는 자원이 증가하면 생산능력이 확대되기 때문에 생산가능곡선이 바깥쪽으로 이동한다.
   예 새로운 천연자원의 발견, 새로운 인구 유입 등

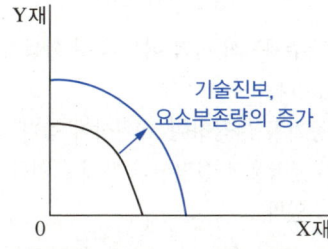

생산가능곡선의 이동

4 경제체제

(1) 경제체제의 개념
① 경제체제는 희소한 자원을 어떻게 활용하고 분배하는가에 대해 사회적으로 합의된 각종 제도와 방식의 총체를 말한다.
② 오늘날 세계 각국의 경제체제는 운용방식에 따라 시장경제체제와 계획경제체제로 분류하고, 소유 형태에 따라 자본주의 체제와 사회주의 체제로 분류한다.

(2) 운용방식에 따른 분류
① 시장경제체제
  ㉠ 시장경제체제는 모든 민간 주체들이 자유로운 의사결정과 경쟁을 통해 자원분배를 결정하는 경제체제이다.
  ㉡ 사유재산제도와 경제적 자유를 보장한다.
  ㉢ 애덤 스미스는 시장경제체제의 가격기구 역할을 '보이지 않는 손'에 비유하면서, 개별경제주체의 자유로운 의사결정이 경제문제를 해결한다고 주장하였다.
  ㉣ 정부는 각 경제주체의 자유로운 경제활동을 보장하는 법과 질서를 마련한다.
② 계획경제체제
  ㉠ 계획경제체제는 모든 경제문제가 국가와 공공기관의 계획과 통제하에 결정되는 경제체제이다.
  ㉡ 계획경제체제에서는 사유재산제도를 인정하지 않는다.
  ㉢ 중앙에서 전체를 통합하여 관리하므로 극단적으로 소외되거나 극단적으로 편중된 부를 누리는 것을 조절할 수 있다.
  ㉣ 개인의 이윤 추구 동기를 자극하기 어려우므로 개인의 경제활동 참여 의지가 떨어지고 사회 전체적 효율이 낮아지는 현상이 나타날 수 있다.
③ 혼합경제체제
  ㉠ 혼합경제체제는 시장경제체제의 요소와 계획경제체제의 요소가 혼합되어 있는 경제체제를 의미한다.
  ㉡ 시장경제체제를 토대로 하고 경기변동, 소득분배, 시장실패의 문제를 해결하기 위해 정부가 시장에 개입하는 경제체제를 의미한다.

> **개념체크OX**
> • 시장경제체제는 사유재산제도를 근간으로 한다. ⓞ☒
> • 시장경제체제는 부의 편중을 최소화한다. ⓞ☒
> • 계획경제체제로 사회적 효율이 떨어질 수 있다. ⓞ☒
>
> O, X, O

(3) 소유형태에 따른 분류
① 자본주의 경제체제
　㉠ 자본주의 경제체제는 경제주체들의 사적 이윤 추구 활동과 사유재산제를 보장하는 경제체제이다.
　㉡ 참여자들의 이윤 추구 동기를 자극하여 효율성이 높다.
　㉢ 지나친 사익 추구에 따른 부작용과 형평성의 문제로 인한 사회적 갈등이 표출되는 문제점도 있다.
② 사회주의 경제체제
　㉠ 사회주의 경제체제는 생산수단을 개인이 아니라 사회가 소유하는 경제체제이다.
　㉡ 생산수단은 공동의 재산이고, 이를 공동으로 활용하여 공동체에서 분배한다.
　㉢ 지나친 사익 추구를 막기 위해 사유재산제 대신 공동 소유, 공동 분배의 방식을 선택한다.

2 경제 연구방법론

1 경제변수의 구분

(1) 외생변수와 내생변수
① 외생변수(Exogenous Variables)
　㉠ 외생변수는 경제모형 외부에서 그 값이 결정되는 변수를 의미한다.
　㉡ 외생변수 값은 사전적으로 주어지며, 분석대상이 되는 변수의 영향을 받지 않는다.
　　예 정책변수(통화량, 정부지출 등), 자연적으로 주어진 변수(기후 조건, 강수량 등)
② 내생변수(Endogenous Variables)
　㉠ 내생변수는 경제모형 내부에서 그 값이 결정되는 변수를 의미한다.
　㉡ 내생변수는 경제모형 내부에서 결과에 직접적인 영향을 준다.
　㉢ 내생변수는 모형마다 다르게 지정된다.

(2) 독립변수와 종속변수
① 독립변수(Independent Variable)
　독립변수는 다른 변수에 영향을 받지 않고 종속변수에 영향을 주는 변수이다.
② 종속변수(Dependent Variable)
　종속변수는 독립변수의 영향을 받아서 변화하는 변수이다.

개념체크OX
- 수요는 저량변수이다. ☐O☐X
- GDP는 유량변수이다. ☐O☐X
- 노동량은 저량변수이다. ☐O☐X

X, O, O

(3) 유량변수와 저량변수

유량(Flow)변수	저량(Stock)변수
• 유량변수는 '일정 기간' 동안 측정되는 변수를 의미한다. 예 국내총생산(GDP), 국제수지, 수출, 수입, 소비, 투자, 수요, 공급	• 저량변수는 '특정 시점'에서 측정할 수 있는 변수를 의미한다. 예 통화량, 노동량, 자본량, 국부, 외채, 외환보유고, 인구 수

(4) 상관관계와 인과관계

① 상관관계

상관관계는 두 변수 사이의 관계를 살펴볼 때 한 변수가 변화함에 따라 다른 변수도 변화하는 관계를 말한다.

② 인과관계

인과관계는 두 변수 사이의 관계를 살펴볼 때 한 변수의 변화가 다른 변수의 변화 원인이 되는 관계를 말한다.

2 인과의 오류와 구성의 오류

(1) 인과의 오류

① 인과의 오류는 어떤 현상의 선후관계 혹은 상관관계를 인과관계로 혼동하여, 서로 무관한 사실을 관련짓는 오류를 의미한다.

② A라는 현상이 B라는 현상보다 먼저 발생했다고 하여 A를 B의 원인이라고 단정하는 오류에 해당한다.

예 에어컨 판매량이 증가하면 기온이 상승한다.

(2) 구성의 오류

① 구성의 오류는 어떤 원리가 부분적으로는 성립하지만 이를 전체로 확장하면 성립하지 않는 오류를 의미한다.

② '절약의 역설'은 구성의 오류를 범하는 대표적인 사례이다. 한 개인이 저축을 많이 하는 것이 개인에게 있어 바람직하지만, 모든 경제주체가 저축을 많이 하면 국가 전체 차원에서 볼 때 소비를 위축시켜 오히려 개인의 소득이 줄어드는 현상을 뜻한다.

3 실증경제학과 규범경제학

(1) 실증경제학

① 실증경제학은 경제 현상을 객관적으로 분석하고 경제변수들 간의 인과관계를 발견하여 경제 현상의 변화를 예측하는 경제 연구분야를 말한다.

② 가치판단이 개입되지 않으며 객관적인 인과관계를 분석한다.

🔎 개념체크 OX

• 절약의 역설은 인과의 오류이다. ⓞⓧ

• 실증경제학은 객관적인 인과관계를 분석한다. ⓞⓧ

X, O

> **개념더하기**
>
> **일반균형상태에서 충족되는 3가지 조건**
> - 모든 소비자는 예산제약하에서 효용극대화가 달성되도록 재화(생산물)의 수요량과 생산요소의 공급량을 결정한다.
> - 모든 기업은 이윤극대화가 달성되는 수준에서 재화(생산물)의 공급량과 생산요소의 수요량을 결정한다.
> - 주어진 가격체계에서 모든 재화시장과 생산요소시장에서의 수요량과 공급량은 일치한다.

(2) 규범경제학

① 규범경제학은 가치판단에 의하여 어떤 경제상태가 바람직하고 어떤 경제상태가 바람직하지 못한가를 평가하고 그 개선방안을 도모하는 연구분야이다.

② 규범경제학에서는 현실의 경제상태를 개선하기 위한 경제정책 방향에 대한 내용도 포함된다.

4 부분균형분석과 일반균형분석

(1) 부분균형분석

① 부분균형분석은 다른 조건은 모두 일정하다는 가정하에 특정 부분만을 떼어내서 분석하는 방법을 의미한다.

② 대다수의 경우 부분균형분석만으로도 현실경제를 잘 설명할 수 있으나, 경제부문 간의 상호의존관계를 고려하지 않고 분석하기 때문에 잘못된 결론에 도달할 수도 있다.

(2) 일반균형분석

① 일반균형분석은 각 시장 간의 연관관계를 고려하여 경제를 분석하는 방법으로, 특정 시장에서 발생한 불균형이 다른 부문에 미치는 파급효과까지 분석할 수 있다.

② 더욱 엄밀한 분석결과의 도출이 가능하지만 상대적으로 분석이 복잡하다는 단점이 있다.

③ '일반균형'은 경제 내 모든 시장이 동시에 균형을 이루고 있는 상태를 말한다.

④ 일반균형분석은 애덤 스미스의 '보이지 않는 손'을 보조한다. 개별경제주체들이 자신의 사적이익을 극대화하는 과정에서 경제 전체의 공익이 달성된다고 본다.

> **개념더하기**
>
> **일반균형 관련 법칙**
> - 세이의 법칙 : 재화의 공급은 수요를 창출한다. 따라서 각 시장에서 생산물 및 생산요소에 대한 초과공급이 발생하지 않는다.
> - 왈라스의 법칙 : 개별시장에서 수요와 공급이 일치하지 않아도 경제 전체의 총수요와 총공급의 가치는 항상 일치한다. 즉, n개의 시장이 존재할 때, $n-1$개의 시장이 균형상태라면 나머지 한 개의 시장도 자동으로 균형상태이다.

CHAPTER 01 기출분석문제

01 다음 중 재화의 유형에 대한 설명으로 옳지 않은 것은? 　　　　　　　　　　　한국수력원자력

① 재화는 희소성에 의해 경제재와 자유재로 구분된다.
② 자유재는 선택에 따른 기회비용이 존재하지 않는다.
③ 경제재를 선택할 때는 매몰비용을 고려해야 한다.
④ 경제재에서 자유재로, 자유재에서 경제재로 재화의 성격이 바뀔 수 있다.

[해설] 경제재를 선택할 때는 선택에 대한 기회비용을 고려해야 하며, 합리적인 선택을 위해서는 매몰비용을 고려해서는 안 된다.

02 기회비용과 매몰비용에 대한 설명으로 옳은 것은? 　　　　　　　　　　　　대한지방행정공제회

① 기회비용은 객관적으로 나타난 회계적 비용과 눈에 보이지 않는 암묵적 비용의 합으로 구성된다.
② 기회비용은 실제로 지출된 회계비용을 의미한다.
③ 기회비용은 어떤 선택으로 인해 포기해야 하는 여러 대안의 가치 중에 가장 작은 가치이다.
④ 고정비용이면서 매몰비용인 경우는 없다.

[해설] ②, ③ 기회비용은 한 가지 대안을 선택함으로써 포기해야 하는 다른 대안들 중에 가장 가치가 큰 것으로, 실제로 지출한 회계적 비용(명시적 비용)과 눈에 보이지 않는 암묵적 비용의 합이다.
④ 고정비용이면서 매몰비용인 경우도 있다. 공장설비 및 연구개발 투자비, 광고비 등의 고정비용은 매몰비용에 해당한다.

03 A회사에서 신제품 개발을 위한 연구개발비로 지금까지 1억원을 투자했다. 신제품 개발에 대한 예상판매액이 1억 3천만원에서 8천만원이 됐다고 할 때, 신제품 개발을 완료하기 위하여 A회사가 투자할 최대금액은 얼마인가? 　　　　　　　　　　　　서울보증보험

① 0원
② 3천만원
③ 5천만원
④ 8천만원

[해설] 현재까지 투자한 1억원은 회수가 불가능한 비용으로 매몰비용에 해당하며, 합리적 의사결정 시 고려되지 않는다. 예상판매액이 8천만원이 되었으므로 투자할 최대금액 또한 8천만원이다.

[정답] 01 ③　02 ①　03 ④

04 B씨는 영화 관람에 20,000원의 가치를 느낀다. 친구 1명과 영화관에 가기로 약속하고 15,000원짜리 입장권 두 장을 구입했으나 친구가 못가게 되었다. 친구 몫의 입장권은 환불할 수 없고 다른 곳에 팔 수 없는 상황이다. B씨가 영화관에 혼자 가기로 결정했다면 기회비용과 매몰비용은 각각 얼마인가? 서울에너지공사

① 기회비용 15,000원, 매몰비용 15,000원
② 기회비용 30,000원, 매몰비용 15,000원
③ 기회비용 15,000원, 매몰비용 20,000원
④ 기회비용 15,000원, 매몰비용 35,000원

[해설] 친구 몫으로 구입한 입장권 15,000원은 회수 불가능한 금액으로 매몰비용이 된다. 기회비용은 영화관을 가지 않기로 했을 때 얻을 수 있는 최대 이익을 의미하므로 본인의 입장권 15,000원이 된다.

05 ○○기업에서 매월 800만원의 월급을 받고 있던 A씨가 퇴직 후에 2억원을 대출하여 전세로 사무실을 임대해 어플 개발 스타트업을 시작한다고 하자. 월간 운영비는 피고용인 인건비, 전기료, 디자인 외주비 등 2,000만원이 소요되며 시중 이자율은 월 1%라고 가정한다. A씨가 ○○기업에서 퇴직한 후 스타트업으로 성공했다는 평가를 받기 위해서 월 얼마 이상의 수익을 얻어야 하는가? 서울주택도시공사

① 2,800만원
② 3,000만원
③ 4,000만원
④ 4,800만원

[해설] A씨는 퇴직을 선택한 기회비용 이상의 수익을 얻어야 한다. 기회비용은 명시적 비용과 암묵적 비용의 합이다. 명시적 비용은 대출금 2억원에 대한 월 이자 200만원과 운영비 2,000만원을 더한 2,200만원이다. 암묵적 비용에는 ○○기업에서 매월 받던 월급인 800만원이 해당된다. 따라서 A씨는 기회비용에 해당하는 3,000만원 이상의 수익을 얻어야 한다.

06 다음 〈보기〉 중 비용에 대한 설명으로 옳은 것을 모두 고른 것은? 한국보훈복지의료공단

| 보기 |
ㄱ. 기회비용은 어떤 선택을 함에 따라 포기해야 하는 여러 대안 중에 가치가 가장 큰 것이다.
ㄴ. 생산이 증가할수록 기회비용이 체감하는 경우에는 두 재화의 생산가능곡선이 원점에 대해 볼록한 형태이다.
ㄷ. 모든 고정비용은 매몰비용이다.
ㄹ. 동일한 수입이 기대되는 경우, 기회비용이 가장 작은 대안을 선택하는 것이 합리적이다.

① ㄱ, ㄴ
② ㄱ, ㄹ
③ ㄴ, ㄷ
④ ㄱ, ㄴ, ㄹ

[해설] ㄷ. 매몰비용은 이미 지출하여 다시 회수할 수 없는 비용이다. 생산라인 중단 또는 재판매 등으로 일부 회수 가능한 고정비용도 존재하므로, 모든 고정비용을 매몰비용이라 할 수 없다.

07 다음 중 생산가능곡선에 대한 설명으로 옳지 않은 것은? 한국자산관리공사

① 일반적으로 생산가능곡선상의 우하방으로 갈수록 X재 생산의 한계비용은 증가한다.
② 기술진보는 생산가능곡선을 바깥쪽으로 이동하게 만드는 요인이다.
③ 규모의 경제가 발생하면 생산가능곡선은 원점에 대해 오목하다.
④ 원점에 대해 오목한 생산가능곡선의 형태는 한 재화의 생산이 증가하면 그 재화 생산의 기회비용이 점점 증가함을 의미한다.

[해설] 규모의 경제는 생산량이 증가할수록 평균생산비용이 감소하는 현상이므로, 규모의 경제가 발생하면 생산가능곡선은 원점에 대해 볼록하다.

08 다음 중 생산가능곡선의 기울기에 대한 설명으로 옳지 않은 것은? 신용회복위원회

① 생산가능곡선이 원점에 대하여 오목한 것은 기회비용 체증으로 설명할 수 있다.
② 생산가능곡선이 원점에 대하여 직선인 것은 기회비용 불변으로 설명할 수 있다.
③ 생산가능곡선의 기울기는 한계변환율(MRT)을 의미한다.
④ 생산자는 생산가능곡선 밖의 점이 비효율적이므로 선택하지 않는다.

[해설] 생산가능곡선 밖의 점은 해당 생산자가 생산할 수 없는 점이다.

09 두 제품만 생산할 수 있는 경제의 생산가능곡선에 대한 설명으로 가장 옳은 것은? 중소벤처기업진흥공단

① 생산 비효율적인 생산점이 생산 효율적인 생산점으로 이동하기 위해서는 경제성장이 이루어져야 한다.
② 생산가능곡선이 원점에 대하여 볼록하다면 생산효율적인 생산점에서 한 제품을 더 생산할수록 기회비용이 점점 커진다.
③ 이 경제에서 생산하는 두 제품에서 기술진보가 이루어진다면 생산가능곡선이 바깥쪽으로 이동한다.
④ 생산가능곡선이 직선이라면 두 제품의 기회비용은 체감한다.

[해설] ① 경제성장은 생산가능곡선을 바깥쪽으로 이동시키는 유인이다.
② 생산가능곡선이 원점에 대하여 볼록하다면 기회비용은 점점 작아진다.
④ 생산가능곡선이 직선이라면 두 제품의 기회비용은 일정하다.

[정답] 04 ① 05 ② 06 ④ 07 ③ 08 ④ 09 ③

10 시장경제체제의 특징을 모두 고른 것은?

서울주택도시보증공사

> a. 선택의 자유성
> b. 사유재산제도
> c. 자원배분의 효율성
> d. 자원배분의 공평성
> e. 전략산업에 집중 투자 및 육성

① a, c, e
② a, b, c
③ b, c, d, e
④ a, b, c, e

[해설] d. 시장경제체제가 자원배분의 공평성을 보장하지는 않는다.
e. 시장경제체제가 아닌 계획경제체제에 대한 설명이다. 시장경제체제에서는 개별 경제주체의 자유로운 의사결정에 의해 투자가 이뤄진다.

11 다음 중 유량변수의 개수는?

서울도시철도공사

외 채	외환보유고
GDP	소 비
투 자	공 급
노동량	인구 수

① 2개
② 3개
③ 4개
④ 5개

[해설] 유량변수는 GDP, 투자, 소비, 공급 총 4개이다.

12 다음 중 저량변수를 모두 고른 것은?

근로복지공단

㉠ 통화량	㉡ 자본량
㉢ 외 채	㉣ 국내총생산
㉤ 수 요	㉥ 국 부

① ㉠, ㉡, ㉤
② ㉠, ㉡, ㉢, ㉥
③ ㉡, ㉢, ㉤
④ ㉡, ㉢, ㉣, ㉥

[해설] 저량변수에 해당하는 것은 통화량, 자본량, 외채, 국부에 해당한다.

13 다음은 경제학에 대한 일반적인 내용이다. 이 중 옳지 않은 것은?   한국석유공사

① '아이스크림 판매량이 많아져 날씨가 더워졌다.'라는 판단은 인과의 오류를 나타낸다.
② 경제문제가 발생하는 이유는 자원이 상대적으로 희소하기 때문이다.
③ 기회비용은 화폐단위로 측정할 수 없다.
④ 풍요 속의 빈곤은 자본주의 경제체제의 폐해 현상 중 하나이다.

[해설] 기회비용이 화폐단위로 측정이 불가능한 경우에도 화폐가치로 전환하여 기회비용을 계산하고 분석할 수 있다.

14 일반균형에 대한 설명으로 옳지 않은 것은?   한국장학재단

① 개인의 선호 형태와는 관계없이 일반균형은 존재한다.
② 일반균형은 국민경제 내의 모든 시장이 동시에 균형을 이루고 있는 상태를 말한다.
③ 다른 사람의 후생을 감소시키지 않고서는 한 사람의 후생을 증가시킬 수 없는 상태를 파레토효율이라고 한다.
④ 세이의 법칙은 거시경제를 구성하는 각각의 시장에서 초과공급 가치의 합이 제로 '0'인 상태를 나타내며, 왈라스의 법칙은 거시경제 전체의 초과수요 가치의 합이 제로 '0'인 상태를 나타낸다.

[해설] 일반균형이 존재하기 위해서는 개인의 무차별곡선이 원점에 대해 볼록한 형태여야 한다. 즉, 개인의 선호가 볼록성을 충족해야 한다.

최신복원문제

키워드 공급의 가격탄력성

주어진 공급곡선 5가지 중, 가격탄력성이 (ㄱ) 두 번째로 비탄력적인 공급곡선과 (ㄴ) 완전 탄력적인 공급곡선이 올바르게 묶인 것은?

주택도시보증공사

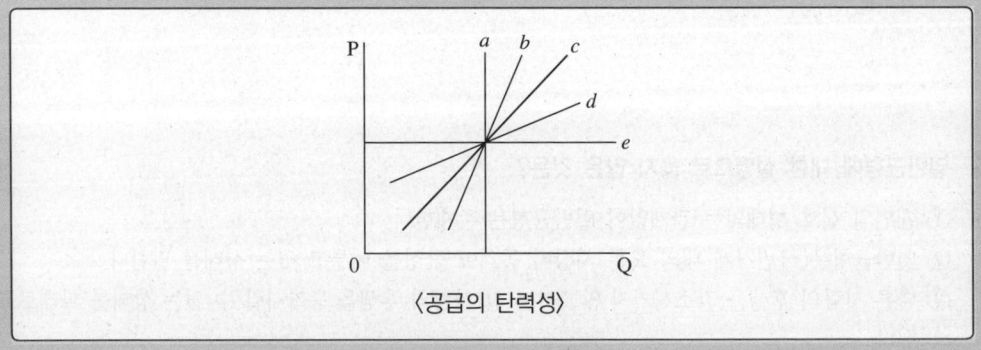

〈공급의 탄력성〉

  (ㄱ) (ㄴ)   (ㄱ) (ㄴ)
① b, e   ② b, a
③ c, e   ④ d, e

[해설] 주어진 5개의 공급곡선 중 두 번째로 비탄력적인 곡선은 b, 완전 탄력적인 곡선은 e에 해당한다.

정답 ①

Chapter 02
수요와 공급

기출 키워드	중요도
☑ 수요의 변화와 수요량의 변화	★★★
☑ 대체재와 보완재	★★★
☑ 시장수요곡선	★★
☑ 공급의 변화요인	★
☑ 수요의 가격탄력성	★★★
☑ 수요의 소득탄력성	★★★
☑ 공급의 가격탄력성	★★★
☑ 사회적 잉여	★★
☑ 가격제도	★★★
☑ 물품세의 귀착	★★

CHAPTER 02 수요와 공급

1 수요와 공급의 균형

1 수 요

(1) 수요와 수요량

① 수요는 경제주체가 재화나 서비스를 구입하고자 하는 욕구이다.
② 수요량은 주어진 가격 수준에서 소비자가 일정 기간에 구입할 의사와 능력이 있는 최대수량을 뜻한다.

(2) 수요함수와 수요의 법칙

① 수요함수

수요함수는 어떤 재화에 대한 수요와 그 재화의 수요에 영향을 미치는 요인 간의 관계를 나타내는 함수이다. 기본적으로 우하향하는 곡선의 형태를 갖는다.

$$D_n = f(P_n\,;P_1 \cdots P_{n-1},\ Y,\ T,\ N,\ M)$$

(P_n : n재의 가격, $P_1 \cdots P_{n-1}$: 타재화의 가격, Y : 소득수준, T : 선호도, N : 인구, M : 소득)

② 수요의 법칙

수요의 법칙은 다른 변수가 일정할 때 가격이 상승하면 수요량이 감소하는 것을 말한다. 수요의 법칙이 성립하면 수요곡선은 우하향한다. 단, 기펜재의 경우와 베블런 효과가 존재하는 경우는 수요의 법칙이 적용되지 않는다.

(3) 수요량의 변화와 수요의 변화

① 수요량의 변화

수요량의 변화는 재화의 가격변화로 인한 수요곡선상의 이동을 의미한다.

수요량의 변화

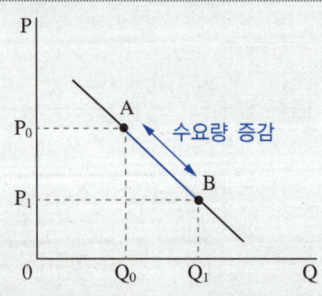

> 📌 **개념더하기**
>
> • **기펜재(Giffen Good)**
> 가격이 상승하면 수요량이 증가하고, 가격이 하락하면 수요량이 감소하여 수요의 법칙에 위배되는 재화로 열등재의 일종이다.
>
> • **베블런 효과(Veblen's Effect)**
> 자신의 부를 과시하기 위한 과시적 소비의 경우, 가격이 상승할 때 오히려 수요량이 증가하는 현상을 말한다.

② 수요의 변화

수요의 변화는 재화 가격 이외의 다른 요인의 변화로 수요곡선 자체가 이동하는 것을 말한다.
㉠ 수요의 증가 : 수요곡선 자체가 우측으로 이동
㉡ 수요의 감소 : 수요곡선 자체가 좌측으로 이동

수요의 변화

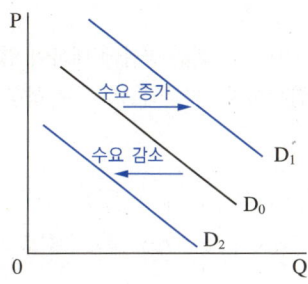

(4) 수요의 변화요인

① 관련 재화의 가격
㉠ 대체재 : 어떤 재화의 대체재 가격이 상승(하락)하면 해당 재화에 대한 수요가 증가(감소)한다.
   예 버터와 마가린의 관계
㉡ 보완재 : 어떤 재화의 보완재 가격이 상승(하락)하면 해당 재화에 대한 수요가 감소(증가)한다.
   예 피자와 콜라의 관계
② 소비자의 소득변화
㉠ 정상재 : 소득이 증가(감소)하면 수요가 증가(감소)한다.
㉡ 열등재 : 소득이 증가(감소)하면 수요가 감소(증가)한다.
③ 소득의 분포 : 사회 전체적인 소득이 평등하게 분배될수록 사회 전체의 소비성향이 증대되어 수요가 증가한다.
④ 물가상승에 대한 예측 : 소비자가 물가상승을 예측하는 경우 미래 물가상승에 대비하여 현재 수요가 증가한다. 이러한 수요는 '가수요'에 해당한다.

(5) 시장수요곡선

① 시장수요곡선은 개별 소비자가 아닌 시장 전체의 수요곡선을 뜻한다.
② 시장수요곡선은 개별수요곡선의 수평합으로 도출된다.
③ 단, 시장수요곡선이 개별수요곡선의 수평합으로 도출되기 위해서는 수요의 독립성이 전제되어야 한다.
④ 다양한 소비자 행태로 인해 시장수요곡선이 굴절된 형태로 나타나기도 한다. 이를 굴절수요곡선이라 한다.

▶ 개념더하기

정상재와 열등재의 사례
주식으로 감자를 먹던 사람이 소득이 증가하여 빵을 먹기 시작했다면 해당 경우의 정상재는 빵, 열등재는 감자이다.

▶ 개념더하기

수요의 독립성
수요의 독립성은 개별소비자의 수요가 다른 소비자의 수요로부터 영향을 받지 않음을 의미한다.

2 공급

(1) 공급과 공급량
① 공급은 생산자가 재화나 서비스를 생산하고자 하는 욕구이다.
② 공급량은 주어진 가격 수준에서 공급자가 일정 기간 동안 생산하고자 하는 최대수량을 뜻한다.

(2) 공급함수
공급함수는 어떤 재화에 대한 공급과 그 재화의 공급에 대하여 영향을 미치는 요인 간의 관계를 나타내는 함수이다. 기본적으로 우상향하는 곡선의 형태를 갖는다.

$$S_n = f(P_n ; P_1 \cdots P_{n-1}, F_1 \cdots F_m)$$

(P_n : n재의 가격, $P_1 \cdots P_{n-1}$: 타재화의 가격, $F_1 \cdots F_m$: 생산요소의 가격)

(3) 공급량의 변화와 공급의 변화
① 공급량의 변화
공급량의 변화는 재화의 가격변화로 인한 공급곡선상의 이동을 의미한다.

공급량의 변화

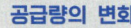

② 공급의 변화
공급의 변화는 재화 가격 이외의 다른 요인의 변화로 공급곡선 자체가 이동하는 것을 말한다.
㉠ 공급의 증가 : 공급곡선 자체가 우측으로 이동
㉡ 공급의 감소 : 공급곡선 자체가 좌측으로 이동

공급의 변화

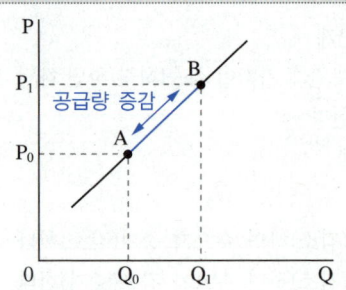

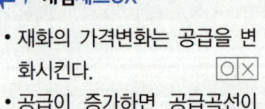

- 재화의 가격변화는 공급을 변화시킨다. ○×
- 공급이 증가하면 공급곡선이 우측으로 이동한다. ○×

×, ○

(4) 공급의 변화요인
① 생산요소가격
생산요소가격(임금, 임대료 등)이 하락하면 공급이 증가하고 생산요소가격이 상승하면 공급은 감소한다.
② 생산기술의 변화
기술 수준이 진보하거나 노동생산성이 증가하는 경우 공급은 증가한다.
③ 타재화의 가격
주어진 생산요소를 이용하여 대체 생산이 가능한 두 재화가 있을 때 한 재화의 가격이 상승하면 다른 재화의 공급은 감소한다.

3 시장균형

(1) 시장균형의 개념
① 경제적 외부여건이 변화하지 않는 한, 경제가 일단 어떤 상태에 도달하면 다른 상태로 변화하지 않고 유지되는 현상을 시장균형이라고 한다.
② 수요곡선과 공급곡선이 만나는 점(E)에서 시장균형이 달성된다.
③ 시장균형을 가져다주는 가격수준을 균형가격(P_0), 거래량을 균형거래량(Q_0)이라고 한다.

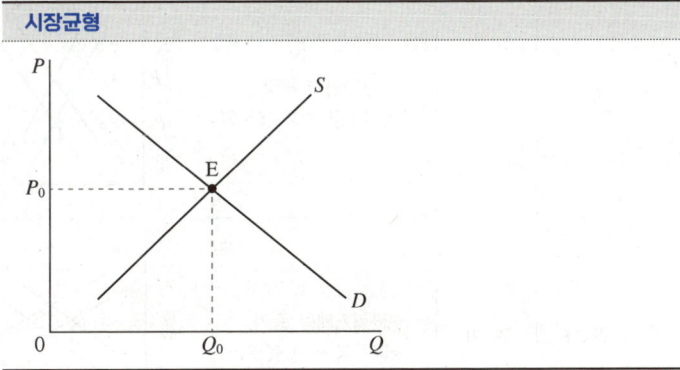

시장균형

(2) 초과공급과 초과수요
① 초과공급은 어떠한 가격수준에서 수요량보다 공급량이 많은 상태이다.
② 초과수요는 어떠한 가격수준에서 공급량보다 수요량이 많은 상태이다.
③ 초과공급이 발생하면 가격이 하락하고, 초과수요가 발생하면 가격이 상승하는 가격 조정과정을 통해 스스로 균형점에 도달한다.

> 💬 **개념체크OX**
> • 타재화 가격의 상승은 공급을 감소시킨다. ⃝⃞✕⃞
> • 임금의 하락은 공급을 증가시킨다. ⃝⃞✕⃞
>
> O, ✕

초과공급과 초과수요

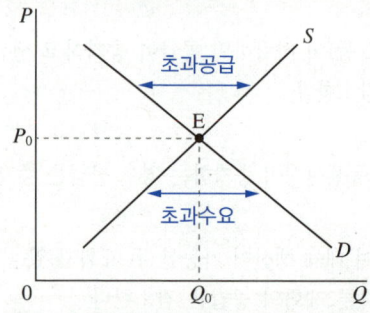

(3) 수요·공급 동시변화와 시장균형

수요	공급	균형 변화	
증가	감소	균형가격 상승, 균형거래량 변화 불분명	
감소	증가	균형가격 하락, 균형거래량 변화 불분명	
증가	증가	균형거래량 증가, 균형가격 변화 불분명	
감소	감소	균형거래량 감소, 균형가격 변화 불분명	

개념체크OX

- 수요 감소, 공급 증가 시 균형가격은 하락한다. ◯☒
- 수요와 공급 모두 감소 시 균형가격 변화가 불분명하다. ◯☒

◯, ◯

2 수요와 공급의 탄력성

1 수요의 탄력성

(1) 수요의 가격탄력성

① 수요의 가격탄력성 개념

수요의 가격탄력성은 상품의 가격이 변할 때 수요량이 얼마나 변하는지를 나타내는 지표이다.

② 수요의 가격탄력성 도출

$$\text{수요의 가격탄력성}(\varepsilon_p) = - \frac{\text{수요량의 변화율}(\%)}{\text{가격의 변화율}(\%)}$$

$$= - \frac{\frac{\Delta Q}{Q}}{\frac{\Delta P}{P}} = - \frac{\Delta Q}{\Delta P} \times \frac{P}{Q}$$

> **개념더하기**
>
> **탄력성의 개념**
> 일반적으로 말해 'A의 B 탄력성(B Elasticity of A)'이라고 하는 것은 B라는 독립변수의 변화에 대해 종속변수 A가 얼마나 민감하게 반응하는가를 나타내는 하나의 지표이다. 따라서 '수요'의 '가격' 탄력성이라고 하면 가격의 변화에 대해 수요가 얼마나 민감하게 반응하는지를 나타낸다.

(2) 수요곡선의 형태와 가격탄력성

① 수요의 가격탄력성이 1보다 크면($\varepsilon_p > 1$) 수요의 가격탄력성은 '탄력적'이며, 수요곡선은 완만한 형태로 나타난다. 일반적으로 사치재가 탄력적인 수요를 가진다.

② 수요의 가격탄력성이 0과 1 사이면($0 < \varepsilon_p < 1$) 수요의 가격탄력성은 '비탄력적'이며, 수요곡선은 가파른 형태로 나타난다. 일반적으로 필수재가 비탄력적인 수요를 가진다.

가격탄력성 > 1인 수요곡선	가격탄력성 < 1인 수요곡선
$\varepsilon_p > 1$ (완만한 곡선)	$\varepsilon_p < 1$ (가파른 곡선)

③ 수요의 가격탄력성이 0인 경우($\varepsilon_p = 0$) 수요의 가격탄력성은 '완전 비탄력적'이며, 수요곡선이 수직선으로 도출된다.

④ 수요의 가격탄력성이 ∞인 경우($\varepsilon_p = \infty$) 수요의 가격탄력성은 '완전 탄력적'이며, 수요곡선이 수평선으로 도출된다.

⑤ 수요의 가격탄력성이 1인 경우($\varepsilon_p = 1$) 수요의 가격탄력성은 '단위탄력적'이며, 수요곡선이 우하향하는 직각쌍곡선으로 도출된다. 모든 점에서의 가격탄력성이 1의 값을 갖는다.

가격탄력성 = 0인 수요곡선	가격탄력성 = ∞인 수요곡선	가격탄력성 = 1인 수요곡선
$\varepsilon_p=0$	$\varepsilon_p=\infty$	$\varepsilon_p=1$

(3) 수요곡선상의 가격탄력성

① 수요곡선이 우하향하는 직선일 경우 중점(E)에서 수요의 가격탄력성은 1이다.

② 수요의 가격탄력성은 중점(E)보다 위쪽에서는 1보다 크고, 아래쪽에서는 1보다 작다.

수요곡선상의 가격탄력성

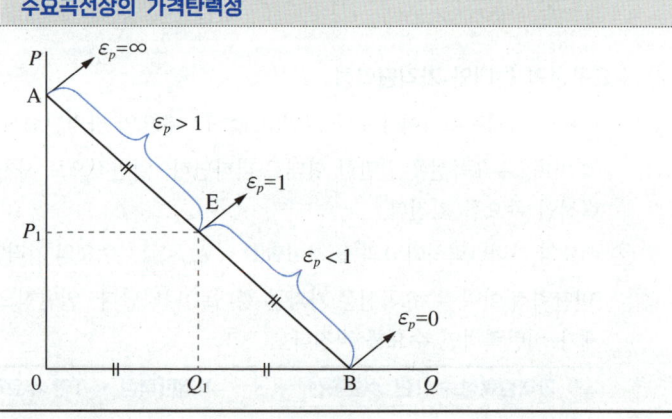

(4) 수요의 가격탄력성과 판매자의 총수입

구 분	탄력적 $\varepsilon_p>1$	단위탄력적 $\varepsilon_p=1$	비탄력적 $0<\varepsilon_p<1$	완전 비탄력적 $\varepsilon_p=0$
가격 상승 시	판매수입 감소	변동 없음	판매수입 증가	판매수입 증가
가격 하락 시	판매수입 증가	변동 없음	판매수입 감소	판매수입 감소

(5) 수요의 가격탄력성 결정요인

① 재화의 성격

필수재의 경우 가격이 변하더라도 구매할 수밖에 없으므로 가격탄력성이 작은 반면, 가격변화에 민감하게 반응하는 사치품의 경우 가격탄력성이 크다.

② 대체재의 수

대체재를 쉽게 찾을 수 없는 재화의 경우 가격탄력성이 작고, 다른 물건으로 쉽게 대체될 수 있는 재화라면 가격탄력성이 크다.

개념체크OX

• 가격탄력성이 0인 수요곡선은 수직선이다. ⃞O⃞X

• 수요의 가격탄력성 > 1인 재화는 가격 상승 시 판매수입이 증가한다. ⃞O⃞X

O, X

③ 전체 지출에서 차지하는 비중
  상품에 대한 지출이 한 가계의 전체 지출 중에서 차지하는 비중이 큰 재화의 경우 가격탄력성이 크다.
④ 측정 기간
  측정 기간이 짧을 때보다 긴 경우의 수요의 가격탄력성이 더 크다.
⑤ 기 타
  이 밖에도 소비자의 선호, 인구 수, 재산의 크기, 미래에 대한 예측 등에 따라 가격탄력성이 결정된다.

(6) 수요의 소득탄력성
① 수요의 소득탄력성은 소득변화에 따라 수요량이 얼마나 변하는지를 나타내는 지표이다.

$$\text{수요의 소득탄력성}(\varepsilon_m) = \frac{\text{수요량의 변화율(\%)}}{\text{소득의 변화율(\%)}} = \frac{\frac{\Delta Q_D}{Q_D}}{\frac{\Delta M}{M}} = \frac{\Delta Q_D}{\Delta M} \times \frac{M}{Q_D}$$

② 소득탄력성에 따른 재화의 분류
  ㉠ 정상재($\varepsilon_m > 0$)는 소득이 증가함에 따라 수요량이 증가하는 재화이다. 정상재는 다시 소득 증가분과 수요량 증가분을 비교함으로써 필수재와 사치재로 구분할 수 있다.
  ㉡ 필수재($0 < \varepsilon_m < 1$)는 소득이 증가하면 수요량이 증가하지만, 수요량 증가분이 소득 증가분보다는 작게 나타나는 재화이다.
  ㉢ 사치재($\varepsilon_m > 1$)는 소득 증가분보다 수요량 증가분이 더욱 크게 나타나는 재화이다.
  ㉣ 열등재($\varepsilon_m < 0$)는 소득이 증가함에 따라 오히려 수요량이 감소하는 재화이다.
  ㉤ 중립재($\varepsilon_m = 0$)는 소득이 변하더라도 수요량이 변하지 않는 재화를 말한다.

(7) 수요의 교차탄력성
① 수요의 교차탄력성은 한 재화(X재) 가격의 변화에 따라 다른 재화(Y재)의 수요량이 얼마나 변하는지 나타내는 지표이다.

$$\varepsilon_{xy} = \frac{Y\text{재 수요량의 변화율(\%)}}{X\text{재 가격의 변화율(\%)}} = \frac{\frac{\Delta Q_Y}{Q_Y}}{\frac{\Delta P_X}{P_X}} = \frac{\Delta Q_Y}{\Delta P_X} \times \frac{P_X}{Q_Y}$$

> 개념체크OX
> • 필수재의 소득탄력성은 1이다. [O X]
> • 기펜재의 경우 소득탄력성이 음수이다. [O X]
> • 대체재의 교차탄력성은 양수이다. [O X]
>
> X, O, O

② 재화의 종류에 따른 교차탄력성
  ㉠ 대체재의 경우 X재 가격이 상승하면 Y재의 수요가 증가하므로 교차탄력성이 양수이다($\varepsilon_{xy} > 0$).
  ㉡ 보완재의 경우 X재 가격이 상승하면 Y재 수요가 감소하므로 교차탄력성이 음수이다($\varepsilon_{xy} < 0$).
  ㉢ 독립재의 경우 X재 가격이 상승해도 Y재 수요는 불변이므로 교차탄력성이 0이다($\varepsilon_{xy} = 0$).

2 공급의 탄력성

(1) 공급의 가격탄력성

① 공급의 가격탄력성 개념
  공급의 가격탄력성은 상품의 가격이 변할 때 공급량이 얼마나 변하는지를 나타내는 지표이다.

② 공급의 가격탄력성 도출

> 공급의 가격탄력성(ε_p) $= \dfrac{\text{공급량의 변화율(\%)}}{\text{가격의 변화율(\%)}}$
> $= \dfrac{\dfrac{\Delta Q_S}{Q_S}}{\dfrac{\Delta P}{P}} = \dfrac{\Delta Q_S}{\Delta P} \times \dfrac{P}{Q_S}$

> **개념더하기**
> 선분의 길이를 이용한 공급의 가격탄력성 도출
> $\varepsilon_p = \dfrac{\Delta Q_S}{\Delta P} \times \dfrac{P}{Q_S}$
> $= \text{기울기의 역수} \times \dfrac{P}{Q_S}$
> $= \dfrac{DC}{BC} \times \dfrac{BC}{OC} = \dfrac{DC}{OC}$
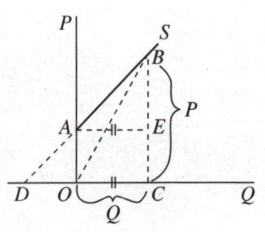

(2) 공급곡선의 형태와 가격탄력성

① 공급의 가격탄력성이 1보다 크면($\varepsilon_p > 1$) 공급의 가격탄력성은 '탄력적'이며, 공급곡선은 완만한 형태로 나타난다.
② 공급의 가격탄력성이 0과 1 사이면($0 < \varepsilon_p < 1$) 공급의 가격탄력성은 '비탄력적'이며, 공급곡선은 가파른 형태로 나타난다.

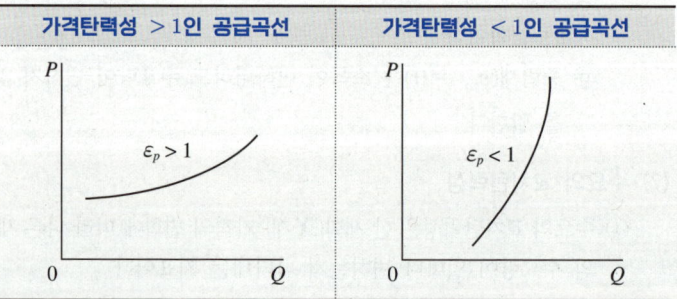

| 가격탄력성 >1인 공급곡선 | 가격탄력성 <1인 공급곡선 |

③ 공급의 가격탄력성이 0인 경우($\varepsilon_p = 0$) 공급의 가격탄력성은 '완전 비탄력적'이며, 공급곡선이 수직선으로 도출된다.
④ 공급의 가격탄력성이 ∞인 경우($\varepsilon_p = \infty$) 공급의 가격탄력성은 '완전 탄력적'이며, 공급곡선이 수평선으로 도출된다.

⑤ 공급의 가격탄력성이 1인 경우($\varepsilon_p = 1$) 공급의 가격탄력성은 '단위탄력적'이며, 공급곡선이 우상향하는 직각쌍곡선으로 도출된다. 모든 점에서의 가격탄력성이 1의 값을 갖는다.

가격탄력성 = 0인 공급곡선	가격탄력성 = ∞인 공급곡선	가격탄력성 = 1인 공급곡선

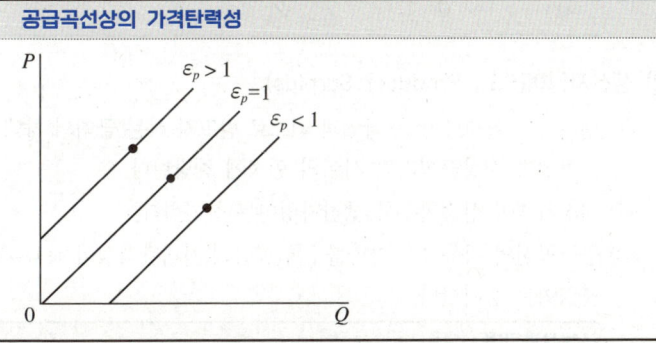

(3) 공급곡선상의 가격탄력성

① 공급곡선의 절편이 가격(P)축에 존재하는 경우 공급의 가격탄력성은 항상 1보다 크다.
② 공급곡선이 원점을 지나는 직선이라면 공급의 가격탄력성은 항상 1이다.
③ 공급곡선의 절편이 Q축에 존재하는 경우에는 공급의 가격탄력성은 항상 0보다 크고 1보다 작다.

(4) 공급의 가격탄력성 결정요인

① 생산요소의 가용성 여부
생산요소나 유휴설비가 많을수록 공급의 가격탄력성은 커지고 기술수준의 향상이 빠를수록 가격탄력성이 커진다.
② 측정 기간
측정 기간이 짧을 때보다 긴 경우의 공급의 가격탄력성이 더 크다.
③ 생산량 증가에 따른 한계비용
생산량 증가에 따른 한계비용이 완만하게 상승한다면 공급의 가격탄력성이 크다.
④ 재화의 저장가능성 여부
재화를 저장하는 데 드는 비용이 적을수록 공급의 가격탄력성은 커진다.

> **개념체크OX**
> • 공급곡선의 가격(P)절편이 양수이면 공급의 가격탄력성은 항상 1보다 크다. O X
> • 공급곡선이 원점을 지나는 직선이라면 공급의 가격탄력성은 항상 0이다. O X
>
> O, X

3 수요·공급이론의 응용

1 사회적 잉여

(1) 소비자잉여(CS ; Consumer Surplus)
   ① 소비자가 지불할 의사를 가진 최대금액과 실제로 지불한 금액의 차액이다. 수요곡선과 시장균형가격 사이의 면적에 해당한다.
   ② 시장가격이 하락할수록 소비자잉여는 증가한다.
   ③ 수요곡선의 기울기가 가파를수록(수요의 가격탄력성이 작을수록) 소비자잉여는 증가한다.

   소비자잉여

   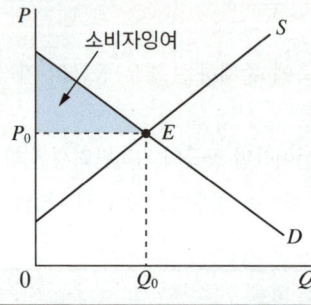

(2) 생산자잉여(PS ; Producer Surplus)
   ① 생산자가 실제로 받은 금액과 최소로 받고자 하는 금액의 차액이다. 공급곡선과 시장균형가격 사이의 면적에 해당한다.
   ② 시장가격이 상승할수록 생산자잉여는 증가한다.
   ③ 공급곡선의 기울기가 가파를수록(공급의 가격탄력성이 작을수록) 생산자잉여는 증가한다.

   생산자잉여

   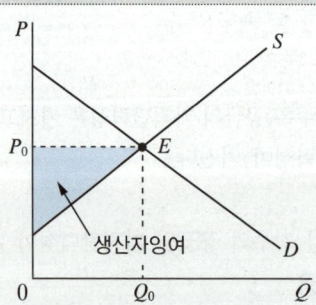

> 📝 개념체크 OX
> - 시장가격이 하락하면 소비자잉여는 증가한다. ⃞O ⃞X
> - 공급곡선의 기울기가 가파를수록 생산자잉여가 증가한다. ⃞O ⃞X
>
> O, O

(3) 사회적 잉여(SS ; Social Surplus)

① 사회적 잉여는 소비자잉여와 생산자잉여의 합인 총잉여를 말한다.
② 사회적 후생 또는 사회후생이라고도 한다.
③ 일반적으로 완전경쟁시장하에 수요와 공급이 만나는 점에서 균형을 이룬다면 사회적 잉여는 극대가 된다. 이러한 상태를 '파레토효율'이라고도 한다.

사회적 잉여

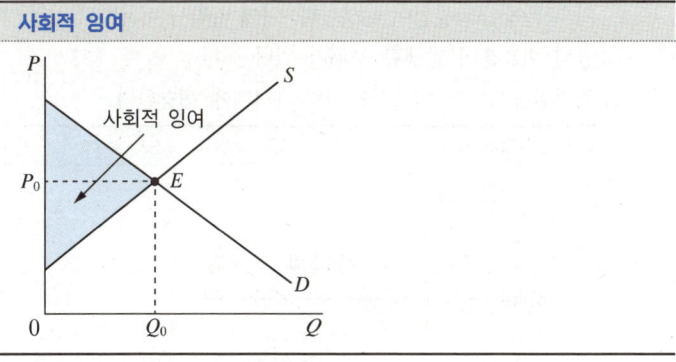

2 가격 규제

(1) 최고가격제

① 최고가격제(가격상한제)는 정부가 시장균형가격이 높다고 판단하면 시장균형가격보다 낮은 가격을 최고가격(상한가격)으로 설정하여 그 이상 가격이 올라가지 못하게 하는 제도이다.
② 주로 물가 안정과 소비자 보호를 목적으로 시행된다.
③ 최고가격제를 시행하면 초과수요가 발생하므로 암시장이 형성될 우려가 있다. 암시장이 형성되면 가격상한제 시행 전보다 더 높은 가격으로 거래되어 비효율이 발생한다.
④ 아파트 분양가격, 임대료, 금리, 공공요금 등에 사용되는 규제방법이다.

최고가격제

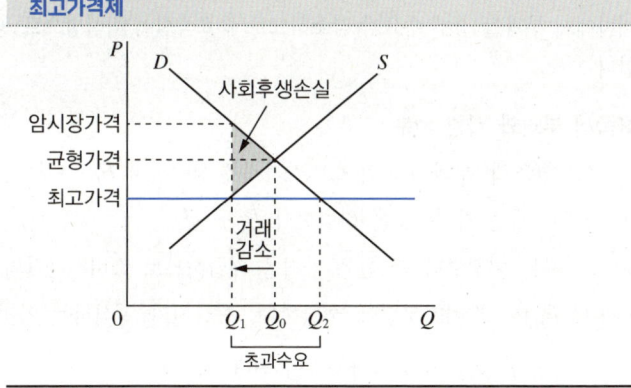

> **개념체크OX**
> • 최고가격제도는 시장균형보다 높은 가격을 설정하는 제도이다. ⓞⓧ
> • 최고가격제도는 암시장 형성이라는 부작용이 존재한다. ⓞⓧ
>
> ×, ○

(2) 최저가격제

① 최저가격제(가격하한제)는 정부가 시장균형가격보다 높은 가격수준을 최저가격(하한가격)으로 설정하여 가격이 그 이하로 내려가지 못하게 하는 제도이다.
② 주로 공급자 보호를 위해 시행된다.
③ 최저가격제를 시행하면 소비자는 지불가격이 높아져 소비량을 감소시키기 때문에 초과공급이 발생한다. 이에 따라서 비자발적 실업, 재고 누적 등의 비효율이 발생할 우려가 있다.
④ 최저임금제도가 대표적인 최저가격제에 해당한다.

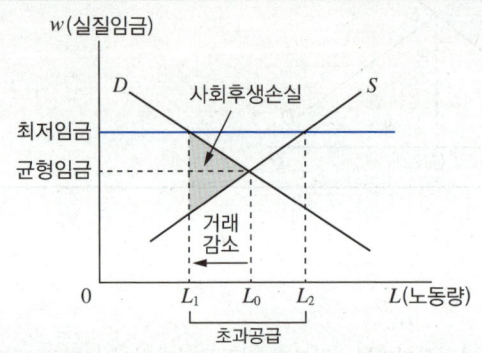

최저가격제

3 물품세 부과

(1) 물품세의 개념

물품세는 판매량 매 단위에 대하여 일정액을 부과하는 소비세이다.

(2) 물품세와 공급(수요)곡선

정부가 기업의 재화에 대하여 물품세를 부과하면 공급이 감소하므로 공급곡선은 단위당 물품세만큼 좌상방으로 평행이동한다. 반대로 물품세를 소비자에게 부과할 경우 수요가 감소하므로 수요곡선이 좌하방으로 평행이동한다.

(3) 물품세 부과와 자원 배분

① 물품세(조세) 부과에 따라 소비자가격은 상승하며($P_0 \to P_1$), 공급자가 인식하는 가격수준은 하락한다($P_0 \to P_2$).
② 소비자는 이전보다 더 높은 가격을 지급하므로 소비자가격의 상승분($\overline{P_1 P_0}$)이 소비자부담에 해당하며, 공급자가 인식하는 가격수준의 하락 폭($\overline{P_0 P_2}$)이 공급자부담이 된다.
③ 물품세 부과로 인하여 사회적으로 비효율이 발생하고 시장균형거래량은 감소한다($Q_0 \to Q_1$). 결과적으로 $\triangle CEE'$만큼의 사회후생손실이 발생하고 정부는 $\square ABCE'$만큼의 조세수입을 벌어들인다.

> **개념더하기**
>
> **종가세**
>
> 종가세는 판매량 매 단위에 일정액을 부과하는 물품세와는 달리 가격의 특정비율만큼을 부과하는 세금이다. 종가세의 경우 세율만큼 가격을 상승시켜 공급곡선의 기울기가 가팔라진다.

물품세 부과와 자원 배분

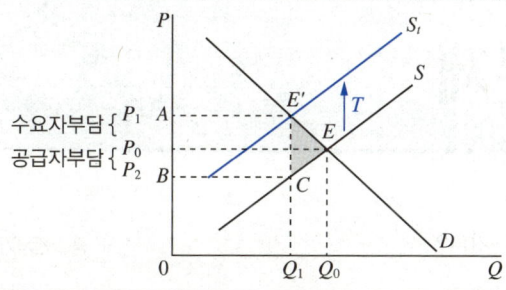

(4) 탄력성과 조세부담

① 수요가 비탄력적일수록 물품세에 대한 소비자 부담이 커지고, 수요가 탄력적일수록 물품세에 대한 공급자 부담이 커진다.
② 공급이 비탄력적일수록 물품세에 대한 공급자 부담이 커지고, 공급이 탄력적일수록 물품세에 대한 소비자 부담이 커진다.
③ 수요와 공급이 비탄력적일수록 물품세 부과로 인한 정부의 조세 수입액은 크다.

$$\frac{수요의\ 가격탄력성}{공급의\ 가격탄력성} = \frac{공급자부담}{소비자부담}$$

> **개념더하기**
>
> **래퍼곡선**
> 미국의 경제학자 아더 B. 래퍼교수가 주장한 것으로 보통 세율이 높아질수록 세수가 늘어나지만 세율이 일정수준을 넘으면 세수가 오히려 줄어드는 관계를 보여주는 곡선이다. 세율이 지나치게 높아지면 근로의욕이 감소하는 등 세원 자체가 줄어들게 되므로 이때는 세율을 낮춤으로써 오히려 세수를 증가시킬 수 있다는 것이다.

CHAPTER 02 기출분석문제

01 다음 중 수요곡선에 대한 설명으로 옳지 않은 것은? 중소벤처기업진흥공단

① 소비자의 소득이 변하면 수요곡선이 이동한다.
② 기펜재(Giffen Goods)의 수요곡선은 대체효과보다 소득효과가 크기 때문에 우하향한다.
③ 사적재화의 시장수요는 개별수요의 수평합이다.
④ 우하향하는 수요곡선의 높이는 한계편익이다.

해설 ② 기펜재의 경우 수요의 법칙이 성립하지 않아 우하향 조건과는 관계가 없으며, 소득효과가 대체효과보다 크다.
④ 수요곡선의 높이는 소비자의 지불용의 금액이자 소비로부터 얻는 한계편익을 의미한다.

02 다음 중 수요와 공급의 탄력성에 대한 설명으로 옳은 것은? 한국보훈복지의료공단

① 수요의 교차탄력성이 1보다 크면 두 상품은 보완재관계이다.
② 우하향하는 직선상 모든 점에서 가격탄력성은 같다.
③ 수요곡선이 수평이면 가격탄력성이 0이다.
④ 우상향 직선의 공급곡선 Y축 절편이 양수이면 가격탄력성은 무조건 1보다 크다.

해설 ④ 공급곡선의 절편이 양수라는 것은 절편이 가격(P)축에 존재함을 의미하며, 이 경우 가격탄력성은 언제나 1보다 크다.
① 수요의 교차탄력성이 1보다 크다면 두 상품이 대체관계에 있음을 나타낸다.
② 우하향하는 직선 즉, 수요곡선상의 모든 점에서 가격탄력성은 동일하지 않다.
③ 수요곡선이 수평이면 가격탄력성은 무한이다.

> **더알아보기** 공급곡선상의 가격탄력성
> - 공급곡선의 절편이 가격(P)축에 존재하는 경우 : 가격탄력성 > 1
> - 공급곡선의 절편이 수량(Q)축에 존재하는 경우 : 가격탄력성 < 1
> - 공급곡선이 원점을 지나는 직선 : 가격탄력성 = 1

03 재화의 특성에 대한 설명으로 옳은 것은? 서울시설공단

① 수요가 가격 탄력적인 상품을 판매하는 기업이 가격을 내리면 판매수입은 증가한다.
② 사치재는 수요의 가격탄력성이 1보다 큰 재화이다.
③ 완전 대체재인 두 상품의 무차별곡선은 우상향하는 직선이다.
④ 기펜재는 가격효과가 소득효과보다 큰 열등재이다.

해설 ② 사치재는 수요의 소득탄력성이 1보다 큰 재화로, 소득 증가분보다 수요량의 증가분이 더 큰 재화이다.
③ 두 상품이 완전 대체재이면 무차별곡선은 우하향하는 직선이다.
④ 기펜재는 열등재로 소득효과가 매우 커서 가격이 상승할 때 수요량이 증가하는 재화를 말한다.

04 A씨는 한 달에 일정액의 빵, 일정량의 주스를 구입한다. A씨의 빵 수요에 대한 가격탄력성과 주스 수요의 가격탄력성을 짝지은 것으로 옳은 것은?
　　　　　　　　　　　　　　　　　　　　　　　　　　　　　　　　　　한국주택금융공사

① 빵 : 1, 주스 : 0
② 빵 : 1, 주스 : 1
③ 빵 : 0, 주스 : 0
④ 빵 : 0, 주스 : 1

[해설] • 빵의 가격탄력성은 1로 단위탄력적이다. 예를 들어 가격이 10% 상승하는 경우 수요량이 같은 비율로 감소해야 동일한 가격의 빵을 구입할 수 있기 때문이다.
• 주스의 가격탄력성은 0으로 완전 비탄력적이다. 예를 들어 가격이 10% 상승하더라도 같은 양의 주스를 구매하여 수요량은 0% 감소하기 때문이다.

05 수요와 공급의 가격탄력성에 대한 설명으로 옳지 않은 것은?　　　　　　근로복지공단, 한국도로공사

① 공급곡선이 원점을 지나는 직선이면 공급의 가격탄력성은 기울기와 관계없이 동일하다.
② 수요와 공급의 가격탄력성이 클수록 단위당 일정한 생산보조금 지급에 따른 자중손실은 커진다.
③ 수요곡선이 수평선이면 수요의 가격탄력성은 완전 비탄력적이다.
④ 수요곡선이 우하향하는 직선이면 수요의 가격탄력성은 수요곡선 상의 모든 점에서 1로 동일하다.

[해설] ④ 수요의 가격탄력성이 1이면 수요의 가격탄력성은 단위탄력적이며 수요곡선은 직각쌍곡선 형태이다. 이때 모든 점에서의 가격탄력성은 1의 값을 갖는다.

06 콜라의 가격이 상승하는 경우 콜라의 대체재인 사이다의 수요변화를 가장 잘 나타낸 것은?　　IBK기업은행

① 사이다의 수요곡선을 따라서 좌상의 한 점이 우하의 다른 한 점으로 이동한다.
② 사이다의 수요곡선을 따라서 우하의 한 점이 좌상의 다른 한 점으로 이동한다.
③ 사이다의 수요곡선 자체가 오른쪽으로 이동한다.
④ 사이다의 수요곡선 자체가 왼쪽으로 이동한다.

[해설] 콜라의 가격 상승은 대체재인 사이다의 수요를 증가시킨다. 콜라 가격은 사이다 수요곡선에 있어서 외생변수에 해당하므로 사이다 수요곡선 자체가 우측으로 이동한다.

[정답] 01 ② 02 ④ 03 ① 04 ① 05 ④ 06 ③

07 다음 그래프에서 S나 S'는 공급곡선을 D는 수요곡선을 나타낸다. 그래프에 대한 설명으로 옳지 않은 것은?
(단, D 기울기 = 1, S 기울기 < 1, S' 기울기 > 1)
주택도시보증공사

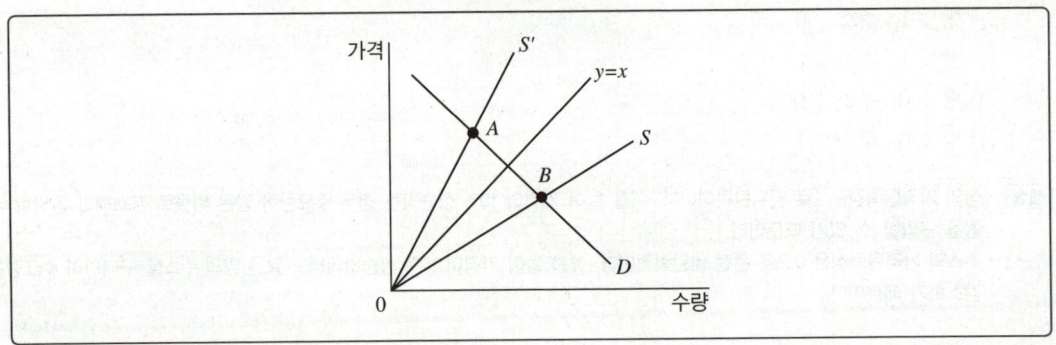

① B점에서 S의 공급의 가격탄력성은 1이다.
② A점에서 수요의 가격탄력성이 1보다 크다.
③ B점에서 수요의 가격탄력성은 1보다 작다.
④ A점에서 S'의 공급의 가격탄력성은 1보다 작다.

[해설] 공급곡선 S'가 원점을 지나기 때문에 S'곡선 위 모든 점에서 공급의 가격탄력성은 1이다. 따라서 A점에서 S'의 공급의 가격탄력성 또한 1이다.

08 한 재화의 공급곡선이 $Q = 400 + 2P$라고 할 때, $Q > 400$인 점에서 공급의 가격탄력성 ε_p는 얼마인가?
신용보증기금

① $\varepsilon_p > 1$ ② $\varepsilon_p = 1$
③ $0 < \varepsilon_p < 1$ ④ $\varepsilon_p = 0$

[해설] 공급함수를 P에 대해 정리하면 $P = \frac{1}{2}Q - 200$이 된다. 가격(P)절편이 음수인 우상향 직선이므로 모든 점에서 공급의 가격탄력성은 0보다 크고 1보다 작다.

09 X재의 수요곡선이 $Q = 10 - 2P$ 일 때, 수요의 가격탄력성이 1이 되는 가격은?
한국보훈복지의료공단

① 1 ② 2
③ 2.5 ④ 3.5

[해설] $\varepsilon_P = -(-2)\frac{P}{10-2P} = 1$이 되야 하므로 $2P = 10 - 2P$을 만족해야 한다. 따라서 $4P = 10$, $P = 2.5$이다.

10 A기업은 생산 공정의 개선으로 새로운 제품을 개발했다. 따라서 이 기업의 생산량이 4% 늘어났다. 그런데 총판매수입은 오히려 8%가 줄어든 것으로 나타났다면 제품에 대한 수요의 가격탄력성은 얼마인가?(단, 생산된 제품은 모두 판매되었다고 가정한다)

한국도로공사

① 1/3
② 1/2
③ 3/2
④ 5/7

[해설] $TR = P \times Q$이므로 곱의 미분에 의해 $\frac{\Delta TR}{TR} = \frac{\Delta P}{P} + \frac{\Delta Q}{Q}$이다.

따라서 $-0.08 = \frac{\Delta P}{P} + 0.04$, $\frac{\Delta P}{P} = -0.12$이다. $\Delta P = -0.12P$, $\Delta Q = 0.04Q$이므로 가격탄력성 식에 대입하면 $\varepsilon_P = -\left(\frac{0.04Q}{-0.12P}\right) \times \frac{P}{Q} = \frac{1}{3}$, 따라서 이 제품의 가격탄력성은 1/3이다.

11 완전경쟁시장에서 수요곡선은 $Q_d = 8 - 0.5P$이고, 공급곡선은 $Q_s = P - 4$라고 할 때, 균형가격(P)와 소비자잉여(CS)의 크기는?(단, Q_d는 수요량, Q_s는 공급량이다)

한국교통안전공단

① $P = 4$, $CS = 8$
② $P = 4$, $CS = 16$
③ $P = 8$, $CS = 8$
④ $P = 8$, $CS = 16$

[해설] 수요곡선을 P에 대해 정리하면 $P = 16 - 2Q$, 공급함수는 $P = 4 + Q$이다. 따라서 $P = 8$, $Q = 4$일 때 균형이 이뤄지며 수요곡선 $Q_d = 8 - 0.5P$와 $P = 8$ 사이 면적이 소비자잉여에 해당한다. 이 면적을 구하면 $1/2 \times 8 \times 4 = 16$이다.

12 A지역 아파트의 공급곡선은 완전 비탄력적이고 수요곡선은 우하향한다. 정부가 아파트의 매도자에게 양도차익의 50%를 양도소득세로 부과하였다. 다른 조건이 일정할 때, 조세귀착에 대한 설명으로 옳은 것은?

한국가스기술공사

① 매입자와 매도자가 각각 1/2씩 부담한다.
② 매입자가 전액 부담한다.
③ 매도자가 전액 부담한다.
④ 매입자와 매도자 모두 조세부담이 없다.

[해설] 탄력성에 따라 조세귀착이 달라진다. 탄력성이 낮은 시장참여자일수록 조세 귀착이 커진다. 따라서 완전 비탄력적인 공급자가 양도소득세 전액을 부담하게 된다.

13 시장수요함수가 $P=110-Q$, 시장공급함수가 $P=10+2Q$ 일 때, 생산자에게 보조금을 지급하여 최고가격을 70으로 책정하는 정책을 시행한다면 지급할 보조금은 얼마인가?　　　　　　한국가스기술공사

① 20
② 30
③ 60
④ 70

해설　최고가격을 70으로 설정할 경우 수요곡선에 $P=70$을 대입하면 거래량 $Q=40$임을 알 수 있다. 생산자에게 보조금을 지급하면 한계비용이 보조금만큼 낮아지는 결과가 되므로 공급곡선이 보조금 크기만큼 우하방으로 이동한다. 따라서 문제의 경우 공급곡선은 $P=10+2Q-$보조금이 되는데 P와 Q에 70과 40을 각각 대입하면 보조금은 20으로 구할 수 있다.

14 수요곡선은 $P=10$, 공급곡선은 $Q_S=P$이다. 정부가 한 단위당 2원의 물품세를 소비자에게 부과한 결과로 옳은 것은?(단, Q_S는 공급량, P는 가격이다)　　　　　　국토정보공사

① 조세수입이 20원 증가하였다.
② 소비자잉여는 감소하였다.
③ 생산자잉여의 감소분은 24원이다.
④ 자중손실은 2원이다.

해설　주어진 수요곡선과 공급곡선을 통해 수요가 완전 탄력적이고 공급이 단위탄력적임을 알 수 있다. 이 경우 정부가 소비자에게 물품세 부과하면 수요곡선이 2만큼 하방으로 이동하고, 이에 따라 $P=8$, $Q=8$이 새로운 균형이 된다. 물품세 부과 전 균형인 $P=10$, $Q=10$과의 차이 면적에 해당하는 자중손실은 2원에 해당한다.

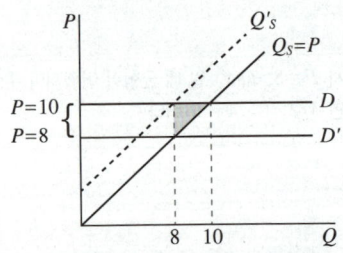

15 개별수요함수가 $Q_d=-P+6$으로 같은 6명이 A 시장을 구성하고 있다. A 시장의 공급곡선이 $Q_s=P-1$로 주어졌을 때, A 시장의 균형거래량은?　　　　　　한국가스기술공사

① 2
② 5
③ 7
④ 9

해설　개별수요함수가 같은 6명이 시장을 구성하고 있으므로, 개별수요곡선에 6배 한 것이 곧 시장수요곡선이 된다. 개별수요함수를 P로 정리한 식에 6을 곱해 도출한 시장수요함수는 $P=-6Q+36$이다. 이와 공급함수를 P에 대해 정리하면 $P=Q+1$이고, 이 두 함수를 통해 균형을 구하면 균형거래량은 $Q=5$이다.

아이들이 답이 있는 질문을 하기 시작하면 그들이 성장하고 있음을 알 수 있다.

– 존 J. 플롬프 –

최신복원문제

키워드 무차별곡선

효용극대화를 추구하는 소비자 A의 효용함수는 $U(x,y) = \min(2X, Y)$이다. 소비자 A의 무차별곡선에 대한 설명으로 옳지 않은 것은?(단, X재와 Y재는 정상재이고 x는 X재의 소비량, y는 Y재의 소비량이며, x, y는 양수이다) 주택도시보증공사

① 두 재화 X와 Y는 완전보완재 관계이다.
② 무차별곡선은 꺾어진 L자 형태로 도출된다.
③ 수요의 교차탄력성은 0보다 크다.
④ 가격소비곡선은 원점을 지나는 우상향하는 직선이다.

[해설] 주어진 효용함수의 무차별곡선은 꺾어진 L자 형태로, 두 재화 X와 Y는 완전보완재 관계이다. 따라서 수요의 교차탄력성은 0보다 작다.

정답 ③

Chapter 03
소비자이론

기출 키워드	중요도	기출 키워드	중요도
☑ 총효용과 한계효용의 관계	★	☑ 복지제도별 효과 비교	★
☑ 한계효용체감의 법칙	★★★	☑ 수요곡선과 가격소비곡선(PCC)	★★★
☑ 한계효용균등의 법칙	★★	☑ 가격탄력성과 가격소비곡선(PCC)	★★★
☑ 합리적 경제주체의 조건	★	☑ 소득탄력성과 소득소비곡선(ICC)	★★
☑ 한계대체율	★★	☑ 약공리와 강공리	★★
☑ 여러 가지 무차별곡선	★★★	☑ 불확실성하의 소비자 선택	★★
☑ 소비자균형	★★★	☑ 확실성등가와 위험프리미엄	★
☑ 가격효과(대체효과 + 소득효과)	★★★	☑ 지수에 따른 후생평가	★
☑ 기펜재	★★★		

CHAPTER 03 소비자이론

1 한계효용이론(기수적 효용이론)

1 총효용과 한계효용

(1) 효용(Utility)

① 효용은 소비자가 재화나 서비스의 사용 또는 어떤 행동으로 얻을 수 있는 주관적인 만족을 말한다. 효용은 기수적 효용과 서수적 효용으로 분류된다.
② 기수적 효용 : 측정치의 절대적인 수치가 유의미하며, 효용의 크기를 측정할 수 있다.
③ 서수적 효용 : 측정치를 단지 선호의 차이를 보여주는 지표로 인식하며, 순서를 구분하기 위한 장치로만 사용한다.

(2) 총효용(TU ; Total Utility)

총효용은 소비자가 일정 기간 일정량의 재화 소비로 얻게 되는 주관적 만족치의 총량을 말한다.

(3) 한계효용(MU ; Marginal Utility)

한계효용은 1단위의 재화를 추가로 소비했을 때 총효용의 증가분을 의미한다.

$$MU = \frac{\Delta TU}{\Delta Q}$$

(4) 효용함수

효용함수는 재화 소비량과 효용 간의 관계를 함수형태로 나타낸 것을 의미한다.

(5) 총효용(TU)과 한계효용(MU)의 관계

① 재화 n번째 단위의 총효용은 n번째 단위까지의 한계효용을 누계한 것과 같다.
② 총효용곡선상의 한 점에서의 접선의 기울기는 그 점에서의 한계효용이다.
③ 총효용이 극대점에 이를 때까지 총효용은 증가하나 한계효용은 감소한다.
④ 총효용이 극대(극대점)일 때 한계효용은 0이 된다.

개념체크OX

- 기수적 효용에서는 절대적 수치로 효용을 나타낸다. OX
- 서수적 효용에서는 효용에 대한 순서 구분이 어렵다. OX

O, X

⑤ 총효용이 감소할 때 한계효용은 음의 값을 갖는다.

효용 \ 재화	1	2	3	4	5
총효용(TU)	10	16	20	22	20
한계효용(MU)	10	6	4	2	−2

총효용(TU)과 한계효용(MU)

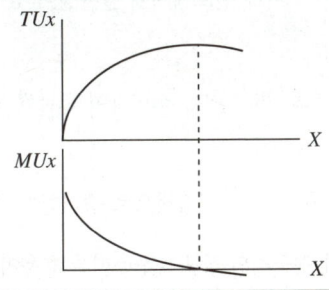

2 한계효용체감의 법칙

한계효용체감의 법칙은 재화의 소비량이 증가함에 따라서 추가적인 소비로부터 얻게 되는 한계효용은 점점 감소한다는 것이다. 또한 한계효용체감의 법칙으로 인해 한계효용곡선이 우하향한다.

3 한계효용균등의 법칙

두 가지 이상의 재화를 소비할 때 소비자가 주어진 소득을 이용하여 만족을 극대화하기 위해서는 화폐 1단위에 대한 각 상품의 한계효용이 균등하게 되도록 각 재화를 구입하여야 한다는 법칙을 말한다.

$$\frac{MU_X}{P_X} = \frac{MU_Y}{P_Y} = k(= 1원당\ 한계효용)$$

4 한계효용이론과 수요곡선

한계효용균등의 법칙을 X재의 가격(P_X)에 대한 식으로 정리하면 $P_X = \frac{1}{k} MU_X$가 도출된다. 이는 수요함수에 해당한다. k가 상수로 일정하고 MU_X는 우하향하므로 소비자의 수요곡선도 우하향한다.

개념체크OX
- 총효용이 극대일 때 한계효용은 1이다. ○ ×
- 한계효용은 점점 증가한다. ○ ×

×, ×

2 무차별곡선이론(서수적 효용이론)

1 소비자 선호체계의 공리

(1) **완비성** : 임의의 두 재화 간 선호순서를 판단할 수 있다.

(2) **이행성** : $X > Y$, $Y > Z$의 선호체계를 가진 경제주체는 반드시 $X > Z$의 선호체계를 가져야 한다. 즉, 소비자 선호체계에 일관성이 있어야 함을 의미한다.

(3) **연속성** : 소비자 선호는 연속적으로 변화하며, 소비량이 조금씩 변하면 그에 따른 효용도 조금씩만 변한다.

(4) **강단조성** : 소비량이 증가할수록 효용도 지속적으로 증가한다.

(5) **볼록성** : 극단적인 상품묶음보다 평균적인 상품묶음에 따른 효용이 더 크다.

2 무차별곡선

(1) **무차별곡선의 개념**

무차별곡선은 한 소비자가 동일한 수준의 효용을 얻을 수 있는 모든 상품묶음들의 집합을 나타낸 곡선이다. A, B, C, D 모두 동일한 효용을 주는 상품묶음이다.

무차별곡선

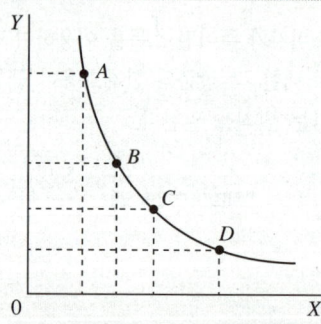

(2) **무차별곡선의 성질**

① X재와 Y재 모두 재화라면 무차별곡선은 우하향하는 모양을 갖는다 (대체가능성).
② 원점에서 멀어질수록 높은 효용수준을 나타낸다(강단조성).
③ 두 무차별곡선은 서로 교차하지 않는다(이행성).
④ 모든 점은 그 점을 지나는 하나의 무차별곡선을 갖는다(완비성).
⑤ 원점에 대하여 볼록하다(볼록성, 한계대체율 체감의 법칙).

> **개념체크OX**
> • 무차별곡선은 일반적으로 우하향하는 형태를 갖는다. ⓞⓧ
> • 두 무차별곡선이 교차하기도 한다. ⓞⓧ
>
> O, X

(3) 한계대체율(MRS_{XY} ; Marginal Rate of Substitution of X for Y)
   ① 한계대체율은 동일한 효용수준을 유지하면서 X재 1단위를 추가로 소비하기 위해 포기해야 하는 Y재의 수량을 말한다.

   $$MRS_{XY} = -\frac{\Delta Y}{\Delta X} = \frac{MU_X}{MU_Y}$$

   ② 한계대체율은 무차별곡선 기울기의 절댓값이다.
   ③ X재와 Y재, 두 상품에 대한 주관적 교환비율을 의미한다.
   ④ 한계대체율 체감의 법칙이 성립한다.
      ㉠ 일반적인 재화의 경우, 한계대체율은 체감한다.
      ㉡ X재 소비량이 증가함에 따라 X재 1단위에 대하여 포기할 용의가 있는 Y재의 수량이 점점 감소하는 현상을 말한다.
      ㉢ 소비자 선호체계의 기본 가정인 볼록성과 관련된다.

      $$MRS_{XY}^A > MRS_{XY}^B$$

   한계대체율(MRS_{XY})의 체감

   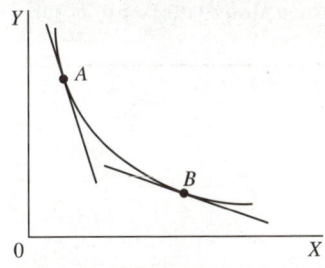

   ㉣ 성립 과정
      • X재 소비가 증가할 경우 한계효용체감의 법칙에 따라 X재에 대한 한계효용이 감소한다.
      • X재 소비 증가로 인해 Y재 소비량이 감소하고, Y재의 한계효용이 증가한다.
      • 즉, MU_X는 감소하고, MU_Y는 증가한다.
      $MRS_{XY} = -\frac{\Delta Y}{\Delta X} = \frac{MU_X}{MU_Y}$ 이므로 한계대체율(MRS_{XY})은 감소한다.

(4) 무차별곡선의 형태
   ① 콥-더글라스 효용함수
      ㉠ 일반적 재화의 효용함수(무차별곡선)에 해당한다.
      ㉡ 우하향하는 곡선의 형태이다.
      ㉢ α, β는 각각 X재와 Y재의 효용기여도와 지출 비중을 의미한다.

> **개념체크OX**
> • 한계대체율은 X와 Y재에 대한 객관적 교환비율이다. ⓞ☒
> • 한계대체율은 무차별곡선의 연속성과 관련이 있다. ⓞ☒
>
> ☒, ☒

② 원점에 대하여 볼록하다. → 한계대체율이 체감한다.
원점에 대하여 볼록하다. ← 한계대체율이 체감한다.

$$U(X,\ Y) = AX^\alpha Y^\beta$$
(단, $\alpha > 0$, $\beta > 0$, $\alpha + \beta = 1$, A는 임의의 양의 값을 갖는 상수)

콥-더글라스 효용함수

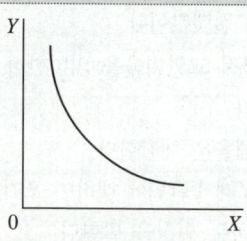

② 레온티예프 효용함수
㉠ 완전보완재의 효용함수(무차별곡선)에 해당한다.
㉡ 두 재화를 일정 비율로 함께 증가시켜야 효용이 증가한다.
㉢ L자 형태를 갖는다.

$$U(X,\ Y) = \min(aX,\ bY) \text{ (단, } a > 0,\ b > 0)$$

레온티예프 효용함수

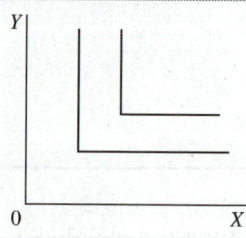

③ 선형 효용함수
㉠ 완전대체재의 효용함수(무차별곡선)에 해당한다.
㉡ 두 재화가 일정 비율로 교환될 때 동일한 효용을 갖는다.
㉢ 우하향하는 직선 형태이다.

$$U(X,\ Y) = aX + bY \text{ (단, } a > 0,\ b > 0)$$

선형 효용함수

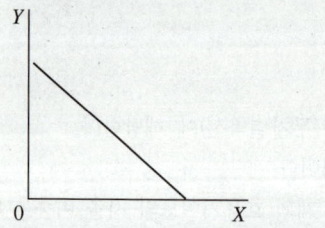

개념체크OX

• 콥-더글라스 효용함수가 원점에 대해 볼록하다는 것은 한계대체율이 체감한다는 것이다. OX

• 레온티예프 효용함수는 완전대체재의 효용함수이다. OX

O, X

④ 기타 무차별곡선

한 재화(X재)가 비재화인 경우

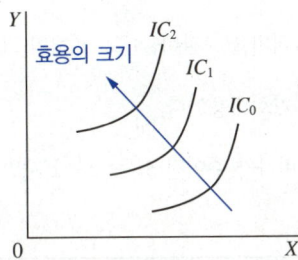

X재가 비재화(bads)일 때 X재 소비량이 증가하면 동일한 효용을 유지하기 위해서는 Y재 소비량이 증가해야 한다.

한 재화(X재)가 중립재인 경우

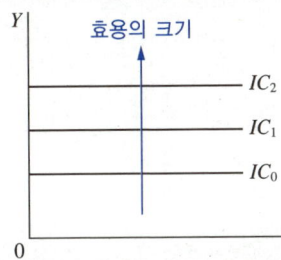

X재가 중립재일 때 $MU_X = 0$이므로 효용은 X재 소비량에 관계없이 Y재 소비량에 의해서만 결정된다.

두 재화 모두 비재화인 경우

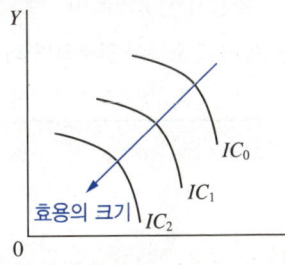

두 재화가 모두 비재화(bads)일 때 효용은 원점에 가까워질수록 증가한다.

3 예산선(Budget Line)

(1) 예산선의 개념

① 예산선은 X재와 Y재만을 소비하는 소비자를 가정할 때, 주어진 소득(M)을 전부 사용하여 구매할 수 있는 X재와 Y재의 상품묶음의 집합을 나타낸 직선이다.

② 따라서 예산제약식은 주어진 소득(M) = X재 구매액($P_X X$) + Y재 구매액($P_Y Y$)이다.

$$M = P_X X + P_Y Y \Rightarrow Y = -\frac{P_X}{P_Y}X + \frac{M}{P_Y}$$

> **개념체크OX**
> • 한 재화가 중립재인 경우 효용의 증가에 따라 무차별곡선이 상방으로 이동한다. ○✕
> • X재와 Y재가 모두 비재화일 경우 무차별곡선이 원점에 대해 오목한 형태로 나타난다. ○✕
>
> ○, ○

③ 예산선의 기울기 = $\dfrac{Y재\ 감소분}{X재\ 증가분} = \dfrac{-\Delta Y}{\Delta X}$ 는 $-\dfrac{P_X}{P_Y}$ 와 같다.

④ $\dfrac{P_X}{P_Y}$ 는 X재와 Y재의 상대가격비율(교환비율)로, Y재의 크기로 표현한 X재 한단위 구입에 대한 기회비용이다.

⑤ 예산선의 Y절편인 $\dfrac{M}{P_Y}$ 는 소비자가 주어진 소득으로 Y재만을 소비할 때의 Y재 수량에 해당한다.

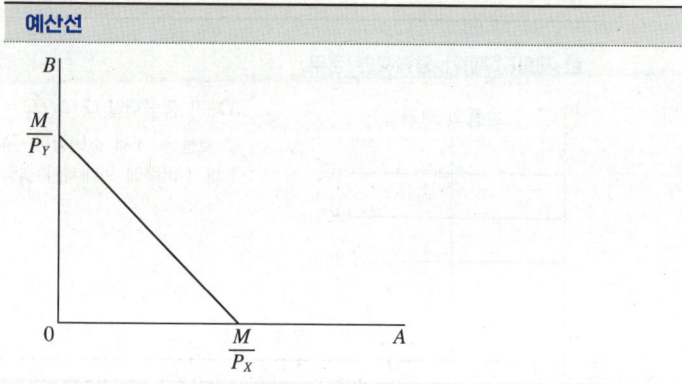

예산선

(2) 예산선의 이동

① 소득이 증가하면 우측으로 평행이동하고 소득이 감소하면 좌측으로 평행이동한다.

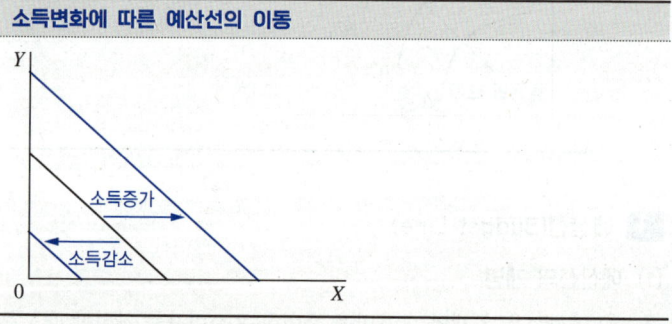

소득변화에 따른 예산선의 이동

② X재의 가격이 상승(하락)하는 경우 Y절편을 축으로 하여 시계방향(시계반대방향)으로 회전이동한다.

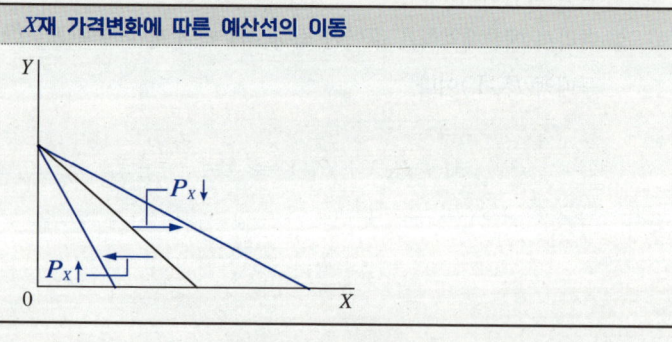

X재 가격변화에 따른 예산선의 이동

개념체크OX

· 예산선의 기울기 = $\dfrac{P_Y}{P_X}$ 이다. [O|X]

· 예산선의 기울기는 X재 한단위에 대한 기회비용이다. [O|X]

×, O

③ Y재의 가격이 상승(하락)하는 경우 X절편을 축으로 히여 시계반대방향(시계방향)으로 회전이동한다.

Y재 가격변화에 따른 예산선의 이동

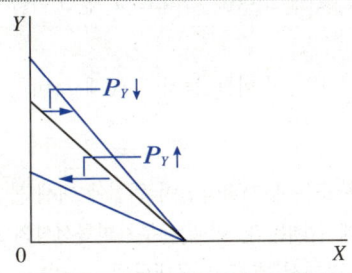

3 소비자균형

1 소비자균형의 개념

소비자균형은 주어진 예산제약 아래에서 소비자가 효용을 극대화하고 있는 상태를 말한다.

2 효용극대화

(1) 무차별곡선과 예산선이 접하는 점, E에서 소비자균형을 이루며 이때 효용이 극대화된다.

소비자균형(효용극대화)

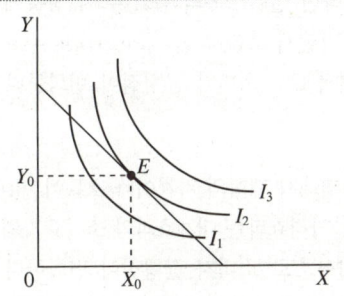

(2) 효용극대화 1계 조건

무차별곡선의 기울기(절댓값) = 예산선의 기울기(절댓값)일 때 효용이 극대화된다.

$$MRS_{XY} = \frac{MU_X}{MU_Y} = \frac{P_X}{P_Y} \Rightarrow \frac{MU_X}{P_X} = \frac{MU_Y}{P_Y}$$

(3) 효용극대화 2계 조건

무차별곡선이 원점에 대하여 볼록하다.

> **개념체크OX**
> • $\frac{MU_X}{MU_Y} = \frac{P_X}{P_Y}$ 는 효용극대화의 1계 조건이다. ◯☒
> • 효용극대화 2계 조건은 무차별곡선의 볼록성을 의미한다. ◯☒
>
> ◯, ◯

(4) 소비자균형조건이 성립하지 않는 경우

① 1계 조건의 위배

㉠ $\dfrac{MU_X}{P_X} > \dfrac{MU_Y}{P_Y}$: X재 소비를 늘리고 Y재 소비를 줄인다.

㉡ $\dfrac{MU_X}{P_X} < \dfrac{MU_Y}{P_Y}$: Y재 소비를 늘리고 X재 소비를 줄인다.

② 2계 조건의 위배

무차별곡선이 선형인 경우 또는 무차별곡선이 원점에 대해 볼록하지 않고 오목한 경우 2계 조건에 위배된다. 이때는 무차별곡선상의 모서리해, 또는 무차별곡선의 모든 점에서 효용이 극대화될 수 있다.

3 소비자균형의 이동

(1) 대체효과(SE ; Substitution Effect)

대체효과는 소비자의 효용이 종전과 동일한 상태에서 두 상품 사이의 상대가격비율에 변화가 생김으로써 발생하는 효과다. 대체효과는 항상 상대적으로 싸진 물건을 더 많이 사도록 하고, 상대적으로 비싸진 물건을 더 적게 사도록 하는 방향으로 작용한다. 아래 그림에선 A에서 B로 소비자 균형점이 변화한다.

(2) 소득효과(IE ; Income Effect)

소득효과는 상대가격의 변화가 없는 상황에서 실질소득이 변화함으로써 생기는 효과를 뜻한다. 이 경우, 예산선 자체가 우측으로 이동한다. 단, 소득효과의 경우에는 고려대상이 되는 상품의 성격에 따라 작용하는 방향이 다를 수 있다. 만약 상품이 정상재라면 실질소득의 증가는 이 상품에 대한 수요를 증가시킬 것이나, 열등재(기펜재 포함)라면 이와 반대로 수요가 감소할 것이다. 아래 그림에선 B에서 C로 소비자 균형점이 변화한다.

(3) 가격효과(Price Effect)

가격효과는 명목소득이 일정한 상태에서 재화의 가격이나 소득이 변화함에 따른 수요량의 변화를 말한다. 즉, 가격효과는 대체효과와 소득효과의 합으로 구성된다. 아래 그림에선 A에서 C로 소비자 균형점이 변화한다.

> 가격효과 = 대체효과 + 소득효과

가격효과(대체효과 + 소득효과)에 따른 소비자 균형점 이동

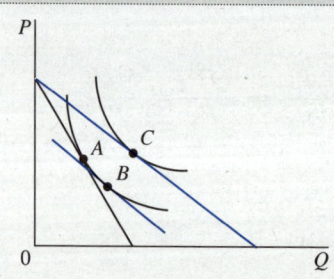

💡 개념더하기

재화유형별 가격효과와의 관계

구 분	대체 효과 (SE)	소득 효과 (IE)	가격 효과 ($SE + IE$)
정상재	음(−)의 관계	정(+)의 관계	정(+)의 관계
열등재	음(−)의 관계	음(−)의 관계	정(+)의 관계
기펜재	음(−)의 관계	음(−)의 관계	음(−)의 관계

💡 개념더하기

기펜재

어떤 상품의 경우에는 반대 방향으로 작용하는 소득효과가 너무 커서 대체효과를 능가하는 경우, 가격이 하락하면 수요량은 오히려 줄어드는 이상한 현상이 나타날 수 있다. 이와 같은 성격을 갖는 상품을 기펜재(Giffen Goods)라 한다.

(4) 보상수요곡선

① 보상수요곡선의 개념

보상수요곡선이란 소득효과를 제거하고 대체효과만을 보여주는 수요곡선을 뜻한다. 보상수요곡선은 힉스의 보상수요곡선과 슬러츠키의 보상수요곡선으로 나뉜다. 한편 지금껏 다뤄온 수요곡선은 마샬 수요곡선(보통 수요곡선)으로, 가격효과(소득효과 + 대체효과)를 통해 설명되는 수요곡선이다.

② 힉스의 보상수요곡선 특징

㉠ 재화의 종류에 상관없이 항상 우하향하므로 기펜재의 수요곡선도 우하향한다.

㉡ 가격 하락 시 X재가 정상재일 경우 마샬 수요곡선보다 가파르고, 열등재의 경우 마샬 수요곡선보다 완만하다.

㉢ 가격 상승 시 X재가 정상재일 경우 마샬 수요곡선보다 가파르지만 슬러츠키 보상수요곡선보다는 완만하다.

X재 가격 하락 시 D_M, D_S, D_H의 기울기

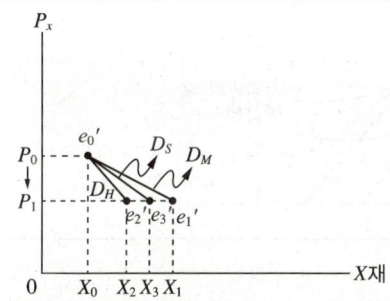

X재 가격 상승 시 D_M, D_S, D_H의 기울기

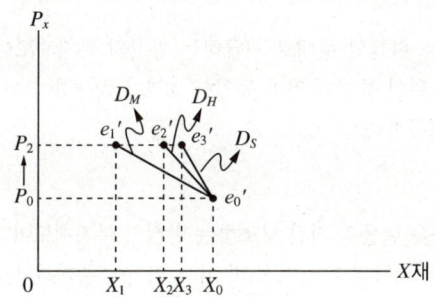

(마샬 수요곡선 : D_M, 슬러츠키 보상수요곡선 : D_S, 힉스 보상수요곡선 : D_H)

> **개념체크OX**
> • 보통수요곡선에서 기펜재는 우상향한다. [O][X]
> • 힉스의 보상수요곡선에서 기펜재는 우하향한다. [O][X]
>
> O, O

> **개념더하기**
>
> **보상변화와 대등변화의 관계**
> 보상변화와 대등변화는 항상 반대부호를 가지지만 절대값이 동일하지는 않다.

4 보상변화와 대등변화

(1) 보상변화(CV ; Compensating Variation)

보상변화는 소비자의 효용을 가격변화가 일어나기 이전의 수준으로 되돌려 놓기 위해 필요한 소득의 변화로 측정한 크기이다. 보상변화는 대체효과를 나타내는 예산선과 가격변동 후의 가격효과를 나타내는 예산선의 차이만큼 이다.

(2) 대등변화(EV ; Equivalent Variation)

대등변화는 가격변화에 의한 효용의 변화를 소득의 변화로 측정한 크기이다. 대등변화는 가격변화 이전의 소득수준을 가격변화 이후의 효용이 되도록 소득을 변화시킨 두 소득 사이의 차이값에 해당한다.

보상변화와 대등변화

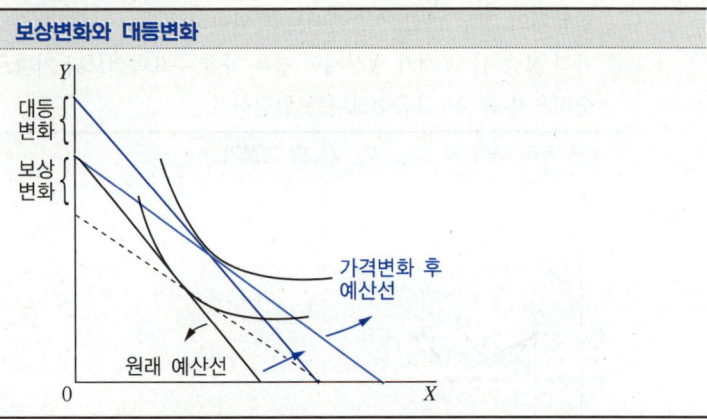

5 사회복지제도

(1) 현금보조

현금보조는 보조금을 현금의 형태로 지급하는 방식의 복지제도이다. 현금보조 시 소비자의 소득이 증가한 것과 동일한 효과가 발생하여 예산선 자체가 우측으로 평행이동한다.

(2) 현물보조

① 현물보조는 재화를 현물로 직접 보조하는 방식의 복지제도이다. 현물보조의 경우 현물로 지급된 재화의 소비 가능 영역이 증가하나 다른 재화와 교환이 불가능하기에 예산선이 굴절된 형태로 나타난다(예산선 : ABD).

② X재에 대하여 현물보조를 시행할 때 Y재에 대한 편향적 선호가 없는 소비자에게는 현금보조와 현물보조가 무차별하지만, Y재에 대한 편향적 선호를 가지고 있는 소비자(Y재를 A 이상 소비하는 소비자)에게는 비효율적이다.

현금보조와 현물보조

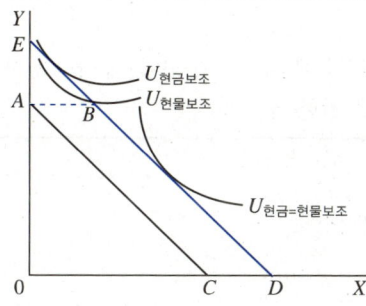

(3) 가격보조

① 가격보조는 재화에 대한 가격할인 방식의 복지제도로, 보조된 재화의 가격이 하락하는 것과 같은 효과가 있다.
② 가격보조의 경우에는 예산선의 기울기인 상대가격비율을 변화시킨다. 가격보조가 주어질 때 소비자의 선택행위는 상대가격구조의 변화에 의해 교란되며 이로 인해 비효율이 발생한다.
③ 소비량 증가라는 특정 목적 달성 측면에서의 효과가 뚜렷하다.

가격보조

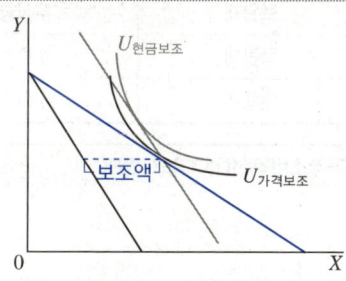

(4) 보조제도의 비교

① 소비자의 후생 측면에서의 효과 : 현금보조 > 현물보조 > 가격보조
② 소비량 증가 목적 달성 효과 : 가격보조 > 현물보조 > 현금보조

개념더하기

가치재
가치재는 민간부문에서 공급되고 있으나 생산량이 최적수준보다 적어 정부가 직접 공급에 개입하는 재화이다. 정부 판단하에 소비가 바람직한 재화가 이에 해당된다.
예 교육, 의료, 주택공급 등

개념더하기

레온티에프 함수의 가격소비곡선과 소득소비곡선

- 가격소비곡선 : 원점을 지나는 우상향하는 직선

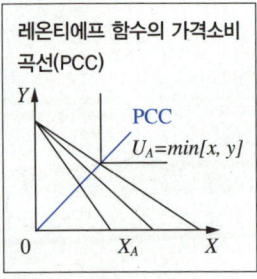

- 소득소비곡선 : 원점을 지나는 우상향하는 직선

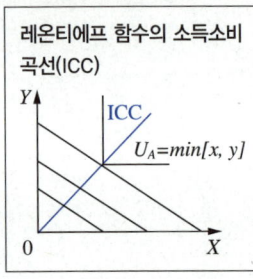

6 가격소비곡선(PCC ; Price Consumption Curve)

(1) 가격소비곡선의 개념

가격소비곡선은 소득이 일정할 때 재화의 가격변화에 따라 변화하는 소비자 균형점들을 이은 곡선을 말한다.

가격소비곡선(PCC)

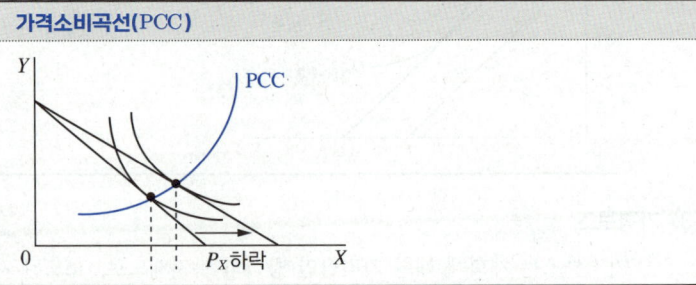

(2) 가격소비곡선과 수요곡선의 관계

① 수요곡선은 가격소비곡선을 재화가격과 재화수요량의 관계를 나타내는 평면으로 옮겨 도출한 곡선이다.

② 수요곡선의 특징에 따른 가격소비곡선의 형태

가격탄력성	X재와 Y재의 관계	가격소비곡선
$0 < \varepsilon_p < 1$	보완재	우상향
$\varepsilon_p = 1$	독립재	수평선
$\varepsilon_p > 1$	대체재	우하향

수요곡선의 특징에 따른 가격소비곡선(PCC)의 형태

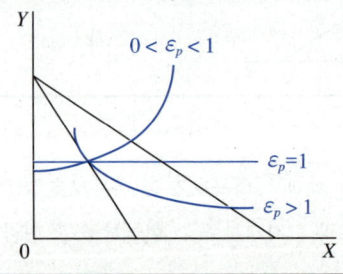

7 소득소비곡선(ICC ; Income Consumption Curve)

(1) 소득소비곡선의 개념

소득소비곡선은 상대가격이 일정할 때 소득의 변화에 따른 소비자 균형점들을 연결한 곡선을 의미한다.

(2) 소득소비곡선과 엥겔 곡선(EC ; Engel Curve)

엥겔 곡선은 소득소비곡선을 수요량과 소득의 관계를 나타내는 평면으로 옮겨 도출한 곡선을 의미한다.

필수재의 소득소비곡선(ICC)과 엥겔 곡선(EC)

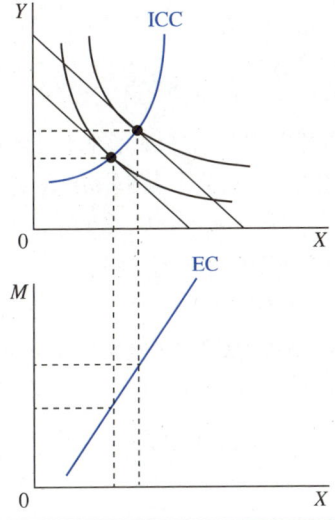

개념더하기

네트워크효과(Network Effect)
미국의 경제학자 하비 라이벤스타인(H. Leibenstein)이 소개한 효과로 상품에 대한 어떤 개인의 수요는 다른 사람들의 수요로부터 영향을 받는다는 개념이다.

네트워크 효과	개 념	수요곡선
베블런 효과	가격이 오르는 데도 일부 계층의 과시욕이나 허영심 등으로 인해 수요가 줄어들지 않는 현상	우상향하는 수요곡선
스놉 효과	특정 제품에 대한 소비가 증가하게 되면 그 제품의 수요가 줄어드는 현상	개별수요곡선과 시장수요곡선이 비탄력적
밴드웨건 효과	유행에 따라 상품을 구입하는 현상	개별수요곡선과 시장수요곡선이 탄력적

(3) 소득소비곡선과 소득탄력성

소득탄력성에 따른 재화의 종류		Y재의 소득탄력성	소득소비곡선	엥겔 곡선
정상재	사치재	$\varepsilon_m > 1$	아래로 오목/우상향	
	–	$\varepsilon_m = 1$	원점을 통과하는 직선	
	필수재	$0 < \varepsilon_m < 1$	아래로 볼록/우상향	
중립재		$\varepsilon_m = 0$	수직선	
열등재		$\varepsilon_m < 0$	X재가 열등재면 좌상향	좌상향
			Y재가 열등재면 우하향	

수요의 소득탄력성에 따른 소득소비곡선(ICC)의 형태

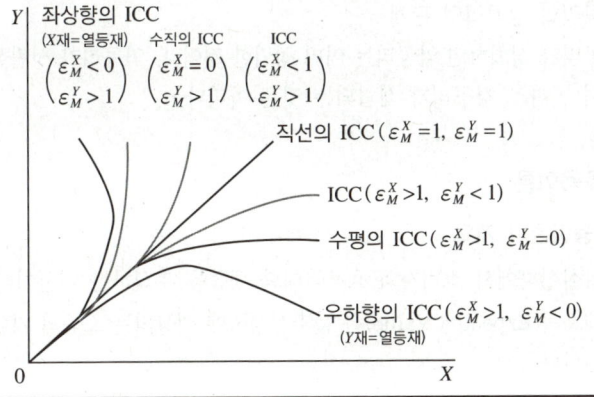

개념더하기

위치재
잠재적 소비자 중 극소수만 구매할 수 있다는 사실 때문에 가치가 상승하는 재화를 말한다. 주로 필수품보다 고급품이나 사치품이 위치재가 된다.

예 고급식당의 프라이빗 예약, 한정판 최고급 시계 등

4 소비자이론의 확장

1 현시선호이론

(1) 현시선호이론의 개념
① 사무엘슨이 제시하고 힉스에 의해 발전된 이론으로 실제로 시장에서 나타난 소비자의 소비행태를 관찰하여 소비자의 최적화행위를 분석하는 이론이다.
② 소비자가 일관적이고 합리적으로 행동한다고 전제한다.
③ 한계효용이론의 기수적 효용이나 무차별곡선 이론의 서수적 효용을 배제하고, 오로지 관측 가능한 현시선호 정보만을 이용하여 소비자이론을 전개한다.

(2) 약공리와 강공리
① 약공리(일관성)
소비자가 A, B 상품배합 모두 선택 가능할 때 A를 선호한다면 A가 직접 현시선호되었다고 말한다. 약공리는 A가 B에 대하여 직접현시선호되면 B는 A보다 직접현시선호될 수 없다는 것을 의미한다.

$$A > B \nrightarrow A < B$$

② 강공리(추이성)
소비자가 A, B 상품배합 중 A를 선택하고, B, C 상품배합 중 B를 선택한다면 A는 C에 대하여 간접현시선호되었다고 말한다. 강공리는 A가 B보다 직접현시선호되고, B가 C보다 직접현시선호되었을 때 A는 C보다 간접현시선호됨을 의미한다.

$$A > B, B > C \rightarrow A > C$$

③ 약공리와 강공리의 관계
강공리가 성립하면 약공리는 이미 성립한 것이나, 약공리가 성립한다고 하여 곧바로 강공리가 성립되는 것은 아니다.

2 기대효용이론

(1) 기대효용이론의 개요
① 불확실성하에서 소비자의 효용극대화 행동을 분석하는 이론이다.
② 기대소득(Expected Value)은 불확실성하에 예상되는 소득의 기대치를 의미한다.

$$E(X) = \sum P_i X_i$$

> **개념더하기**
>
> **불확실성**
> 불확실성은 발생할 사건에 대한 확실한 예측이 불가능한 상황을 의미한다. 이러한 불확실성을 반영한 대표적인 경제이론으로는 기대효용이론, 게임이론, 정보경제학 등이 있다.

③ 기대효용(Expected Utility)은 불확실성하에 예상되는 효용의 기대치를 의미한다.

$$EU(X) = \sum P_i U_i$$

(2) 확실성 등가와 위험프리미엄

① 확실성 등가(CE ; Certainty Equivalence)는 불확실한 기대소득과 동일한 효용을 제공하는 확실한 소득을 의미한다.
② 위험프리미엄(RP ; Risk-Premium)은 불확실한 소득을 확실한 소득으로 교환하기 위하여 지불할 용의가 있는 금액으로 기대소득에서 확실성 등가를 차감하여 계산한다.

$$위험프리미엄(RP) = 기대소득(E(X)) - 확실성등가(CE)$$

③ 위험에 대한 성향 비교

구 분	기대소득의 효용과 기대효용	확실성 등가 (CE)	위험프리미엄 (RP)
위험기피자	기대소득의 효용 > 기대효용 (기대치의 효용 > 효용의 기대치)	기대소득 > 확실성 등가	$RP > 0$
위험선호자	기대소득의 효용 < 기대효용 (기대치의 효용 < 효용의 기대치)	기대소득 < 확실성 등가	$RP < 0$
위험중립자	기대소득의 효용 = 기대효용 (기대치의 효용 = 효용의 기대치)	기대소득 = 확실성 등가	$RP = 0$

> **개념더하기**
>
> - 최대보험료 = 사고가 발생하지 않았을 경우의 소득수준 - 확실성등가(CE)
> - 적정보험료 = 최대보험료 - 위험프리미엄(RP)

위험 선호 성향에 따른 효용곡선

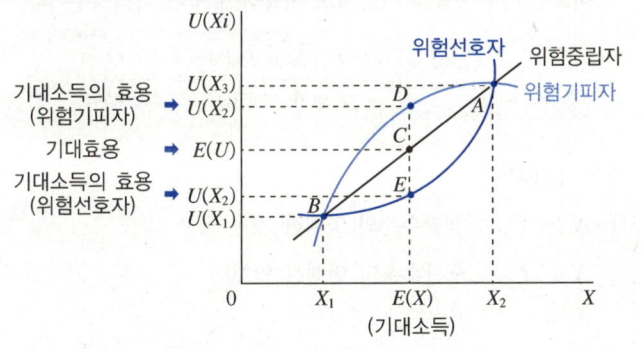

3 지 수

(1) 지수의 개념

지수(Index)는 상품의 수량이나 가격에 생긴 평균적인 변화를 하나의 수치로 표현한 것이다.

(2) 수량지수

① 라스파이레스 수량지수(Laspeyres Quantity Index)

기준연도의 가격을 가중치로 사용하여 구한 수량지수이다.

$$L_Q = \frac{P_{X0}X_1 + P_{Y0}Y_1}{P_{X0}X_0 + P_{Y0}Y_0} = \frac{P_0 Q_1}{P_0 Q_0}$$

② 파셰 수량지수(Paasche Quantity Index)

비교연도의 가격을 가중치로 사용하여 구한 수량지수이다.

$$P_Q = \frac{P_{X1}X_1 + P_{Y1}Y_1}{P_{X1}X_0 + P_{Y1}Y_0} = \frac{P_1 Q_1}{P_1 Q_0}$$

③ 수량지수에 의한 후생평가
  ㉠ $L_Q \leq 1$: 생활수준의 명백한 악화
  ㉡ $P_Q \geq 1$: 생활수준의 명백한 개선

(3) 가격지수

① 라스파이레스 가격지수(Laspeyres Price Index)

기준연도의 수량을 가중치로 사용하여 구한 가격지수이다.

$$L_P = \frac{P_{X1}X_0 + P_{Y1}Y_0}{P_{X0}X_0 + P_{Y0}Y_0} = \frac{P_1 Q_0}{P_0 Q_0}$$

② 파셰 가격지수(Paasche Price Index)

비교연도의 수량을 가중치로 사용하여 구한 가격지수이다.

$$P_P = \frac{P_{X1}X_1 + P_{Y1}Y_1}{P_{X0}X_1 + P_{Y0}Y_1} = \frac{P_1 Q_1}{P_0 Q_1}$$

(4) 명목 소득지수

① $N \geq L_P$: 생활수준의 명백한 개선
② $N \leq P_P$: 생활수준의 명백한 악화

$$N = \frac{M_1}{M_0} = \frac{P_{X1}X_1 + P_{Y1}Y_1}{P_{X0}X_0 + P_{Y0}Y_0} = \frac{P_1 Q_1}{P_0 Q_0}$$

> **개념더하기**
>
> **후생평가 시 유의사항**
> 라스파이레스 지수는 현재 후생을 과대평가하는 경향이 있고, 파셰 지수는 현재 후생을 과소평가하는 경향이 있다.

CHAPTER 03 기출분석문제

01 일반적으로 우리 생활에 필요한 물보다 다이아몬드의 값이 높은 이유는? 주택도시보증공사

① 다이아몬드의 교환가치가 물의 교환가치보다 크기 때문이다.
② 다이아몬드의 사용가치가 물의 사용가치보다 크기 때문이다.
③ 다이아몬드의 한계효용이 물의 한계효용보다 크기 때문이다.
④ 다이아몬드의 총효용이 물의 총효용보다 크기 때문이다.

[해설] 효용가치설에 의하면 재화의 가치는 총효용이 아닌 한계효용의 크기에 의해서 결정된다. 물의 한계효용보다 다이아몬드의 한계효용이 더 크므로 가격도 물보다는 다이아몬드의 가격이 훨씬 높아진다.

02 합리적 소비자 선호체계의 기본공리에 대한 설명으로 옳지 않은 것은? 한국주택금융공사

① 완비성 - 두 재화묶음 A와 B 중에서 자신의 선호를 판단할 수 있다.
② 이행성 - 선호관계는 일관된 순서가 있으며, 역전되지 않는다.
③ 연속성 - 어떤 재화의 소비량이 조금씩 변하면 그로 인한 효용도 조금씩 변화해야 한다.
④ 단조성 - 극단적인 재화묶음보다 재화를 고루 소비할 수 있는 묶음을 더 선호한다.

[해설] 단조성이 아닌 볼록성에 대한 설명이다. 단조성은 재화 소비량이 많을수록 효용도 커지는 성질이다.

03 다음 중 무차별곡선에 대한 설명으로 옳은 것은? 한국관광공사

① 무차별곡선의 기울기는 한계대체율이며, 두 재화의 객관적 교환비율이다.
② 무차별곡선이 원점에 대해 볼록하면 한계대체율은 체감한다.
③ 완전대체재 관계인 두 재화에 대한 무차별곡선은 기울기가 -1인 직선의 형태이다.
④ 원점에 대하여 볼록하지 않은 무차별곡선은 효용극대를 달성할 수 없다.

[해설] ① 무차별곡선의 기울기는 두 재화의 주관적 교환비율에 해당한다.
③ 무차별곡선이 -1의 기울기를 갖는지는 완전대체재 관계만으로 알 수 없다. -1/2의 기울기를 가질 수도 있다.
④ 예산선의 모양에 굴절이 있거나 완전대체재, 완전보완재의 경우처럼 무차별곡선이 일반적 형태가 아닐 때에 효용극대화 조건이 만족되지 않으면서 효용극대화를 이룰 수 있다.

[정답] 01 ③ 02 ④ 03 ②

04 100원짜리 동전과 500원짜리 동전에 대한 소비자의 선호를 무차별곡선으로 나타내면 어떤 형태를 보이는가?

한국자산관리공사

① 직각쌍곡선
② L자형
③ 우하향하는 직선
④ 원점에 대하여 볼록한 곡선

해설 100원짜리 동전과 500원짜리 동전은 언제나 5 : 1의 비율로 대체될 수 있는 완전대체재 관계에 있으므로, 무차별곡선은 우하향하는 직선의 형태로 도출된다.

05 다음 중 소비자 선택에 대한 설명으로 옳지 않은 것은?(단, 대체효과와 소득효과의 비교는 절댓값으로 한다)

한국산업단지공단

① 정상재의 경우, 대체효과가 소득효과보다 크면 가격 상승에 따라 수요량은 감소한다.
② 열등재의 경우, 대체효과가 소득효과보다 크면 가격 하락에 따라 수요량이 증가한다.
③ 열등재의 경우, 소득효과가 대체효과보다 크면 가격 상승에 따라 수요량은 감소한다.
④ 기펜재의 경우, 대체효과가 소득효과보다 작기 때문에 수요의 법칙을 따르지 않는다.

해설 열등재의 가격이 하락하면 소득효과는 음의 관계로 나타나 수요가 감소하고, 대체효과는 양의 관계로 나타나 수요가 증가할 것이다. 반대로 가격이 상승하면 소득효과는 양의 관계로 나타나 수요가 증가하고, 대체효과는 음의 관계로 나타나 수요가 감소한다. 따라서 열등재의 가격 상승 시 소득효과가 대체효과보다 클 경우 수요량이 늘어난다.

06 모자와 케이크만을 소비하는 A씨의 선호체계는 완비성, 이행성, 연속성, 단조성을 모두 만족시킨다. A씨가 주어진 예산제약 아래 모자와 케이크 두 재화만을 소비하여 효용을 극대화할 때 A씨에 대한 설명으로 옳지 않은 것은?

한국자산관리공사

① A씨는 모자와 케이크 간 선호순서를 판단할 수 있다.
② A씨는 항상 자신의 예산을 모두 사용한다.
③ A씨의 모자에 대한 소비가 조금 변화할 때, 그에 따른 효용변화는 크다.
④ 케이크에 대한 소비량이 증가하면 효용도 증가한다.

해설 연속성 조건에 위배된다. 연속성은 소비자의 선호는 연속적으로 변화하며, 소비량이 조금씩 변하면 그에 따른 효용도 조금씩 변한다는 조건이다.

07 주어진 예산으로 효용극대화를 추구하는 A가 일정 기간에 두 재화 딸기와 바나나만 소비한다고 하자. 딸기의 가격은 200원이고, 그가 얻는 한계효용이 600이 되는 수량까지 딸기를 소비한다. 아래 표는 바나나의 가격이 300원일 때 A가 소비하는 바나나의 수량과 한계효용 사이의 관계를 보여준다. 효용이 극대화되는 바나나의 소비량은?

한국산업단지공단

바나나의 소비량	1개	2개	3개	4개	5개
바나나의 한계효용	2,600	1,900	1,300	900	800

① 1개 ② 2개
③ 3개 ④ 4개

해설 효용극대화 조건이 $\frac{MU_{딸기}}{P_{딸기}} = \frac{MU_{바나나}}{P_{바나나}}$이므로 $\frac{600}{200} = \frac{MU_{바나나}}{300}$이다. 즉, 바나나의 한계효용이 900일 때 극대화됨을 알 수 있다. 바나나의 한계효용이 900일 때 소비량은 4이다.

08 양의 효용을 주는 X재와 Y재가 있을 때, 소비자의 최적 선택에 대한 설명으로 옳은 것은?

한국국토정보공사

① 소비자의 효용극대화를 위해서는 두 재화의 시장 가격비율이 1보다 커야 한다.
② X재 1원당 한계효용이 Y재 1원당 한계효용보다 클 때 소비자의 효용은 극대화된다.
③ 가격소비곡선은 다른 조건이 일정하고 한 상품의 가격만 변할 때, 소비자의 최적선택점이 변화하는 것을 보여준다.
④ 예산선의 기울기는 한 재화의 한계효용을 의미한다.

해설 ①·② 소비자의 효용극대화는 X재 1원당 한계효용과 Y재 1원당 한계효용이 같을 때 극대화된다.
④ 예산선의 기울기는 두 재화의 가격비율을 나타낸다.

09 X와 Y의 가격을 각각 P_X, P_Y라 하고 X와 Y의 한계효용(Marginal Utility)을 각각 MU_X, MU_Y라 할 경우, 주어진 예산을 모두 사용하여 X와 Y를 각각 일정량 구매한 결과, $\frac{MU_X}{MU_Y}$가 24이고 $\frac{P_X}{P_Y}$가 30이라면 소비자가 그 주어진 예산으로 효용을 극대화하기 위하여 어떻게 해야 하는가?

한국보훈복지의료공단

① X와 Y의 소비를 모두 늘린다.
② X와 Y의 소비를 모두 줄인다.
③ X의 소비를 줄이고 Y의 소비를 늘린다.
④ X의 소비를 늘리고 Y의 소비를 줄인다.

해설 소비자균형은 무차별곡선의 기울기인 한계대체율과 가격선의 기울기가 같은 점에서 달성된다. 이 경우처럼 소비자의 주관적 가치평가인 한계대체율이 시장에서의 객관적 가치평가인 상대가격보다 작은 경우 Y재의 소비를 증가시키고 X재의 소비를 줄여 효용을 증가시킬 수 있다.

10 정상재와 열등재에 대한 설명으로 옳은 것만을 〈보기〉에서 모두 고르면? 신용보증기금

> **보기**
> ㄱ. 정상재의 경우 소득과 소비량 간에 정(+)의 관계가 존재한다.
> ㄴ. 열등재의 경우 가격 상승 시 대체효과는 소비량을 증가시킨다.
> ㄷ. 두 재화 모두 소득효과는 소비량을 증가시킨다.
> ㄹ. 열등재의 가격변화 시 소득효과와 대체효과가 반대 방향으로 작용한다.

① ㄱ, ㄴ
② ㄴ, ㄷ
③ ㄱ, ㄴ, ㄷ
④ ㄱ, ㄴ, ㄹ

해설 ㄷ. 열등재의 경우 소득효과는 소비량을 감소시킨다.

11 작년에 어느 나라의 고구마 가격이 하락했음에도 고구마에 대한 소비량은 감소했다. 이때, 이 나라에서 고구마에 대한 옳은 설명을 모두 고르면? 중소벤처기업진흥공단

> ㄱ. 고구마는 열등재이다.
> ㄴ. 소비자 소득이 증가하면 고구마의 소비량이 감소한다.
> ㄷ. 감자 가격 하락 시 대체효과에 의해 고구마의 소비량은 증가한다.
> ㄹ. 고구마에 있어 '소득효과의 절댓값 < 대체효과의 절댓값'을 만족한다.

① ㄱ, ㄷ
② ㄱ, ㄴ, ㄷ
③ ㄴ, ㄷ, ㄹ
④ ㄱ, ㄴ, ㄷ, ㄹ

해설 ㄹ. 고구마 가격이 하락했음에도 불구하고 소비량이 감소했다는 것은 이 나라에서 고구마는 기펜재이며 기펜재는 열등재에 속한다는 것을 의미한다. 또한 기펜재라는 것은 고구마의 소득효과 절댓값이 대체효과의 절댓값보다 크다는 것을 뜻한다.

12 효용을 극대화하는 A의 효용함수는 $U(X, Y) = xy$이고, A의 소득은 110이다. X재 가격은 8, Y재 가격은 10이다. X재 가격만 5로 하락할 때, (ㄱ) X재의 소비 변화와 (ㄴ) Y재의 소비 변화는? 한국산업단지공단

① (ㄱ) 증가, (ㄴ) 증가
② (ㄱ) 증가, (ㄴ) 불변
③ (ㄱ) 감소, (ㄴ) 불변
④ (ㄱ) 감소, (ㄴ) 감소

해설 $P_X X + P_Y Y = M$의 양변을 P_Y로 나눈 뒤, $MRS_{XY} = \dfrac{P_X}{P_Y}$를 적용하고 효용함수를 통해 구한 $MRS_{XY} = \dfrac{Y}{X}$을 대입하면 Y의 수요함수를 얻을 수 있고, 양변을 P_X로 나누면 X의 수요함수를 구할 수 있다. 그렇게 구해진 X와 Y의 수요함수는 각각 $X = \dfrac{M}{2P_X}$, $Y = \dfrac{M}{2P_Y}$이다. 주어진 숫자를 대입해 변화를 살펴보면 $X = \dfrac{110}{16}$에서 $X = \dfrac{110}{10}$로 변했으므로 X재 소비량은 증가했다. Y재의 소비량은 55로 불변이다.

13 완전대체재 관계인 X재와 Y재를 소비하는 A의 효용함수는 $U = X + Y$로 주어졌다. A는 두 재화의 소비를 위해 총 100원을 지출하려고 한다. 그리고 X재의 시장가격은 단위당 4원이고, Y재의 시장가격은 단위당 8원이다. 이 경우 효용을 극대화하는 최적선택에서 A가 최대로 얻을 수 있는 효용의 크기는?

한국자산관리공사

① 5
② 25
③ 30
④ 60

해설 A의 예산제약식을 도출하면 $4X + 8Y = 100$이다. 또한 주어진 효용함수는 선형효용함수이므로 모서리해를 갖는다. $\frac{MU_X}{P_X} = \frac{1}{4} > \frac{MU_Y}{P_Y} = \frac{1}{8}$이므로 X재는 25개, Y재는 0개 소비할 때 효용이 극대화된다. 효용함수를 통해 이때의 효용의 크기를 구하면 25이다.

14 X재와 Y재 두 재화를 소비하는 한 소비자의 효용함수가 $U = \min(X, 2Y)$, X재와 Y재의 가격이 각각 12, 15라고 한다. $X = 10$, $Y = 2$와 동일한 효용수준을 얻기 위한 소비조합을 구입하기 위해 소요되는 최소 비용은 얼마인가?

한국산업단지공단

① 64
② 68
③ 78
④ 96

해설 효용함수를 통해 X재와 Y재는 완전보완재이며, 효용을 극대화하는 두 재화의 소비비율은 2 : 1임을 알 수 있다. 또한 $X = 5$, $Y = 2$일 때의 효용은 4이다. 효용이 4이면서 효용극대화를 할 수 있는 두 재화의 소비조합은 $X = 4$, $Y = 2$이므로 $P_X X + P_Y Y = 12 \times 4 + 15 \times 2 = 78$이다.

15 소비자 갑의 효용함수는 $U = \frac{1}{2}X^2 + Y^2$이며, X재 가격은 4, Y재 가격은 3, 소득은 120이다. 효용을 극대화하는 갑의 최적소비조합(X, Y)은?

한국수력원자력

① (0, 40)
② (6, 32)
③ (15, 20)
④ (30, 0)

해설 주어진 효용함수는 원점에 대하여 볼록하지 않은 형태이므로 모서리해를 갖는다. 예산제약식 $4X + 3Y = 120$에서 (0, 40) 또는 (30, 0)이 모서리해에 해당한다. 효용함수에 대입해서 더 높은 값을 가지는 (0, 40)에서 효용이 극대화된다.

정답 10 ④ 11 ② 12 ② 13 ② 14 ③ 15 ①

16 가격소비곡선(PCC)에 대한 다음 설명 중 옳은 것은?   주택도시보증공사

① 보완재관계의 비탄력적인 재화의 가격소비곡선은 우하향한다.
② 수요가 가격에 대해 탄력적일 때 가격소비곡선은 우상향한다.
③ 수요가 가격에 대해 완전 탄력적일 때 가격소비곡선은 수평이다.
④ 가격소비곡선으로부터 도출된 수요곡선을 수평로 합하면 시장수요곡선이 된다.

해설) ① 보완재관계의 비탄력적 재화의 가격소비곡선은 우상향한다.
② 수요가 가격에 대해 탄력적이라면 우하향하는 가격소비곡선을 갖는다.
③ 가격소비곡선이 수평선이기 위해서는 수요의 가격탄력성이 1이어야 한다.

17 소득소비곡선(ICC)에 대한 다음 설명 중 옳지 않은 것은?(단, X재는 평면의 가로축, Y재는 세로축에 나타난다)   한국수자원공사

① 원점을 지나는 우상향하는 직선의 형태이면 두 재화의 수요의 소득탄력성은 1이다.
② X재가 사치재이고, Y재가 열등재이면 소득소비곡선은 우하향한다.
③ X재가 사치재이고, Y재가 열등재이면 두 재화의 엥겔곡선은 모두 우상향한다.
④ 중립재의 경우 소득소비곡선과 엥겔곡선이 모두 수직선이다.

해설) 소득소비곡선이 우하향하면 X재는 사치재, Y재는 열등재이다. 따라서 X재의 엥겔곡선은 우상향, Y재의 엥겔곡선은 좌상향한다.

18 현시선호이론의 가정에 대한 설명으로 옳지 않은 것은?   한국산업단지공단

① 한계효용체감의 법칙이 성립한다고 가정한다.
② 약공리는 A가 B보다 직접현시선호되었다면, B는 A보다 직접현시선호될 수 없다는 것이다.
③ 약공리는 강공리에 포함된다.
④ 효용의 기수적 가측성과 서수적 가측성을 가정하지 않는다.

해설) 현시선호이론은 효용의 개념이나 무차별곡선을 도입하지 않고 소비자의 행위를 설명하는 이론이므로 한계효용체감의 법칙과는 무관하다.

19 미정이의 소득은 24이고, X재와 Y재만 소비한다. 미정이는 두 재화의 가격이 $P_X = 4$, $P_Y = 2$일 때 A$(x=4, y=4)$를 선택했고, 두 재화의 가격이 $P_X = 3$, $P_Y = 3$으로 변화함에 따라 B$(X=4, Y=3)$을 선택했다. 미정이의 선택에 대한 설명으로 옳은 것을 모두 고른 것은?(단, x는 X재의 소비량, y는 Y재의 소비량) 신용보증기금

> ㄱ. 미정이는 가격변화 전 B를 선택할 수 있었음에도 불구하고 A를 선택했다.
> ㄴ. 미정이는 가격변화 후 A를 선택할 수 있다.
> ㄷ. 미정이의 선택은 현시선호 약공리를 만족한다.
> ㄹ. 미정이는 주어진 예산제약하에서 언제나 효용을 극대화하는 소비를 하고 있다.

① ㄱ, ㄴ
② ㄱ, ㄷ
③ ㄴ, ㄷ
④ ㄷ, ㄹ

[해설] ㄷ. 가격변화 전, A와 B 모두 선택할 수 있었지만 A를 선택했고, 가격변화 후에도 A와 B를 모두 선택할 수 있으나 B를 선택했으므로 현시선호 약공리를 위배한다.
ㄹ. 가격변화 이후 미정의 소득은 24인데, 21만큼의 예산으로 소비하여 주어진 소득을 모두 활용하지 않으므로 소비자 효용이 극대화되지 않는다.

20 0기의 가격이 $(P_1, P_2) = (2, 4)$이고, 구입량이 $(X_1, X_2) = (4, 1)$이다. 1기의 가격이 $(P_1, P_2) = (6, 3)$이고, 구입량이 $(X_1, X_2) = (3, 5)$라면, 생활 수준 개선 여부에 대한 다음 설명 중 옳은 것은? 서울주택도시공사

① 파셰 수량지수가 1보다 크거나 같으므로 생활 수준이 개선되었다.
② 라스파이레스 수량지수가 1보다 작거나 같으므로 생활 수준이 악화하였다.
③ 파셰 수량지수가 1보다 작으므로 생활 수준이 악화하였다.
④ 라스파이레스 수량지수가 1보다 크므로 생활 수준이 개선되었다.

[해설] 파셰 수량지수 $P_Q = \dfrac{P_1 Q_1}{P_1 Q_0} = \dfrac{(6 \times 3) + (3 \times 5)}{(6 \times 4) + (3 \times 1)} = \dfrac{33}{27} \geq 1$이므로 1기의 생활 수준이 0기보다 개선되었다.

21 갑이 소유한 건물의 가치는 화재가 발생하지 않을 때 4,900, 화재발생 시 2,500이고, 건물의 화재 발생확률은 0.5이다. 갑의 효용함수가 $U(W) = \sqrt{W}$일 때, 건물의 (ㄱ)기대가치와 (ㄴ)기대효용은?(단, W는 건물의 가치이다) 서울교통공사

① ㄱ : 3,600, ㄴ : 50
② ㄱ : 3,600, ㄴ : 60
③ ㄱ : 3,700, ㄴ : 50
④ ㄱ : 3,700, ㄴ : 60

[해설] 건물의 기대가치는 $(4,900 \times 0.5) + (2,500 \times 0.5) = 3,700$이고, 기대효용은 $(\sqrt{4,900} \times 0.5) + (\sqrt{2,500} \times 0.5) = 60$이다.

22 사업안 A와 B를 고려할 때 두 안의 성공 및 실패에 따른 수익과 확률은 다음과 같다. 이에 대한 설명으로 옳지 않은 것은?(단, 위험은 분산으로 측정한다)

한국주택금융공사

구 분 사업안	성 공		실 패	
	확 률	수 익(만원)	확 률	수 익(만원)
A	0.6	+200	0.4	+50
B	0.5	+300	0.5	−20

① A안의 기대수익은 140만원이다.
② B안의 기대수익은 140만원이다.
③ 위험을 회피하는 사람인 경우 A안을 선택할 가능성이 크다.
④ A안의 기대수익에 대한 위험은 B안의 기대수익에 대한 위험보다 크다.

[해설] A안의 위험은 실패 시 확률에 수익을 곱한 $0.4 \times 50 = 20$이다. B안의 위험도 같은 방식으로 계산하면 $0.5 \times (-20) = -10$이다. 따라서 A안의 기대수익에 대한 위험은 B안의 기대수익에 대한 위험보다 작다고 할 수 있다.

23 A기업의 현재 1주당 주가는 12,000원이다. 이 회사가 부도가 날 확률은 80%이고 부도가 나면 주가는 0원이 된다고 가정한다. 부도위기에서 벗어날 경우 1주당 주가가 60,000원으로 예상된다고 할 때 다음 설명 중 옳은 것은?

IBK기업은행

① 위험중립적인 투자자들은 주식을 구입한다.
② 위험중립적인 투자자들은 주식을 구입하지 않는다.
③ 위험기피적인 투자자들은 주식을 구입한다.
④ 위험선호적인 투자자들은 주식을 구입한다.

[해설] 주식의 1주당 기대가치는 $0.8 \times 0 + 0.2 \times 60,000 = 12,000$원으로 현재 주가 12,000원과 같아 주식을 사는 것은 공정한 게임이라 할 수 있다. 따라서 위험기피적인 투자자는 주식을 구입하지 않으며, 위험중립적인 투자자는 주식을 구입할 수도 있고 하지 않을 수도 있다. 위험선호적인 투자자는 주식을 구입한다.

합격의 공식 시대에듀

많이 보고 많이 겪고 많이 공부하는 것은 배움의 세 기둥이다.
- 벤자민 디즈라엘리 -

최신복원문제

키워드 장기비용곡선 간의 관계

장기비용곡선에 대한 설명으로 옳지 않은 것은? 한국자산관리공사

① 장기평균비용은 장기한계비용의 최저점을 지난다.
② 장기한계비용은 장기평균비용과 단기평균비용이 만나는 생산량 수준에서 만난다.
③ 장기한계비용은 단기한계비용곡선의 포락선이 아니다.
④ 장기한계비용은 단기한계비용과 언제나 교차한다.

해설 장기평균비용이 장기한계비용의 최저점을 지나는 것이 아니라 장기한계비용이 장기평균비용의 최저점을 지나는 것이 옳다.

정답 ①

Chapter 04
생산자이론

기출 키워드	중요도
☑ 생산함수 장단기 구분	★
☑ 총생산, 한계생산, 평균생산 간의 관계	★★
☑ 한계생산체감의 법칙	★★
☑ 한계기술대체율 체감의 법칙	★★
☑ 생산자균형	★★★
☑ 생산요소의 대체탄력성	★
☑ 생산요소의 대체탄력성과 등량곡선의 형태	★★
☑ 콥-더글라스 생산함수와 규모에 대한 수익	★★★
☑ 회계적 비용과 경제적 비용	★
☑ 단기비용곡선 간의 관계	★★★
☑ 장기비용곡선 간의 관계	★★★
☑ 장기평균비용곡선과 규모에 대한 수익	★
☑ 규모의 경제와 범위의 경제	★★
☑ 기업의 이윤극대화 조건	★★★

CHAPTER 04 생산자이론

1 생산함수이론

1 장단기 구분

(1) 단기(Short-run Period)

생산요소 중 최소한 한 개 이상의 고정요소가 있는 상태를 단기라 한다. 변화시킬 수 있는 생산요소를 가변요소라 하고, 변화 불가능한 생산요소를 고정요소라 한다. 일반적으로 단기에는 노동을 가변요소, 자본을 고정요소로 본다.

(2) 장기(Long-run Period)

모든 생산요소를 변화시킬 수 있는 상태를 장기라 한다. 모든 생산요소가 가변요소로 이용된다. 따라서 장기에는 노동과 자본이 모두 가변요소이다.

2 단기생산함수

(1) 단기생산함수의 개념

① 단기생산함수는 고정요소가 하나 이상 존재할 때 가변요소의 투입량과 생산량 간의 기술적 관계를 나타내는 함수이다.
② 단기에 자본이 고정되어 있다고 가정하므로 단기생산함수는 가변요소인 노동 투입량과 생산량과의 관계에 대한 함수가 된다.

$$Q = f(L, \overline{K})$$

(2) 총생산(TP), 한계생산(MP), 평균생산(AP)

① 총생산(TP)

총생산은 가변요소를 투입하였을 때 생산된 재화의 총량을 의미한다. 총생산곡선은 생산요소 투입량을 계속 증가시켰을 때의 총생산량의 변화를 나타낸 곡선이다.

② 한계생산(MP)

한계생산은 1단위의 생산요소를 추가로 투입했을 때 생산량 증가분을 의미한다. 총생산곡선상 한 점에 대한 접선의 기울기로 표현된다.

$$\text{노동의 한계생산성}: MP_L = \frac{\Delta Q}{\Delta L}$$

$$\text{자본의 한계생산성}: MP_K = \frac{\Delta Q}{\Delta K}$$

개념체크OX

• 생산요소가 모두 고정되어 있는 상태를 단기라 한다. ⓞⓧ
• 생산요소를 모두 변화시킬 수 있는 상태를 장기라 한다. ⓞⓧ

×, ⓞ

③ 평균생산(AP)

생산요소 1단위당 총생산량을 의미한다. 평균생산은 총생산량을 생산요소 투입량으로 나눈 값이며 원점에서 총생산곡선상 한 점으로 그은 직선의 기울기와 같다.

$$노동의\ 평균생산성 : AP_L = \frac{Q}{L}$$

$$자본의\ 평균생산성 : AP_K = \frac{Q}{K}$$

(3) 총생산(TP), 한계생산(MP), 평균생산(AP) 간의 관계

총생산(TP), 한계생산(MP), 평균생산(AP)은 서로 밀접한 관계를 갖는다. 예컨대 한계생산(MP)이 0이 되는 점에서 총생산(TP)이 극댓값을 가지며 평균생산(AP)은 총생산(TP)의 변곡점에서 가장 크다. 세 곡선의 관계를 통해 기업 생산 관점에서 경제적인 영역을 알 수 있다.

총생산(TP)곡선, 한계생산(MP)곡선, 평균생산(AP)곡선

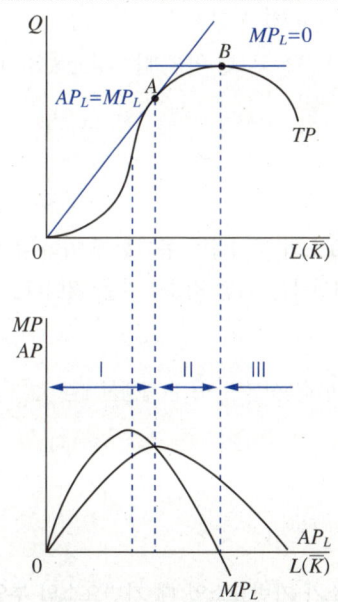

① 생산의 3단계

구 분	제1단계(Ⅰ)	제2단계(Ⅱ)	제3단계(Ⅲ)
구 간	• 원점에서 A점까지 • 노동투입량이 0인 지점에서 AP_L이 극대인 점까지	• A에서 B점까지 • AP_L의 극대점에서 MP_L이 0이 되는 지점까지	• B점 이후 • MP_L이 0인 지점
특 징	AP_L이 증가	• AP_L이 감소 • TP가 증가 • MP_L이 체감	MP_L이 음의 값
	비경제적인 영역	경제적인 영역	비경제적인 영역

개념체크OX

• 총생산곡선의 변곡점에서 극대점까지 한계생산체감의 법칙이 성립한다. O X
• 평균생산의 극대점에서 한계생산이 0이 되는 지점까지가 경제적 영역에 해당한다. O X

O, O

② 총생산(TP)과 한계생산(MP)의 관계

- $MP_L > 0 \leftrightarrow TP$ 증가
- $MP_L = 0 \leftrightarrow TP$ 극대
- $MP_L < 0 \leftrightarrow TP$ 감소

③ 한계생산(MP)과 평균생산(AP)의 관계

- AP_L이 증가 $\leftrightarrow MP_L > AP_L$
- AP_L이 극대 $\leftrightarrow MP_L = AP_L$
- AP_L이 감소 $\leftrightarrow MP_L < AP_L$

㉠ 평균생산(AP)은 총생산곡선의 변곡점에서 가장 큰 값을 갖는다. 즉, 노동투입량이 증가할수록 평균생산이 점점 커지다가 변곡점에서 극댓값을 갖고 변곡점 이후에서는 점점 작아진다.
㉡ 원점에서 그은 직선이 총생산곡선과 접하는 점에서 한계생산(MP)과 평균생산(AP)이 같아진다.
㉢ 한계생산(MP)과 평균생산(AP)이 일치하는 점 이전에는 한계생산(MP)이 평균생산(AP)보다 크고, 이후에는 평균생산(AP)이 한계생산(MP)보다 크다.

(4) 한계생산체감의 법칙

① 한계생산체감 법칙의 개념
한계생산체감의 법칙은 생산요소의 투입량이 증가함에 따라 추가적인 생산으로부터 얻게 되는 한계생산은 점점 감소한다는 것이다.

② 단기 한계생산의 변화

한계생산체증 → 한계생산불변 → 한계생산체감

3 장기생산함수

(1) 장기생산함수의 개념

① 장기생산함수는 모든 투입요소가 가변요소일 때 가변요소의 투입량과 생산량 간의 기술적 관계를 나타내는 함수이다.
② 장기에 노동과 자본 모두 가변요소이므로 장기생산함수는 자본, 노동의 투입량과 생산량과의 관계에 대한 함수가 된다.

$$Q = f(L, K)$$

개념체크OX

- AP_L이 증가할 때 MP_L과 AP_L은 같다. ⃞O⃞X
- MP_L보다 AP_L이 클 때 AP_L은 감소한다. ⃞O⃞X

×, O

(2) 등량곡선(Isoquant Curve)
① 등량곡선의 개념
등량곡선은 동일한 양을 생산하는 데 필요한 두 생산요소의 조합들을 연결한 곡선이다. 흔히 노동과 자본의 조합으로 표현된다. 기업은 정해진 등량곡선에 대하여 등비용곡선을 원점으로 당기는 과정을 거쳐 비용 극소화를 달성한다.

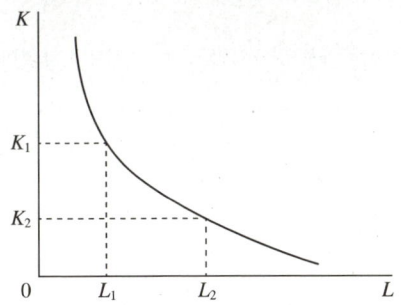

등량곡선

② 등량곡선의 특징
- ㉠ 우하향한다.
- ㉡ 원점에 대해 볼록하다.
- ㉢ 동일한 생산기술의 두 등량곡선은 교차하지 않는다.
- ㉣ 노동과 자본 평면의 모든 점은 그 점을 지나는 하나의 등량곡선을 갖는다.
- ㉤ 원점에서 멀수록 더 많은 노동과 자본 투입이 필요함을 의미한다.
- ㉥ 기술이 진보하면 원점을 기준으로 곡선이 바깥쪽에서 안쪽으로 이동한다.

(3) 한계기술대체율($MRTS_{LK}$; Marginal Rate of Technical Substitution)
① 한계기술대체율의 개념
한계기술대체율은 노동을 ΔL만큼 변화시켰을 때, 동일한 생산량을 생산하기 위한 자본의 변화분(ΔK)을 의미하며 등량곡선의 접선의 기울기와 같다.

$$MRTS_{LK} = -\frac{\Delta K}{\Delta L} = \frac{MP_L}{MP_K}$$

② 한계기술대체율 체감의 법칙
한계기술대체율 체감의 법칙은 노동투입량을 증가시킬수록 노동 1단위를 대체해야 하는 자본의 크기가 작아지는 것을 말한다. 한계기술대체율이 체감하는 이유는 생산기술이 강볼록성을 갖기 때문이다. 즉, 등량곡선이 원점에 대해 볼록하다는 것은 한계대체율이 체감한다는 것을 뜻한다. 참고로, 한계생산성 체감의 법칙과 한계기술대체율 체감의 법칙은 관련이 없다.

> **개념더하기**
>
> **무차별곡선과 등량곡선의 차이**
> - 무차별곡선은 효용의 서수성을 가정하지만, 등량곡선은 효용의 기수성을 가정한다.
> - 무차별곡선은 원점에서 멀어질수록 효용이 증가하지만 등량곡선은 원점으로 가까워질수록 비용이 적어진다.
> - 등량곡선은 장기에 해당하는 개념이다.

(4) 등비용선(Iso-cost line)

① 등비용선의 개념

등비용선은 주어진 총비용을 전부 사용하여 투입할 수 있는 노동과 자본 조합의 집합을 나타낸 직선이다. 기업은 등비용선을 등량곡선에 접하도록 이동시키는 과정을 통해 비용극소화를 달성한다.

$$wL + rK = TC$$
$$K = -\frac{w}{r}L + \frac{TC}{r}$$

(TC = 총비용, w = 노동의 가격(임금), r = 자본의 가격(이자))

등비용선

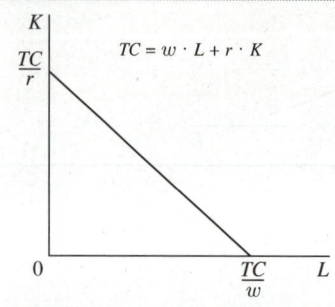

② 등비용선의 특징

㉠ 등비용선의 기울기 $\left(-\dfrac{w}{r}\right)$는 노동 1단위 투입에 대해 포기해야 하는 자본의 양이다. 등비용선 기울기의 절댓값 $\left(\dfrac{w}{r}\right)$은 노동과 자본의 상대가격비율을 의미한다.

㉡ 등비용선의 Y절편인 $\left(\dfrac{TC}{r}\right)$는 주어진 비용으로 자본만을 투입할 때의 자본 투입량에 해당한다.

(5) 생산자균형

① 생산자균형의 도출

㉠ 생산자균형은 주어진 생산량을 최소의 비용으로 생산하는 상태(비용극소화) 혹은 주어진 비용으로 생산량을 극대화하는 상태(생산량극대화)를 의미한다.

㉡ 생산자균형은 등량곡선과 등비용선이 접하는 점에서 달성된다.

㉢ 노동 1원당 한계생산이 자본 1원당 한계생산과 같을 때 생산자균형이 성립된다(한계생산균등의 법칙).

$$MRTS_{LK} = \frac{MP_L}{MP_K} = \frac{w}{r}$$
$$\Rightarrow \frac{MP_L}{w} = \frac{MP_K}{r} \text{ (한계생산균등의 법칙)}$$

> **개념체크OX**
> - 생산자균형은 주어진 비용으로 최대 생산량을 생산하는 상태를 의미한다. O X
> - 생산자균형점에서는 등량곡선의 기울기와 등비용선의 기울기가 같다. O X
>
> X, O

생산자균형

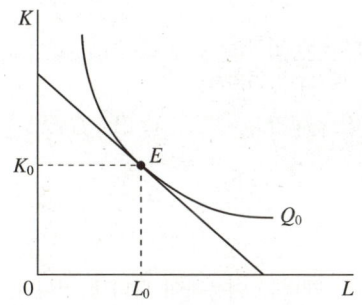

② 생산자균형조건이 성립하지 않는 경우

　㉠ $\dfrac{MP_L}{w} > \dfrac{MP_K}{r}$: 노동투입량을 증가시키고 자본투입량을 감소시킨다.

　㉡ $\dfrac{MP_L}{w} < \dfrac{MP_K}{r}$: 노동투입량을 감소시키고 자본투입량을 증가시킨다.

③ 확장경로(EP ; Expansion Path)

　㉠ 확장경로는 총비용 변화에 따라 변화한 생산자균형점을 연결한 곡선이다.
　㉡ 소비자이론에서의 소득소비곡선(ICC)과 아주 유사한 성격을 갖는다.
　㉢ 확장경로의 형태는 생산기술의 특성에 따라 달라진다.
　㉣ 확장경로는 장기에 반드시 원점을 지난다.
　㉤ 노동과 자본 평면에서 후방굴절된 확장경로는 노동절약적 생산기술을 채택하는 경우이다.
　㉥ 노동과 자본 평면에서 전방굴절된 확장경로는 자본절약적 생산기술을 채택하는 경우이다.
　㉦ 확장경로를 통해 장기비용곡선을 도출할 수 있다.

> **개념더하기**
>
> **특수한 확장경로**
> - 생산함수가 동조성을 갖는 특수한 경우 확장경로는 원점에서 우상향하는 직선을 갖는다.
> - 동조함수의 특별한 경우인 동차함수 역시 원점에서 우상향하는 직선의 확장경로를 갖는다.
> - 동차함수인 콥-더글라스 생산함수 역시 같은 모양이다.
> - 레온티예프 생산함수의 확장경로도 우상향하는 직선이다.

확장경로

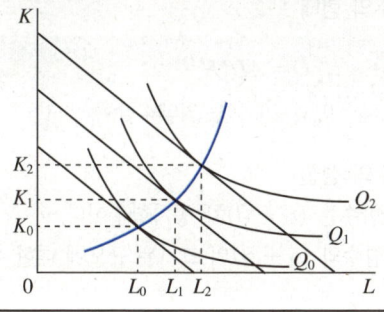

4 생산요소의 대체탄력성

$$\sigma = \frac{\text{요소집약도의 변화율}}{\text{한계기술대체율의 변화율}}$$

$$= \frac{\Delta\left(\frac{K}{L}\right)/\left(\frac{K}{L}\right)}{\Delta MRTS_{LK}/MRTS_{LK}} = \frac{\Delta\left(\frac{K}{L}\right)/\left(\frac{K}{L}\right)}{\Delta\left(\frac{w}{r}\right)/\left(\frac{w}{r}\right)}$$

(1) 생산요소 간 대체성을 탄력성 개념을 이용하여 나타낸 것이다.

(2) 대체탄력성(σ)은 생산요소가격비율($\frac{w}{r}$)이 변할 때 생산요소투입비율 ($\frac{K}{L}$)이 얼마나 변하는지를 나타낸다.

(3) 생산요소의 상대가격이 상승하면 상대적으로 비싸진 노동 대신 자본의 투입량을 늘리려 하기 때문에 두 생산요소의 투입비율은 증가한다.

5 생산함수의 종류

(1) 대표적인 생산함수

구 분	콥-더글라스 생산함수	레온티예프 생산함수	선형생산함수
생산요소 대체탄력성	1	0	∞
등량곡선의 형태	직각쌍곡선	L자 형태	직선
생산함수의 형태	$Q = AL^{\alpha}K^{\beta}$	$Q = \min\left(\frac{L}{\alpha}, \frac{K}{\beta}\right)$	$Q = aX + bY$
생산요소 간 관계	일반적 관계	완전보완관계	완전대체관계

(2) 콥-더글라스 생산함수의 특징

① 콥-더글라스 생산함수의 형태

$$Q = AL^{\alpha}K^{\beta}$$
(단, $\alpha > 0$, $\beta > 0$, A는 임의의 상수)

② 콥-더글라스 생산함수의 성질
  ㉠ 콥-더글라스 생산함수는 $(\alpha + \beta)$차 동차함수이다.
  ㉡ 콥-더글라스 생산함수와 $(\alpha + \beta)$의 크기는 규모에 대한 수익을 결정한다.

> **개념더하기**
>
> **생산함수와 소득분배**
> - 콥-더글라스 생산함수 : 생산요소 대체탄력성이 1이므로 임금이나 임대료 변화에 따른 노동소득과 자본소득의 분배율은 일정하다.
> - 레온티예프 생산함수 : 생산요소 대체탄력성이 0이므로 임금이나 임대료 변화에 따른 노동소득과 자본소득의 분배율도 비례적으로 변한다.
> - 직선형태의 생산함수 : 대체탄력성이 무한대이므로 임금이나 임대료 변화에 따른 노동소득과 자본소득 분배율이 극단적으로 변화한다.

ⓒ α, β는 각 생산에 대한 기여도를 뜻한다.

- $\alpha+\beta>1$ → 규모에 대한 수익 증가 → 규모의 경제
- $\alpha+\beta=1$ → 규모에 대한 수익 불변 → 규모의 불변경제
- $0<\alpha+\beta<1$ → 규모에 대한 수익 감소 → 규모의 불경제

ⓓ 요소 간 대체탄력성(σ)이 항상 1이다.

(3) CES 생산함수

① CES 생산함수의 개념

콥–더글라스 생산함수는 요소 간 대체탄력성이 항상 1인 제한이 있다. CES 생산함수는 이를 보완하는 생산함수이다. CES 생산함수의 'CES'는 생산규모에 상관없이 항상 일정한 값으로 고정돼 있다는 '고정된 대체탄력성 CES(Constant Elasticity of Substitution)'를 뜻한다.

$$Q = A[aK^{-\rho}+(1-\alpha)L^{-\rho}]^{-1/\rho}$$
$$(-1<\rho<\infty,\ \rho\neq 0,\ 0<\alpha<1,\ A>0)$$

A : 생산요소 간의 효율성을 나타내는 상수
ρ : 생산요소 간의 대체성을 나타내는 상수
α : 생산요소들이 받는 보수의 분배비율을 나타내는 상수

② CES 생산함수의 특징

ⓐ 1차 동차 생산함수이다.

ⓑ 대체탄력성의 값은 $\dfrac{1}{1+\rho}$ 이다.

ⓒ α에 따라 자본과 노동의 분배가 결정된다.

2 비용함수이론

1 비용의 구분

(1) 명시적 비용과 암묵적 비용

① 명시적 비용은 기업이 생산활동을 위해 실제로 지불한 비용을 말하며, 회계적 비용이라고도 한다. 손익계산서에 표시되는 임금·원재료비·임대료·세금 등이 명시적 비용에 포함된다.

② 암묵적 비용은 일반적으로 생산요소에 대한 기회비용으로 비가시적인 잠재적 비용을 의미한다. 암묵적 비용은 묵시적 비용, 기회비용이라고도 한다.

개념더하기

동차함수

함수 $f(x,\ y)$가 임의의 0이 아닌 실수 k에 대해 아래의 관계를 만족할 때, 이 함수를 r차 동차함수라고 한다.

$$f(kx,\ ky)=k^r f(x,\ y)$$

예를 들어 $f(x,\ y)=x^3-xy^2$에 $x=kx$, $y=ky$를 대입하면 $k^3(x^3-xy^2)$이 되므로 이는 3차 동차함수이다.

예 $f(x,\ y)=2xy^2+3x^2y$
(3차 동차함수)
$Q=ALK$ (2차 동차함수)
$Q=AL^\alpha K^\beta$ ($\alpha+\beta$차 동차함수)
$Q=AL^\alpha K^{1-\alpha}$ (1차 동차함수)

개념더하기

동조함수

동차함수를 '단조변환'한 일반적인 함수의 형태를 의미하며, 합성함수이다. 모든 동차함수는 동조적 생산함수에 속하지만, 동조적 생산함수라고 해서 반드시 동차함수인 것은 아니다.

$$H=H[Q(L,\ K)]$$

개념더하기

동차함수와 동조함수의 특성

- 한계기술대체율($MRTS_{LK}$)이 L과 K의 비율로 표시된다.
- L과 K가 동일한 비율로 변화하더라도 등량곡선의 기울기인 $MRTS_{LK}$는 일정하다.
- 확장경로가 원점을 통과하는 직선으로 도출된다.

(2) 회계적 비용과 경제적 비용

① 회계적 비용은 기업의 생산과정에서 실제로 지출된 금액으로 명시적 비용만을 포함한다.
② 경제적 비용은 생산에 소요된 모든 비용을 기회비용의 관점에서 측정한 것으로 명시적 비용뿐만 아니라 암묵적 비용도 포함한다.

(3) 회계적 이윤과 경제적 이윤

① 회계적 이윤은 총수입에서 명시적으로 지출된 비용만 차감하여 구하는 이윤이다.
② 경제적 이윤은 총수입에서 경제적 비용을 차감하여 구하는 이윤이다. 회계적 이윤에서 암묵적 비용을 차감하여 계산할 수도 있다.

> 회계적 이윤 = 총수입 − 명시적 비용
> 경제적 이윤 = 총수입 − 경제적 비용

> **개념더하기**
> 회계적 이윤과 경제적 이윤의 관계
> 경제적 이윤 = 총수입 − (명시적 비용 + 암묵적 비용)
> = (총수입 − 명시적 비용) − 암묵적 비용
> = 회계적 이윤 − 암묵적 비용

2 단기비용

(1) 단기비용의 개념

단기비용은 생산요소 중 고정요소가 존재할 때 주어진 고정요소(자본)와 가변요소(노동)를 투입하는 데 쓰인 비용을 의미한다.

(2) 단기생산비용

① 총비용(TC)

총비용은 생산을 위해 투입된 비용의 총합을 의미한다. 단기에는 생산요소가 고정요소와 가변요소로 구성되므로 총비용(TC)은 총고정비용(TFC)과 총가변비용(TVC)의 합으로 나타낼 수 있다.

$$TC = TFC + TVC = r\overline{K} + wL$$

② 평균비용(AC)

단기평균비용(SAC)은 생산량 1단위에 지출된 비용을 의미하며, 총비용(TC)을 생산량(Q)으로 나누어 계산한다. 평균비용(AC)의 크기는 원점에서 총비용곡선상의 한 점에 그은 직선의 기울기와 같고, 평균고정비용(AFC)과 평균가변비용(AVC)의 합으로 나타낼 수 있으며, U자 형태이다.

$$AC = \frac{TC}{Q} = \frac{TFC}{Q} + \frac{TVC}{Q} = AFC + AVC$$

㉠ 평균고정비용(AFC) : 평균고정비용은 생산량 1단위당 고정비용으로, 생산량이 증가할수록 점점 낮아지므로 우하향하는 곡선의 형태이다.
㉡ 평균가변비용(AVC) : 평균가변비용은 생산량 1단위당 가변비용으로, U자 형태이다.

③ 단기한계비용(SMC)

단기한계비용(SMC)은 1단위의 생산물을 더 생산하기 위해 추가로 지출해야 하는 총비용(TC)의 크기를 의미한다. 총비용곡선상의 한 점에서의 접선의 기울기로 측정될 수 있다. 총비용곡선(TC)과 총가변비용곡선(TVC)의 형태가 같을 경우 총가변비용곡선(TVC) 한 점에서의 접선의 기울기로도 측정 가능하다.

$$SMC = \frac{\Delta TC}{\Delta Q} = \frac{\Delta TFC}{\Delta Q} + \frac{\Delta TVC}{\Delta Q}$$

④ 단기비용곡선 사이의 관계
  ㉠ 단기총비용(TC)곡선은 단기총가변비용(TVC)곡선과 형태가 동일하며 단기총가변비용(TVC)을 단기총고정비용(TFC)만큼 상방으로 이동시킨 것이다.
  ㉡ 단기총고정비용(TFC)이 수평선이므로 평균고정비용(AFC)은 직각쌍곡선형태로 도출된다.
  ㉢ 평균비용(AC)은 평균가변비용(AVC)에서 평균고정비용(AFC)만큼 상방 이동된 U자형 곡선이다.
  ㉣ 최소평균비용의 생산량(Q_3)은 최소평균가변비용의 생산량(Q_2)보다 크다.
  ㉤ 한계비용(MC)은 평균비용(AC)의 최저점과 평균가변비용(AVC)의 최저점을 통과한다.

단기비용곡선

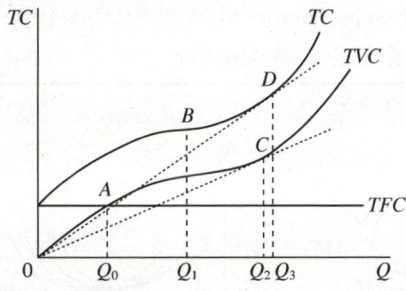

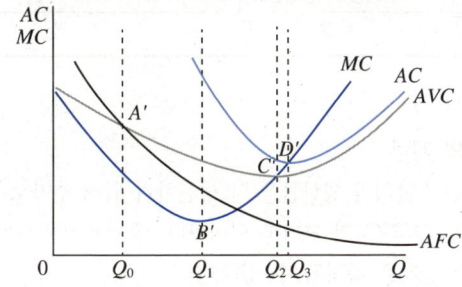

개념체크OX
- TC곡선은 TFC곡선과 형태가 같다. ⓞⓧ
- MC곡선은 AC곡선과 AVC곡선의 최저점을 통과한다. ⓞⓧ

ⓧ, ⓞ

3 장기비용

(1) 장기비용의 개념

장기비용은 모든 생산요소가 가변요소일 때 노동과 자본을 투입하는 데 쓰인 비용을 의미한다. 장기에는 모든 요소가 가변요소이므로 가변비용과 고정비용의 구분이 없어진다.

(2) 장기총비용(LTC)

① 장기총비용은 모든 생산요소가 가변요소일 때 생산에 투입된 총비용을 나타낸다.

$$LTC = TC(Q)$$

② 장기에는 노동과 자본 모두 가변요소이므로 장기총비용함수는 자본, 노동의 투입량과 총비용 간의 관계에 대한 함수이다.

$$Q = f(L, K)$$

(3) 장기평균비용(LAC)

① 장기평균비용은 생산량 1단위에 지출된 장기총비용(LTC)을 의미한다. 장기총비용(LTC)을 생산량(Q)으로 나누어 계산한다.

$$LAC = \frac{LTC}{Q}$$

② 장기평균비용곡선은 각 시설 규모의 단기평균비용 곡선들을 아래에서 감싸는 포락선(Envelope Curve)이다. 일반적으로 생산량이 늘어남에 따라 감소하다가 증가하는 U자 형태이다.

장기평균비용곡선의 도출

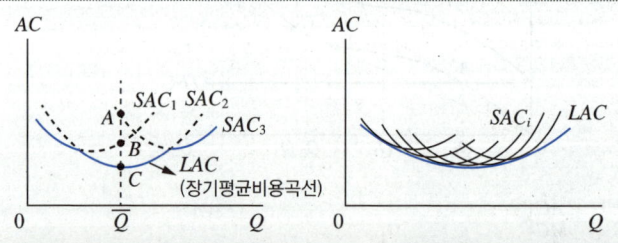

(4) 장기한계비용(LMC)

① 장기한계비용의 개념

장기한계비용은 1단위의 생산물을 더 생산하기 위해 추가로 지출해야 하는 장기총비용(LTC)의 크기를 의미한다. 장기총비용곡선의 한 점에서 접선의 기울기로 측정될 수 있다.

개념체크OX

- LAC곡선은 U자 형태이다. [O|X]
- LAC곡선은 SAC곡선의 수평합이다. [O|X]

O, X

② 장기한계비용곡선과 다른 비용곡선 사이 관계
　㉠ 장기한계비용(LMC)은 단기한계비용(SMC)과 한 점에서 만나지만 장기한계비용(LMC)이 단기한계비용(SMC) 곡선들의 포락선은 아니다.
　㉡ 장기한계비용(LMC)과 단기한계비용(SMC)은 장기평균비용(LAC)과 단기평균비용(SAC)이 만나는 생산량 수준(Q_c)에서 만난다.
　㉢ 장기한계비용(LMC)은 장기평균비용(LAC)의 최저점(c)을 지난다.
　㉣ 장기평균비용(LAC)의 최저점(c)에서 단기평균비용(SAC)을 만나면 장기평균비용(LAC) = 장기한계비용(LMC) = 단기평균비용(SAC) = 단기한계비용(SMC)이다.

장기평균비용곡선(LAC)과 장기한계비용곡선(LMC)

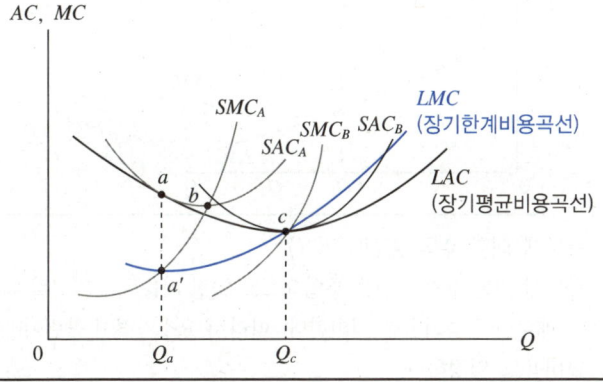

> **개념더하기**
> - 최적생산량 : 단기평균비용(SAC)이 최소가 되는 지점에서의 생산량
> - 최적시설규모 : 장기평균비용(LAC)이 최소가 되는 지점에서의 생산량
> - 최소효율규모(MES ; Minimum Efficient Scale) : 최적시설규모 가운데 자본의 규모가 가장 적은 경우의 생산량으로, 장기평균비용(LAC)의 최저수준이 수평을 띨 때 나타나는 현상이다.

4 규모에 대한 수익

(1) 규모에 대한 수익의 개념
① 규모에 대한 수익은 생산요소의 투입량을 같은 비율로 증가시킬 때 생산량이 어떤 비율로 변화하는가를 나타낸다.
② 장기에 '규모에 대한 수익 체증 → 규모에 대한 수익 불변 → 규모에 대한 수익 체감'이 단계적으로 나타나므로 장기평균비용(LAC)이 U자의 형태로 나타난다.

(2) 규모에 대한 수익과 장기평균비용
① 규모에 대한 수익 체증(IRS)
　규모에 대한 수익 체증은 투입요소를 일정한 비율로 증가시킬 때 생산량은 그 배수를 초과하여 증가함을 의미한다. 필요한 투입요소의 증가율은 생산량 증가율보다 낮다. 따라서 생산량이 증가할수록 장기평균비용이 감소한다.

㉠ $f(aL, aK) > af(L, K)$
㉡ 등량곡선의 간격은 점점 좁아진다.

규모에 대한 수익 체증의 등량곡선

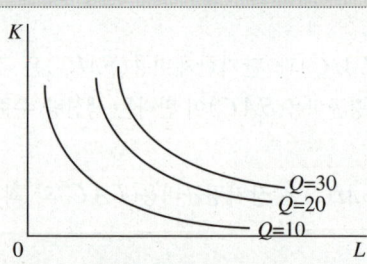

㉢ 장기평균비용(LAC)이 우하향한다.

규모에 대한 수익 체증의 장기평균비용(LAC)곡선

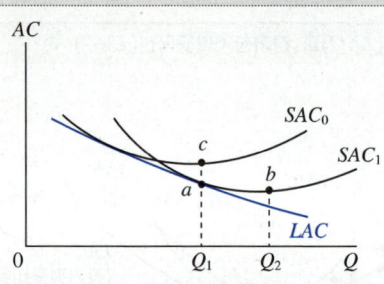

② 규모에 대한 수익 불변(CRS)

규모에 대한 수익 불변은 투입요소를 일정 비율로 증가시킬 때 생산량이 그 배수만큼 증가함을 의미한다. 따라서 요소가격이 불변이라면 장기평균비용도 일정하다.

㉠ $f(aL, aK) = af(L, K)$
㉡ 등량곡선의 간격이 일정하게 나타난다.

규모에 대한 수익 불변의 등량곡선

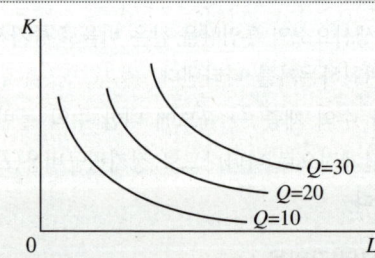

> **개념체크OX**
> • 규모에 대한 수익 체증의 경우 LAC곡선이 우하향하는 직선의 형태이다. ⓞⓧ
> • 규모에 대한 수익 불변의 경우 $f(aL, aK) = af(L, K)$가 성립한다. ⓞⓧ
>
> O, O

ⓒ 장기평균비용(LAC)이 수평선으로 나타난다.

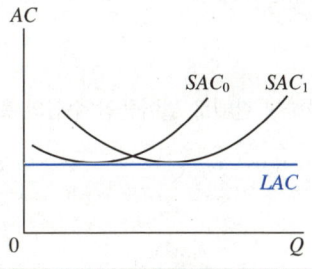

규모에 대한 수익 불변의 장기평균비용곡선

③ 규모에 대한 수익 체감(DRS)

규모에 대한 수익 체감은 투입요소를 일정한 비율로 증가시킬 때 생산량은 그 배수보다 적게 증가함을 의미한다. 더 많은 비율의 요소를 투입해야 하므로 장기평균비용이 증가한다.

ⓐ $f(aL, aK) < af(L, K)$
ⓑ 등량곡선의 간격은 점점 넓어진다.

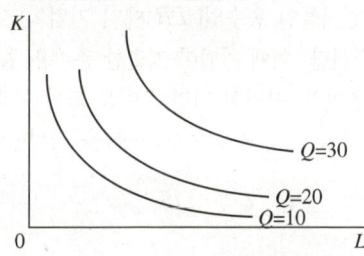

규모에 대한 수익 체감의 등량곡선

ⓒ 장기평균비용(LAC)이 우상향한다.

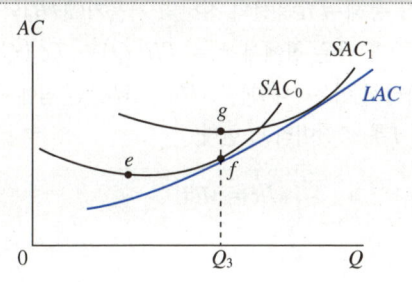

규모에 대한 수익 체감의 장기평균비용곡선

(3) 규모의 경제

규모의 경제는 생산량을 증가시킴에 따라 장기평균비용(LAC)이 감소하는 것을 말한다.

- 규모의 경제 : 생산량 증가 → 장기평균비용(LAC) 감소
- 규모의 불변경제 : 생산량 증가 → 장기평균비용(LAC) 불변
- 규모의 불경제 : 생산량 증가 → 장기평균비용(LAC) 증가

📝 개념체크OX

• 규모에 대한 수익 체감으로 등량곡선의 간격은 점점 넓어진다. ⃝ ⨯
• 규모의 경제는 생산량 증가에 따라 LAC가 감소하는 것을 말한다. ⃝ ⨯

○, ○

3 기업의 이윤극대화

1 기업의 수입

(1) 총수입(TR)

총수입은 기업이 상품을 생산하여 판매로 벌어들인 수입의 총량을 말한다.

$$TR = P \times Q$$

(2) 한계수입(MR)

한계수입은 생산량 1단위를 추가로 판매할 때 총수입의 증가분을 말한다.

$$MR = \frac{\Delta TR}{\Delta Q}$$

2 기업의 이윤극대화 조건

(1) 이윤함수(π)

기업의 이윤은 기업이 벌어들인 총수입(TR)에서 기업이 지출한 총비용(TC)을 뺀 나머지를 말한다. 이때 기업이 지출한 총비용(TC)은 회계적 비용이 아닌 경제적 비용이다. 따라서 기업의 이윤 또한 회계상의 이윤이 아닌 경제적 이윤(= 회계적 이윤 – 암묵적 비용)을 의미한다.

$$\pi = TR - TC$$

(2) 1계 조건

이윤극대화는 이윤함수 $\pi = TR(Q) - TC(Q)$가 가장 큰 값에서 달성된다. 다음의 그래프를 통해 TR곡선의 접선의 기울기(MR)와 TC곡선의 접선의 기울기(MC)가 같은 점에서 $\pi = TR(Q) - TC(Q)$이 가장 큰 것을 알 수 있다. 따라서 이윤극대화는 $MR = MC$인 점에서 이루어지고 이를 이윤극대화의 1계 조건이라고 한다.

$$MR = MC$$

(3) 2계 조건

$MR = MC$인 점은 이윤극소화점과 이윤극대화점이 있으므로 MR과 MC의 기울기도 살펴보아야 한다. 이윤극대화가 보장되기 위해서는 MR의 기울기보다 MC의 기울기가 커야 하며, 이를 2계 조건이라고 한다.

$$MR\text{의 기울기} < MC\text{의 기울기}$$

개념체크OX

- 기업의 총수입은 회계적 이윤이다. ⃝ ⃞
- 경제적 이윤 = 회계적 이윤 – 명시적 비용을 의미한다. ⃝ ⃞

×, ×

총수입(TR), 총비용곡선(TC)과 이윤함수(π)그래프

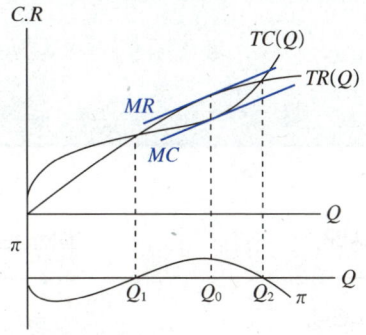

(4) 이윤극대화 조건의 특징
① 이윤극대화의 1계 조건과 2계 조건을 모두 충족할 때 기업의 이윤이 극대화된다.
② 시장구조(완전경쟁, 독점, 과점, 독점적 경쟁 등)와 관계없이 모든 기업에서 항상 성립하는 이윤극대화 조건이다.

(5) 1계 조건의 위배
1계 조건이 위배될 경우 생산량 조정과정을 거쳐 이윤극대화를 달성할 수 있다.

- 한계수입(MR) > 한계비용(MC)일 경우
  생산량을 증가시킨다 → 이윤극대화 달성
- 한계수입(MR) < 한계비용(MC)일 경우
  생산량을 감소시킨다 → 이윤극대화 달성

> **개념더하기**
>
> **이윤극대화와 비용극소화의 관계**
> 기업의 이윤극대화는 아래와 같은 과정을 통해 도출된다. 이윤극대화는 비용극소화의 충분조건이며, 비용극소화는 이윤극대화의 필요조건이 된다.
>
> 비용극소화 → 총비용함수 도출 → 시장조건과 총비용함수를 종합 → 이윤극대화

CHAPTER 04 기출분석문제

01 생산자의 단기 생산활동에 대한 설명으로 옳은 것을 모두 고르시오. 한국산업단지공단

> ㉠ 가변요소의 투입량이 증가하면, 평균생산성은 증가하다가 감소한다.
> ㉡ 가변요소의 투입량이 증가하면, 한계생산성은 증가하다가 감소한다.
> ㉢ 수확체감의 법칙은 한계생산성이 감소하는 구간에서 성립한다.
> ㉣ 평균생산이 증가하는 구간에서 한계생산은 평균생산보다 크다.

① ㉠, ㉢
② ㉡, ㉢
③ ㉠, ㉡, ㉢, ㉣
④ ㉠, ㉣

[해설] 평균생산성은 한계생산과 평균생산이 일치할 때 최대가 된다. 한계생산은 변곡점을 지나면서 감소하기 시작하고 총생산이 극대가 될 때 0의 값을 가진다. 한계생산의 최대점은 평균생산성의 최대점의 좌측에 위치한다. 따라서 평균생산이 증가할 때 한계생산은 증가하다 감소하기 시작한다. 그리고 평균생산이 증가하는 구간에서는 한곗값이 평균값보다 크다. 그러나 평균생산의 최대점 우측에서는 한곗값이 평균값보다 작다.

02 기업생산이론에 대한 설명으로 옳은 것을 모두 고른 것은? 한국장학재단

> ㄱ. 장기에는 모든 생산요소가 가변적이다.
> ㄴ. 다른 생산요소가 고정인 상태에서 생산요소 투입 증가에 따라 한계생산이 줄어드는 현상이 한계생산 체감의 법칙이다.
> ㄷ. 등량곡선이 원점에 대해 볼록하면 한계기술대체율 체감의 법칙이 성립한다.
> ㄹ. 비용극소화는 이윤극대화의 필요충분조건이다.

① ㄱ, ㄴ
② ㄷ, ㄹ
③ ㄱ, ㄴ, ㄷ
④ ㄴ, ㄷ, ㄹ

[해설] ㄹ. 기업은 비용극소화를 통해 총비용함수를 도출하고 이를 다시 시장조건과 종합하여 이윤극대화를 달성한다. 따라서 비용극소화는 이윤극대화의 필요조건이다.

03 다음 중 생산자균형에 대한 설명으로 옳지 않은 것은?   한국자산관리공사

① 등비용선과 등량곡선이 접하는 점에서 성립한다.
② 주어진 생산요소를 최소화하여 생산량의 극대화가 달성되는 점이다.
③ 비용극소화가 달성된다.
④ 이윤극대화가 달성된다.

[해설] 생산자균형은 주어진 생산요소를 투입하여 총비용을 극소화하면서 최대의 생산량을 생산해내는 점을 의미하며, 등비용선과 등량곡선이 접하는 점으로, 비용극소화가 달성되지만 이윤극대화가 달성되지는 않는다. 이윤극대화를 위해서는 추가적인 조건이 필요하다. 즉 비용극소화는 이윤극대화의 필요조건인 것을 의미한다.

04 등량곡선은 노동과 자본 평면에 그려지며, 한계기술대체율이 체감하기 때문에 원점에 대해 볼록하게 그려진다. 이러한 등량곡선상의 한 점에서 노동과 자본의 한계생산은 각각 20, 50이고, 노동과 자본의 단위당 가격은 각각 100만원과 200만원이라고 한다. 이 점에 대한 설명으로 옳은 것은?   신용보증기금

① 자본의 단위가격당 한계생산은 노동의 단위가격당 한계생산보다 작다.
② 비용극소화를 위해 자본의 투입량은 늘리고, 노동의 투입량은 줄여야 한다.
③ 등량곡선의 접선의 기울기는 등비용선의 기울기보다 가파르다.
④ 비용극소화를 위해 자본과 노동의 투입량을 그대로 유지해야 한다.

[해설] 생산자의 비용극소화는 등량곡선의 기울기와 등비용선의 기울기가 일치하는 점에서 형성된다 $\left(\frac{MP_L}{MP_K} = \frac{w}{r} \Rightarrow \frac{MP_L}{w} = \frac{MP_K}{r}\right)$. 이 문제에서는 $\left(\frac{MP_L}{MP_K} = \frac{20}{50} < \frac{100}{200} = \frac{w}{r}\right)$이므로 등량곡선의 접선의 기울기가 등비용선의 기울기보다 완만하다. 또한 $\left(\frac{MP_L}{w} = \frac{20}{100} < \frac{50}{200} = \frac{MP_k}{r}\right)$가 성립하므로 자본의 투입량을 늘리고, 노동의 투입량은 줄여서 자본의 한계생산은 낮추며, 노동의 한계생산은 늘려야 한다는 것을 알 수 있다.

05 갑 기업의 생산함수가 $Q = AK^{0.5}L^{0.5}$일 때, 이 기업에 대한 설명으로 옳지 않은 것은?(단, $A > 0$, K는 자본, L은 노동, MP_K는 자본의 한계생산, MP_L은 노동의 한계생산, r은 자본가격, w는 노동가격이다)   한국농어촌공사, 기술보증기금

① 생산기술은 규모에 대한 수익 불변의 특성을 가진다.
② 자본과 노동간 대체탄력성은 1이다.
③ $\frac{MP_K}{r} > \frac{MP_L}{w}$일 때, 비용극소화를 위해서는 노동을 늘리고 자본을 줄여야 한다.
④ 등량곡선과 등비용선이 접하는 점에서 비용극소화가 이루어진다.

[해설] ③ $\frac{MP_K}{r} > \frac{MP_L}{w}$이면 노동투입량은 감소시키고 자본투입량은 증가시킨다.

갑 기업의 생산함수는 1차 동차 콥-더글라스 생산함수로, 규모에 대한 수익 불변이다. 또한 콥-더글라스 생산함수의 요소대체탄력성은 항상 1이다.

정답 01 ③ 02 ③ 03 ④ 04 ② 05 ③

06 완전경쟁시장에서 기업A의 총비용함수는 $TC = 8Q^2 + 4Q + 10$ 이다. 기업에서 생산하는 재화의 시장가격이 100으로 주어졌을 때, 생산자잉여는?(단, Q는 생산량이다)
한국부동산원

① 200　　　　　　　　　　　　② 264
③ 288　　　　　　　　　　　　④ 296

해설　시장의 공급곡선을 구해야 하는데, 기업의 MC곡선이 시장의 공급곡선이므로 MC를 구하면 $MC = 16Q + 4$이다. 이 직선이 $P = 100$과 만나는 지점에서 균형거래량은 6이다. 따라서 생산자잉여에 해당하는 삼각형은 $96 \times 6 \times 1/2 = 288$이다.

07 생산함수가 $Q = 2\sqrt{LK}$이고 노동과 자본의 단위당 가격이 각각 100일 때 다음 설명 중 옳지 않은 것은?
주택도시보증공사

① 노동과 자본의 한계생산은 체감한다.
② 규모에 대해 수익 불변이다.
③ 단기에 자본이 100으로 고정되어 있을 때, 20개를 생산하기 위한 총비용이 10,100이다.
④ 단기에 자본이 100으로 고정되어 있을 때, 생산량 증가에 따라 한계비용이 감소한다.

해설　①·② 주어진 함수는 콥-더글라스 생산함수로, 한계생산은 체감하고, $\alpha + \beta = 1$이므로 규모에 대한 수익 불변이다.
③ 총비용함수는 $TC = 100L + 100K$로 나타낼 수 있다. 단기에 자본이 100이므로 단기 생산함수는 $Q = 20\sqrt{L}$이 되고, 이를 L에 대해 풀어 총비용함수에 대입하면 생산량에 대한 총비용함수는 $TC = \frac{1}{4}Q^2 + 10,000$이다. 구한 비용함수에 $Q = 20$을 대입하면 총비용은 10,100이다.
④ 한계비용은 $MC = \frac{1}{2}Q$로, 원점을 지나는 우상향하는 직선이다. 따라서 생산량이 증가하면서 한계비용은 증가하게 된다.

08 냉장고를 생산하는 어느 기업의 생산함수는 $Q = L^{3/4}K^{1/2}$로 나타낼 수 있다. 이 기업에 대한 설명으로 옳지 않은 것은?(단, L, K는 각각 노동, 자본이다)
한국자산관리공사

① 냉장고의 가격과 한계비용이 일치하는 곳에서 자동차의 생산량을 결정한다.
② 노동의 가격과 자본의 가격이 같다면 노동을 더 많이 투입한다.
③ 이 기업의 생산기술은 규모수익체증의 특성을 가진다.
④ 생산요소 간 대체탄력성은 항상 일정하다.

해설　① 냉장고의 가격과 한계비용이 아닌 $MR = MC$ 즉, 한계수입과 한계비용이 일치하는 곳에서 생산량을 결정한다.
② 노동의 기여도가 $\frac{3}{4}$, 자본의 기여도가 $\frac{1}{2}$이므로 노동과 자본의 가격이 같다면 노동을 더 많이 투입하는 것이 유리하다.
③ $\alpha + \beta = \frac{3}{4} + \frac{1}{2} > 1$이므로 규모수익체증의 특성을 가진다.
④ 콥-더글라스 생산함수의 요소대체탄력성은 항상 1이다.

09 A기업의 생산함수는 $Q=4L^{0.3}K^{0.7}$ 이다. 장기에 생산량이 증가할 때, 이 기업의 장기 ㄱ. 평균비용의 변화와 ㄴ. 한계비용의 변화로 적절한 것은?(단, L은 노동, K는 자본, Q는 생산량이다) 한국동서발전

① ㄱ : 증가, ㄴ : 증가
② ㄱ : 일정, ㄴ : 일정
③ ㄱ : 증가, ㄴ : 일정
④ ㄱ : 감소, ㄴ : 일정

[해설] 콥-더글라스 생산함수 $Q=AL^{\alpha}K^{\beta}$의 경우 $\alpha+\beta=1$일 때, 규모에 대한 수익 불변을 의미한다. 규모수익 불변의 경우 장기평균비용곡선은 수평선의 모양을 갖고, 이때 장기평균비용과 장기한계비용이 일치하므로 두 비용 모두 일정하다.

10 경쟁시장에서 기업의 비용곡선에 대한 설명으로 옳지 않은 것은? 한국증권금융

① 생산이 증가함에 따라 한계비용이 증가한다면, 이는 한계생산물이 체감하기 때문이다.
② 생산이 증가함에 따라 평균가변비용이 증가한다면, 이는 한계생산물이 체감하기 때문이다.
③ 한계비용이 평균비용보다 클 때는 총비용이 하락한다.
④ 한계비용곡선은 평균총비용곡선의 최저점을 통과한다.

[해설] 한계비용이 평균비용보다 클 때는 총비용이 증가한다.

11 어느 생산자는 매일 50단위의 물건을 만들기 위해 공장을 가동하고 있다. 평균가변비용은 10, 한계비용은 20, 그리고 평균비용은 15라고 한다. 이 공장의 총고정비용은? 한국무역보험공사

① 250
② 350
③ 500
④ 750

[해설] 총고정비용(TFC) = 총비용(TC) - 총가변비용(TVC) = 평균비용(AC) × Q - 평균가변비용(AVC) × Q = (50 × 15) - (50 × 10) = 250

12 완전경쟁시장에서 A기업의 단기 총비용함수가 $TC(Q)=4Q^2+2Q+10$이다. 재화의 시장가격이 42일 경우 극대화된 단기 이윤은?(단, Q는 생산량, $Q>0$이다) 중소벤처기업진흥공단

① 42
② 52
③ 84
④ 90

[해설] 기업의 이윤극대화는 $MR=MC$인 점에서 이뤄진다. $MR=42$, $MC=8Q+2$이므로 균형거래량 Q는 5이다. $TR=P\times Q=210$이다. $\pi=TR-TC=210-120=90$

13 어느 기업의 비용함수가 다음과 같을 때, $Q=10$인 경우에 대한 설명으로 옳지 않은 것은? 한국수력원자력

- 단기 가변비용: $TVC = 2Q^2$
- 단기 고정비용: $TFC = 600$
- 단기 한계비용: $MC = 4Q$

① 단기 평균비용은 80이다.
② 단기 한계고정비용은 0이다.
③ 단기 평균가변비용은 40이다.
④ 단기 한계비용은 40이다.

[해설]
- $TC = 2Q^2 + 600$
- $AC = 2Q + \dfrac{600}{Q} = 20 + 60 = 80$
- $AVC = 2Q = 20$
- $MFC = \dfrac{dTFC}{dQ} = 0$
- $MC = 4Q = 4 \times 10 = 40$

14 재화 X의 시장은 완전경쟁적이고 동질적인 기업들로 구성되어 있다. 이 시장에 속한 기업의 한계비용(MC)은 그 기업의 생산량이 q일 때 $MC(q) = 0.5q$로 나타낼 수 있다. 이 시장은 현재 장기균형상태에 있으며, 각 기업의 생산량은 20이다. 각 기업의 총고정비용은 100달러이다. 각 기업의 평균가변비용은? 한국장학재단

① 5달러
② 10달러
③ 15달러
④ 20달러

[해설]
- 기업의 한계비용은 $MC = 0.5 \times 20 = 10$이다.
- 장기에 기업의 한계비용은 평균비용과 같아지므로 $AC = 10$이다.
- 평균고정비용 $AFC = TFC/q = 100/20 = 5$이다.
- $AVC = AC - AFC$이므로 평균가변비용 AVC는 5달러이다.

15 단기에 노동(L)이 가변투입요소라고 할 때, 어떤 기업의 평균생산(AP_L), 한계생산(MP_L), 총생산(TP)에 대하여 다음 중 옳지 않은 것은?

한국산업단지공단

노동투입량	MP_L	AP_L	TP
1	4	①	4
2	②	4	8
3	40	16	③
4	20	④	68
5	27	19	95

① 4　　② 8
③ 48　　④ 17

해설 한계생산은 노동투입이 1단위 증가할 때 총생산의 변화분을 의미하고, 평균생산은 총생산을 투입노동으로 나눈 비율을 의미한다. 의미에 따라 표를 완성하면 다음과 같다.

노동투입량	MP_L	AP_L	TP
1	4	4	4
2	4	4	8
3	40	16	48
4	20	17	68
5	27	19	95

16 지아씨는 월급 300만원을 받는 회사에 다니고 있다. 회사는 다음 해부터 400만원으로 월급 인상을 제안했으나, 지아씨는 다음 해에 회사를 그만 두고 인테리어 샵을 창업하려고 한다. 창업할 경우 월수입과 월지출은 아래 표와 같다. 다음 설명 중 옳지 않은 것은?

서울주택도시공사

구 분	비 용
매 출	2,500만원
임대료	300만원
중개수수료	50만원
재료비	1,200만원
종업원 인건비	200만원

① 합리적 선택은 창업을 하는 것이다.
② 창업을 할 때 기회비용은 300만원이다.
③ 창업을 할 때 회계적 이윤은 750만원이다.
④ 창업을 할 때 회계적 비용은 1,750만원이다.

해설 경제적 이윤은 '매출액 − 회계적 비용 − 암묵적 비용'이므로, 2,500만원 − 1,750만원 − 400만원이다. 지아씨는 다음 해에 회사를 그만두려 하기 때문에 기회비용은 다음 해의 월급인 400만원에 해당한다.

17 다음 중 규모에 대한 수익과 장기비용에 대한 설명으로 옳지 않은 것은? 한국자산관리공사

① 기업 간 합병을 통해 규모의 경제를 꾀할 수 있다.
② 장기평균비용이 단기평균비용의 최소점을 연결한 것은 아니다.
③ 등량곡선이 우하향한다는 것은 규모에 대한 수익 감소를 의미한다.
④ 생산함수를 통해 규모에 대한 수익을 알 수 있다.

[해설] 등량곡선이 우하향한다는 것은 한 생산요소의 투입량을 감소시키면서 동일한 생산량을 유지하려면 다른 생산요소의 투입량의 증가가 필요함을 의미한다.

18 완전경쟁시장에서 기업이 모두 동일한 장기평균비용함수 $LAC(q) = 40 - 6q + \frac{1}{3}q^2$과 장기한계비용함수 $LMC(q) = 40 - 12q + q^2$을 갖는다. 시장수요곡선은 $D(P) = 2,200 - 100P$ 일 때, 장기균형에서 시장에 존재하는 기업의 수는? 금융결제원

① 50
② 80
③ 100
④ 110

[해설] 완전경쟁시장의 장기균형에서 $LAC = LMC$ 관계가 성립하며, 이때의 LAC가 시장균형가격이다. $LAC = LMC$를 통해 도출된 q는 9이다. 이를 LAC식에 대입하면 $LAC = P = 13$이다. 시장균형가격인 13을 시장수요곡선에 대입하여 시장균형거래량을 구하면 $Q = 900$이다. 이를 기업의 개별 공급량인 q로 나눈 값 100이 곧 기업의 수가 된다.

19 '규모의 경제'와 '규모에 대한 수익'에 대한 설명으로 옳은 것은? 한국관광공사

① 규모의 경제와 규모에 대한 수익은 서로 바꿔서 사용할 수 있다.
② 규모에 대한 수익은 투입물이 변함에 따라 생산수준의 변화를 말한다.
③ 규모의 경제는 단위 수가 증가함에 따라 단위당 수익의 변화를 말한다.
④ 규모에 대한 수익이 체감하면 장기평균비용곡선이 수평선이다.

[해설] ① 규모의 경제와 규모에 대한 수익은 서로 바꿔서 사용할 수 없는 용어이다.
③ 규모의 경제는 단위 수가 증가함에 따라 단위당 비용의 변화를 말한다.
④ 규모에 대한 수익이 체감하면 장기평균비용곡선이 우상향한다.

20 범위의 경제와 규모의 경제에 대한 설명으로 옳지 않은 것은? 한국증권금융

① 규모의 경제는 생산량 증가로 인한 비용의 감소를 말한다.
② 범위의 경제는 두 개 이상의 별개 제품을 생산하여 비용이 감소하는 것을 말한다.
③ 두 경우 모두 추가 단위마다 평균비용이 감소한다.
④ 규모의 경제에는 제품 다각화가 중요한 반면 범위의 경제에는 제품 표준화가 중요하다.

[해설] 규모의 경제에 있어서는 동일한 상품을 다량 생산하므로 제품 표준화가 중요하고 범위의 경제에 있어서는 제품의 다각화가 중요시된다.

합격의 공식 시대에듀

배우기만 하고 생각하지 않으면 얻는 것이 없고,
생각만 하고 배우지 않으면 위태롭다.

- 공자 -

최신복원문제

🔑 키워드 시장조직이론

시장형태에 따른 특징에 대한 설명으로 옳지 않은 것은? 소상공인시장진흥공단, 근로복지공단

① 완전경쟁시장에서 단기의 초과이윤은 0이다.
② 완전경쟁시장에서 비용증가산업일 경우 생산요소의 비용이 상승하면 장기공급곡선은 우상향한다.
③ 독점기업의 생산량은 완전경쟁기업의 생산량의 절반이다.
④ 독점적 경쟁시장에서는 광고 같은 비가격경쟁에 의해 주로 경쟁이 이루어진다.

해설 ① 단기의 완전경쟁시장에서는 초과이윤을 얻기도 하고 손실이 발생하기도 한다. 신규기업의 유입과 퇴출로 장기에는 초과이윤도 손실도 없는 정상이윤상태가 지속된다.

정답 ①

Chapter 05
시장이론

기출 키워드	중요도	기출 키워드	중요도
✓ 한계수입	★	✓ 다시장독점(3급 가격차별)	★★
✓ 완전경쟁시장의 성립요건	★★	✓ 완전경쟁과 독점의 비교	★★★
✓ 완전경쟁시장의 개별수요곡선과 시장수요곡선	★★★	✓ 독점에 대한 규제	★★★
✓ 완전경쟁기업의 이윤극대화	★★★	✓ 독점적 경쟁시장의 균형	★
✓ 완전경쟁기업의 손익분기점과 생산중단점	★★★	✓ 독점적 경쟁시장의 평가	★★★
✓ 완전경쟁시장의 평가	★★	✓ 과점시장의 특징	★★
✓ 독점 발생의 원인	★★★	✓ 굴절수요곡선 모형	★
✓ 독점시장의 특징	★★★	✓ 꾸르노 모형	★★
✓ 독점시장의 단기균형조건	★★★	✓ 슈타겔버그 모형	★
✓ 독점기업의 단기이윤	★	✓ 베르뜨랑 모형	★
✓ 독점시장의 자원배분평가	★★	✓ 과점시장의 평가	★★
✓ 가격차별	★★★	✓ 내쉬균형	★★★

CHAPTER 05 시장이론

1 시장이론의 개요

1 기업의 이윤극대화

시장 종류에 상관없이 기업은 이윤극대화를 목표로 한다. 이윤함수는 총수입에서 총비용을 뺀 값으로 정의되며, 이를 극대화하기 위한 조건은 아래와 같다.

> 이윤함수 : $\pi = TR(Q) - TC(Q)$
> 1계 조건 : $MR = MC$
> 2계 조건 : MR의 기울기 $<$ MC의 기울기

2 수입(Revenue)

(1) 총수입(TR), 평균수입(AR), 한계수입(MR)

총수입(TR)	$TR = P(Q) \times Q$
평균수입(AR)	$AR = \dfrac{TR}{Q} = \dfrac{P \times Q}{Q} = P$
한계수입(MR)	$MR = \dfrac{dTR}{dQ}$

(2) 한계수입(MR) 공식의 변형

① 아모로소-로빈슨 공식으로 표현한 한계수입

$$MR = P\left(1 - \dfrac{1}{\epsilon_p}\right)$$

$$\because MR = \dfrac{dTR}{dQ} = \dfrac{d(P \times Q)}{dQ} = P + Q \times \dfrac{dP}{dQ}$$
$$= P\left(1 + \dfrac{Q}{P} \times \dfrac{dP}{dQ}\right)$$
$$= P\left(1 - \dfrac{1}{-\dfrac{dQ}{dP} \times \dfrac{P}{Q}}\right) = P\left(1 - \dfrac{1}{\varepsilon_p}\right)$$

② 미분공식을 이용한 한계수입

$$MR = P + Q\left(\dfrac{dP}{dQ}\right)$$

개념체크OX

- 기업의 이윤극대화 1계 조건은 '$MR > MC$'이다. ⓞⓧ
- 기업의 이윤극대화 2계 조건은 'MR의 기울기 $<$ MC의 기울기'이다. ⓞⓧ

×, ○

2 완전경쟁시장

1 완전경쟁시장의 성립요건

(1) 다수의 생산자와 수요자(가격수용자)

(2) 동질적인 상품

(3) 재화 및 생산요소의 자유로운 이동

(4) 완전한 정보

(5) 장기 : 진입과 탈퇴가 자유로움

> **개념더하기**
>
> **완전경쟁시장에서의 가격(P)의 역할**
>
> 완전경쟁시장에서 가격은 주어지므로 상수에 해당하고, 개별소비자와 개별 기업이 모두 주어진 가격을 그대로 받아들이는 가격수용자로 존재한다. 따라서 개별 기업은 수량만을 결정하며, 가격은 매개변수로 기능한다.

2 완전경쟁의 수요곡선

완전경쟁시장의 수요곡선은 우하향한다. 그러나 가격수용자인 개별 완전경쟁기업은 시장에서 결정된 가격수준의 수평인 수요곡선을 직면한다. 이는 완전경쟁시장에서 개별 기업이 직면하는 수요가 가격에 대해 완전 탄력적임을 의미한다($\varepsilon_p = \infty$).

개별 기업이 직면하는 수요곡선	시장수요곡선
(P축, Q축 그래프: 수평선 d)	(P축, Q축 그래프: 우하향하는 D, P_0, Q_0)

3 완전경쟁기업의 균형

(1) **완전경쟁기업의 단기균형**

완전경쟁시장에서는 $P = MR = AR$의 관계가 성립한다. 이윤극대화 1계 조건은 $MR = MC$이므로 완전경쟁기업의 이윤극대화 조건은 아래와 같다.

$$P = MR = MC = AR$$

(2) **완전경쟁기업의 단기이윤**

단기의 완전경쟁시장은 신규기업의 진입이 불가능하기에 초과이윤이 존재할 수 있다. 그러나 완전경쟁기업의 초과이윤은 단기에만 가능하다. 장기에는 초과이윤도 손실도 없는 정상이윤상태가 지속된다. 정상이윤은 기업가로 하여금 현재 생산 중에 있는 상품을 계속 생산하게 하는 유인으로, 최소한의 이윤을 말한다.

(3) 완전경쟁기업의 단기공급곡선

① 평균비용(AC)곡선의 최저점에서는 정상이윤만 획득할 수 있다. 따라서 평균비용(AC)곡선의 최저점을 손익분기점(Break-even point)이라고 한다.

② 가격이 평균가변비용(AVC)보다 낮으면 기업은 생산을 중단하므로 평균가변비용(AVC)곡선의 최저점을 생산중단점(Shut-down point)이라고 한다.

③ 완전경쟁기업은 가격과 한계비용이 같은 점($P=MC$)에서 생산량을 결정하므로 한계비용(MC) 그 자체가 공급곡선이 된다. 그러나 생산중단점 이하의 가격에서는 생산하지 않으므로 결과적으로는 평균가변비용곡선(AVC) 최저점(P_3)을 상회하는 한계비용곡선(MC)이 완전경쟁시장 기업의 단기공급곡선이 된다.

완전경쟁기업의 단기비용곡선

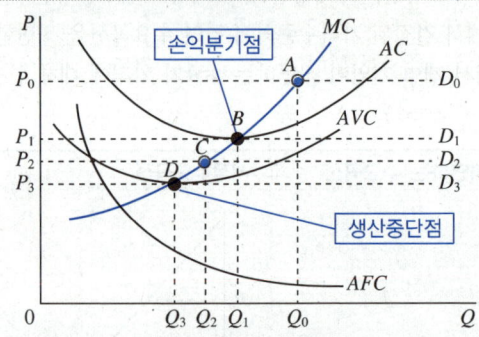

가 격	$P=MC$인 점	생산 여부	P, AC, AVC 간의 관계
$P=P_0$	A	Q_0	$P>AC$이므로 초과이윤 발생
$P=P_1$	B (손익분기점)	Q_1	$P=AC$이므로 정상이윤만 획득
$P=P_2$	C	Q_2	$AC>P>AVC$이므로 손실이 발생하나 생산하는 것이 유리함
$P=P_3$	D (생산중단점)	생산여부가 불분명	$P=AVC$이므로 생산할 때와 생산하지 않을 때의 손실이 모두 TFC로 동일함
$P<P_3$	-	생산중단	$P<AVC$이므로 가변비용도 회수할 수 없음

(4) 완전경쟁기업의 장기균형

① 장기조정과정

㉠ 생산량이 Q_1일 때 단기균형가격수준 P_1에서 기업은 빗금 친 A만큼의 초과이윤을 얻는다.

㉡ 단기초과이윤의 존재는 신규기업의 시장진입과 기존기업의 생산량 증가를 유발한다.

개념더하기

완전경쟁시장에서 개별 기업의 단기공급곡선(S)

- 단기공급곡선(S) = 한계비용(MC) ≥ 평균가변비용(AVC)의 최저점
- 완전경쟁시장에서 생산요소가격이 일정불변일 경우, 단기시장공급곡선은 개별 기업의 단기공급곡선을 수평으로 합한 값이다. 개별 기업의 단기공급곡선보다 단기시장공급곡선이 완만한 기울기를 갖는다.
  - 생산요소가격이 상승할 경우 비교적 기울기가 가파르다.
  - 생산요소가격이 하락할 경우 비교적 기울기가 완만하다.

개념체크OX

- 장기에 완전경쟁기업의 초과이윤은 0이다. OX
- 단기에 완전경쟁기업은 평균비용 곡선의 최저점에서 생산을 중단한다. OX

O, X

ⓒ 생산량 증가로 시장 공급량이 증가되어 $P - LAC$를 만족하는 수준까지 단기평균비용곡선(SAC)이 우측 이동하게 된다.

$$SAC_1 \to SAC_2 \to SAC_3 \to LAC$$

ⓔ 결국 장기에는 모든 기업의 초과이윤이 0이 되어 정상이윤만 획득하는 장기균형점(D^*)에 도달한다.

완전경쟁기업의 장·단기비용곡선

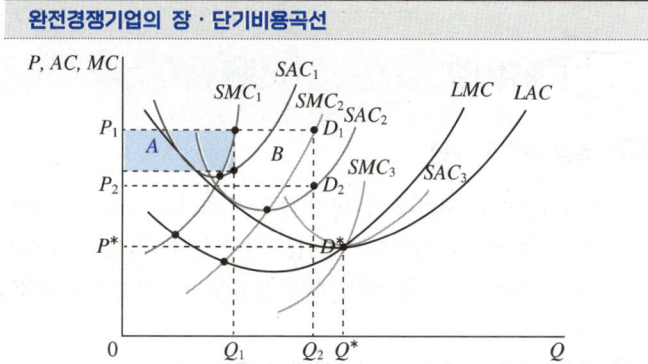

② 장기균형의 조건

$$P = AR = MR = LMC = SAC = LAC = SMC$$

(5) 완전경쟁산업의 장기공급곡선

완전경쟁산업 전체의 장기공급곡선은 시장의 장기균형점들을 연결하여 도출한다. 산업의 비용 변화 방향에 따라 장기공급곡선의 형태가 달라진다.

구 분	장기공급곡선의 형태	사업 유형
비용증가산업의 경우	장기공급곡선은 우상향한다.	산업 전체 생산량이 증가하면 생산요소가격이 상승하는 사업에 해당한다.
비용불변산업의 경우	장기공급곡선은 수평선이다.	산업 전체 생산량이 증가해도 생산요소가격이 일정한 사업에 해당한다.
비용감소산업의 경우	장기공급곡선은 우하향한다.	산업 전체 생산량이 증가하면 생산요소가격이 하락하는 사업에 해당한다.

4 완전경쟁시장의 평가

(1) 긍정적 측면

① $P = MC$ 수준에서 자원배분이 효율적으로 이루어진다.
② 장기에 최적시설규모에서 생산이 이루어지므로 비용이 최소화된다.
③ 장기에 모든 기업이 정상이윤만을 획득한다.
④ 사회적 후생(소비자잉여 + 생산자잉여)이 극대화된다.

개념체크OX

• 완전경쟁시장에서 $AR = MR$이다. ◯✕
• 완전경쟁시장에서 $P = LMC$이다. ◯✕

◯, ◯

(2) 부정적 측면
① 비현실성
② 소득분배의 불공평성
③ 시장실패의 가능성
④ 상품 차별화의 가능성 배제

3 독점시장

1 독점시장의 개념

독점시장은 한 재화나 서비스의 공급이 하나의 기업에 의해서만 이루어지는 시장형태이다. 독점시장에서는 독점기업이 시장을 지배하고 가격설정자(Price Setter)로 기능한다. 해당 산업에 대해서는 진입장벽이 존재한다.

2 독점 발생의 원인(= 진입장벽의 존재)

(1) 규모의 경제(자연독점 발생)

(2) 생산요소 공급원의 독점적 소유

(3) 정부에 의한 독점력 행사(공기업)

(4) 기타(M&A, 신기술 개발, 특허권 등록 등)

3 독점시장의 균형

(1) 독점기업의 이윤극대화

독점기업이라고 해도 이윤극대화 조건은 $MR = MC$이다. 다만 한계수입(MR)을 시장수요곡선으로부터 직접 도출해서 산업 전체의 수요를 자신의 수요로 인식한다.

(2) 독점시장의 특징
① 독점시장의 수요곡선은 우하향한다.
  독점시장에서의 공급자는 독점기업이 유일하기 때문에 독점기업이 직면하는 수요곡선은 시장 전체의 수요곡선과 동일하므로 우하향한다. 우하향하는 수요곡선의 경우 $P = AR > MR = MC$의 관계가 성립된다.
② 독점시장의 공급곡선은 존재하지 않는다.
  공급곡선은 주어진 시장 가격하에 기업의 이윤극대화 과정에서 도출된다. 그러나 독점기업은 가격결정자로 기능하므로 이러한 전제조건을 위배한다. 따라서 독점시장의 공급곡선은 존재하지 않게 된다.

개념체크OX

• 규모의 경제는 독점의 원인이다. ⃞O ⃞X

• 정부에 의해 설립된 기업은 독점력을 갖기 어렵다. ⃞O ⃞X

O, X

③ $P = AR > MR = MC$에서 단기균형이 이뤄진다.

수요곡선이 우하향하기 때문에 수요곡선의 기울기는 $\dfrac{dP}{dQ} < 0$이다.

$\dfrac{dP}{dQ} < 0$과 한계수입의 변형식인 $MR = P + Q\left(\dfrac{dP}{dQ}\right)$을 고려하면 한계수입($MR$)은 항상 가격($P$)보다 낮게 결정됨을 알 수 있다. 독점시장에서는 가격(P)과 생산량(Q)이 동시에 결정되지 않는다.

④ $\varepsilon_p > 1$인 구간에서만 생산한다.

독점기업은 수요의 가격탄력성이 1보다 클 경우에만 생산한다. 독점기업의 시장균형은 항상 가격탄력적임을 뜻하고, 수요곡선상 비탄력적인 구간($\varepsilon_p < 1$)에서는 생산하지 않는다.

일반적으로 $MC > 0$이라는 것과 이윤극대화식 $MR = MC$, 한계수입의 변형식인 아모로소-로빈슨 공식 $MR = P\left(1 - \dfrac{1}{\epsilon_p}\right)$, 이 세 가지 식으로 $P\left(1 - \dfrac{1}{\epsilon_p}\right) > 0$을 도출할 수 있고, $\varepsilon_p > 1$임을 알 수 있다.

총수입은 한계수입과 마찬가지로 ε_p에 의해 결정되며 종모양의 형태를 갖는다.

> **개념더하기**
>
> **한계수입곡선(MR)의 기울기**
> 한계수입곡선의 기울기는 수요곡선(AR) 기울기의 2배이다.

독점기업의 수요곡선, 한계수입곡선(MR), 총수입곡선(TR)

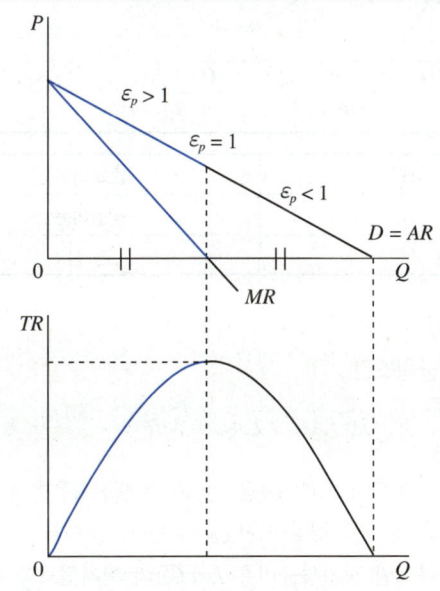

$\varepsilon_p > 1$	$MR > 0$	TR 증가
$\varepsilon_p = 1$	$MR = 0$	TR 극대
$\varepsilon_p < 1$	$MR < 0$	TR 감소

(3) 독점시장의 단기균형

① 독점시장의 단기 생산량(Q_m)

독점기업은 한계수입(MR)과 한계비용(MC)이 일치하는 점에서 재화의 생산량을 결정한다.

② 독점시장의 단기 가격(P_m)

가격은 결정한 생산량에 대응하는 수요곡선상의 가격으로 정한다.

③ 독점시장의 단기균형조건

$$P = AR > MR = MC$$

④ 독점기업의 단기 이윤

정해진 생산량에서의 가격(P)과 평균비용(AC)의 차이만큼이 독점기업이 단기에 얻는 초과이윤에 해당한다.

독점시장의 단기균형

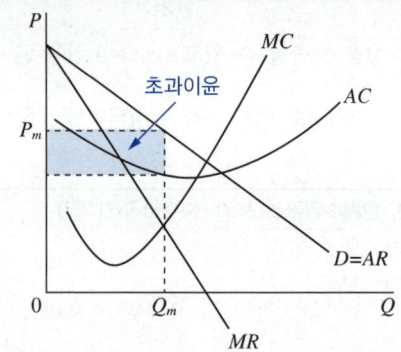

$P > AC$	초과이윤
$P = AC$	정상이윤
$P < AC$	손 실

(4) 독점시장의 장기균형

① 독점시장의 장기균형조건

$$P = AR > LAC = MR$$

② 독점기업은 장기에 반드시 초과이윤을 얻어야만 생산활동을 한다. 반면에 완전경쟁기업은 장기에 정상이윤만을 얻는다.

③ 장기에 최적시설규모인 장기평균비용(LAC)의 최저점보다 왼쪽에서 생산이 이루어지므로 초과설비를 보유한다. 초과설비를 보유하므로 자원이 비효율적으로 사용된다.

④ 독점기업은 장기에도 과소생산을 하므로 사회후생손실이 발생한다.

개념체크OX

- 독점기업은 장기에 반드시 초과이윤을 얻는다. O X
- 독점기업은 초과설비를 보유한다. O X

O, O

독점시장의 장기균형

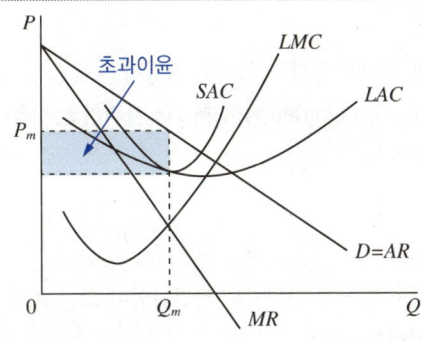

4 독점시장의 평가

(1) 자원배분의 측면

① $P > MC$이므로 완전경쟁시장보다 생산량은 적고 가격은 높게 생산된다.

② 독점기업의 생산량 $= \frac{1}{2} \times$ 완전경쟁기업의 생산량

③ 사회적 후생손실(자중손실)이 발생한다(자중손실 $= \triangle BCD$).

④ 비효율적이다.

독점시장의 자원배분

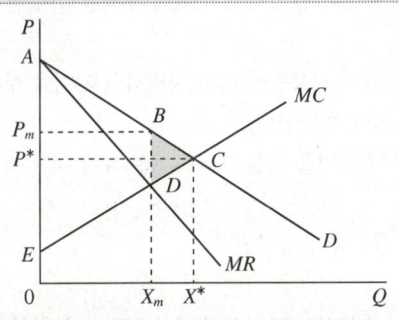

(2) 소득분배의 측면

① 소비자잉여를 독점이윤으로 전환함에 따라 소득분배의 불평등이 초래된다.

② 초과이윤과 경제력 집중으로 소득 불평등이 심화될 수 있다.

(3) 기타의 측면

① 자연독점 : 시장규모가 협소하여 1개의 기업만이 들어설 수 있다면 독점은 불가피하다. 또한, 규모의 경제에 의해 독점이 발생한 것이라면 독점의 자원배분이 완전경쟁시장보다 효율적일 수도 있다.

② 기술혁신 : 독점기업은 안일하게 초과이윤을 누리므로 기술혁신을 저해하는 측면이 있다. 반면, 슘페터(Schumpeter)에 따르면 독점에 따른 초과이윤을 누리기 위해 기술혁신이 촉진되는 효과도 있다고 한다.

> **개념더하기**
>
> **다공장 독점기업의 균형조건**
> $MR = MC^1 = MC^2$
> (MC^1 : 제 1공장의 한계비용,
> MC^2 : 제 2공장의 한계비용)

> **개념체크OX**
>
> • 규모의 경제가 있을 때 자연독점이 발생할 수 있다. O X
> • 자연독점이 발생했을 때 생산량이 증가하면 한계비용은 반드시 하락한다. O X
>
> O, X

5 가격차별(Price Discrimination)

(1) 가격차별의 개념

가격차별은 동일한 재화에 대해 다른 가격을 책정하는 독점기업의 이윤극대화 행동이다. 피구(A. C. Pigou)에 의해 제 1급 가격차별, 2급 가격차별, 3급 가격차별로 구분된다.

(2) 가격차별의 종류

① 1급 가격차별
  ㉠ 1급 가격차별이 이뤄지기 위해서는 독점기업이 모든 소비자의 수요곡선을 알고 있어야 한다.
  ㉡ 독점기업은 상품을 1단위씩 분리하여 각각의 개별 소비자에 대해서 지불할 의사가 있는 가장 높은 가격을 제시한다.
  ㉢ 사회적 잉여는 완전경쟁시장일 때와 같으나 소비자잉여가 모두 독점기업의 이윤으로 흡수된다.
  ㉣ 완전가격차별(Perfect Price Discrimination)이라고도 한다.

② 2급 가격차별
  ㉠ 2급 가격차별은 독점기업이 재화를 몇 개의 집단으로 구분한 후 집단별로 다른 가격을 부과하는 것을 말한다. 주로 구매량에 따라 구분된다.
  ㉡ 총수입은 완전가격차별에 비해 적고 사회적 잉여도 작다. $P = MC$를 만족하므로 효율성이 달성되고 사회적 후생손실이 발생하지 않는다.
  ㉢ 전기, 수도요금과 같이 사용량에 따라 차별적인 가격을 부과하는 경우가 2급 가격차별에 해당한다.
  ㉣ 독점기업이 2급 가격차별을 하는 이유는 소비자에 대한 정보가 부족하기 때문이다.
  ㉤ 비교적 더 많은 생산량이 공급된다.

③ 3급 가격차별
  ㉠ 3급 가격차별은 수요곡선의 탄력성에 따라 시장을 분할하고 각 시장의 탄력성에 따라 각각 다른 가격을 부과하는 가격차별로, '다시장 독점'이라고도 한다.
  ㉡ 3급 가격차별의 이윤극대화 조건

  > 총생산량 : $Q_A + Q_B = Q$
  > 이윤함수 : $\pi = TR_A + TR_B - TC$
  > 이윤극대화 조건 : $MR_A = MR_B = MC$

개념체크OX
- 1급 가격차별의 경우 완전경쟁시장의 경우와 소비자잉여가 동일하다. ⃝✕
- 2급 가격차별은 다시장 독점이라고도 불린다. ⃝✕

○, ✕

ⓒ 3급 가격차별에서의 가격 책정

독점기업은 가격탄력성에 따라 가격을 책정한다. 가격과 한계수입은 $MR = P\left(1 - \frac{1}{\epsilon_P}\right)$의 관계가 성립하므로 이윤극대화 조건은 $P_A(1 - \varepsilon_P^A) = P_B(1 - \varepsilon_P^B) = MC$로 바꿔 쓸 수 있다. 만약 $\varepsilon_P^A > \varepsilon_P^B$라면 $P_A < P_B$가 성립한다. 탄력성이 낮은 시장일수록 높은 가격을 부담하고, 탄력성이 높은 시장일수록 낮은 가격을 부담한다.

ⓓ 독점기업이 3급 가격차별을 하지 않을 때보다 더 많은 생산량이 공급된다.

(3) 기타 판매전략

① 이부가격제

이부가격 판매전략은 일정한 금액을 지불하고 특정 상품을 사용할 권리를 사게 한 다음 그것을 사용하는 양에 비례해 추가적인 가격을 내게 만드는 방식이다. 이부가격제를 실시할 경우 독점기업의 생산량은 $P = AR = MC$에서 결정되어 완전경쟁기업과 같아지므로 이부가격제를 실시하지 않을 때보다 가격은 낮고 생산량은 많게 공급되지만, 소비자잉여는 모두 독점기업의 이윤으로 귀속돼 소비자 후생손실이 감소한다.

② 묶어팔기

두 가지 이상의 상품을 하나의 묶음으로 만들어 판매하는 전략을 말한다.

③ 끼워팔기

끼워팔기는 하나의 상품을 팔면서 다른 상품을 끼워서 파는 전략을 말한다.

6 독점의 규제

(1) 가격규제

① 한계비용가격설정

한계비용가격설정은 $P = MC$ 수준에서 가격상한을 설정하여 독점기업의 독점력을 약화하는 제도이다. 가격 하락과 생산량 증대 효과를 가져오나, 자연독점의 경우라면 손실이 발생할 수 있다.

② 평균비용가격설정

평균비용가격설정은 $P = AC$ 수준에서 가격상한을 설정하여 독점기업의 독점력을 약화하는 제도로, 가격 하락과 생산량 증대 효과를 가져온다. 자연독점의 손실발생 문제를 해결한다. 이윤 = 손실 = 0 수준을 달성한다. 그러나 완전경쟁시장에 비해서는 여전히 높은 가격과 작은 생산량을 가지므로 비효율이 발생한다.

> **개념체크OX**
> - 독점기업의 이부가격제 실시는 종전 대비 가격을 낮추고 생산량을 늘린다. O X
> - 이부가격제로 인해 소비자잉여가 감소한다. O X
>
> O, O

③ 이중가격설정

이중가격설정은 기업의 2급 가격차별을 부분적으로 허용하는 제도이다. 동일한 소비자 기준 일정 수량까지는 비싸게, 일정 수량을 넘어서면 싸게 판매하도록 한다.

(2) 조세를 통한 규제

① 종량세

종량세는 기업에 재화 1단위당 조세를 부과하는 제도이다. 이 경우 평균비용(AC), 한계비용(MC)이 증가하여 가격 상승, 생산량 감소, 독점이윤을 감소시킨다. 소비자에게 조세가 전가되어 자원배분 왜곡에 따라 비효율이 발생하는 단점이 있다.

② 정액세

정액세는 기업의 생산량과 관계없이 일정액을 조세로 부과하는 제도이다. 한계비용(MC)은 변하지 않고 평균비용(AC)은 증가하여 가격과 생산량은 불변하고 독점이윤만 감소한다. 일종의 중립세(Lump-sum Tax)로서 자원배분 상태가 불변한다.

③ 이윤세

이윤세는 기업의 이윤에 조세를 부과하는 제도이다. 이윤세의 부과는 한계비용(MC)은 변하지 않고 평균비용(AC)은 증가하여 가격과 생산량은 불변하고 독점이윤만 감소한다. 이윤세 또한 중립세이므로 자원배분 상태에 변화를 주지 않는다.

(3) 수익률 규제

수익률 규제는 독점기업의 자본 수익률에 상한선을 설정하는 제도이다. 독점기업이 정상이윤만을 얻도록 하기 위해 수익률의 상한선을 이자율과 일치하도록 설정해야 하는데, 현실적으로 어렵다.

(4) 배타적 계약

배타적 계약은 정부가 독점기업을 상대로 경쟁입찰 방식을 적용하는 방식이다. 독점기업의 상품에 대하여 최소가격으로 공급하려는 다른 기업과 배타적 공급권에 대해 계약을 맺는 행위이다. 독점기업의 상품공급이 복잡할 경우 세부 내용까지 배타적 계약에 명시하여야 하는 어려움이 있다.

(5) 독점기업의 국유화

독점기업의 국유화는 독점기업을 국영기업으로 전환하는 방식이다.

7 독점도

(1) 독점도의 개념

독점도는 한 산업 내에 있는 기업의 독점력을 측정하기 위한 지표이다.

개념체크OX

- 독점기업에 대한 규제로 종량세를 이용하면 가격이 상승하고 생산량이 증가한다. ⃞O⃞X
- 독점기업에 대한 규제로 이윤세를 이용하면 가격과 생산량이 불변한다. ⃞O⃞X

X, O

(2) 러너의 독점도

$$L = \frac{P-MC}{P} = \frac{P-MR}{P}$$

(3) 힉스의 독점도

$$L = \frac{1}{\varepsilon_p} \ (\varepsilon_p : 수요의 \ 가격탄력성)$$

4 독점적 경쟁시장

1 독점적 경쟁시장의 개념

독점적 경쟁시장은 다수의 기업이 차별화된 상품을 생산하는 시장으로, 완전경쟁시장과 독점시장의 성격을 모두 가진 시장형태이다.

2 독점적 경쟁시장의 특징

(1) **차별화된 재화의 공급**

소비자에 대한 독점력을 갖는 차별화된 재화를 공급하므로 기업이 가격결정자가 되고 기업이 직면하는 수요곡선은 우하향한다.

(2) **다수의 기업이 존재**

다수의 기업이 밀접한 대체재를 공급하므로 개별 기업이 직면하는 수요곡선은 독점기업에 비해 탄력적인 특성을 갖는다. 따라서 수요곡선의 기울기가 매우 완만하다.

(3) **진입장벽이 없다.**

시장의 진입과 퇴출이 자유롭다. 따라서 장기적으로는 초과이윤이 존재하면 새로운 기업이 진입하고, 손실이 발생하면 퇴출이 이루어져 장기에는 정상이윤만을 얻는다.

(4) 독점적 경쟁시장은 비가격경쟁에 의해 주로 경쟁이 이뤄진다.

3 독점적 경쟁시장의 단기균형

(1) 독점적 경쟁기업은 차별적 재화의 독점력을 이용하여 단기에는 독점기업과 같이 행동한다.

(2) 수요곡선이 우하향한다.

(3) 공급곡선이 존재하지 않는다.

> **개념더하기**
>
> **독점적 경쟁시장과 타시장 비교**
> - 다수의 기업이 존재하지만 완전경쟁시장보다는 적다.
> - 비가격경쟁이 활발하지만 과점시장의 수준보다는 약하다.

(4) $\varepsilon_p > 1$인 구간에서만 생산한다.

(5) 독점적 경쟁시장의 단기균형조건

$$P = AR > MR = MC$$

(6) 독점적 경쟁기업의 단기이윤

$P > AC$	초과이윤
$P = AC$	정상이윤
$P < AC$	손 실

4 독점적 경쟁시장의 장기균형

(1) 장기 균형생산량의 결정

독점적 경쟁기업의 장기 이윤극대화 생산량은 $MR = LMC$인 Q_0에서 결정된다. 이는 최적시설규모인 장기평균비용(LAC)의 최저점보다 왼쪽에서 생산이 이뤄져 초과설비를 보유함을 뜻한다. 초과설비 보유에 따라 기업은 과소생산하므로 비효율적이다.

(2) 장기 균형가격의 결정

독점적 경쟁시장은 장기에 진입장벽이 존재하지 않아 진입과 퇴출이 자유롭다. 새로운 기업의 진입은 초과이윤이 발생할 때 이뤄지고 손실이 발생하면 기존기업의 퇴출이 이뤄진다. 개별 기업이 직면하는 수요곡선은 초과이윤이 0이 될 때까지 이동하여 LAC와 접하게 된다. 결국 $P = AR = SAC = LAC$에서 균형가격(P_0)이 결정된다.

(3) 독점적 경쟁시장의 장기균형조건

$$P = AR = SAC = LAC > MR = SMC = LMC$$

독점적 경쟁시장의 장기균형

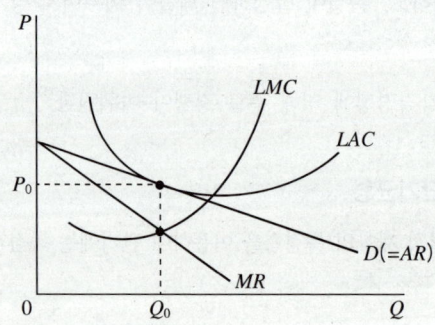

(4) 독점적 경쟁시장의 장기균형 특징
① $P > MC$
② 초과이윤 $= 0$
③ 초과설비 보유
④ 규모에 대한 수익증가 구간에서 생산

5 독점적 경쟁시장의 평가

(1) 긍정적 측면
① 독점적 경쟁의 경우 제품차별화를 통해 다양한 재화의 생산이 이루어지므로 소비자의 후생이 증가한다.
② 기업들 간의 경쟁으로 독점이나 과점보다는 소비자의 손실이 덜하다.
③ 장기에 초과이윤이 0이므로 독점기업으로 변모할 가능성이 작다.
④ 진입과 퇴거가 자유로우므로 여러 측면에서 경제주체들의 자유를 신장한다.

(2) 부정적 측면
① 균형에서의 가격은 항상 한계비용을 초과하므로($P > MC$) 자원배분의 비효율성으로 인해 사회적 후생손실이 발생한다.
② 광고 등의 비가격경쟁에 따라 자원의 낭비가 발생한다.
③ 장기에 생산량 수준이 최적 생산량에 미달하므로 초과설비가 존재해 비효율적이다.
④ 포장, 디자인 등에서 제품의 차별화가 발생하고, 장기 초과이윤이 0이기 때문에 기술혁신을 위한 R&D(연구·개발)가 잘 이루어지지 않는다.

5 과점시장

1 과점시장의 개념

과점시장은 둘 이상의 소수의 공급자가 지배하는 시장이다. 과점은 품질이 비슷한(동질적인) 상품이 거래되는 순수과점과, 종류는 동일하지만 품질이 다른 상품이 거래되는 차별과점으로 나뉜다.

2 과점시장의 특징

(1) 상호의존성
과점시장 내에서는 기업 간의 상호의존성이 매우 높다. 그러므로 과점기업은 항상 경쟁기업의 반응을 고려하여 의사결정을 내려야 하는 전략적인 상황에 놓이게 된다. 이러한 전략적 상황을 분석하는 이론이 게임이론이다.

개념더하기

초과설비
초과설비는 기업들이 보유한 설비를 모두 동원하여 생산할 수 있는 공급량이 시장의 수요를 초과하는 상태를 말한다.

개념체크OX
• 과점시장에서 기업들은 상호의존적이다. O X
• 과점기업들은 때에 따라 비경쟁 행위를 한다. O X
• 과점시장에서는 가격경쟁만 이뤄진다. O X

O, O, X

(2) 비가격경쟁과 가격경직성
시장점유율을 높이기 위해 광고, 제품차별화 등을 통한 비가격경쟁이 집중된다. 이로 인해 상품가격이 경직적이다.

(3) 비경쟁 행위
과점기업들은 때에 따라 카르텔 등의 담합을 통해 기업 간 경쟁을 제한함으로써 비경쟁 행위를 하는 경우도 있다.

(4) 높은 진입장벽

(5) 기술혁신의 유인

3 과점시장의 모형

(1) 모형의 구분

과점시장의 모형	독자적 행동모형	생산량결정 모형	꾸르노 모형
			슈타켈버그 모형
		가격결정 모형	베르뜨랑 모형
			굴절수요곡선 모형
	협조적 행동모형	완전담합 모형	카르텔 모형
		불완전담합 모형	가격선도이론

(2) 꾸르노 모형

① 꾸르노 모형의 가정
  ㉠ 시장에 두 개의 기업만 존재하는 복점시장을 가정한다.
  ㉡ 추측된 생산량의 변화는 0이라고 가정한다(자신의 생산량 변화에 대해 상대 기업은 생산량을 변화하지 않는다고 가정).
  ㉢ 두 기업은 동시에 의사결정을 하며 의사결정의 대상은 생산량이다.

② 꾸르노 균형
  각 기업은 이윤극대화 식을 통해 반응곡선을 도출한다. 반응곡선은 상대방의 생산량을 주어진 것으로 보았을 때 자신의 이윤극대화 생산량의 궤적을 나타낸 곡선이다. 시장균형은 두 기업의 반응곡선이 만나는 점에서 이루어진다.

반응곡선과 꾸르노 균형

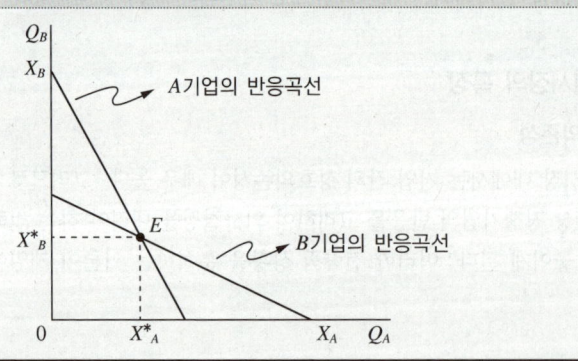

> 💡 **개념더하기**
>
> **굴절수요곡선 모형**
> 과점시장에서 한 기업이 가격을 인하하면 경쟁기업도 가격을 인하한다. 그러나 가격을 인상하는 경우에는 경쟁기업이 가격을 인상하지 않는다. 따라서 기업은 특정가격부터는 가격을 종전과 같이 인상할 수 없다. 특정가격부터 완만한 기울기를 가진 수요곡선을 굴절수요곡선 모형이라 한다.

③ 수식에 의한 꾸르노 균형의 도출

> - 시장 전체의 수요함수 : $P = a - bQ$ $(Q = Q_1 + Q_2)$
> - 한계비용(MC) : m
> - 이윤 : $\pi = TR(Q) - TC(Q)$
> - 기업1의 이윤함수
> $\pi_1 = Q_1 \times P - mQ_1 = Q_1 \times (a - b(Q_1 + Q_2)) - mQ_1$
> - 기업2의 이윤함수
> $\pi_2 = Q_2 \times P - mQ_2 = Q_2 \times (a - b(Q_1 + Q_2)) - mQ_2$
> - 기업1의 반응곡선
> $\dfrac{\sigma \pi_1}{\sigma Q_1} = -2bQ_1 + (a - 2bQ_2) - m = 0$
> $\rightarrow Q_1 = -\dfrac{1}{2}Q_2 + \dfrac{a-m}{2b}$
> - 기업2의 반응곡선
> $\dfrac{\sigma \pi_2}{\sigma Q_2} = -2bQ_2 + (a - 2bQ_1) - m = 0$
> $\rightarrow Q_2 = -\dfrac{1}{2}Q_1 + \dfrac{a-m}{2b}$
> - 두 반응곡선의 교점
>   기업1의 반응곡선과 기업2의 반응곡선의 연립방정식을 풀어보면 꾸르노 균형이 도출된다. $Q_1^* = Q_2^* = \dfrac{a-m}{3b}$
>   따라서 전체 생산량 $Q = \dfrac{2(a-m)}{3b}$ 이다.

④ 꾸르노 모형의 평가

수요곡선이 직선인 경우, 꾸르노 모형의 생산량 간에는 다음의 관계가 성립한다.

㉠ 꾸르노 균형에서 각 기업의 생산량 = $\dfrac{1}{3}$ × 완전경쟁기업의 생산량

㉡ 꾸르노 균형에서 총생산량 = $\dfrac{2}{3}$ × 완전경쟁기업의 생산량

(3) 슈타켈버그 모형

① 슈타켈버그 모형의 개념

앞서 꾸르노 모형에서는 각 기업이 모두 추종자로 행동함을 가정했다. 그러나 현실에서 복점상태에 있는 기업은 선도역할을 통해 유리한 상황을 취할 수 있다. 슈타켈버그(Stackelberg)는 복점시장을 선도기업(Leader)과 추종기업(Follower)으로 나누어 모형화하였다.

② 선도기업과 추종기업

㉠ 선도기업은 추종기업의 반응을 고려하여 먼저 의사결정 한다. 선도기업은 자신이 생산량을 변화하면 추종기업도 생산량을 변화할 것으로 예측하므로 선도기업의 추측된 변화는 0이 아니다.

> **개념체크OX**
> - 꾸르노 균형에서 한 기업의 생산량은 완전경쟁기업의 생산량보다 작다. O X
> - 꾸르노 균형에서의 총생산량은 완전경쟁기업의 생산량보다 크다. O X
>
> O, X

ⓒ 추종기업은 선도기업의 생산량을 보고 자신의 이윤극대화 생산량을 결정한다. 추종기업은 자신이 생산량을 변화해도 선도기업은 생산량을 바꾸지 않을 것으로 예측하므로 추종기업의 추측된 변화는 0이다.

③ 슈타켈버그 균형
㉠ 슈타켈버그 균형은 선도기업과 추종기업 간의 균형을 뜻한다.
㉡ A기업이 선도기업이고 B기업이 추종기업이라 할 때, 선도기업인 A기업은 B기업의 반응을 추측하여 자신의 이윤극대화 생산량을 결정한다.
㉢ 추종기업은 선도기업의 주어진 생산수준에서 자신의 이윤극대화 생산량을 결정한다.

슈타켈버그 모형

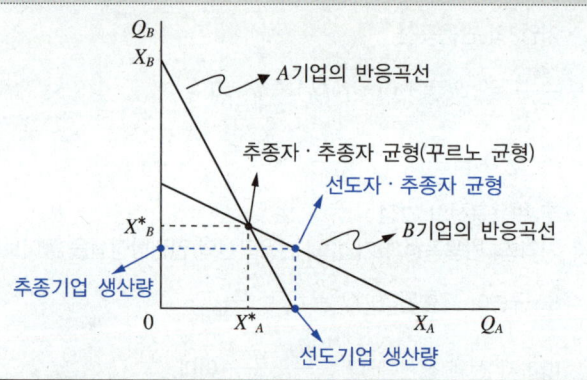

④ 슈타켈버그 전쟁(Stackelberg Warfare)
두 기업이 서로 선도자라고 생각하는 경우, 두 기업은 모두 앞 모형의 선도기업처럼 행동할 것이다. 선도경쟁하의 균형은 이루어지지 않는다. 이처럼 각 기업이 서로 선도기업이 되려고 하는 것을 슈타켈버그 전쟁 또는 슈타켈버그 불균형이라고 한다

⑤ 꾸르노 모형과의 비교
㉠ 꾸르노 균형은 추종기업과 추종기업 간의 균형이다.
㉡ 슈타켈버그 모형에서 선도기업의 생산량은 꾸르노 모형에서의 생산량보다는 많고 총생산량보다는 적다.
㉢ 슈타켈버그 모형에서 추종기업의 생산량은 꾸르노 모형에서의 생산량보다 항상 작다.

⑥ 슈타켈버그 모형의 평가
㉠ 선도기업의 생산량 $= \dfrac{1}{2} \times$ 완전경쟁기업의 생산량
㉡ 추종기업의 생산량 $= \dfrac{1}{4} \times$ 완전경쟁기업의 생산량
㉢ 슈타켈버그 균형에서 두 기업의 생산량 $= \dfrac{3}{4} \times$ 완전경쟁기업의 생산량

개념체크OX
• 슈타켈버그 모형에서 선도기업의 생산량은 완전경쟁기업의 생산량의 절반이다. O X
• 슈타켈버그 균형에서의 총생산량은 완전경쟁기업 생산량의 3/4배이다. O X

O, O

(4) 베르뜨랑 모형

① 베르뜨랑 모형의 개념
앞선 모형들이 생산량을 통해 경쟁하는 반면, 베르뜨랑 모형에서는 가격을 통해 경쟁하는 모형이다.

② 베르뜨랑 모형의 가정
㉠ 두 개의 기업이 존재하고 각 기업은 동시에 의사결정을 한다.
㉡ 각 기업이 생산하는 재화는 동질적이며, 각 기업의 한계비용은 동일하다.
㉢ 의사결정 대상이 생산량이 아니라 가격이다.

③ 베르뜨랑 균형
㉠ 반응곡선의 도출
기업1이 한계비용보다 높은 가격을 제시하면 기업2는 소비자들을 유인하기 위해 그보다 약간 낮은 수준의 가격을 제시한다.
기업1의 가격에 대응한 기업2의 가격을 모두 연결하면 기업2의 반응곡선이 도출되는데, 45°선의 기울기보다 약간 낮은 직선이다. 마찬가지로 기업1의 반응곡선은 45°선의 기울기보다 약간 높은 직선이다.

㉡ 베르뜨랑 균형
각 기업은 동질의 상품을 공급하므로 어느 한 기업의 가격이 조금만 낮아도 수요를 독점할 수 있다. 따라서 각 기업은 서로 조금씩 낮은 가격을 제시하여 자신이 시장수요 전체를 독점하려 한다. 이러한 가격경쟁을 통해 시장가격은 두 기업이 제시할 수 있는 가장 낮은 가격인 한계비용 수준에서 결정된다($P = MC$).
만약 두 기업의 한계비용이 각각 다를 경우 높은 한계비용을 가진 기업의 한계비용 수준에서 가격이 결정되고, 시장수요는 낮은 한계비용을 가진 기업이 독점하게 된다.

베르뜨랑 모형

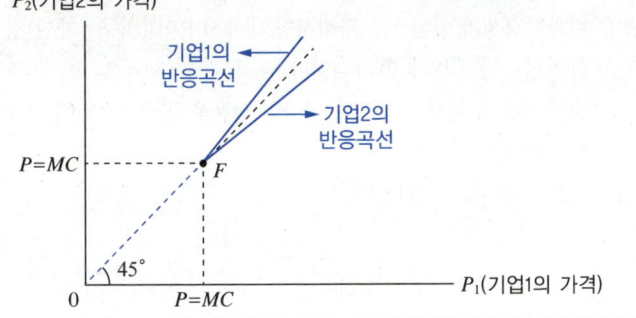

개념체크OX
• 베르뜨랑 모형은 가격경쟁 모형이다. ☐X
• 베르뜨랑 모형에서는 각 기업이 순차적으로 의사결정한다. ☐X

O, X

④ 베르뜨랑 모형의 평가
  ㉠ $P = MC$ 조건을 만족하므로 가격과 생산량이 완전경쟁시장에서와 같이 효율적인 자원배분이 이루어진다.
  ㉡ 베르뜨랑 균형은 게임이론에서 내쉬균형의 성격을 지닌다.
  ㉢ 베르뜨랑 모형에서 순수복점의 경우 초과이윤은 0이 된다. 차별복점의 경우 초과이윤이 0보다 크고, 대체재의 유사성이 클수록 재화 1단위당 이윤이 줄어든다.

(5) 담합모형

모 형	내 용
가격선도이론 (불완전담합)	• 명시적 담합이 금지된 경우에 과점시장을 선점한 선도기업이 가격을 설정하면 추종기업들은 선도기업의 판매가격을 암묵적으로 따르고 생산량을 결정한다. • 추종기업이 공급하고 남은 시장수요의 나머지 잔여수요를 선도기업이 충족한다.
카르텔 (완전담합)	• 동일 산업에 속하는 기업들이 명시적으로 합의하여 가격이나 생산량을 정하는 것이다. • 카르텔은 단일독점기업과 동일하게 행동한다. • 카르텔이 형성되면 협정을 위반할 유인이 존재하므로 내재적 불안정성을 가지고 있다.

개념더하기

시장별 비교

시장 구조	기업 수	진입 장벽	가격 지배력	자원 배분
완전 경쟁	많음	없음	없음	효율적
독점적 경쟁	많음	있음	있음	완전경쟁 보다 비효율적
과 점	소수	크다	크다	완전경쟁 보다 비효율적

4 과점시장의 평가

(1) 과점의 비효율성
  ① 최적시설규모인 장기평균비용곡선(LAC)의 최저점에서 생산이 이뤄지지 않아 초과설비가 존재하므로 비효율적이다.
  ② 일반적으로 정상이윤을 넘는 초과이윤을 수취하므로 진입장벽이 존재한다.
  ③ 광고비 등 비가격경쟁에 과다한 자원이 투입된다.

(2) 과점의 후생학적 장점
  ① 비가격경쟁의 일환으로 과점시장 내에서 R&D(연구·개발)경쟁이 활발하여 신기술개발에 효과적이다.
  ② 질적 수준이 높은 상품이나 다양한 상품을 공급함으로써 소비자들의 선택 가능성이 증가한다.
  ③ 규모의 경제가 실현된다.

6 게임이론

1 게임이론의 개념

① 게임이론은 한 사람이 어떤 행동을 하기 전에 상대방의 대응을 미리 생각해야 하는 전략적 상황을 가정한다. 이 상황에서 자신의 이익을 극대화하기 위한 의사결정과정을 분석하는 이론이 게임이론이다.
② 특히 기업의 수가 적은 과점시장에서 많이 활용된다.
③ '게임의 균형'은 외부적인 충격이 가해지지 않는 한 모든 경기자들의 전략이 계속 유지되는 상태를 의미한다. 즉, 모든 경기자들이 현재의 결과에 만족하여 자신의 전략을 바꿀 유인이 없는 상태를 의미한다.

2 우월전략균형

(1) 우월전략의 개념

우월전략은 상대방이 어떤 전략을 선택하든지 항상 자신에게 유리한 전략을 의미한다. 우월전략균형은 모든 경기자들의 우월전략배합을 뜻한다.

(2) 우월전략의 사례

① 우월전략배합 : A의 우월전략(자백), B의 우월전략(자백)
② 우월전략균형 : (자백, 자백)

용의자A \ 용의자B	자 백	부 인
자 백	(−5, −5)	(−1, −10)
부 인	(−10, −1)	(−2, −2)

(3) 우월전략균형의 평가

① 각 경기자의 우월전략은 비협조 전략이다.
② 자신만이 비협조 전략(이기적인 전략)을 선택하는 경우 보수가 증가한다.
③ 각 경기자의 우월전략배합이 열위전략배합보다 파레토 열위 상태이다.
④ 각 경기자가 자신의 이익을 극대화하는 행동이 효율적인 자원배분을 실현하는 것은 아니다. 개인적 합리성이 집단적 합리성을 보장하지 못함을 의미한다.
⑤ 현실적으로 우월전략이 나타나는 경우가 흔하지 않으므로 전략적인 상황을 설명하는 개념으로의 한계가 있다.

> **개념체크OX**
> • 게임이론은 독점기업이 많이 사용하는 전략이다. O X
> • 각 경기자의 우월전략은 비협조 전략이다. O X
>
> X, O

3 내쉬균형

(1) 내쉬전략

내쉬전략은 상대방의 전략을 주어진 것으로 보고 자신의 이익을 극대화하는 전략을 말하며, 내쉬균형을 만족시키는 전략을 뜻한다.

(2) 내쉬균형의 개념

내쉬전략의 조합을 내쉬균형이라 하며, 내쉬균형에선 현재의 전략을 변화시킬 유인이 없으므로 내쉬균형은 안정상태라고 할 수 있다. 상대방의 최적전략에 대한 자신의 최적 대응 조합이다.

(3) 우월전략균형과의 관계

우월전략균형은 반드시 내쉬균형이다. 그러나 내쉬균형은 우월전략균형이 아닐 수 있다.

(4) 내쉬균형의 예

① 내쉬균형이 존재하지 않는 경우

A \ B	T	H
T	(3, 2)	(1, 3)
H	(1, 1)	(3, -1)

② 내쉬균형이 1개 존재하는 경우 : (자백, 자백)

용의자A \ 용의자B	자 백	부 인
자 백	(-5, -5)	(-1, -10)
부 인	(-10, -1)	(-2, -2)

③ 내쉬균형이 2개 존재하는 경우 : (야구, 야구), (영화, 영화)

A \ B	야 구	영 화
야 구	(3, 2)	(1, 1)
영 화	(1, 1)	(2, 3)

(5) 내쉬균형 존재 정리

유한한 경기자와 유한한 전략의 게임에서 혼합전략을 허용하면 최소한 하나 이상의 내쉬균형이 존재하게 된다.

(6) 내쉬균형의 한계

① 경기자 모두 소극적 추종자로 행동하거나 모두 적극적 선도자로 행동할 때의 균형을 설명하지 못한다.
② 순차 게임을 설명하지 못한다.
③ 협력의 가능성이 없으며 협력의 가능성이 있는 게임을 설명하지 못한다.
④ 파레토최적이 아닐 수 있다.

개념체크OX

- 우월전략은 반드시 내쉬균형이다. [O X]
- 내쉬균형은 반드시 우월전략이다. [O X]
- 내쉬균형은 항상 파레토최적이다. [O X]

O, ×, ×

4 혼합전략균형

(1) **순수전략과 혼합전략**

① 순수전략 : 경기자가 여러 가지 전략 중 특정 한 가지 전략을 선택하여 그것만을 고수하는 경우에 해당한다.

② 혼합전략 : 각 경기자가 두 가지 이상의 순수전략을 선택된 확률에 따라 혼합하여 사용하는 전략이다. 각 경기자가 혼합전략을 사용하는 이유는 자신의 행동을 상대방이 쉽게 예측하지 못하게 하기 위해서이다.

(2) **혼합전략 내쉬균형**

모든 경기자의 순수전략에 대한 기대이득이 동일할 때 혼합전략 내쉬균형이 달성된다. 혼합전략이 존재하면 항상 1개 이상의 내쉬균형이 존재한다.

5 순차게임

(1) **순차게임의 개념**

순차게임은 한 경기자가 먼저 전략을 선택한 다음, 다른 경기자가 이것을 보고 나중에 자신의 전략을 취하는 게임이다. 순차게임에 반해 순수전략이나 혼합전략은 동시에 전략을 취하는 동시게임에 해당한다.

(2) **게임나무**

순차게임에서는 게임나무를 통해 게임진행 과정을 표시한다. 게임나무는 마지막 단계에서 최적대응을 찾고 거꾸로 거슬러 올라감으로써 균형을 찾는 방식으로, 역진적 귀납법이 사용된다.

> **개념더하기**
>
> **기타 게임**
> - 협조적게임과 비협조적게임
>   협조적게임은 구속력이 있는 계약을 경기자들끼리 협상을 통해 체결한 게임이고, 비협조적게임은 협상이 불가능한 게임이다.
> - 일회게임과 반복게임
>   일회게임은 일회성으로 진행, 반복게임은 여러 차례에 걸쳐 진행되는 게임이다.
> - 정합게임과 영합게임
>   정합게임은 두 경기자가 얻는 보수의 합이 일정한 게임이고, 영합게임은 두 경기자가 얻는 보수의 합이 항상 0이 되는 게임이다.
> - 불완전정보게임과 불충분정보게임
>   불완전정보게임은 경기자들이 경쟁상대의 선택에 대해 모르는 채로 선택해야 하는 게임이고, 불충분정보게임은 전략의 결정에 따른 상대방의 보수에 대해 확정적 정보를 가지지 못하는 게임이다.

CHAPTER 05 기출분석문제

01 완전경쟁시장에 대한 설명으로 옳지 않은 것은? 한전KDN, 근로복지공단

① 개별기업이 직면하는 수요곡선은 수평선이다.
② 개별기업의 이윤은 한계수입과 한계비용이 일치할 때 극대화된다.
③ 완전경쟁기업은 가격이 손익분기점보다 낮으면 생산을 중단한다.
④ 생산요소가격이 상승하는 비용증가산업에서 장기공급곡선은 우상향한다.

[해설] ③ 가격이 손익분기점보다 낮으면 손실이 발생하나 가변비용을 회수하고 고정비용의 일부를 회수할 수 있기 때문에 생산하는 것이 유리하다. 그러나 가격이 생산중단점보다 낮게되면 $P<AVC$이므로 가변비용도 회수할 수 없으므로 생산을 중단하게 된다.

02 완전경쟁시장에서 나타나는 특징을 설명한 것 중 옳지 않은 것은? 한국관광공사

① 시장균형가격이 한계비용과 일치한다.
② 장기균형에서 시장가격은 평균비용보다 약간 높은 수준에서 결정된다.
③ 장기균형에서 생산량은 평균비용이 최소화되는 수준에서 결정된다.
④ 장기균형에서 기업들은 초과이윤을 전혀 얻지 못하다.

[해설] ② 장기균형에서 $P=MR=LMC=LAC$가 성립한다.
④ 완전경쟁시장에서는 잠재적 경쟁자에 의한 경쟁의 압력에 의해 장기에 정상이윤만을 얻게 된다.

03 완전경쟁시장에서 이윤극대화를 추구하는 개별 기업에 대한 설명으로 옳은 것은?(단, 개별 기업의 평균비용 곡선은 U자형태로 동일하며, 생산요소시장도 완전경쟁이다) 주택도시보증공사

① 한계수입곡선은 우하향하는 형태이다.
② 이윤은 단기에도 항상 0이다.
③ 수요의 가격탄력성은 0이다.
④ 단기에는 평균가변비용곡선의 최저점이 조업중단점이 된다.

[해설] ① 개별 기업이 직면하는 수요곡선이 수평이므로 한계수입곡선 역시 수평이다.
② 단기의 이윤은 양의 값일 수도 음의 값일 수도 있으며, 0이 되는 것은 장기이다.
③ 수요곡선이 수평선이므로 수요의 가격탄력성은 무한이다.

04 다음 중 독점시장의 특징으로 옳지 않은 것은?　　　　　　　　　　　　　　　　　　한국도로공사

① 사장된 손실(Dead Weight Loss)이 발생한다.
② 한계수입은 항상 가격수준보다 높다.
③ 한계수입과 한계비용이 같게 되는 곳에서 이윤이 극대화된다.
④ 독점기업은 시장가격을 변경할 수 있다.

[해설] 완전경쟁의 경우에 기업은 주어진 가격으로 원하는 만큼 판매할 수 있으므로 한계수입과 가격은 일치하지만, 독점의 경우에는 판매량을 증가시키려면 가격을 낮추어야 하므로 한계수입은 가격보다 낮다.

05 독점기업의 시장 수요와 공급에 대한 설명으로 옳지 않은 것은?(단, 시장수요곡선은 우하향한다)
　　　　　　　　　　　　　　　　　　　　　　　　　　　　　　　　　　　　　　한국자산관리공사

① 독점기업은 시장의 유일한 공급자이기 때문에 수요곡선은 우하향한다.
② 독점기업의 공급곡선은 존재하지 않는다.
③ 독점기업의 한계수입은 가격보다 항상 높다.
④ 한계수입과 한계비용이 일치하는 점에서 독점기업의 이윤이 극대화된다.

[해설] 독점기업의 한계수입은 가격보다 항상 낮다.

06 독점기업이 직면한 수요곡선이 $Q=200-2P$이고, 총비용함수가 $TC=Q^2+40Q$이다. 독점기업의 이윤을 극대화하는 (ㄱ)생산량과 (ㄴ)이윤은?(단, Q는 생산량, P는 가격이다)　　한국농어촌공사, 서울교통공사

① ㄱ : 10, ㄴ : 450
② ㄱ : 10, ㄴ : 500
③ ㄱ : 20, ㄴ : 500
④ ㄱ : 20, ㄴ : 600

[해설] 독점기업의 이윤극대화 조건은 $MR=MC$이다. 기업의 한계수입곡선(MR)은 수요곡선 기울기의 두배이므로 $MR=100-Q$이다. 한계비용(MC)은 총비용함수(TC)를 미분하면 $MC=2Q+40$이다. 이윤극대화 조건인 $MR=MC$에 의해 이윤극대화하는 생산량(Q)은 20이고 가격(P)은 90이 된다. 이때 이윤의 크기는 총수입에서 총비용을 빼면 600이 된다.

07 한 재화에 대해 수요의 가격탄력성이 서로 다른 두 그룹이 있으며, 기업은 그룹별 소비자의 수요에 대한 정보를 보유하고 있다고 하자. 이윤극대화 기업의 가격 전략에 대한 다음 설명 중 옳은 것은?　　근로복지공단

① 가격 차별화를 하더라도 생산자잉여에는 변화가 없다.
② 탄력성이 상대적으로 높은 그룹에는 낮은 가격을, 상대적으로 낮은 그룹에는 높은 가격을 부과한다.
③ 탄력성이 상대적으로 높은 그룹에는 높은 가격을, 상대적으로 낮은 그룹에는 낮은 가격을 부과한다.
④ 이윤극대화 점에서는 탄력성이 상대적으로 높은 그룹에서 발생하는 한계수입이 상대적으로 낮은 그룹에서 발생하는 한계수입보다 크다.

[해설] 3급 가격차별을 하는 경우 기업의 이윤극대화 조건은 $MR_A=MR_B=MC$에서 이루어진다. 이 식은(모든 시장에서 같아지도록 만들어진) 한계수입이 한계비용(MC)과 같아지는 수준에서 이윤이 극대화됨을 의미한다. 이때 각 시장에서의 가격수준 간에는 $P_A\left(1-\dfrac{1}{\varepsilon_P^A}\right)=P_B\left(1-\dfrac{1}{\varepsilon_P^B}\right)$의 관계가 성립한다. 이 식에 따르면 탄력성이 상대적으로 높은 그룹에는 낮은 가격을, 상대적으로 낮은 그룹에는 높은 가격이 책정된다.

08 독점적 경쟁시장에 대한 설명으로 옳지 않은 것은? 　　　　　　　　　한국도로공사, 한국토지주택공사

① 시장의 진입과 퇴출이 자유롭다.
② 각 기업들은 대체성은 높지만 차별화된 제품을 생산하여 경쟁한다.
③ 장기균형에서 모든 기업의 이윤이 0이 되므로 균형가격은 한계비용과 같게 된다.
④ 단기균형에서 공급곡선은 존재하지 않으며 수요곡선은 우하향한다.

[해설] ③ 독점적 경쟁시장에서는 시장의 진입과 퇴출이 자유로워 장기균형에서 모든 기업의 이윤은 0이 된다. 기업의 이윤이 0이 된다면 균형가격은 한계비용보다 높으며 평균비용과 같게 된다($P=AC>MC$).

09 과점에 대한 다음 설명 중 옳은 것은? 　　　　　　　　　　　　　　　　한국교통안전공단

① 과점시장에 있는 기업들은 모두 동질의 상품만을 생산한다.
② 과점시장에 있는 기업들은 모두 가격수용자(Price Taker)들이다.
③ 모든 기업의 한계비용이 증가하면(모든 기업의 고정비용은 0이라 가정) 꾸르노 균형에서 각 기업의 생산량은 감소할 수 있다.
④ 기업들의 한계비용이 다르더라도 꾸르노 균형에서는 동일한 생산량을 생산한다.

[해설] ③ 과점기업 역시 $MR=MC$ 수준에서 생산량을 결정하므로 한계비용이 높아지면 생산량은 감소하게 된다.
① 과점기업들은 동질적인 재화를 생산하는 경우도 있고 이질적인 재화를 생산하는 경우도 있다.
② 완전경쟁기업은 가격수용자로 행동하지만 불완전경쟁기업은 모두 가격설정자이다.
④ 꾸르노 모형에서 각 기업은 상대방의 생산량을 주어진 것으로 보고 자신의 MR과 MC가 같아지는 점에서 생산량을 결정하므로 한계비용이 다르면 각 기업의 생산량도 달라진다.

10 다음 중 과점시장에 대한 설명으로 옳지 않은 것은? 　　　　　　　　　　　　IBK기업은행

① 꾸르노(Cournot) 경쟁의 경우 기업의 수가 많을수록 균형가격은 낮아진다.
② 동질적 상품의 베르뜨랑(Bertrand) 경쟁가격은 완전경쟁 가격보다 높다.
③ 굴절수요곡선의 경우 한계비용이 변화해도 가격은 변화하지 않을 수 있다.
④ 스타켈버그(Stackelberg) 모형의 선도기업은 꾸르노 균형의 생산량보다 더 많이 생산하고자 한다.

[해설] ② 베르뜨랑 모형에서 전략변수는 가격이다. 따라서 과점기업들은 가격경쟁을 하게 되고 동질적 재화를 생산하는 과점시장에서 가격은 한계비용과 일치하게 된다(완전경쟁시장에서의 균형과 동일).
① 꾸르노 모형에서 과점시장 내의 기업의 수가 많아질수록 시장의 산출량 수준은 완전경쟁시장에 근접하게 되므로 균형가격은 낮아진다.

11 시장구조를 비교하여 요약·정리한 표이다. (ㄱ)~(ㄹ) 중 옳지 않은 것은?(단, MR은 한계수입, MC는 한계비용, P는 가격이다)

한국도로공사

속 성	완전경쟁시장	독점적 경쟁시장	독점시장
이윤극대화 조건	$MR=MC$	$MR=MC$	(ㄱ) $MR=MC$
균형가격	(ㄴ) $P=MC$	(ㄷ) $P=MC$	$P>MC$
상품성격	동질적	(ㄹ) 이질적	동질적

① ㄱ ② ㄴ
③ ㄷ ④ ㄹ

해설 독점적 경쟁시장의 균형가격 조건은 $P>MC$ 이다.

---

12 어떤 상품에 대해 다음과 같은 관계식을 가정하자. 이러한 상황에서 기업이 이윤극대화를 추구할 경우, 완전경쟁시장에서 발생하는 사회적 잉여와 독점시장에서 발생하는 사회적 잉여의 차이는?

근로복지공단

수요 : $P=100-2Q$
총수입 : $TR=100Q-2Q^2$
한계비용 : $MC=20$

① 100 ② 200
③ 300 ④ 400

해설 완전경쟁시장에서의 기업의 이윤극대화 조건은 $P=MC$, 독점시장에서 기업의 이윤극대화는 $P>MR=MC$이다. 이를 통해 각 균형량과 가격을 구하여 그래프상의 사회적 잉여의 차이분을 알 수 있다. 사회적 잉여의 차이는 $20\times40\times\frac{1}{2}$로 400이다.

---

13 X재를 공급하는 독점기업A는 시장1과 시장2가 각기 다른 형태의 수요곡선을 갖고 있음을 알고 있다. 기업A가 당면하는 시장1과 시장2에서의 역수요함수는 다음과 같다. 상품의 한계비용이 2일 때, 이윤을 극대화하는 독점기업A에 대한 설명으로 옳은 것은?(단, P_i는 i에서 X재의 가격, Q_i는 i에서 X재의 수요량이다)

국민연금공단

- 시장1 : $P_1=14-2Q_1$
- 시장2 : $P_2=10-2Q_2$

① 시장2에서의 판매량이 시장1에서의 판매량보다 크다.
② 시장2에서의 한계수입이 시장1에서의 한계수입보다 크다.
③ 시장1에서의 판매가격을 시장2에서의 판매가격보다 높게 책정한다.
④ 두 시장에서 수요의 가격탄력성이 동일하므로 각 시장에서 같은 가격을 책정한다.

해설 가격차별 아래에서 각 시장별 가격은 각 시장의 $MR=MC$ 조건을 통해 결정된다. 따라서 시장1에서의 가격은 5, 시장2에서의 가격은 3으로 도출되어 시장1에서의 판매가격이 시장2에서의 판매가격보다 높다.

정답 08 ③ 09 ③ 10 ② 11 ③ 12 ④ 13 ③

14 제품A는 완전경쟁시장에서 거래되며, 수요곡선은 $Q^d = 150 - 5P$이다. 이 시장에 참여하고 있는 갑 기업의 한계수입곡선은 $MR = -\frac{2}{5}Q + 30$, 한계비용은 20이다. 갑 기업이 제품A에 대한 독점기업이 되면서, 한계비용은 22가 되었다. 독점에 의한 사회적 후생손실은?

주택도시보증공사

① 30　　　　　　　　　　　② 60
③ 90　　　　　　　　　　　④ 120

[해설] 완전경쟁시장에서의 균형은 $P = MC$에 의해 $P = 20$, $Q = 50$으로 계산된다. 독점으로 인한 균형은 $P > MR = MC$에 의해 $P = 26$, $Q = 20$으로 결정되고 독점으로 인한 사회적 후생손실은 아래 빗금친 삼각형 부분으로, 넓이는 $6 \times 30 \times 1/2 = 90$이다.

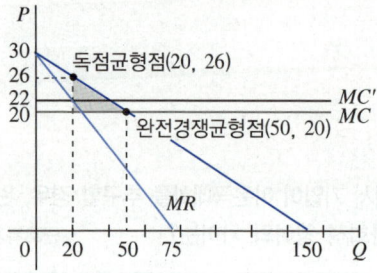

15 A기업은 완전경쟁시장에서 이윤을 극대화하는 생산량 1,000개를 생산하고 전량판매하고 있다. 이때 한계비용은 10원, 평균가변비용은 9원, 평균고정비용은 2원이다. 이에 대한 설명으로 옳지 않은 것은?

전력거래소

① 총수입은 10,000원이다.
② 총비용은 11,000원이다.
③ 상품 개당 가격은 10원이다.
④ 단기에는 조업을 중단해야 한다.

[해설] 조업중단점은 $P = AVC$일 때로, $AC = 11$, $P = 10$, $AVC = 9$이다. 즉, $AC > P > AVC$이므로 손실이 발생하나 생산하는 것이 유리하다.

16 어느 재화시장은 두 기업만이 생산하는 복점시장이라고 한다. 시장수요함수는 $Q = \frac{1}{2}P + 80$으로 주어져 있고, 한계비용이 20으로 일정하다고 할 때, 꾸르노 모형을 가정할 경우 두 기업의 생산량(Q_1, Q_2)은 얼마인가?

한국가스공단

① (15, 45)　　　　　　　　② (30, 30)
③ (40, 40)　　　　　　　　④ (45, 15)

[해설] 각 기업의 반응함수가 주어져 있지 않으므로 완전경쟁시장의 결과로부터 꾸르노 균형생산량을 도출한다. 완전경쟁시장의 이윤극대화 조건인 $P = MC$로부터 완전경쟁 생산량은 $Q = 90$으로 구해진다. 각 개별 기업의 생산량은 완전경쟁시장의 생산량의 1/3이므로 각각 30으로 생산량이 결정된다.

17 한 독점기업은 시장을 두 개로 구분하여 이윤을 극대화하고 있다고 한다. 생산에 따른 한계비용은 생산량과 무관하게 100으로 일정하고 두 시장의 수요의 가격탄력성이 각각 1.25와 2라고 한다면 두 시장에서 설정하는 가격은 각각 얼마인가?

주택도시보증공사

① 100, 100
② 300, 100
③ 400, 200
④ 500, 200

해설 시장을 구분하여 가격을 책정하는 것은 제3급 가격차별에 해당한다. 제3급 가격차별을 실시할 때 두 시장을 각각 1, 2라고 한다면 독점기업의 이윤극대화 조건은 $MR_1 = MR_2 = MC$이다. $MR = P\left(1 - \frac{1}{\varepsilon_P}\right)$이므로 $MR_1 = P_1^*\left(1 - \frac{1}{\varepsilon_P^1}\right)$에서 $100 = P_1\left(1 - \frac{4}{5}\right)$이므로 $P_1 = 500$이고 마찬가지로 $P_2 = 200$으로 구할 수 있다.

18 가격차별에 대한 설명으로 옳지 않은 것은?

한국도로공사

① 1급 가격차별에서 소비자잉여가 존재하지 않는다.
② 2급 가격차별은 주로 구매량이나 사용량에 따라 가격을 다르게 부과한다.
③ 이부가격제는 가격차별 전략 중 하나로, 독점기업의 생산량은 완전경쟁기업과 똑같이 결정된다.
④ 3급 가격차별에서 독점기업은 수요의 가격탄력성이 상대적으로 높은 시장에서 더 높은 가격으로 설정한다.

해설 ④ 3급 가격차별에서 독점기업은 수요의 가격탄력성에 따라 가격을 책정한다. 수요가 탄력적인 시장에서는 낮은 가격을, 수요가 비탄력적인 시장에서는 높은 가격을 설정한다.

19 수영용품 판매업자인 A씨는 아래와 같은 최대 지불용의 금액을 갖고 있는 두 명의 고객에게 수영복, 수영모자, 수영안경을 판매한다. 판매전략으로 묶어팔기(Bundling)를 하는 경우, (A) 수영복과 묶어팔 때가 따로 팔 때보다 더 이득이 생기는 품목과 (B) 해당상품을 수영복과 묶어팔 때 얻을 수 있는 최대 수입은?

IBK기업은행

구 분	최대 지불용의 금액		
	수영복	오리발	수영안경
고객1	300	250	100
고객2	500	320	50

① (A) 오리발, (B) 1,100
② (A) 오리발, (B) 1,640
③ (A) 수영안경, (B) 800
④ (A) 수영안경, (B) 1,100

해설 묶어팔기로 판매수입이 증가하기 위해서는 두 품목의 가격이 역의 관계이어야 한다. 따라서 묶어팔 때 이득이 생기는 품목은 수영복과 수영안경이 되며, 최대수입은 고객1의 각 품목에 대한 지불용의 금액을 더한 300 + 100 = 400에 대하여 고객2에게도 이러한 수입을 얻을 수 있으므로 400의 두 배인 800이 된다.

20 어느 재화에 대한 수요곡선은 $Q = 100 - P$이다. 이 재화를 생산하여 이윤을 극대화하는 독점기업의 비용함수가 $C(Q) = 20Q + 10$일 때, 이 기업의 러너 지수 값은?

소상공인진흥공단

① 2/3
② 3/4
③ 1/6
④ 5/7

해설 이 기업은 독점기업이므로 이윤극대화 조건은 $MR = MC$이다. 주어진 수요곡선과 비용함수를 통해 $MR = 100 - 2Q$, $MC = 20$임을 알 수 있다. 구해진 $P = 60$, $Q = 40$이다. 이를 통해 러너지수 $\left(\dfrac{P - MC}{P}\right)$를 구하면 2/3이다.

21 어떤 상품에 대한 수요함수는 $P = 20 - Q$이다. 이 상품의 평균비용은 8원이고 규모의 수익은 불변이다. 이 산업의 독점생산량, 꾸르노 복점(Duopoly) 총생산량, 그리고 슈타켈버그 모형의 선도자 또는 추종자의 생산량은 각각 얼마인가?

금융감독원

① 독점 = 6, 꾸르노 복점 = 8, 슈타켈버그 선도자 = 8
② 독점 = 8, 꾸르노 복점 = 8, 슈타켈버그 선도자 = 8
③ 독점 = 6, 꾸르노 복점 = 6, 슈타켈버그 추종자 = 3
④ 독점 = 6, 꾸르노 복점 = 8, 슈타켈버그 추종자 = 3

해설 수요함수가 직선인 경우 완전경쟁시장 생산량과 각 시장의 생산량 수준은 다음과 같은 관계가 성립한다.

- 독점기업의 생산량 = $\dfrac{1}{2}$ × (완전경쟁기업의 생산량)

- 꾸르노 균형에서 각 기업의 생산량 = $\dfrac{1}{3}$ × (완전경쟁기업의 생산량)

- 슈타켈버그 균형에서 선도기업의 생산량 = $\dfrac{1}{2}$ × (완전경쟁기업의 생산량)

- 슈타켈버그 균형에서 추종기업의 생산량 = $\dfrac{1}{4}$ × (완전경쟁기업의 생산량)

완전경쟁시장의 균형은 $P = MC$에서 이루어진다. 평균비용이 8이고 규모에 대한 수익 불변이므로 한계비용과 평균비용은 일치한다 ($Q = 12$). 따라서 독점시장 = 6, 꾸르노 복점 = 8, 슈타켈버그 선도자 = 6, 슈타켈버그 추종자 = 3이다.

22 두 개의 기업 A, B가 각각 가격을 인하하거나 유지하는 전략을 가지고 있다. 각각의 경우 보수표는 다음과 같다. 각 항목의 첫 번째 숫자는 A기업의 보수(Payoff)를, 두 번째 숫자는 B기업의 보수를 나타낸다. 이 게임에서 내쉬균형은?(아래 괄호의 첫 번째는 A기업의 전략을, 두 번째는 B기업의 전략을 나타낸다)

한국증권금융

구 분		A	
		가격 인하	가격 유지
B	가격 인하	(70, 80)	(30, 100)
	가격 유지	(90, 40)	(70, 50)

① 가격 인하, 가격 인하
② 가격 인하, 가격 유지
③ 가격 유지, 가격 유지
④ ① 과 ③

[해설] 내쉬균형은 상대방의 전략이 주어진 상태에서 자기에게 가장 유리한 전략을 취할 경우의 균형을 의미한다. 문제에서 B기업이 가격 인하 전략을 취하면 A기업은 자기에게 유리한 가격 인하를 선택하고, A기업이 가격 인하를 선택하는 경우 B기업은 가격 인하를 선택한다. B기업이 가격 유지 전략을 취하면 A기업은 자기에게 유리한 가격 유지 전략을 선택하고, A기업이 가격 유지 전략을 사용하면 B기업도 가격 유지 전략을 사용하여 2개의 내쉬균형이 존재한다.

23 경쟁 관계에 있는 두 기업의 광고전략을 게임이론의 틀에서 생각해보자. 두 기업은 각각 광고 공세를 선택할 수도 있고, 광고를 자제하는 전략을 선택할 수도 있다. 이 게임은 1회만 행해진다고 할 때, 다음의 보수(Payoff)를 갖는다고 한다(단, 괄호 안의 왼쪽 값은 기업1의 보수이고, 오른쪽 값은 기업2의 보수이다). 다음 설명 중 사실과 가장 거리가 먼 것은?

한국가스공사

구 분		기업2	
		자 제	공 세
기업1	자 제	(70, 80)	(30, 100)
	공 세	(90, 40)	(70, 50)

① 내쉬균형은 두 기업 모두 공세를 펴는 것이다.
② 기업1의 우월전략은 상대편의 전략과 관계없이 광고 공세이다.
③ 기업2는 기업1이 광고를 자제할 때 광고를 자제하지 말아야 한다.
④ 이 게임의 파레토최적 집합은 내쉬균형을 포함한다.

[해설] 내쉬균형은 상대방의 최적 전략에 대한 자신의 최적 전략의 조합이 균형되는 경우이다. 따라서 내쉬균형은 안정적으로 된다. 내쉬균형은 존재하지 않을 수도 있고 둘 이상의 균형이 존재할 수도 있다. 위 문제의 경우 기업1의 우월전략은 공세이다. 기업2의 우월전략도 공세이다. 따라서 우월전략균형은 (공세, 공세)이다. 우월전략균형은 내쉬균형이며 우월전략균형에서 두 기업의 보수의 합은 120이나 이 균형은 파레토개선이 가능하여 파레토최적의 결과는 아니다.

최신복원문제

키워드 수요독점

수요독점 노동시장에 대한 설명으로 옳지 않은 것은?(단, 생산요소시장은 완전경쟁시장이다)

한국도로공사

① 완전경쟁적인 노동시장에서 비해 고용량이 감소한다.
② 수요독점적 착취가 발생하여 완전경쟁적인 노동시장에 비해 임금이 하락한다.
③ 개별기업의 노동공급곡선은 수평선이다.
④ 한계생산가치곡선과 한계요소비용곡선이 교차하는 점에서 고용량과 임금이 결정된다.

[해설] 생산요소시장이 완전경쟁시장이고 수요독점 노동시장에서 노동의 한계생산가치곡선(MRP_L)과 한계요소비용곡선(MFC_L)이 교차하는 점에서 균형 고용량이 결정된다. 임금은 결정된 고용량과 우상향하는 노동의 공급곡선(L_S)이 만나는 점에서 결정된다.

정답 ④

Chapter 06
생산요소시장과 소득분배이론

기출 키워드	중요도
☑ 생산요소시장의 균형원리	★
☑ 생산요소수요의 파생수요적 성격	★
☑ 한계수입생산과 한계생산물가치	★★★
☑ 한계생산체감의 법칙	★★★
☑ 생산요소수요의 가격탄력성(노동수요의 임금탄력성)	★
☑ 개별노동공급곡선(후방굴절노동공급곡선)	★
☑ 생산요소시장의 균형조건	★★★
☑ 수요독점	★★
☑ 10분위 분배율	★★
☑ 로렌츠곡선	★★
☑ 지니계수	★★
☑ 경제적 지대와 이전수입	★

CHAPTER 06 생산요소시장과 소득분배이론

1 생산요소시장의 개요

1 생산요소시장의 개념

(1) 생산요소시장은 생산과정에 투입되는 노동, 토지, 자본 등 생산요소가 거래되는 시장을 의미한다.

(2) 생산요소시장에서는 가계가 공급자가 되고, 기업이 수요자가 된다.

(3) 노동, 토지, 자본 등 생산요소는 각각의 수요와 공급에 의해 결정된다. 이 챕터에서는 노동의 수요와 공급을 살펴본다.

2 생산요소시장의 균형원리

생산요소공급은 가계의 효용극대화를 통하여 결정되고, 생산요소수요는 기업의 이윤극대화 원리에 의하여 결정된다.

생산요소시장의 구조

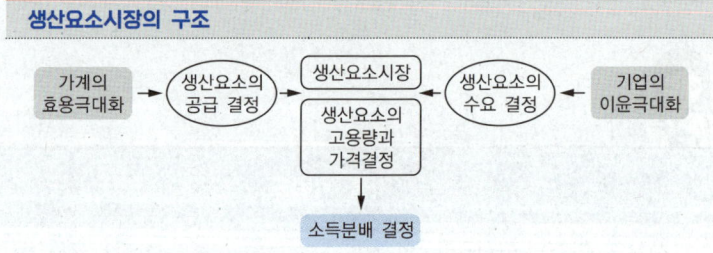

2 생산요소수요

1 생산요소수요의 개요

(1) 파생수요 성격

① 생산요소수요는 생산요소가 투입된 생산물에 대한 시장수요로부터 결정된다.

② 생산물의 수요가 증가하면 생산요소인 노동의 수요도 증가하여 임금이 상승하고 고용이 증가한다.

③ 생산물시장이 완전경쟁시장인지 불완전경쟁시장인지에 따라 생산요소시장에 대한 분석내용도 달라진다.

🔲 개념체크OX

• 생산요소시장에서의 수요자는 기업이다. ⓞⓧ
• 생산요소의 공급은 가계의 효용극대화를 통해 결정된다. ⓞⓧ

O, O

(2) 생산요소시장의 이윤극대화

① 개 요
㉠ 기업이 생산물시장에서 이윤극대화를 추구하듯이 생산요소시장에서도 마찬가지로 이윤극대화를 추구한다.
㉡ 이윤극대화 과정에서 기업의 생산량이 결정되고 그에 따라 요소투입량이 결정된다.

② 한계수입생산(MRP)
한계수입생산은 생산요소를 추가로 1단위 더 투입할 때 총수입의 증가분을 말한다.

$$MRP_L = MR \times MP_L$$

$$\because MRP_L = \frac{\Delta TR}{\Delta L} = \frac{\Delta TR}{\Delta X} \times \frac{\Delta X}{\Delta L} = MR \times MP_L$$

③ 한계생산물가치(VMP)
한계생산물가치는 생산요소를 추가로 1단위 더 투입할 때 총수입의 증가분이며, 완전경쟁시장에서 $MR = P$가 성립할 때 적용되는 개념이다.

$$VMP_L = P \times MP_L$$

④ 한계요소비용(MFC)
한계요소비용은 생산요소를 추가로 1단위 더 투입할 때 총비용의 증가분이다. 생산요소시장이 완전경쟁일 때는 수평선으로 나타나고, 불완전경쟁시장(수요독점)의 경우 우상향하는 형태로 나타난다.

$$MFC_L = MC \times MP_L$$

$$\because MFC_L = \frac{\Delta TC}{\Delta L} = \frac{\Delta TC}{\Delta X} \times \frac{\Delta X}{\Delta L} = MC \times MP_L$$

⑤ 이윤극대화 요소투입 조건
생산요소시장에서 기업의 이윤극대화 조건은 $MRP = MFC$로 $MP \times MR = MP \times MC$로도 나타낼 수 있다. 양변에서 MP를 소거하면 $MR = MC$로 생산물시장에서 기업의 이윤극대화 조건과 같다.

- $MRP = MFC$ → 이윤극대화 달성
- $MRP > MFC$이면 → 노동고용량을 증가시킨다 → 이윤극대화 달성
- $MRP < MFC$이면 → 노동고용량을 감소시킨다 → 이윤극대화 달성

개념체크OX
- MRP는 한계수입과 평균생산의 곱으로 계산한다. ⃞O⃞X
- 완전경쟁시장에서는 $MRP = VMP$이다. ⃞O⃞X

X, O

2 생산요소수요곡선

(1) 개별 기업의 노동수요곡선

앞서 내용과 같이 생산요소수요는 생산물시장의 전제에 따라 달라진다.

① 생산물시장이 완전경쟁시장의 경우

$P = MR$이 성립하므로 $MRP = VMP$가 된다.

> 기업의 요소수요곡선 = VMP_L

② 생산물시장이 불완전경쟁시장의 경우

> 기업의 요소수요곡선 = MRP_L

③ 한계생산체감의 법칙

한계생산체감의 법칙은 다른 모든 생산요소의 투입량이 고정일 때, 한 생산요소의 투입량을 계속 늘리면 이 요소가 가져다주는 한계생산은 점차 감소한다는 법칙으로, VMP곡선과 MRP곡선이 우하향하는 이유이다. 즉, 개별 기업의 노동수요곡선은 우하향한다.

MRP_L곡선과 VMP_L곡선

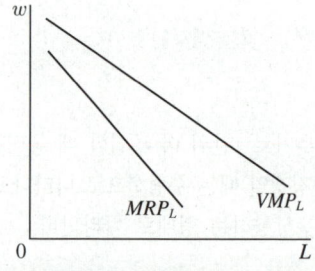

(2) 시장 전체의 노동수요곡선

① 개별 기업 노동수요곡선의 수평합
② 개별 기업의 노동수요곡선보다 완만한 형태
③ 우하향하는 곡선

3 생산요소수요곡선의 이동

(1) $VMP = P \times MP$이므로 가격(P) 또는 한계생산(MP)의 상승은 생산요소수요곡선을 위로 이동시킨다.

① $P \uparrow$: 생산물가격 증가
② $MP \uparrow$: 기술진보, 생산요소의 생산성 증가, 한계생산성 증가, 생산자 수 증가

(2) 기타요인

① 대체재관계 생산요소의 가격 상승 → 생산요소수요곡선 위로 이동
② 보완재관계 생산요소의 가격 하락 → 생산요소수요곡선 위로 이동

개념체크OX

- 한계생산체감의 법칙으로 인해 VMP곡선은 우하향한다. [O|X]
- 개별 기업의 노동수요곡선은 우상향한다. [O|X]

O, X

4 생산요소수요의 가격탄력성(노동수요의 임금탄력성)

$$\varepsilon_{ld} = \left| \frac{\text{노동수요량의 변화율}}{\text{임금의 변화율}} \right| = \frac{\frac{dL^D}{L^D}}{\frac{dw}{w}} = -\frac{dL^D}{dw} \times \frac{w}{L^D}$$

(1) 생산요소가격 변화에 대한 생산요소수요의 변화를 나타낸다. 일반적으로 노동수요에 대한 임금탄력성으로 불린다.

(2) 노동수요의 임금탄력성은 임금이 변화한 비율에 비해 노동수요량이 얼마만큼의 비율로 변했는지를 나타낸다.

(3) 노동수요곡선이 완만할수록 탄력성은 커진다.

(4) 생산요소수요의 가격탄력성 결정요인

구 분	노동수요의 임금탄력성이 커지는 요인
힉스-마샬 법칙	• 생산물수요의 가격탄력성이 클수록 • 총비용 중 노동비용의 비율이 클수록 • 요소의 대체탄력성이 클수록 • 자본공급의 탄력성이 클수록
기타 요인	• 한계생산이 체감하는 속도가 느릴수록 • 측정기간이 길수록 • 대체적인 생산요소가 많을수록

3 생산요소공급

1 생산요소공급의 성격

(1) 모든 생산요소에 적용되는 생산요소공급 결정원칙을 찾아보기 힘들며, 생산요소마다 별개의 과정을 통해 공급이 결정된다.

(2) 대표적으로 가계, 개별 기업, 시장 전체의 생산요소공급으로 분류된다.

(3) 일반적으로 우상향하는 형태로 나타나지만 반드시 우상향하는 것은 아니다.
    예 토지의 공급은 완전 비탄력적이므로 공급곡선이 수직선의 형태로 나타난다.

2 노동공급곡선

(1) 개별 노동공급곡선
    ① 가계의 효용극대화 과정에서 도출된다.
    ② 여가와 소득 평면에서의 예산선과 무차별곡선이 접하는 점에서 노동공급량이 결정된다.

> **개념체크OX**
> • 일반적으로 생산요소공급곡선은 우상향한다. ◯✕
> • 개별 노동공급곡선은 기업의 이윤극대화 과정에서 도출한다. ◯✕
>
> ◯, ✕

③ 여가와 소득 평면에서의 가격소비곡선을 노동과 임금률 평면으로 옮긴 것이다.
④ 후방굴절곡선의 형태로 나타난다.
　㉠ 임금률의 상승은 여가의 상대적 기회비용이 상승했음을 의미한다. 이에 따른 대체효과로 여가의 수요는 감소하며, 노동공급이 증가한다.
　㉡ 임금이 계속해서 높아져 소득이 증가하면 여가가 정상재이므로 여가에 대한 수요가 증가해 노동공급이 감소한다.
　㉢ 따라서 개별 노동공급곡선은 우상향하다가 소득효과가 대체효과보다 커지는 시점부터 좌측으로 휘어지는 후방굴절곡선으로 나타난다.

구 분	노동공급	노동공급곡선
소득효과 < 대체효과	여가수요 감소 → 노동공급 증가	우상향
소득효과 > 대체효과	여가수요 증가 → 노동공급 감소	좌측 굴절

개별 노동공급곡선

(그래프: w축과 L축, 소득효과 > 대체효과 / 소득효과 < 대체효과 영역 표시)

(2) **시장 전체의 노동공급곡선**
시장 전체의 노동공급곡선은 개별 노동공급곡선의 수평합으로 도출되는데 개별 노동공급곡선보다 더 완만한 우상향 곡선으로 나타난다.

(3) **개별 기업의 노동공급곡선**
개별 기업은 임금을 정할 수 없고 시장에서 결정된 균형임금률을 받아들이는 가격수용자로 기능하기 때문에 개별 기업이 인식하는 노동공급곡선은 임금률(w)에서의 수평선으로 나타난다.

$$L_S = w = AFC = MFC$$

- 총요소비용
$TFC = \overline{w_0} \times L$
- 평균요소비용
$AFC = \dfrac{TFC}{L} = \overline{w_0}$
- 한계요소비용
$MFC = \dfrac{dTFC}{dL} = \overline{w_0}$

3 생산요소공급곡선의 이동

(1) **취향이나 의식의 변화**
　예) 일에 대한 태도, 여성의 경제활동 참여

(2) **다른 노동시장에서의 근로 기회**
　예) 사과 과수원 인부의 임금상승으로 복숭아 과수원 노동공급이 감소하는 현상

4 생산요소시장의 균형

1 시장별 노동수요와 노동공급

(1) 노동수요곡선
  ① 생산물시장이 완전경쟁시장인 경우 : VMP
  ② 생산물시장이 불완전경쟁시장인 경우 : MRP

(2) 노동공급곡선
  ① 개별 기업의 노동공급곡선 $L^S = w$: 수평선
  ② 시장 전체의 노동공급곡선 L^S : 우상향 곡선

2 생산요소시장의 균형조건

(1) 생산물시장(완전경쟁) & 생산요소시장(완전경쟁)

$$VMP_L = L^S = w = AFC_L = MFC_L$$

① 노동수요곡선 $VMP_L = P \times MP_L$

② 개별 기업 노동공급곡선 $L^S = w = AFC_L = MFC_L$: 수평선

③ 시장전체 노동공급곡선 L^S : 우상향 곡선

시장전체

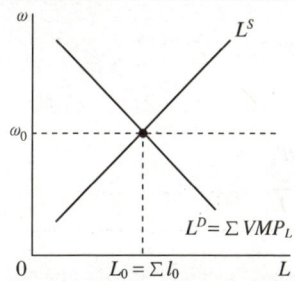

개별 기업

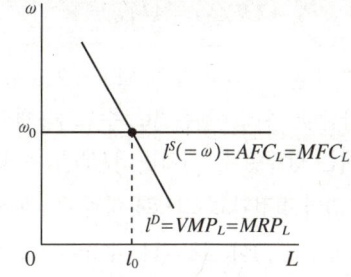

개념체크OX

• 생산물시장이 완전경쟁시장일 경우 개별 기업의 노동수요곡선은 VMP이다. ☐☒

• 완전경쟁 생산물시장과 완전경쟁 생산요소시장의 경우 $VMP = AVC$를 만족한다. ☐☒

O, ×

(2) 생산물시장(불완전) & 생산요소시장(완전경쟁)

$$MRP_L = L^S = w = AFC_L = MFC_L$$

① 노동수요곡선 $MRP_L = MR \times MP_L$

② 개별 기업 노동공급곡선 $L^S = w = AFC_L = MFC_L$: 수평선

③ 시장전체 노동공급곡선 L^S : 우상향 곡선

MRP_L가 VMP_L보다 하방에 위치하므로 생산물시장이 불완전경쟁 구조인 경우에는 생산물시장이 완전경쟁구조인 경우에 비해 고용량은 적고 임금수준은 낮은 상태에서 균형이 성립한다.

시장전체

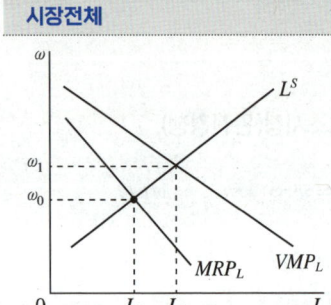

개별 기업

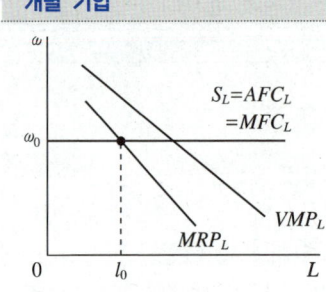

(3) 수요독점 · 공급독점 · 쌍방독점

① 수요독점

$$VMP_L = MRP_L = MFC_L > AFC_L = w$$

생산요소시장에 불완전경쟁이 존재한다고 할 때 일반적으로 생산요소의 독점은 수요측면에서 나타난다. 수요독점은 요소수요가 1개의 기업에 의해 독점적으로 이루어지는 상태이다. 이때는 $MRP_L = MFC_L$이 성립하는 점에서 고용량(L_0)이 결정되고, 그 고용량과 우상향하는 노동공급곡선이 만나는 점에서 임금(w_0)이 결정된다. 수요독점적 착취가 발생하면 비효율이 초래된다.

개념체크OX

- MRP는 VMP보다 상방에 위치한다. ◯※
- 생산요소시장이 불완전한 경우로는 수요독점, 공급독점, 쌍방독점이 있다. ◯※

※, ◯

생산요소시장 수요독점의 균형

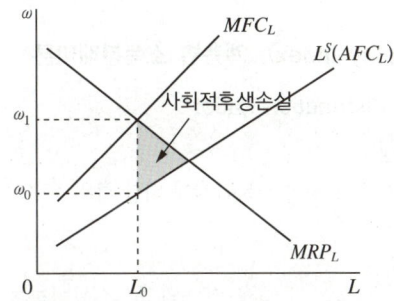

② 공급독점

$$w = AR > MR = MC$$

공급독점이란 생산요소의 수요자는 많은데 생산요소의 공급이 독점되어 있는 상태를 뜻한다. 공급독점자의 입장에서 생산요소가 자신의 생산물이므로 생산물시장에서의 독점기업과 같이 $MR = MC$인 점에서 고용량(L_0)이 결정되고, 그 고용량과 우하향하는 노동수요곡선(AR_L)이 만나는 점에서 임금(w_0)이 결정된다.

생산요소시장 공급독점의 균형

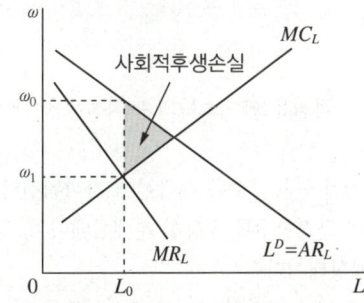

③ 쌍방독점

요소시장이 쌍방독점인 경우에는 노동공급자와 노동수요자가 이윤극대화를 하는 노동량이 다르다. 우연히 같더라도 공급자와 수요자가 요구하는 임금수준이 달라 협상으로 임금을 결정한다. 따라서 균형이 하나로 결정되지 않고 요소가격과 고용량의 결정가능 범위만 알 수 있다.

> **개념체크OX**
> • 공급독점의 고용량은 $MR = MC$인 점에서 결정된다. OX
> • 쌍방독점의 경우 균형이 하나로 결정된다. OX
>
> O, X

5 소득분배이론

1 불평등도 지수(Inequality Index), 계층별 소득분배이론

(1) 10분위 분배율(Deciles Distribution Ratio)
  ① 10분위 분배율의 개념
    ㉠ 10분위 분배율은 상위 20%의 소득합계에 대한 하위 40%의 소득합계 비율을 의미한다.

    $$10분위\ 분배율 = \frac{하위\ 40\%의\ 소득점유비율}{상위\ 20\%의\ 소득점유비율}$$

    ㉡ 10분위 분배율은 0~2 사이의 값을 나타내며, 그 값이 클수록 소득분배가 균등함을 의미한다. 따라서 소득분배가 완전히 균등하면 10분위 분배율 값은 2이고, 완전히 불균등하면 10분위 분배율 값은 0이다.
  ② 10분위 분배율의 평가
    ㉠ 이론적인 바탕이 빈약하지만 측정이 간단하여 실제 소득분배 측정 시 많이 이용된다.
    ㉡ 사회구성원 전체의 소득분배상태를 보여주지 못하는 한계가 존재한다.

(2) 로렌츠곡선(Lorenz Curve)
  ① 로렌츠곡선의 개념
    ㉠ 로렌츠곡선은 인구의 누적점유율과 소득의 누적점유율 간의 관계를 나타내는 곡선이다.
    ㉡ 로렌츠곡선은 소득분배가 균등할수록 대각선에 가까워진다. 따라서 로렌츠곡선이 대각선에 근접할수록 평등한 분배상태이며, 직각에 근접할수록 불평등 분배상태이다.
    ㉢ 로렌츠곡선과 대각선 사이의 면적의 크기가 불평등도를 나타내는 지표가 된다.
    ㉣ 로렌츠곡선 위의 점A는 소득액 하위 25% 인구가 전체 소득의 12%를, 점B는 소득액 하위 50% 인구가 전체 소득의 30%를, 점C는 소득액 하위 75% 인구가 전체 소득의 60%를 점유하고 있음을 의미한다.

> **개념더하기**
> 소득5분위배율
> $= \dfrac{상위\ 20\%\ 계층의\ 평균소득}{하위\ 20\%\ 계층의\ 평균소득}$
> 소득5분위배율은 값이 클수록 소득분배가 균등해진다.

로렌츠곡선

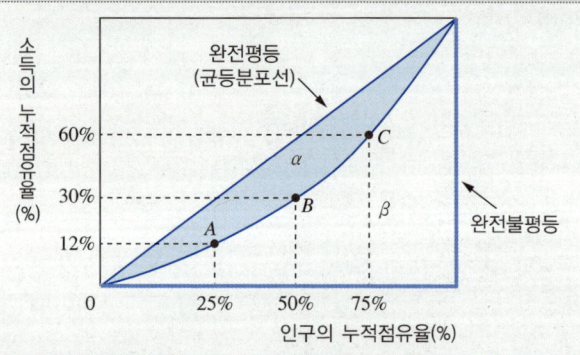

② 로렌츠곡선의 평가
  ㉠ 로렌츠곡선이 서로 교차하는 경우에는 소득분배상태를 비교할 수 없다.
  ㉡ 소득별 분배상태를 한눈에 볼 수 있으나 비교하고자 하는 수만큼 그려야 하는 단점이 있다.
  ㉢ 서수적 판단만이 가능하다.

(3) 지니계수(Gini Coefficient)
  ① 지니계수의 개념
    ㉠ 지니계수는 로렌츠곡선이 나타내는 소득분배상태를 하나의 숫자로 나타낸 것을 말한다.
    ㉡ 지니계수는 완전균등분포선과 로렌츠곡선 사이에 해당하는 면적(α)을 완전균등분포선 아래의 삼각형 면적($\alpha + \beta$)으로 나눈 값이다.

    $$지니계수 = \frac{\alpha}{\alpha + \beta}$$

    ㉢ 지니계수는 0~1 사이의 값을 나타내며, 그 값이 작을수록 소득분배가 균등함을 의미한다. 소득분배가 완전히 균등하면 $\alpha = 0$이므로 지니계수는 0이 되고 소득분배가 완전히 불균등하면 $\beta = 0$이므로 지니계수는 1이 된다.
  ② 지니계수의 평가
    ㉠ 지니계수는 전 계층의 소득분배를 하나의 숫자로 나타내므로 특정 소득계층의 소득분배상태를 나타내지 못한다는 한계가 있다.
    ㉡ 특정 두 국가의 지니계수가 같더라도 각 소득 구간별 소득 격차의 차이가 모두 동일한 것은 아니며, 전반적인 소득분배의 상황만을 짐작하게 하는 한계가 있다.
    ㉢ 지니계수에 의한 평가는 일련의 가치판단을 전제로 하여 얻어진 것으로 상당한 주관성을 내포하고 있다.

(4) 앳킨슨지수(Atkinson Index)
  ① 앳킨슨지수의 개념
    ㉠ 앳킨슨지수는 균등분배의 전제하에서 지금의 사회후생 수준을 가져다줄 수 있는 평균소득(균등분배대등소득)이 얼마인가를 주관적으로 판단하고 그것과 한 나라의 1인당 평균소득을 비교하여 그 비율을 따져보는 것이다.
    ㉡ 현재의 평균소득과 균등분배대등소득을 이용하여 소득분배상태를 측정한다.
    ㉢ 앳킨슨지수의 값은 0~1 사이의 값을 나타내며, 그 값이 작을수록 소득분배가 균등함을 의미한다.

> **개념체크OX**
> • 지니계수가 0이면 소득분배가 완전히 균등함을 뜻한다. O X
> • 앳킨슨지수가 클수록 소득분배가 균등함을 뜻한다. O X
>
> O, X

$$A = 1 - \frac{Y^{EDE}}{\mu}$$

(Y^{EDE} : 균등분배대등소득, μ : 현재의 평균소득)

② 앳킨슨지수의 평가
  ㉠ 앳킨슨지수는 평가자의 주관적 가치판단을 고려하는 지수로 소득분배가 불평등하다고 여길수록 지수가 커진다.
  ㉡ 사회구성원들이 공평성을 중시하여 소득분배에 큰 가중치를 부여할수록 균등분배대등소득이 작아지므로 앳킨슨지수는 높아진다.

2 기능별 소득분배이론

(1) 지대
① 일상적으로 지대는 토지 사용에 대한 대가를 뜻하는 말로 사용되고 있다.
② 경제학에서는 토지뿐만 아니라 어떤 생산요소든 그 공급이 완전히 고정되어 있으면 그것에 대해 지불되는 보수를 모두 지대라고 부른다.
③ 공급이 고정되어 있다는 것은 공급곡선이 수직선임을 뜻하므로 지대는 전적으로 수요측 요인에 의해 결정된다.

(2) 이전수입(전용수입)
① 이전수입은 기업의 입장에서 어떤 생산요소가 현재 용도에서 다른 용도로 이전되지 않도록 지급해야 하는 최소한의 금액을 말한다.
② 반면, 요소공급자의 입장에서 이전수입은 생산요소를 현재의 고용상태에 제공하는 것과 관련한 기회비용을 의미한다.
③ 공급곡선 아래 면적과 같다.

(3) 경제적 지대
① 경제적 지대(Economic Rent)는 생산요소가 얻는 소득 중에서 기회비용(이전수입)을 초과하는 부분이다.
② 생산요소 공급자의 잉여라고 할 수 있다.
③ 생산요소의 공급이 비탄력적이기 때문에 발생하는 추가적인 소득이다.

경제적 지대 = 생산요소의 총보수 − 이전수입

개념더하기
사회후생함수에 따른 균등분배소득(Y^{EDE})
- Y^{EDE}의 크기 : 공리주의 > 평등주의 > 롤스주의 ($Y_2 > Y_1 > Y_0$)
- 앳킨슨지수의 크기 : 롤스주의 > 평등주의 > 공리주의

개념더하기
관련학자명
- 공리주의 : 제레미 밴덤
- 롤스주의(중도적 자유주의) : 롤스
- 평등주의(급진적 자유주의) : 로버트 노직

개념더하기
파레토지수
$\log N_X = \log \alpha - \beta \log X$
(N_X : 소득이 X 이상인 가구수, X : 소득수준, α : 0보다 큰 상수, β : 파레토계수, $1 < \beta$)
- β값은 1.5로 안정적이다.
- β값이 커질수록 소득분배가 평등해진다.
- β가 상수인 경우 고소득층, 저소득층의 소득분포 반영이 어렵다.
- 계산이 용이하여 사용하기 편리하다.

(4) 생산요소공급의 탄력성과 경제적 지대

요소공급의 탄력성	완전 탄력적	일반적인 경우	완전 비탄력적
그래프	(이전수입, S, D 그래프)	(경제적 지대, 이전수입, S, D 그래프)	(경제적 지대, S, D 그래프)
경제적 지대	요소소득 = 이전수입	요소소득 = 경제적 지대 + 이전수입	요소소득 = 경제적 지대

(5) 준지대

① 준지대는 공장설비 등과 같이 단기적으로 고정된 생산요소에 대한 보수이다.

② 토지 사용에 대한 차액지대가 영구적 성격을 가지는 데 비하여 준지대는 일시적 성격을 갖는다.

③ 준지대의 크기는 완전경쟁시장인 경우 장기에 0이 되며, 단기에는 고정비용 중 매몰비용이 차지하는 비율에 따라 그 크기가 달라질 수 있다.

> 준지대 = 총수입(TR) − 총가변비용(TVC)
> = 총고정비용(TFC) + 초과이윤(또는 초과손실)

(6) 경제적 지대와 준지대 비교

구 분	경제적 지대	준지대
개 념	생산요소 공급자가 얻는 잉여	단기에 고정생산요소가 얻는 보수
측정방법	생산요소의 총보수 − 이전수입	총수입 − 총가변비용
발생기간	단기와 장기 모두 발생 가능	단기에만 발생
결정요인	생산요소공급이 비탄력적일수록 경제적 지대가 커짐	• 재화가격이 높을수록 준지대가 커짐 • 총가변비용이 작을수록 준지대가 커짐

개념체크 OX

- 생산요소공급이 완전 탄력적이라면 요소소득 전체가 이전수입이다. ☐☒
- 준지대는 총수입에서 총가변비용을 차감하여 계산한다. ☐☒

O, O

CHAPTER 06 기출분석문제

01 노동시장에 대한 설명 중 옳은 것은?   한국자산관리공사

① 노동의 수요곡선은 노동의 한계생산물가치곡선과 일치한다.
② 노동의 한계생산이 빠르게 체감한다면 노동수요의 임금탄력성은 증가한다.
③ 생산물의 가격이 상승하는 경우 노동의 수요는 감소한다.
④ 노동의 공급곡선은 항상 우상향한다.

[해설] ① 생산요소에 대한 수요는 그 기업이 얼마만큼의 상품을 판매할 수 있는가와 밀접한 관련이 있다. 따라서 생산요소에 대한 수요는 상품에 대한 수요에서 파생되어 나오는 파생수요(Derived Demand)의 성격을 갖는다. 기업의 이윤극대화 조건식으로부터 노동의 수요곡선이 도출된다.
② 노동의 한계생산성이 빠르게 체감하게 되면 노동수요곡선의 기울기는 가파르게 되며, 이때 노동수요의 임금탄력성은 작아지게 된다.
③ 노동수요는 생산물가격의 상승, 노동의 한계생산성의 증가, 경제 내의 자본량의 증가 시 증가한다.
④ 임금상승에 따른 소득효과가 대체효과보다 클 때 노동공급곡선은 후방굴절하게 된다.

> ➕ **더알아보기**   노동의 임금탄력성을 결정짓는 요인
> - 노동의 한계생산성
> - 다른 생산요소와의 대체가능성
> - 상품에 대한 수요의 가격탄력성
> - 다른 생산요소의 공급의 가격탄력성
> - 고려되는 기간의 길이

02 노동수요의 임금탄력성에 대한 설명으로 옳지 않은 것은?   한국도로공사

① 노동을 대체할 수 있는 다른 생산요소가 많을수록 임금상승에 대한 고용감소가 크다.
② 노동수요의 임금탄력성은 비교적 단기보다 장기에 더 크다.
③ 노동수요는 노동을 생산요소로 하는 생산물수요의 가격탄력성의 영향을 받지 않는다.
④ 노동의 한계생산이 빠르게 체감할수록 노동수요의 임금은 비탄력적이다.

[해설] 생산요소수요는 생산물수요의 파생수요이다. 즉, 노동수요는 노동을 생산요소로 투입하는 최종생산물수요의 가격탄력성에 영향을 받는다. 생산물수요의 가격탄력성이 클수록 생산요소수요의 가격탄력성 또한 커진다.

03 임금상승 시 여가의 성격에 따른 노동공급곡선의 변화로 가장 옳지 않은 것은? 한국가스공사

① 임금상승 시 여가수요가 감소하여 노동공급이 증가할 때 노동공급곡선은 우상향한다.
② 여가가 정상재라면 임금이 상승함에 따라 소득효과가 대체효과를 능가한다.
③ 여가가 열등재라면 임금이 상승함에 따라 여가수요가 계속해서 감소한다.
④ 여가가 정상재일 때, 임금이 계속해서 상승하면, 여가수요는 증가하고 노동공급이 감소하여 노동공급곡선이 수평선으로 변한다.

[해설] 여가수요가 정상재일 때, 임금상승이 지속되면 여가수요가 증가하고 노동공급이 감소한다. 그러나 노동공급곡선이 수평선으로 나타나는 것이 아니라 소득효과가 대체효과를 능가하는 지점부터 좌측굴절의 형태로 나타난다.

04 이윤을 극대화하는 기업이 생산물시장에서는 독점, 노동시장은 완전경쟁적일 경우 지불된 임금에 대한 설명으로 옳은 것은? 주택도시보증공사

① 한계수입생산물보다 높다.
② 한계생산물가치보다 높다.
③ 한계생산물가치보다 낮다.
④ 한계수입생산물보다 낮다.

[해설] 재화시장이 독점, 생산요소시장이 완전경쟁적일 경우 $w = MFC_L = MRP_L < VMP_L$이므로 임금($w$)이 한계생산물가치($VMP_L$)보다 낮다.

05 각각 A재와 B재를 생산하는 기업은 〈보기〉와 같은 정보를 가지고 있다. 다음 중 성립하지 않는 것은? 주택도시보증공사

| 보기 |
- A재와 B재의 생산요소시장은 모두 경쟁시장이다.
- A재는 경쟁시장, B재는 독점시장에서 거래된다.
- 기업은 이윤극대화, 소비자는 효용극대화를 달성하고 있다.

① $MFC_L^B = MRP_L^B$
② $MRS_{XY}^A = MRS_{XY}^B$
③ B재의 $P = MC$
④ A재의 $MR_L = MC_L$

[해설] 기업의 이윤극대화 조건은 $MR = MC$이며 재화시장이 완전경쟁시장인 경우에는 $P = MR$이 성립하므로 $P = MC$가 성립한다. 그러나 재화시장이 독점시장인 경우에는 가격설정자인 독점기업이 $P > MC$에서 P를 결정한다.

[정답] 01 ① 02 ③ 03 ④ 04 ③ 05 ③

06 노동공급이 $L = w - 50$이고, 노동수요는 $L = 200 - w$라고 한다. 노동수요가 독점일 때 결정되는 임금수준은 얼마인가?(단, L과 w는 각각 고용량과 임금이다)　　　한국자산관리공사

① 10
② 50
③ 100
④ 200

[해설] 수요독점으로 노동시장이 불완전경쟁시장일 때 기업의 이윤극대화 고용량은 $MRP_L = MFC_L$이다. 한계수입생산은 노동수요와 동일하고 한계요소비용은 평균요소비용과 절댓값은 동일하고 기울기는 2배이며, 평균요소비용은 노동공급곡선과 같으므로 노동공급곡선($w = L + 50$)으로부터 $MFC_L = 50 + 2L$로 구해진다. $200 - L = 50 + 2L$로부터 균형고용량은 50이다. 이를 노동공급곡선에 대입하면 임금은 100이다.

07 기술혁신으로 노동의 한계생산이 증가한다면, (ㄱ) 균형 노동량의 변화와 (ㄴ) 균형 임금률의 변화는?(단, 생산물시장과 노동시장은 완전경쟁적이며, 노동공급곡선은 우상향, 노동수요곡선은 우하향하고 있다)　　　소상공인진흥공단

① (ㄱ) 증가, (ㄴ) 증가
② (ㄱ) 증가, (ㄴ) 감소
③ (ㄱ) 감소, (ㄴ) 감소
④ (ㄱ) 감소, (ㄴ) 불변

[해설] 완전경쟁적인 생산물시장과 노동시장아래 노동의 수요곡선은 VMP_L이고, 기술혁신으로 노동의 한계생산(MP_L)이 증가한다면 VMP_L 곡선이 우상방으로 이동할 것이다. 이에 따라 균형 노동량은 증가하고 균형 임금률 또한 증가한다.

08 노동시장이 수요독점일 때 이에 대한 설명으로 옳은 것을 모두 고른 것은?(단, 생산물시장은 완전경쟁시장이며, 노동수요곡선은 우하향, 노동공급곡선은 우상향한다)　　　한국자산관리공사

> ㄱ. 노동의 한계생산가치곡선이 노동수요곡선이다.
> ㄴ. 한계요소비용 곡선은 노동공급곡선의 아래쪽에 위치한다.
> ㄷ. 균형 고용량은 노동의 한계생산가치곡선과 한계요소비용곡선이 만나는 점에서 결정된다.
> ㄹ. 노동시장이 완전경쟁인 경우보다 균형 임금률이 낮고 균형 고용량이 많다.

① ㄱ, ㄴ
② ㄱ, ㄷ
③ ㄱ, ㄹ
④ ㄴ, ㄷ

[해설] ㄴ. 한계요소비용 곡선은 노동공급곡선의 위쪽에 위치한다.
ㄹ. 노동시장이 완전경쟁인 경우보다 수요독점인 생산요소시장에서는 낮은 임금과 낮은 고용량이 달성된다.

09 노동시장에서 최저임금제도가 시행됨에 따라 임금이 20% 높아졌으며, 이러한 최저임금 수준에서 노동자에 대한 기업들의 수요는 비탄력적인 것으로 나타났다. 만약 정부가 현재 시행되는 최저임금제도를 폐지하는 경우, 해당 시장에서 발생할 상황에 대한 설명으로 가장 옳은 것은?
IBK기업은행

① 고용은 감소하나, 그 감소량은 현재 고용수준 대비 20%를 넘지 않을 것이다.
② 고용은 증가하나, 그 증가량은 현재 고용수준 대비 20%를 넘지 않을 것이다.
③ 고용이 현재에 비해 20% 이상 감소할 것이다.
④ 고용이 현재에 비해 20% 이상 증가할 것이다.

[해설] 최저임금제도 폐지에 따라 고용량은 증가할 것이나 기업의 노동수요가 비탄력적이므로 20% 이하로 증가할 것이다.

10 노동시장에서 기술진보가 발생하여 노동의 한계생산이 증가하였고 더 많은 노동자들이 노동시장에 참여할 때 노동시장에서 발생하는 변화에 대한 설명으로 옳은 것은?(단, 노동시장은 완전경쟁적이며 다른 외부조건은 일정하다)
기술보증기금

① 균형노동고용량과 균형임금은 모두 반드시 증가한다.
② 균형노동고용량은 반드시 증가하지만 균형임금의 변화는 불명확하다.
③ 균형노동고용량은 감소하지만 균형임금은 증가한다.
④ 균형노동고용량과 균형임금은 모두 감소한다.

[해설] 기술진보가 발생하면 노동수요가 증가하여 노동수요곡선이 오른쪽으로 이동한다. 또한 더 많은 노동자들이 노동시장에 참여하게 되면 노동공급곡선도 오른쪽으로 이동한다. 따라서 균형노동고용량은 반드시 증가하지만 균형임금의 변화는 알 수 없다.

11 10분위 분배율에 대한 설명으로 옳은 것은?
근로복지공단

① 인구의 누적점유율과 소득의 누적점유율 간의 관계를 나타내는 곡선이다.
② 0~2의 값을 가지며 0에 가까울수록 균등한 소득분배가 이루어졌음을 뜻한다.
③ 전 계층의 소득분배를 하나의 숫자로 나타내므로 특정 소득계층의 소득분배상태를 나타내지 못한다는 한계가 있다.
④ 상위 40%의 소득합계에 대한 하위 20%의 소득합계 비율을 의미한다.

[해설] ① 로렌츠곡선에 대한 설명에 해당한다.
③ 지니계수에 대한 설명에 해당한다. 반대로 10분위 분배율은 사회구성원 전체의 소득분배상태를 보여주지 못하는 한계가 존재한다.
④ 10분위 분배율은 상위 20%의 소득합계에 대한 하위 40%의 소득합계 비율로, $\dfrac{하위\ 40\%의\ 소득합계}{상위\ 20\%의\ 소득합계}$로 계산한다.

12 지니계수에 대한 설명으로 옳지 않은 것은?   　　　　　　　　　　　　　　　　　　　　한국주택금융공사

① 소득분배의 불평등정도를 나타낸다.
② 로렌츠곡선으로부터 계산할 수 있다.
③ 0에서 1 사이의 값을 가진다.
④ 경제성장률과 항상 반비례의 관계를 갖는다.

[해설] 지니계수와 경제성장률과의 일정한 관계를 도출하기는 어렵다. 지니계수는 이탈리아의 인구통계학자 코라도 지니(Corrado Gini)가 개발한 것으로 0에서 1까지의 값으로 표현되는데, 0이면 '완전 평등', 즉 국민 모두에게 공평하게 분배한 경우이고, 1에 가까울수록 불평등이 심한 경우를 나타낸다. 지니계수는 전 계층의 소득분배상태를 하나의 숫자로 나타내므로 특정 소득계층의 소득분배상태를 나타내지 못한다.

13 다음은 각 나라의 지니계수(Gini's Coefficient)를 보여주고 있다. 옳은 설명을 모두 고른 것은?   　　　　　　　　　　　　　　　　　　　　IBK기업은행

```
A 국가 : 0.75            B 국가 : 0.28
C 국가 : 0.45            D 국가 : 0.92
E 국가 : 0.15
```

㉠ D 국가의 소득이 가장 균등하게 분배되어 있다.
㉡ E 국가의 로렌츠곡선(Lorenz Curve)은 A 국가에 비해서 완전균등분배선에 근접해 있다.
㉢ B 국가와 C 국가의 로렌츠곡선은 서로 교차한다.

① ㉠, ㉡　　　　　　　　　　　　　② ㉠, ㉢
③ ㉠, ㉡, ㉢　　　　　　　　　　　④ ㉡

[해설] ㉡ 지니계수가 0에 가까울수록 로렌츠곡선은 대각선에 근접한다.
㉠ 지니계수가 0에 가까울수록 소득분포가 평등하다.
㉢ 지니계수만으로 로렌츠곡선의 교차를 파악할 수 없다.

14 앳킨슨지수에 대한 설명으로 옳지 않은 것은? 한국산업단지공단

① 사회 구성원들의 주관적 가치판단으로 소득분배의 불평등 정도를 측정한다.
② 소득분배가 불평등하다고 여기는 판단이 많을수록 값이 커진다.
③ 롤스주의 사회후생함수보다 공리주의 사회후생함수의 앳킨슨지수가 크다.
④ 사회구성원들이 공평성을 중시하여 소득분배에 큰 가중치를 부여하면 앳킨슨지수가 높아진다.

[해설] 롤스주의 사회후생함수의 앳킨슨지수가 공리주의 사회후생함수의 앳킨슨지수보다 크다.

> ➕ **더알아보기** 사회후생함수에 따른 앳킨슨지수의 크기
>
> 롤스주의 > 평등주의 > 공리주의

15 경제적 지대와 준지대에 대한 설명으로 옳지 않은 것은? 한국소비자원

① 대한의사협회의 의사면허 공급제한 행위는 지대 추구 행위의 예라고 할 수 있다.
② 준지대는 내구자본설비의 용역에 대해 지불되는 일종의 지대이다.
③ 정부 규제가 많을수록 지대추구 행위는 활발해진다.
④ 생산요소의 공급이 완전 탄력적일수록 경제적 지대는 커진다.

[해설] 생산요소의 공급이 비탄력적일수록 경제적 지대는 커지고 이전수입은 적어진다. 요소공급이 완전 비탄력적이면 요소소득 전부가 경제적 지대이고 요소공급이 완전 탄력적이면 요소소득 전부가 이전수입이다.

16 완전경쟁시장에서 재화가격은 800원이고, 어떤 기업이 현재 10단위의 재화를 생산하고 있는데 이때의 평균가변비용은 300원이라고 한다. 이 기업의 총고정비용이 2,000원이라면 다음 설명 중 옳은 것은? 한전KDN

① 현재 이 기업은 2,000원의 초과이윤을 얻고 있다.
② 현재 이 기업은 2,000원의 손실을 보고 있다.
③ 이 기업이 얻고 있는 준지대의 크기는 5,000원이다.
④ 생산을 중단할 것이므로 준지대는 0이다.

[해설] 준지대 = 총수입(TR) − 총가변비용(TVC)이다. 총수입 = 800 × 100 = 8,000원
300 × 100 = 3,000원이므로 준지대의 크기는 5,000원이다.

최신복원문제

🔑 **키워드** 효용가능경계

다음 〈보기〉에서 효용가능경계에 대한 설명으로 옳은 것을 모두 고르면?   주택도시보증공사

┤ 보기 ├

ㄱ. 어느 경제에 주어진 자원이 모두 고용되더라도 이 경제는 효용가능경계 내부에 있을 수 있다.
ㄴ. 효용가능경계 위의 점들에서는 사람들의 한계대체율이 동일하며, 이 한계대체율과 한계생산변환율이 일치한다.
ㄷ. 생산가능곡선 위의 모든 점에서의 효용가능곡선을 수평으로 더하여 도출한다.

① ㄱ, ㄴ
② ㄱ, ㄴ, ㄷ
③ ㄴ
④ ㄴ, ㄷ

[해설] ㄱ. 주어진 경제적 자원이 모두 고용되었다 하더라도 독점 등 생산이 비효율적으로 이루어진다면 효용가능경계 내부에 위치할 수도 있다.
ㄴ. 효용가능경계 위의 모든 점에서는 소비, 생산, 재화 구성의 파레토효율성이 동시에 충족되므로 사람들의 한계대체율이 동일하며 이 한계대체율과 한계변환율이 일치한다.
ㄷ. 효용가능경계는 생산가능곡선 위의 모든 점에서의 효용가능곡선을 이은 포락선이다.

정답 ①

Chapter 07
시장과 효율성

기출 키워드	중요도
☑ 일반균형의 개념	★
☑ 파레토개선	★
☑ 파레토효율의 개념	★★★
☑ 파레토효율의 세 가지 조건	★★★
☑ 효용가능곡선	★★
☑ 효용가능경계	★
☑ 파레토효율성의 한계	★
☑ 후생경제학 정리	★★
☑ 사회후생의 극대화	★★
☑ 사회후생함수의 유형별 비교	★★
☑ 애로우의 불가능성 정리	★

CHAPTER 07 시장과 효율성

1 일반균형과 파레토효율

1 일반균형론

(1) 일반균형분석

① 각 시장 간의 연관관계를 고려하여 경제를 분석하는 방법으로, 특정 시장에서 발생한 불균형이 다른 부문에 미치는 파급효과를 분석할 수 있다.

② 더욱 엄밀한 결과의 도출이 가능하지만 일반균형분석은 상대적으로 분석이 복잡하다는 단점이 있다.

(2) 일반균형

한 경제가 일반균형 상태에 있다는 것은 그 경제 안의 모든 시장에서 동시에 균형이 달성되고 있다는 뜻이다.

(3) 일반균형의 조건

① 모든 소비자가 주어진 예산제약하에서 효용이 극대화되는 상품묶음을 선택하고 있다.
② 모든 소비자가 원하는 만큼의 생산요소를 공급하고 있다.
③ 모든 기업이 주어진 여건하에서 이윤을 극대화하고 있다.
④ 주어진 가격체계 아래에서 모든 생산물시장과 생산요소시장에서의 균형이 성립하고 있다.
⑤ 각 상품별 초과수요함수가 연속적이며 어떤 상품의 가격이 0에 가까워질 때 그 상품의 초과수요는 무한대로 증가하여야 한다.

(4) 일반균형의 의의

일반균형분석은 결과적으로 애덤 스미스의 '보이지 않는 손'을 뜻하며 개별 경제주체들이 자신의 사적인 이익을 극대화하는 과정에서 경제 전체의 공익이 달성됨을 의미한다.

2 균형의 안정성

(1) 안정적 균형의 개념

외부요인에 의하여 균형에서 이탈된 시장이 다시 원래의 균형으로 돌아오려는 성향이 강하면 안정적 균형, 그렇지 않으면 불안정적 균형이라 한다. 안정적 균형은 정적 안정성과 동적 안정성으로 구별된다.

 개념체크OX

• 일반균형분석은 부분균형분석에 비해 분석이 간편하다.
   ◯ ✕

• 일반균형의 달성은 모든 시장에서의 균형을 의미한다.
   ◯ ✕

✕, ◯

(2) 정적 안정성
① 정적 안정성의 개념
정적 안정성은 시간의 흐름과 무관하게 움직임의 방향성으로만 안정성 여부를 판단한다.
② 정적 안정성의 종류
⊙ 왈라스적 안정성
왈라스적 안정성은 시장이 균형에서 벗어났을 때 가격이 균형가격으로 돌아오려는 움직임을 말한다.
ⓒ 마샬적 안정성
마샬적 안정성은 시장이 균형에서 벗어났을 때 생산량을 변화시켜 초과수요 가격변화를 유발함으로써 균형을 되찾으려는 움직임을 말한다.

(3) 동적 안정성
① 동적 안정성의 개념
동적 안정성은 시간 경로 전체를 고려하여 균형의 안정성 여부를 판단한다.
② 거미집 모형
시장이 균형에서 벗어났을 때 수요량과 가격이 균형으로 돌아가려는 순간적 반응을 보이는 반면, 공급량은 조정속도가 현저히 느린 경우의 모형이다. 균형가격과 균형 생산량이 수렴되는 형태로 나타나며, 그래프의 모양이 거미집과 비슷하여 거미집 모형이라고 불린다. 거미집 모형이 성립하기 위해서는 '|공급곡선의 기울기| > |수요곡선의 기울기|'가 성립해야 한다. 대표적으로 농산물 시장이 이에 해당한다.

거미집 모형

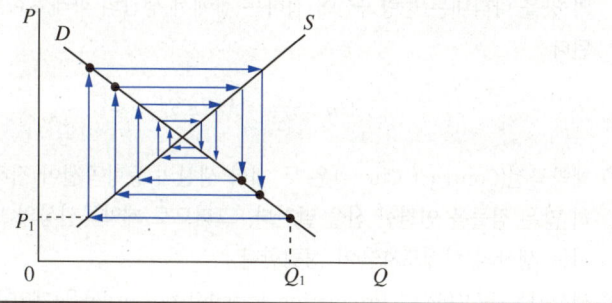

3 왈라스 법칙

(1) n개의 시장이 존재할 때, $(n-1)$개의 시장에서 동시에 균형이 달성되면 나머지 한 시장은 자동으로 균형이 달성된다는 법칙이다.

(2) 개별적인 상품시장에서 수요와 공급의 가치가 일치하고 있다는 보장은 없어도 경제 전체의 관점에서 볼 때 총수요의 가치와 총공급의 가치는 언제나 일치한다는 것이다.

> **개념체크OX**
> • 왈라스적 안정성은 동적 안정성이다. ⓞⓧ
> • 마샬적 안정성은 불균형 시 생산량 변화를 통해 균형을 되찾으려는 움직임이다. ⓞⓧ
>
> ×, ○

> **개념더하기**
>
> **세이의 법칙**
> - 재화의 공급은 수요를 창출한다. 따라서 각 시장에서 생산물 및 생산요소에 대한 초과공급이 발생하지 않는다.
> - 세이의 법칙은 화폐를 고려하지 않으나 왈라스의 법칙에서는 화폐를 하나의 재화로 간주한다.

> **개념더하기**
>
> **경제상태의 평가 기준**
> - 경제상태는 자원배분의 효율성과 소득분배의 공평성을 이용하여 평가한다.
> - 효율성은 파레토효율성을 통하여 평가하고 공평성은 사회후생함수(사회무차별곡선)를 통해 평가한다.
> - 파레토효율성은 오직 효율성만을 고려한다는 단점이 있다.

> **개념더하기**
>
> - 한계기술대체율
> $MRTS_{LK} = \dfrac{MP_L}{MP_K}$
> - 한계대체율
> $MRS_{XY} = \dfrac{MU_X}{MU_Y}$
> - 한계변환율
> $MRT_{XY} = \dfrac{MC_X}{MC_Y}$

(3) 어떤 가격체계가 주어진다 하더라도 경제 전체의 총 초과수요의 가치는 항상 0이 된다.

(4) 어떤 시장이나 경제에서든 항상 성립하는 법칙이다.

4 파레토효율성

(1) 파레토개선

어느 누구에게도 손해가 가지 않게 하는 동시에 최소한 한 사람 이상에게 이득을 가져다 줄 수 있는 변화를 파레토개선이라고 부른다.

(2) 파레토효율의 개념

파레토효율은 자원배분이 가장 효율적으로 이루어져 있는 상태이다. 어느 누구에게도 손해가 가지 않게 하면서 어떤 사람에게 이득이 되는 변화를 만들어낼 수가 없는 상태 즉, 더는 파레토개선이 불가능한 상태를 의미한다.

(3) 파레토효율의 세 가지 조건

구 분	일반적 조건	완전경쟁시장의 경우
생산의 효율성 조건	$MRTS_{LK}^X = MRTS_{LK}^Y$	$\left(\dfrac{w}{r}\right)_X = \left(\dfrac{w}{r}\right)_Y$
소비의 효율성 조건	$MRS_{XY}^A = MRS_{XY}^B$	$\left(\dfrac{P_X}{P_Y}\right)_A = \left(\dfrac{P_X}{P_Y}\right)_B$
생산과 소비의 종합적 효율성 조건	$MRS_{XY} = MRT_{XY}$	$P = MC$

(4) 생산의 파레토효율성

① 두 재화(X재와 Y재) 생산을 위해 사용되는 두 생산요소(노동과 자본)의 양을 나타내는 등량곡선이 접하는 점에서 생산의 파레토효율이 달성된다.

$$MRTS_{LK}^X = MRTS_{LK}^Y$$

② 계약곡선(Contract Curve)은 두 재화 생산의 등량곡선이 접하는 무수히 많은 점들을 연결한 선을 말한다. 그러므로 계약곡선상의 모든 점에서는 생산의 파레토효율이 성립한다.

③ 생산가능곡선(PPC ; Production Possibility Curve)은 계약곡선을 재화공간으로 옮겨놓은 것으로 생산가능곡선상의 모든 점들에서 생산이 파레토효율적으로 이루어진다. 따라서 생산가능곡선은 경제 내의 모든 생산요소를 가장 효율적으로 투입했을 때 최대로 생산가능한 재화의 조합을 나타내는 곡선을 말한다.

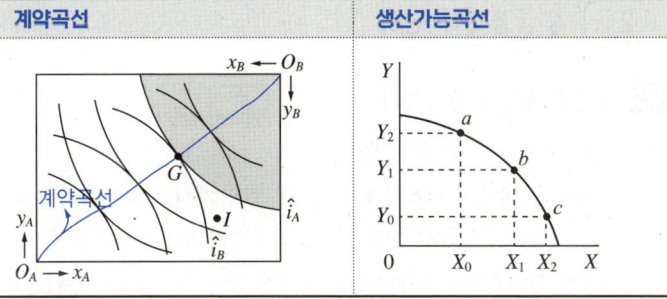

④ 한계변환율(MRT ; Marginal Rate of Transformation)은 X재의 생산량을 1단위 증가시키기 위해 감소시켜야 하는 Y재의 수량으로 생산가능곡선 접선의 기울기로 측정된다.

(5) 소비의 파레토효율성

① 두 사람(A와 B)의 두 재화(X재와 Y재) 소비에 대한 무차별곡선이 접하는 점에서 교환의 파레토효율이 달성된다.

$$MRS_{XY}^A = MRS_{XY}^B$$

② 계약곡선(Contract Curve)은 두 사람의 무차별곡선이 접하는 무수히 많은 점들을 연결한 선을 말한다. 그러므로 계약곡선상의 모든 점에서는 파레토효율이 성립한다.

③ 효용가능곡선(Utility Possibility Curve)
주어진 상품조합을 두 사람 사이에 배분할 때 두 사람이 얻을 수 있는 최대 효용수준의 조합을 나타낸 곡선을 말한다. 소비에서의 계약곡선을 효용공간으로 옮긴 것으로 효용가능곡선상의 모든 점은 파레토효율적이다.

(6) 종합적인 파레토효율성

종합적인 파레토효율은 생산과 소비가 모두 파레토효율적으로 이루어짐을 뜻한다. 생산점을 바꾸더라도 더 이상 소비자의 효용을 증가시키는 것이 불가능한 상태이다.

$$MRS_{XY} = MRT_{XY}$$

(7) 효용가능경계

한 경제에 존재하는 경제적 자원을 가장 효율적으로 배분했을 때 얻을 수 있는 두 사람의 효용수준의 조합이다. 생산가능곡선 위의 모든 점에서의 효용가능곡선을 이은 포락선이다.

(8) 파레토효율성의 한계

① 파레토효율성 조건을 충족하는 점은 무수히 많으므로 어떤 점이 사회적으로 가장 바람직한지 판단하기 어렵다.
② 파레토효율성은 소득분배의 공평성에 대한 기준을 제시하지 못한다.

개념더하기

완전경쟁시장과 파레토효율
모든 시장이 완전경쟁 구조라면 파레토효율이 자동적으로 충족된다. 이는 개별 경제주체가 모든 시장에서 가격순응자로 기능하기 때문이다.

개념더하기

파레토효율성이 달성되지 않는 경우
- $MRS_{XY}^A > MRS_{XY}^B$
  → A소비자가 X재 소비를 늘리고, Y재 소비를 줄임으로써 파레토개선 가능함
- $MRTS_{LK}^X > MRTS_{LK}^Y$
  → X재 생산에 있어 노동 투입량을 늘리고, 자본 투입량을 줄임으로써 파레토개선 가능함
- $MRS_{XY} > MRT_{XY}$
  → X재 생산을 늘리고, Y재 생산을 줄임으로써 파레토개선 가능함

2 후생경제학 정리

1 후생경제학의 제 1정리

(1) 후생경제학 제 1정리의 개념
① 모든 소비자의 선호체계가 강단조성을 가지고 외부성이 존재하지 않으면, 일반경쟁균형의 배분은 반드시 파레토효율적이다.
② 완전경쟁하에서는 개별경제주체들이 오로지 자신의 이익을 추구하는 과정에서 자원배분의 효율성이 달성된다.

(2) 후생경제학 제 1정리의 의의
① 애덤 스미스가 말한 '보이지 않는 손'은 자원을 효율적으로 배분한다는 말을 달리 표현한 것으로, 시장의 제반 조건이 충족되는 경우 정부의 개입이 불필요하다는 것을 의미한다.
② 제 1정리가 전제로 하는 완전경쟁시장의 조건은 현실에서 충족되기 어렵다.
③ 제 1정리는 자원배분의 효율성에 대한 정리이며, 분배의 공평성과는 무관하다.

2 후생경제학의 제 2정리

(1) 후생경제학 제 2정리의 개념
초기부존자원이 적절하게 분배된 상태에서 모든 사람의 선호가 볼록성을 가지면 파레토효율적인 배분은 일반경쟁균형이다.

(2) 후생경제학 제 2정리의 의의
① 공평성을 위해 효율성을 포기하지 않아도 된다.
② 제 2정리가 성립한다면 초기 부존자원을 재분배함으로써 사회적으로 가장 바람직한 점에 도달하는 것이 가능하므로 제 1정리의 한계를 보완할 수 있다.
③ 제 2정리는 소득불평등 해소를 위한 정부개입의 가능성을 제시하지만 정부개입 시 상대가격체계에 왜곡이 발생한다는 점에는 부정적이다.

3 사회후생함수

1 사회후생함수의 개념

사회후생함수는 사회구성원들의 효용수준이 주어져 있을 때, 이를 사회후생의 수준으로 나타내주는 함수를 의미한다. 이는 사회구성원의 사회전체 후생에 대한 가치관을 반영한다. 사회무차별곡선이라고도 부른다.

개념체크OX

- 후생경제학 제 1정리는 강단조성을 내포한다. [O|X]
- 후생경제학 제 2정리는 분배의 공평성과 무관하다. [O|X]

O, X

$$SW = f(U_A + U_B)$$

(SW : 사회전체의 후생수준, $U_A = A$의 효용함수, $U_B = B$의 효용함수)

2 사회후생함수의 유형

(1) 공리주의 사회후생함수

① 벤담(Bentham)의 공리주의는 최대 다수의 최대 행복을 목적으로 한다.
② 공리주의 사회후생함수는 각 개인 효용의 합으로 나타낸다.
③ 소득분배의 공평성과는 관계없다.

$$SW = U_A + U_B = \sum U_i$$

공리주의 사회후생함수

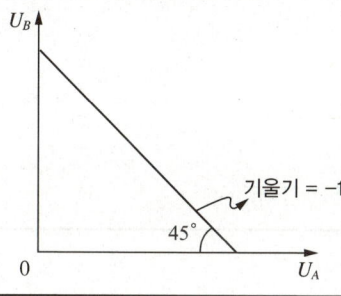

(2) 평등주의 사회후생함수

① 평등주의 사회후생함수는 저소득층에 대해서는 높은 가중치를, 고소득층에 대해서는 낮은 가중치를 부여하여 나타낸다.
② 사회 무차별곡선은 원점에 대하여 볼록하며 우하향하는 형태로 도출된다.
③ 우하방으로 갈수록 A의 가중치가 줄어든다.

평등주의 사회후생함수

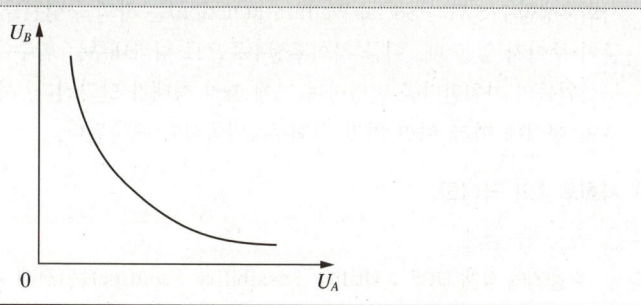

🔎 개념체크OX

• 벤담의 공리주의 사회후생함수는 선형함수이다. ◯☒
• 평등주의 사회후생함수는 고소득층에 낮은 가중치를 적용한다. ◯☒

◯, ◯

(3) 롤스(Rawls)의 사회후생함수

① 롤스(Rawls)는 극빈층의 생활수준을 크게 개선시키는 것을 재분배정책의 최우선 과제로 보았다. 따라서 저소득층에게 100%의 가중치를 부여하여 나타낸다.
② 롤스의 사회후생함수는 사회구성원 중 극빈층의 후생수준에 의하여 결정되므로 최소극대화원칙이 적용된다.
③ 극단적인 평등주의적 가치관을 내포하고 있다.
④ 사회무차별곡선은 L자 형태로 도출된다.

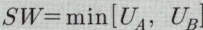

$$SW = \min[U_A, U_B]$$

롤스의 사회후생함수

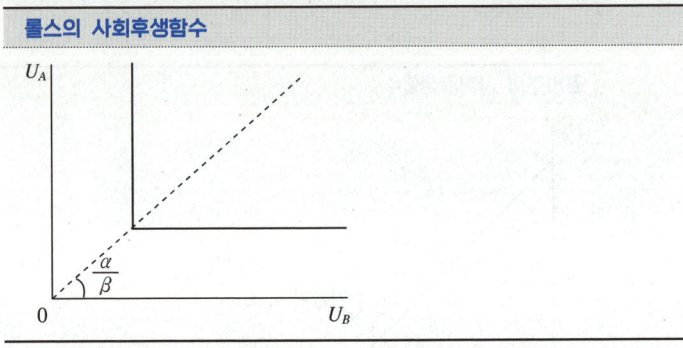

3 사회후생의 극대화

(1) 효용가능경계

효용가능경계(UPF ; Utility Possibility Frontier)는 경제 내 주어진 자원을 효율적으로 배분하였을 때 두 경제주체가 얻을 수 있는 효용수준의 조합이다. 효용가능경계는 생산가능곡선 위의 모든 점에서의 효용가능곡선을 이은 포락선이다.

(2) 사회후생함수

사회후생함수(SWF ; Social Welfare Function)는 사회 구성원들의 효용수준이 주어져 있을 때, 이를 사회후생수준으로 나타내주는 함수이다. 사회구성원들의 가치판단을 반영하며 그에 따라 형태가 달라진다. 사회후생함수의 형태에 따라 여러 가지 사회무차별곡선이 도출된다.

(3) 사회후생의 극대화

① 효용가능경계
  효용가능경계(UPF ; Utility Possibility Frontier)는 경제 내 주어진 자원을 효율적으로 배분하였을 때 두 경제주체가 얻을 수 있는 효용수준의 조합이다. 소비 및 생산의 파레토효율성을 충족하는 상태이다.
② 사회무차별곡선
  사회무차별곡선(SIC ; Social Indifference Curve)은 동일한 사회후생을 나타내는 두 경제주체의 효용수준의 조합이다.

③ 사회후생의 극대화
효용가능경계(UPF)와 사회무차별곡선(SIC)이 만나는 점에서 자원배분의 효율성과 소득분배의 공평성이 동시에 충족되며 사회후생이 극대화된다.

4 애로우(Arrow)의 불가능성 정리

(1) 애로우의 불가능성 정리의 개념
① 애로우의 불가능성 정리는 사회후생함수가 합리적 선호체계가 되기 위한 전제조건을 제시하고, 이러한 전제조건을 만족하는 사회는 존재하지 않음을 밝힌 것이다.
② 사회구성원들의 선호를 집약하여 사회 우선순위를 도출하는 합리적인 법칙이 존재하지 않음을 증명하였다.

(2) 사회후생함수의 전제조건
① 집단적 합리성(완전성, 이행성)
  ㉠ 완전성은 모든 사회적 자원배분 상태를 비교 평가할 수 있음을 의미한다.
  ㉡ 이행성은 자원배분 상태 사이에 $X \geq Y$이고, $Y \geq Z$이면 $X \geq Z$가 성립해야 함을 의미한다.
② 만장일치(파레토 원칙)
  모든 개인이 $X \geq Y$이면 사회적 선호도 $X \geq Y$가 되어야 한다.
③ 비독재성
  사회적 선호는 어느 한 경제주체가 결정할 수 없다.
④ 무관한 선택으로부터의 독립
  사회적 선호의 우선순위는 이에 대응하는 개별선호의 우선순위에 의해서만 결정되고 이와 관련 없는 다른 선호의 영향을 받지 않는다.

> **개념더하기**
>
> **차선의 정리**
> 모든 파레토효율성 조건이 동시에 충족되지 않는 상황으로, 하나 이상의 최적조건이 위배된 상황에서 나머지 조건들이 더 많은 효율성을 달성해도 더 효율적으로 판단할 수 없다는 정리이다.
> 차선의 이론에 따르면 점진적인 제도개혁을 통한 일부 효율성 조건의 충족, 일부 산업의 독과점의 해소 등으로 사회후생이 증가한다는 보장은 없다.

> **개념체크OX**
>
> • 애로우의 불가능성 정리는 사회후생함수를 적용할 수 있는 사회는 없다고 주장한다. O X
>
> • 애로우의 불가능성 정리는 완전성에는 동의하지만 이행성은 부정한다. O X
>
> O, X

CHAPTER 07 기출분석문제

01 다음 중 효율적인 자원배분에 대한 설명으로 옳지 않은 것은?   한국자산관리공사

① 생산 측면에서는 $MRTS_{LK}^X = MRTS_{LK}^Y$ 가 성립해야 한다.
② 교환 측면에서는 $MRS_{XY}^A = MRS_{XY}^B$ 가 성립해야 한다.
③ 경제 전체 측면에서는 $MRS_{XY} = MRT_{XY}$ 가 성립해야 한다.
④ 파레토효율적 상태는 자원분배의 공평성을 의미한다.

[해설] 파레토효율적 상태는 자원배분의 효율성을 의미하며, 공평성을 의미하는 것은 아니다.

02 두 재화 X, Y가 각각 5단위씩 존재하고 연우와 수정으로 구성된 경제를 가정하자. 두 사람의 선호는 효용함수 $U(X,\ Y) = xy$로 동일하다. 이때 파레토효율적인 자원배분을 달성한 것은?   서울주택공사

① 연우는 X재 3단위, Y재 2단위를 배분받고, 수정은 나머지를 배분받는다.
② 연우는 X재 2단위, Y재 3단위를 배분받고, 수정은 나머지를 배분받는다.
③ 연우는 X재 4단위, Y재 1단위를 배분받고, 수정은 나머지를 배분받는다.
④ 연우가 X재, Y재를 각각 5단위씩 모두 배분받고, 수정은 아무 재화도 배분받지 않는다.

[해설] 효용함수 $U(X,\ Y) = xy$를 통해 소비자가 두 재화를 동일하게 선호하므로 같은 비율로 각 재화를 소비했을 때 그 효용이 가장 커짐을 알 수 있다. 그렇기 때문에 가장 효율적인 배분은 연우가 X재, Y재를 모두 동일한 단위로 배분받았을 경우에 해당한다. 한편, 파레토효율은 공평한 소득분배와는 무관하므로 한 소비자가 모든 재화를 배분받더라도 배분의 효율성이 달성된다.

03 후생경제학의 제 1정리에 대한 설명으로 적합한 것은?   한국환경공단

① 일정한 조건이 충족될 때 파레토효율적인 배분은 일반경쟁균형이다.
② 파레토효율적인 배분은 언제나 일반경쟁균형이 된다.
③ 일정한 조건이 충족될 때 일반경쟁균형의 배분은 파레토효율적이다.
④ 일반경쟁균형의 배분은 언제나 파레토효율적이다.

[해설] ① 일정한 조건이 충족될 때 일반경쟁균형의 배분은 파레토효율적이다.
② 파레토효율적인 무수히 많은 자원배분 중 하나만이 일반균형이 된다.
④ 소비자 선호체계의 강단조성, 외부성의 부존재를 전제하여야 성립한다.

04 후생경제학의 제 2정리에 대한 설명으로 옳지 않은 것은?   금융결제원

① 특정 조건이 성립하면 후생경제학 제 1정리의 역이 성립한다는 것이다.
② 정부개입의 이론적 근거를 제시한다.
③ 후생경제학의 제 1정리의 가정이 성립하지 않으면 시장실패가 나타난다.
④ 모든 소비자의 선호체계가 볼록성을 만족시킨다고 해서 파레토효율적 자원배분이 일반경쟁균형이 되는 것은 아니다.

[해설] 모든 소비자의 선호체계가 볼록성을 만족시키면 파레토효율적 자원배분이 일반경쟁균형이 된다는 것이 후생정리학 제 2정리의 내용이다.

05 후생경제이론에 대한 설명으로 옳은 것은?   금융감독원

① 파레토효율적인 상태는 파레토개선이 가능한 상태를 뜻한다.
② 제 2정리는 모든 사람의 선호가 볼록성을 가지면 파레토효율적인 배분은 일반경쟁균형이 된다는 것이다.
③ 제 1정리는 모든 소비자의 선호체계가 약단조성을 갖고 외부성이 존재하면 일반경쟁균형의 배분은 파레토효율적이라는 것이다.
④ 제 1정리는 완전경쟁시장하에서 사익과 공익이 서로 상충된다는 것이다.

[해설] ① 파레토효율적인 상태는 더 이상 파레토개선이 불가능한 상태를 의미한다.
③ 제 1정리는 모든 소비자의 선호체계가 강단조성을 가지고, 외부성이 존재하지 않으면 일반경쟁균형의 배분은 반드시 파레토효율적이라는 것이다.
④ 제 1정리하에서 사익과 공익은 상충되지 않고 개별경제주체들이 오로지 자신의 이익을 추구하는 과정에서 자원배분의 효율성이 달성된다.

06 사회후생함수에 대한 설명 중 옳지 않은 것은?   한국장학재단

① 롤스의 사회후생함수는 개인 간 후생수준의 비교가능성과 기수적 측정가능성을 가정한다.
② 공리주의 사회후생함수의 경우 사회 무차별곡선은 기울기가 −1인 우하향의 직선으로 그려진다.
③ 평등주의적 성향이 강할수록 사회 무차별곡선은 우하향의 직선에 가까워진다.
④ 애로우의 불가능성 정리는 바람직한 성격을 모두 충족하는 이상적인 사회후생함수는 존재하지 않음을 증명한 것이다.

[해설] 평등주의적 성향이 강할수록 사회 무차별곡선은 L자 모형에 가까운 형태가 된다. 극단적 평등주의를 주장하고 있는 롤스의 사회무차별곡선은 L자 모형이다.

[정답] 01 ④ 02 ④ 03 ③ 04 ④ 05 ② 06 ③

07 벤담(J.Bentham)의 공리주의를 표현한 사회후생함수는?(단, 이 경제에는 갑, 을만 존재하며 W는 사회전체의 후생, U는 갑의 효용, V는 을의 효용이다) 주택금융공사

① $W = \max(U, V)$
② $W = \min(U, V)$
③ $W = U + V$
④ $W = U \times V$

[해설] 공리주의 사회후생함수는 $SW = U_A + U_B = \sum U_i$ 의 형태이므로 주어진 함수들 중에는 $W = U + V$이다.

08 사회후생에 대한 설명으로 옳지 않은 것은? 한국산업단지공단

① 차선의 이론은 부분적 해결책이 최적은 아닐 수 있음을 보여준다.
② 롤스적 가치판단을 반영한 사회무차별곡선은 L자 모양이다.
③ 파레토효율성 조건은 완전경쟁의 상황에서 충족된다.
④ 애로우의 불가능성 정리에서 파레토원칙은 과반수제도를 의미한다.

[해설] 애로우의 불가능성 정리는 사회후생함수가 갖추어야 할 조건을 모두 충족하는 이상적인 사회는 존재하지 않음을 증명한 것이다.

09 소득이 높을수록 소득의 한계효용이 증가한다고 가정할 때, 공리주의자의 관점에서 옳은 것은? 한국관광공사

① 방향에 상관없이 소득재분배는 사회후생을 증진시킨다.
② 방향에 상관없이 소득재분배는 사회후생을 감소시킨다.
③ 부자로부터 빈자로의 소득재분배는 사회후생을 증진시킨다.
④ 빈자로부터 부자로의 소득재분배는 사회후생을 증진시킨다.

[해설] 소득이 높을수록 소득의 한계효용이 증가하므로 소득분배상태와는 무관하게 각 개인의 총효용 합계로 사회후생을 결정하는 공리주의자의 관점, 즉 공리주의 사회후생함수에 따르면 빈자로부터 부자로의 소득재분배는 사회후생을 증진시킨다.

10 다음 중 학자와 그 이론이 잘못 연결된 것은?   한국가스기술공사

① 립시 – 차선의 정리
② 애로우 – 불가능성 정리
③ 벤담 – 공리주의 사회후생함수
④ 롤스 – 평등주의 사회후생함수

[해설] 롤스의 이론은 평등주의 사회후생함수가 아닌 롤스의 사회후생함수로, 원점에 대해 볼록하며 우하향하는 평등주의 사회후생함수가 아닌, L자 형태를 띄는 사회후생함수이다.

11 다음 표에 대한 설명으로 옳지 않은 것은?   한국가스공단

구 분	A국	B국	C국
갑	350	150	200
을	50	150	200
병	10	150	100

① 공리주의 사회후생함수를 따르면 A국의 사회적 후생이 가장 크다.
② 롤스(Rawls)의 사회후생함수를 따르면 B국의 사회적 후생이 가장 크다.
③ 화폐 1원의 효용이 1이면 B국의 지니계수는 0이다.
④ 평등주의 사회후생함수를 따르면 각국의 사회적 후생은 소득층에 부여하는 가중치에 따라 다르다.

[해설]
① 벤담(Bentham)의 공리주의는 최대 다수의 최대 행복을 목적으로 한다. 따라서 공리주의 후생함수에 따르면 각국의 구성원들의 효용의 총합인 총효용이 클수록 사회적 후생이 크다. A국은 410, B국은 450, C국은 500이므로 공리주의 후생함수에 따르면 C국의 사회적 후생이 가장 크다.
② 롤스(Rawls)는 극빈층의 생활수준을 크게 개선시키는 재분배정책을 최우선 과제로 본다. 따라서 사회후생함수는 극빈층의 후생수준에 의하여 결정되는 최소극대화원칙이 적용되므로 극빈층의 후생수준이 가장 큰 B국의 사회적 후생이 가장 크다.

12 애로우(Arrow)의 불가능성 정리에 대한 설명으로 옳지 않은 것은?   금융결제원

① 애로우가 부정한 집단적 합리성은 완전성, 이행성에 해당한다.
② 사회후생함수의 전제조건을 충족하는 사회는 존재하지 않다고 주장한다.
③ 파레토원칙이 충족하는 사회후생함수를 불가능하다고 보았다.
④ 사회적 선호는 다른 선호의 영향을 받지 않는 독립성을 유지한다고 주장하였다.

[해설] 독립성에 대한 가정은 애로우의 불가능성 정리가 부정하고 있는 사회후생함수의 전제조건이다.

[정답] 07 ③ 08 ④ 09 ④ 10 ④ 11 ① 12 ④

최신복원문제

🔑 키워드 공공재

공공재와 공유자원에 대한 설명으로 옳은 것을 모두 고르면?   서울시설공단, 한국토지주택공사

> ㄱ. 한 개인의 공공재 소비가 다른 개인의 공공재 소비에 영향을 주지 않는다.
> ㄴ. 공공재와 공유자원은 모두 비배제성 특성을 갖는다.
> ㄷ. 혼잡하지 않은 유료도로는 공유자원의 예이다.
> ㄹ. '공유지의 비극'이 발생하는 경우 재산권을 부여하는 것이 해결방안이 될 수 있다.

① ㄱ, ㄷ
② ㄴ, ㄷ
③ ㄱ, ㄴ, ㄹ
④ ㄴ, ㄷ, ㄹ

[해설] ㄷ. 혼잡하지 않은 유료도로는 클럽재로, 배제성은 있지만 비경합성의 특징을 가지는 재화이다.

정답 ③

Chapter 08
공공경제이론

기출 키워드	중요도
✓ 시장실패의 원인	★★★
✓ 시장실패와 정부실패의 관계	★
✓ 외부성의 유형과 자원배분	★★★
✓ 생산의 외부불경제와 피구세	★★★
✓ 외부성의 해결방안	★
✓ 코즈의 정리	★★
✓ 공공재의 종류	★★★
✓ 공공재의 특성	★★★
✓ 공공재의 효율적 공급	★★
✓ 무임승차자의 문제	★
✓ 역선택	★★★
✓ 역선택의 해결방안	★★
✓ 도덕적 해이	★★★
✓ 주인-대리인 문제	★

CHAPTER 08 공공경제이론

1 시장실패와 정부실패

1 시장실패

(1) 시장실패의 개념

시장실패는 시장가격기구에 맡긴 자원 배분이 효율적으로 이루어지지않아 사회적 후생이 극대화되지 않은 상태를 의미한다.

(2) 시장실패의 원인

① 불완전경쟁
② 공공재(Public Goods)
③ 외부성(Externality)
④ 불확실성
⑤ 불완전한 정보
⑥ 완비되지 못한 시장

2 시장실패와 정부실패의 관계

시장실패가 발생하면 정부개입에 대한 필요성이 제기된다. 그러나 시장실패는 정부개입의 필요조건만을 제공할 뿐, 충분조건까지 제공하는 것은 아니다. 정부의 개입이 오히려 비효율성을 심화시키는 '정부실패' 가능성이 존재한다.

3 정부실패

(1) 정부실패의 개념

정부실패는 정부의 시장 개입이 효율적 자원 배분 등의 본래 의도한 결과를 가져오지 못하거나 오히려 시장의 효율성을 떨어뜨리는 경우를 의미한다.

(2) 정부실패의 원인

① 제한된 정보
② 민간 반응의 통제 불가능성
③ 정치적 과정에서의 제약
④ 관료제에 대한 불완전한 통제
⑤ 공공선택의 문제
⑥ 재원조달 과정상의 비효율성

개념체크OX

- 공공재와 외부성은 시장실패의 원인이다. ⃞O⃞X
- 시장실패는 정부개입의 충분조건이다. ⃞O⃞X

O, X

2 외부성

1 외부성의 개념
어떤 경제주체의 행위가 다른 경제주체에게 의도하지 않은 긍정적 또는 부정적 영향을 미치지만 이에 대해 보상하거나 보상받지 않는 경우를 말한다.

2 외부성의 구분
(1) **외부경제** : 어떤 경제주체의 행위가 다른 경제주체에게 의도하지 않은 혜택을 주면서도 이에 대한 대가를 받지 못하는 것

(2) **외부불경제** : 어떤 경제주체의 행위가 다른 경제주체에게 의도하지 않은 손해를 입히고도 이에 대한 대가를 지급하지 않는 것

3 편익과 비용
(1) **편 익**
  ① 사적 한계편익 : PMB(Private Marginal Benefit)
  ② 사회적 한계편익 : SMB(Social Marginal Benefit)

(2) **비 용**
  ① 사적 한계비용 : PMC(Private Marginal Cost)
  ② 사회적 한계비용 : SMC(Social Marginal Cost)

4 외부성의 유형과 자원배분
(1) **소비의 외부경제** : 과소소비

$$SMB > PMB = PMC = SMC$$

(2) **소비의 외부불경제** : 과다소비

$$SMB < PMB = PMC = SMC$$

(3) **생산의 외부경제** : 과소생산

$$SMB = PMB = PMC > SMC$$

(4) **생산의 외부불경제** : 과다생산

$$SMB = PMB = PMC < SMC$$

> **개념체크OX**
> • 소비의 외부경제에서 사적 한계편익이 사회적 한계편익보다 크다. OX
> • 생산의 외부불경제에서 사적 한계비용이 사회적 한계비용보다 크다. OX
>
> X, X

5 생산의 외부불경제와 피구세

생산의 외부불경제가 존재하는 경우 사회적 한계비용(SMC)이 사적 한계비용(PMC)보다 크다. 사회적 최적생산량은 Q_S^*이고 사적 의사결정하의 생산량은 Q_P^*이다. 생산의 외부불경제가 발생하면 사회적 최적생산량보다 과다생산되어 그 차이만큼의 비효율이 발생한다.

이때 피구세를 부과하면 사적 한계비용이 상승하여 사회적 최적생산이 가능하게 된다. 부과되는 피구세의 크기는 사회적 최적생산량 수준에서 사회적 한계비용(SMC)과 사적 한계비용(PMC)의 차이($A-B$)만큼이다.

생산의 외부불경제와 피구세

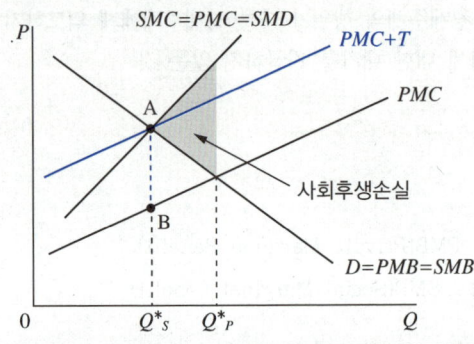

6 외부성의 해결방안

(1) 유형별 해결방안

외부성의 유형	소비의 외부경제	소비의 외부불경제	생산의 외부경제	생산의 외부불경제
	$PMB < SMB$	$PMB > SMB$	$PMC > SMC$	$PMC < SMC$
영향	과소소비	과다소비	과소생산	과다생산
해결방안	보조금 지급	조세 부과	보조금 지급	조세 부과 (피구세)

(2) 사적·공적 해결방안

	합병	외부성의 내부화를 이룰 수 있다.
사적 해결방안	코즈의 정리	코즈의 정리는 재산권(소유권)이 명확하게 확립되어 있고, 거래비용 없이도 자유롭게 매매할 수 있다면 외부성에 대한 권리가 어느 경제주체에 귀속되는가와 상관없이 당사자 간의 자발적 협상에 의한 효율적인 자원배분이 가능해진다는 이론이다.
공적 해결방안	조세·보조금	외부한계비용만큼의 조세·보조금을 부과·지급하는 경우 사적 비용(편익)과 사회적 비용(편익)과 같게 되어 효율적인 자원배분이 달성된다.
	오염 배출권 제도	사회적 최적수준만큼의 오염허가권을 정부가 경매 등의 방법으로 시장에 유통하는 경우 오염허가권의 가격은 외부성의 외부한계비용만큼으로 결정되며 자원배분의 효율성이 달성된다.

> **개념더하기**
>
> **코즈의 정리에 대한 평가**
> - 현실적으로는 거래비용의 존재, 외부성 측정 어려움, 이해당사자의 모호성, 정보의 비대칭성, 협상능력의 차이 등으로 코즈의 정리로 문제를 해결하는 데는 한계가 있다.
> - 외부성 문제를 법적·제도적인 측면에서 접근하였다는 점에서 의의가 있다.

3 공공재

1 공공재의 개념

공공재는 재화와 서비스에 대한 비용을 지급하지 않더라도 모든 사람이 공동으로 이용할 수 있는 재화 또는 서비스를 말한다.

예 국방, 법률, 치안, 공원, 도로 등

2 공공재의 특성

(1) 비경합성
① 비경합성은 다른 개인의 공공재 소비가 자신의 공공재 소비에 영향을 미치지 않는 특성을 말한다.
② 한 사람의 추가적 소비에 따른 혼잡문제가 발생하지 않아 소비하는 사람이 늘어나도 각 수요자가 종전과 동일한 양을 소비할 수 있는 특성을 말한다.

(2) 비배제성
① 어떤 소비자가 재화 생산 비용을 지불하지 않았다고 하여 그 재화의 이용에서 배제시킬 수 없는 특성을 말한다.
② 비배제성으로 인해 개인들이 생산비를 부담하지 않으면서 공급된 공공재를 최대한 이용하려는 '무임승차자의 문제'가 발생한다.
③ 공공재를 계속 과소비하는 경우 이른바 '공유지의 비극'이 발생한다.

▶ 개념더하기

공유지의 비극
공유지의 비극은 공공재를 사적 이익을 주장하는 시장 기구에 맡겨 두면 현재 세대에서 남용하여 미래 자원이 고갈될 위험에 처한다는 이론이다.

3 공공재의 분류

구 분		경합성	
		있 음	없 음
배제성	있 음	사적재 예 자동차, 아이스크림, 혼잡한 유료도로	비순수 공공재(클럽재) 예 케이블 TV, 영화, 혼잡하지 않은 유료도로
	없 음	비순수 공공재(공유자원) 예 공유지, 바다 어장, 혼잡한 무료도로	순수 공공재 예 국방, 법률, 공원, 혼잡하지 않은 무료도로

▶ 개념더하기

클럽재(Club재)
배제성이 있지만 동시에 비경합성의 특징을 가지는 재화로, 불완전한 비경합성을 가진 재화이다.
예 혼잡하지 않은 체육관, 수영장의 이용권 등

4 공공재의 효율적 공급

공공재의 경우 모든 사람이 동일한 소비량을 가지고 있으나 지불 용의 가격이 각각 다르므로 시장수요곡선은 개별수요곡선의 수직합으로 구한다.

> **개념더하기**
>
> **사적재의 적정공급**
> 사적재의 경우 모든 사람이 동일한 가격을 지불하고 소비량이 각각 다르므로 시장수요곡선은 개별수요곡선의 수평합으로 구하며 적정공급조건은 아래와 같다.
>
> $MB_X^A = MB_X^B = MC_X$
> $MRS_{XY}^A = MRS_{XY}^B$
> $\quad = MRT_{XY}$

(1) 공공재만 있을 경우

$$MB_Z^A + MB_Z^B = MC_Z$$

공공재에 대한 진정한 선호를 표출하는 두 소비자(A, B)가 존재할 때 공공재(Z)를 공급할 경우, 공공재 한계편익의 합이 사회가 지불해야 하는 한계비용과 같아야 적정배분이 달성될 수 있다. 그러나 현실적으로 소비자들이 공공재에 대해 진정한 선호를 표출하지 않고 과소평가하여 나타내므로 효율적인 자원배분이 어렵다.

공공재만 있을 경우의 시장수요곡선 도출

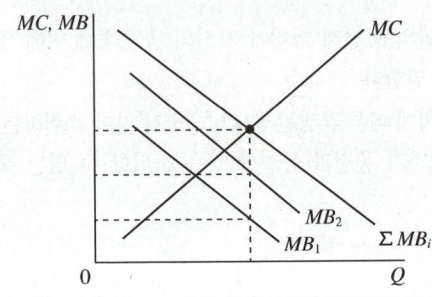

(2) 공공재와 사적재가 같이 있을 경우

$$MRS_{ZX}^A + MRS_{ZX}^B = MRT_{ZX}$$

두 재화(X, Z), 두 소비자(A, B)가 존재하며 공공재(Z)는 사적재(X)를 투입하여 생산하고 경제 내에 일정한 사적재가 초기부존으로 주어져 있는 경우 공공재의 최적 공급은 각 개인의 한계대체율의 합이 경제 내의 한계변환율과 같을 때 공공재의 최적 공급이 이루어진다.

(3) n명의 사람이 공공재 소비의 참여하는 경우

$$\sum_{i=1}^{n} MB_i = MC$$
$$\sum_{i=1}^{n} MRS^i = MRT$$

5 무임승차자의 문제

(1) 무임승차자의 문제

무임승차자 문제는 개인들이 대가를 지불하지 않고 공공재를 최대한 소비하려고 하는 문제를 말한다.

(2) 무임승차자 문제의 발생원인과 영향

① 무임승차자의 문제는 재화의 사용에 대한 정당한 대가를 지불하지 않아도 소비에서 배제되지 않는 공공재의 비배제성에서 비롯되는 현상이다.

② 개인이 공공재에 대한 선호를 왜곡하여 표현한 뒤 재화가 다른 사람에 의해 공급되면 이에 편승하고자 하는 경향으로 인해 발생한다.

③ 무임승차자의 문제로 인해 사회적 한계편익이 감소하면 시장 기구에 의해 공공재가 공급되지 않거나 과소 공급되는 경우가 많다.

④ 진실한 선호를 기준으로 공급을 결정하면 후생손실이 발생할 수 있다.

(3) 무임승차자의 문제 해결방안

① 협상에 의한 방법

개인의 이기적인 행동으로 이익이 증대될 가능성이 존재하는 한 무임승차 유인이 존재한다. 그러므로 당사자 간의 협상을 통해 공공재가 생산되지 않을 가능성을 모두 인식하게끔 하는 방법이 있다. 협상 결과는 협상력에 의존하며, 협상 결과로 효율적 생산수준이 달성될 가능성은 작다.

② 수요표출 메커니즘

무임승차자의 문제는 시장실패 현상이며, 이는 정부개입의 가능성을 확보한다. 정부개입으로 효율적인 공공재 공급이 보장되기 위해서는 공공재에 대한 수요가 측정 가능해야 한다. 이때 공공재에 대한 수요측정의 수단으로 사용하는 것이 수요표출 메커니즘이다.

③ 간접적 수요 추정

보완재를 이용하여 공공재의 수요를 측정하는 방식이다. 공공재와 사적재 사이에 뚜렷한 보완성이 존재하는 경우에만 적용 가능하다.

4 정보경제학

1 정보경제학의 개요

(1) 정보경제학의 개념

현실적으로 불완전한 정보하의 경제주체를 가정하고, 이들의 경제행위로 발생하는 문제를 분석하는 경제학의 한 분야이다.

(2) 정보의 비대칭성

① 정보의 비대칭성은 경제적 이해관계를 가진 당사자 간에 정보 수준의 차이가 있는 상황을 의미한다.

② 정보가 비대칭적이라는 것은 각 경제주체가 가지고 있는 정보의 양이 다르다는 의미뿐만 아니라 같은 양의 정보라고 하더라도 질적으로 차이가 난다는 의미도 포함한다.

③ 비대칭 정보의 상황은 숨겨진 특성(Hidden characteristic)의 상황과 숨겨진 행동(Hidden action)의 상황으로 구분된다.

개념더하기

정보의 특성
- 잠금효과
- 전환비용
- 네트워크효과
- 경험재

④ 발생하는 문제

비대칭적 정보	숨겨진 특성 (Hidden characteristic)	역선택
	숨겨진 행동 (Hidden action)	도덕적 해이
		주인-대리인 문제

2 역선택

(1) 역선택의 개념

① 역선택은 거래 전에 숨겨진 특성에 대한 비대칭적 정보하에서 정보가 부족한 구매자가 최대한의 이익을 얻지 못하는 현상을 의미한다.

② 역선택은 보험시장, 노동시장, 금융시장, 중고차시장 등 다양한 경우에 발생하고 있다.

(2) 역선택의 사례

① 보험시장에서의 역선택 : 보험회사에서 평균적인 사고확률을 근거로 보험료를 산정하면 사고 발생확률이 높은 사람이 보험에 가입할 가능성이 크다.

② 중고차시장에서의 역선택 : 중고차 판매자보다 중고차 구매자가 얻는 정보가 부족하므로 품질이 낮은 중고차를 구매하게 된다.

(3) 역선택의 해결방안

① 선별(Screening)

선별은 정보를 보유하지 못한 측에서 불충분하지만 보유하고 있는 정보를 기초로 하여 상대방의 감추어진 특성을 파악하는 행위이다. 겉으로 드러난 나이, 결혼 여부 등 객관적인 자료를 이용하여 상대방을 평가하려는 것을 의미한다.

② 신호(Signaling)

신호는 정보를 보유한 측에서 적극적으로 정보를 알림으로써 정보의 비대칭을 해결하려는 행위이다. 신호는 감추어진 특성과 높은 상관관계가 있어야 하며 신호에 따른 비용이 적어야 한다.

③ 기 타

평판과 표준화, 정부의 강제집행, 신용할당

3 도덕적 해이

(1) 도덕적 해이의 개념

도덕적 해이는 감추어진 행동에 대한 비대칭적 정보하에서, 한 경제주체의 행위 결과가 다른 경제주체에 귀속됨에 따라 발생하는 경제주체의 부주의한 행동을 의미한다.

개념체크OX

• 역선택은 숨겨진 특성에 의한 정보의 비대칭성으로 발생하는 문제이다. ОХ

• 선별은 주관적인 자료를 이용해 상대방을 평가하는 행위이다. ОХ

• 도덕적 해이의 해결방안으로는 신용할당이 있다. ОХ

О, X, X

(2) 도덕적 해이의 사례
① 화재보험에 가입하고 나면 화재예방 노력에 따른 편익이 감소하므로 화재예방 노력을 소홀히 한다.
② 의료보험에 가입한 이후에는 병원 이용에 따른 한계비용이 낮아지므로 그 이전보다 병원을 자주 찾는다.
③ 금융기관에서 자금을 차입한 이후에 더욱 위험이 큰 투자안에 투자한다.

(3) 주인-대리인 문제
① 주인-대리인 문제의 개념
도덕적 해이의 한 예시로 감추어진 행동이 문제가 되는 상황에서 주인(Principal)이 바라볼 때 대리인(Agent)이 바람직하지 못한 행동을 하는 현상을 말한다.
② 주인-대리인 문제의 사례
㉠ 대리인이 최고경영자로 선임되고 나면 주주의 목표인 이윤극대화를 위하여 노력하지 않는다.
㉡ 정치인이 당선된 이후에 국민의 이익을 위하여 노력하지 않는다.
㉢ 종업원이 취직한 이후에 태만하게 된다.

(4) 주인-대리인 문제의 해결방안
유인설계는 주인-대리인 문제의 해결방안이다. 대리인이 주인의 이익 극대화를 위해 행동하는 것이 대리인 자신에게도 유리하도록 보수체계를 설계하는 것을 말한다.

(5) 도덕적 해이의 해결방안
① 보험시장 : 공동보험, 기초공제제도
② 금융시장 : 담보 설정, 모니터링
③ 노동시장 : 효율성 임금

> **개념체크 OX**
> • 유인설계는 대리인의 바람직하지 못한 행동에 대한 처벌체계를 말한다. ○ ×
> • 보험시장에서의 도덕적 해이의 해결방안으로 공동 보험이 있다. ○ ×
>
> ×, ○

CHAPTER 08 기출분석문제

01 공공재가 가지고 있는 중요한 두 가지 특성이 옳게 짝지어진 것은?   한국남동발전

① 효율성, 형평성
② 비경합성, 비배제성
③ 공공성, 가치성
④ 외부성, 대중성

[해설] 공공재가 가지고 있는 특성은 비경합성과 비배제성이다.

02 다음 중 시장실패에 대한 설명으로 옳은 것은?   서울농수산식품공사

① 순수 공공재는 배제성은 있고 경합성은 없다.
② 시장실패가 정부개입의 필요조건이자 충분조건이다.
③ 부정적 외부경제만이 시장실패를 유발한다.
④ 상호이익이 되는 거래를 방해할 경우 시장실패가 발생한다.

[해설] ① 순수 공공재는 비배제성과 비경합성을 보장한다.
② 시장실패의 존재는 정부개입의 충분조건이 아니다.
③ 긍정적 외부경제 또한 시장실패를 유발한다.

03 A와 B는 전자레인지를 생산하여 판매하고 있다. 그런데 A의 제품이 B의 제품보다 고장가능성이 낮지만, 소비자들은 이를 모른다. 따라서 A는 이를 알리려고 품질보증을 시행하였고, B의 제품보다 더 높은 가격으로 판매하였다. 이 사례에서 품질보증과 가장 관련 있는 개념은?   한국관광공사

① 외부효과
② 신호발송
③ 가격차별
④ 골라내기

[해설] 신호는 감추어진 특성에 대해 관찰 가능한 지표로서 정보를 보유한 측에서 적극적으로 정보를 알림으로써 정보의 비대칭을 해결하려는 행위로, 신호는 감추어진 특성과 높은 상관관계가 있어야 하며 신호에 따른 비용이 적어야 한다.

04 소비자들의 자발적 결정에 의해 공공재가 제공되는 상황을 고려하자. 다음 설명 중 옳은 것은?

한국무역보험공사

① 공공재가 파레토효율적인 수준에서 제공되고 있을 때, 소비자들이 공공재의 한계단위에 매기는 가치는 서로 같지 않을 수 있다.
② 소비자들의 자발적 결정에 의해 제공되는 공공재의 양은 항상 파레토효율적인 수준보다 많다.
③ 소비자들의 자발적 결정에 의해 제공되는 공공재의 양은 항상 파레토효율적인 양과 동일하다.
④ 소비자들의 자발적 결정에 의해 공공재가 제공되는 경우 무임승차자의 문제는 절대 발생하지 않는다.

[해설] 각 개인이 공공재로부터 얻는 편익은 각 개인의 공공재에 대한 수요곡선의 높이로 측정할 수 있다. 모든 개인이 동일한 양의 공공재를 소비하더라도 수요곡선까지의 높이는 서로 다르므로 각 개인이 마지막 단위의 공공재를 소비할 때 얻는 편익은 서로 다른 것이 보통이다. 공공재에 대한 무임승차가 일어나는 경우 공공재는 사회적 최적 생산량보다 과소생산된다.

05 공공재에 대한 설명으로 옳은 것을 모두 고른 것은?

한국수자원공사

> ㄱ. 비배제성은 한 사람이 공공재를 소비한다고 해서 다른 사람이 소비할 수 있는 기회가 줄어들지 않음을 의미한다.
> ㄴ. 공공재의 공급을 시장에 맡기면 무임승차자의 문제로 공급이 부족할 수 있다.
> ㄷ. 코즈의 정리에 따르면 일정한 조건하에서 이해 당사자의 자발적 협상으로 외부성의 문제를 해결할 수 있다.

① ㄱ
② ㄱ, ㄴ
③ ㄷ
④ ㄴ, ㄷ

[해설] ㄱ. 비배제성이 아닌 비경합성에 대한 설명이다.

06 순수 공공재에 대한 설명으로 옳지 않은 것은?

한국토지주택공사

① 소비자가 많으면 많을수록 개별 소비자의 편익이 감소한다.
② 시장수요는 개별 소비자 수요의 수직합으로 도출된다.
③ 시장에서 공급량이 결정되면 사회적 최적량에 비해 과소 공급된다.
④ 개별 소비자의 한계편익 합계와 공급에 따른 한계비용이 일치하는 수준에서 사회적 최적량이 결정된다.

[해설] 소비자가 많다고 해서 순수 공공재 이용과 관련해 개별 소비자의 편익이 감소하지는 않는다.

[정답] 01 ② 02 ④ 03 ② 04 ① 05 ④ 06 ①

07 어떤 공공재에 대한 개인 A와 B의 수요함수는 각각 $P_A = 80 - 2Q$와 $P_B = 100 - 4Q$이고, 한계비용함수는 $MC = 20 + 2Q$라고 할 때, 사회적으로 최적인 공급량은 얼마인가?(단, P_A와 P_B는 A와 B의 공공재에 대한 한계편익, Q는 수요량이다)

서울시설공단

① 0
② 10
③ 15
④ 20

[해설] 공공재의 사회적 한계편익은 각 개인의 한계편익을 수직으로 합한다. $P = 180 - 6Q$이고 $MC = 20 + 2Q$이므로 $P = MC = 180 - 6Q = 20 + 2Q$이다. 따라서 이 공공재의 적정공급량은 $Q = 20$이다.

08 괄호 안에 들어갈 말로 옳은 것은?

금융감독원

- 소비의 외부경제가 존재할 때 (㉠)이 (㉡)보다 크다.
- 생산의 외부불경제가 존재할 때 (㉢)이 (㉣)보다 작다.

① ㉠ 사회적 한계편익, ㉡ 사적 한계편익, ㉢ 사적 한계비용, ㉣ 사회적 한계비용
② ㉠ 사적 한계편익, ㉡ 사회적 한계편익, ㉢ 사적 한계비용, ㉣ 사회적 한계비용
③ ㉠ 사회적 한계편익, ㉡ 사적 한계편익, ㉢ 사회적 한계비용, ㉣ 사적 한계비용
④ ㉠ 사적 한계편익, ㉡ 사회적 한계편익, ㉢ 사회적 한계비용, ㉣ 사적 한계비용

[해설]
- 소비의 외부경제 : $SMB > PMB = PMC = SMC$
- 생산의 외부불경제 : $SMB = PMB = PMC < SMC$

09 피구세에 대한 설명으로 가장 옳은 것은?

신용보증기금

① 피구세는 소비의 외부경제가 발생할 때 최적의 대응방안으로 기능한다.
② 피구세를 부과하면 사적 한계비용(PMC)이 하락한다.
③ 피구세는 사회적 한계비용(SMC)에서 사적 한계비용(PMC)을 차감한 값에 해당한다.
④ 피구세를 부과하더라도 한 번 외부성이 발현된 이상 사회적 최적생산이 불가능하다.

[해설] ① 피구세는 생산의 외부불경제가 발생할 때 최적의 대응방안이다.
② 피구세 부과 시 사적 한계비용(PMC)은 상승한다.
④ 피구세를 부과하여 생산의 외부불경제에 있어 사회적 최적생산이 가능해진다.

10 X재 산업의 역공급함수는 $P=440+Q$이고, 역수요함수는 $P=1,200-Q$이다. X재 생산으로 인하여 외부편익이 발생하는데, 외부한계편익함수는 $EMB=60-0.05Q$이다. 정부가 X재를 사회적 최적수준으로 생산하도록 보조금 정책을 도입할 때, X재 한 단위당 보조금은?(단, P는 가격, Q는 수량)

한국수력원자력

① 20
② 30
③ 40
④ 50

[해설] 사회적 최적균형은 $SMB=SMC$에서 성립하는데, 외부편익이 발생했으므로 $SMB>PMB$이다. 즉, 소비의 외부경제이므로 $SMC=PMC$이고, $SMB=PMB+EMB$이다. 따라서 $PMB+EMB=PMC$를 통해 사회적 최적균형을 도출하면 $Q=400$이다. 사회적 최적 균형을 달성하기 위해서는 $Q=400$인 수준에서 $SMB-PMB=EMB$에 $Q=400$을 대입하면 40이다. 따라서 40만큼을 소비보조금으로 지불해야 한다.

11 정보의 비대칭성에 대한 설명으로 옳지 않은 것은?

근로복지공단, 한국산업단지공단

① 역선택은 숨겨진 행동, 도덕적 해이는 숨겨진 특성에 의한 정보의 비대칭성으로 발생하는 문제이다.
② 중고차 시장에서 중고차 구매자가 낮은 품질의 자동차를 구매하는 것은 역선택의 사례이다.
③ 자동차 보험에 가입 후 부주의하게 운전하는 것은 도덕적 해이의 사례이다.
④ 대리인이 주인의 뜻에 따라 행동하도록 하는 보수체계인 유인설계를 통해 주인-대리인 문제를 해결할 수 있다.

[해설] ① 역선택은 거래 전 숨겨진 특성에 대한 비대칭적 정보하에 발생하는 문제이고, 도덕적 해이는 감추어진 행동에 대한 비대칭적 정보하에 발생하는 문제이다.

12 역선택과 도덕적 해이에 대한 설명으로 옳은 것은?

한국관광공사

① 역선택 방지를 위해 통신사는 소비자별로 다른 요금을 부과한다.
② 역선택으로 인해 동일한 조건과 보험료로 구성된 치아보험에 치아건강상태가 좋은 계층이 더 가입하려 하는 경향이 있다.
③ 도덕적 해이로 인해 대출한 자금으로 위험한 투자를 찾는 경향이 있다.
④ 역선택은 정보가 대칭적인 중고차시장에서 자주 발생한다.

[해설] 도덕적 해이로 인해 개인이 금융기관에서 자금을 차입한 이후에 더욱 위험이 큰 투자안에 투자하는 현상이 발생한다.

PART 1 미시경제학 심화문제

01 -1의 기울기를 가진 수요곡선이 있고, 1의 기울기를 가진 공급곡선이 있다. 두 곡선의 초기 균형점에서 수요와 공급의 가격탄력성은 각각 1이다. 이때 생산요소가격이 상승하는 경우, 새로운 균형점에서의 탄력성을 바르게 나타낸 것은?

① 수요의 가격탄력성 > 1, 공급의 가격탄력성 = 1
② 수요의 가격탄력성 > 1, 공급의 가격탄력성 < 1
③ 수요의 가격탄력성 > 1, 공급의 가격탄력성 > 1
④ 수요의 가격탄력성 = 0, 공급의 가격탄력성 = 1

[해설] 초기균형점에서의 가격탄력성이 모두 1이라고 했으므로 원점을 통과하는 공급곡선이 수요곡선의 중점을 통과하는 상태이다. 이때 생산요소가격 상승으로 공급곡선이 좌측 평행이동하면 새로운 균형점은 초기 균형점보다 위쪽 수요곡선상에 위치, 공급곡선의 P절편은 양수가 된다. 즉, 가격축을 통과하게 된다. 따라서 새로운 균형점에서 수요와 공급의 가격탄력성은 모두 1보다 크다.

02 상품A의 수요함수가 $Q = 4P^{-2}Y^{0.6}$ 이다. 상품A에 대한 설명으로 옳은 것은?(단, Y는 소득이다)

① 가격이 상승하면 판매수입은 증가한다.
② 소득이 2% 감소하면 수요량은 1.2% 감소한다.
③ 소득탄력성의 부호는 음(-)이다.
④ 상품A는 필수재에 가깝다.

[해설] 상품A의 가격탄력성은 $\varepsilon_P = -\left(\dfrac{dQ}{dP} \times \dfrac{P}{Q}\right) = -(-8P^{-3}Y^{0.6}) \times \dfrac{1}{4P^{-3}Y^{0.6}} = 2$이고,

소득탄력성은 $\varepsilon_Y = 4P^{-2} \, 0.6 Y^{-0.4} \times \dfrac{1}{4P^{-2}Y^{-0.4}} = 0.6$이다.

② 상품A의 소득탄력성은 0.6이므로 소득이 2% 감소하면 수요량은 1.2% 감소한다.
① 상품A의 가격탄력성은 2로, 1보다 큰 값이다. 따라서 가격이 상승하면 판매수입은 감소한다.
③ 상품A의 소득탄력성은 0.6이므로 부호는 양수이다.
④ 상품A의 가격탄력성이 2이므로 필수재와는 거리가 멀다.

복잡한 식에 대한 탄력성 문제는 미분법으로 쉽게 계산할 수 있다. '-(수요함수를 가격P로 미분한 값)'은 수요의 가격탄력성이 되고, '수요함수를 소득Y로 미분한 값'은 소득탄력성이 된다.

➕ 더알아보기 여러 가지 미분법

$y = c$ (c는 상수)	$y' = 0$
$y = x^n$ (n은 자연수)	$y' = nx^{n-1}$
$y = cf(x)$ (c는 상수)	$y' = cf'(x)$
$y = f(x) \pm g(x)$	$y' = f'(x) \pm g'(x)$
$y = f(x)g(x)$	$y = f'(x)g(x) + f(x)g'(x)$
$y = f(x)g(x)h(x)$	$y' = f'(x)g(x)h(x) + f(x)g'(x)h(x) + f(x)g(x)h'(x)$
$y = f(x)^n$	$y' = nf(x)^{n-1} \times f'(x)$

03 A와 B 두 명으로 구성된 시장이 있다. 어떤 사적재화에 대한 A와 B의 수요함수는 각각 $P = 10 - \frac{1}{3}Q_A$, $P = 30 - 3Q_B$라고 한다. 이 시장의 수요함수에 대한 다음 〈보기〉 중 옳은 것은?

┤ 보기 ├

ㄱ. 가격수준에 따라 이 시장의 수요함수는 $Q = 30 - 3P$일 수 있다.
ㄴ. 가격수준에 따라 이 시장의 수요함수는 $Q = 10 - \frac{1}{3}P$일 수 있다.
ㄷ. 가격수준에 따라 이 시장의 수요함수는 $Q = 40 - \frac{10}{3}P$일 수 있다.

① ㄴ ② ㄱ, ㄷ
③ ㄴ, ㄷ ④ ㄱ, ㄴ, ㄷ

해설 사적 재화에 대한 시장수요곡선은 개별 소비자 수요곡선의 수평합으로 계산한다. 시장수요곡선은 수평합이므로 A와 B의 수요함수를 각각 수량(Q)에 대한 식으로 정리하면 $Q_A = 30 - 3P$, $Q_B = 10 - \frac{1}{3}P$이다. 두 식을 비교했을 때 B의 수요함수 절편이 더 작음을 알 수 있다. 따라서 이 시장수요의 형태는 굴절수요곡선의 형태로 나타난다. 즉, $Q_B = 10 - \frac{1}{3}P$와 A와 B의 수요곡선의 수평합인 $Q = 40 - \frac{10}{3}P$가 이 시장의 수요함수가 될 수 있다.

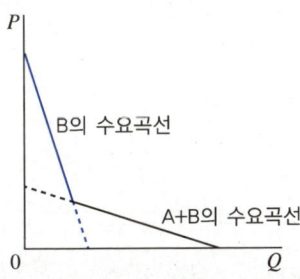

더알아보기

• 수평합 : 수평축 변수에 대한 식으로 정리하여 합한다.
• 수직합 : 수직축 변수에 대한 식으로 정리하여 합한다.

04 어떤 소비자의 효용함수가 $U(X, Y) = X^{1/2}Y^{1/2}$이고, 소득은 12이다. Y재 가격은 1이고, X재 가격이 2에서 1로 하락했다. 이때 X재에 대한 가격효과의 크기는?

① 2
② 2.5
③ 3
④ 4

해설 가격변화 이전의 예산선은 $12 = 2X + Y$이다. 주어진 효용함수가 콥-더글라스 효용함수이므로 각 재화에 대한 소비자균형은 $E(X=3, Y=6)$이다. 대체효과를 구하기 위해 E점을 지나면서 동시에 가격변화 후 예산제약식 $X + Y = 12$와 기울기가 같은 직선을 구하면, $X + Y = 9$이다. 이 직선에서의 소비자 균형점은 $F(X=9/2, Y=9/2)$이다. 다시 소득효과를 구하기 위해 가격변화 후 예산제약식 $X + Y = 12$에서의 소비자 균형점을 구하면 $G(X=6, Y=6)$이 된다. 따라서 X재에 대한 대체효과는 $F - E = 3/2$, 소득효과는 $G - F = 3/2$ 크기에 해당하므로 가격효과(대체효과 + 소득효과)의 크기는 3이다.

> **➕ 더알아보기** 콥-더글라스 효용함수에서의 소비자 균형점
>
> $$\left(X = \frac{\alpha M}{P_X}, \ Y = \frac{(1-\alpha)M}{P_X}\right)$$

05 두 재화 X와 Y만을 소비하는 어느 소비자의 효용함수가 $U(X, Y) = 4\sqrt{X} + Y$이다. X재와 Y재의 가격이 모두 1일 때, 이 소비자에 대한 설명으로 옳지 않은 것은?

① 이 소비자에게 X재는 정상재이다.
② 소득이 4보다 작을 때 X재만 소비한다.
③ 소득이 4보다 클 때 소득소비곡선은 수직이다.
④ 한계대체율이 Y재 소비량에 영향을 받지 않는다.

해설 ① $\varepsilon_m = \frac{dX}{dM} \times \frac{M}{X} = 0$이다. 정상재의 $\varepsilon_m > 0$이므로 옳지 않다.
② $MRS_{XY} = \frac{2}{\sqrt{X}}$이고, $\frac{P_X}{P_Y} = 1$이다. 효용극대화 조건인 $MRS_{XY} = \frac{P_X}{P_Y}$를 이용하여 $X = 4$임을 알 수 있다. 예산제약식 $P_X X + P_Y Y = M$에 이를 대입하면 $X = 4, Y = M - 4$이다. 따라서 소득이 4보다 작으면 X재만 소비한다는 것을 알 수 있다.
③ 소득이 4보다 클 때, X재 소비량은 항상 4로 동일하고 Y만 점점 증가하므로 소득소비곡선은 수직의 형태를 갖는다.
④ $MRS_{XY} = \frac{1}{\sqrt{X}}$이기 때문에 Y재 소비량에 영향을 받지 않는다.

06 소득 전부를 X재와 Y재 구입에 사용하는 저소득층의 효용함수가 $U(X, Y) = X^{0.5} Y^{0.5}$, X재 가격은 1,000원이며, 저소득층은 매년 X재 100개를 소비하였다. 이때 X재의 가격이 1,500원으로 상승하자, 정부가 X재 소비량과 가격을 반영해 저소득층 가구당 매년 50,000원의 보조금을 지급하기로 할 경우, 다음 중 옳은 것은?

① 저소득층의 Y재 소비량은 불변한다.
② 저소득층의 X재 소비량은 불변한다.
③ 저소득층의 Y재 소비량은 증가한다.
④ 저소득층의 X재 소비량은 증가한다.

해설 주어진 효용함수인 1차 동차 효용함수 ($U(X, Y) = AX^\alpha Y^\beta$)의 특징은 다음과 같다.
㉠ α : X재의 효용기여도, 지출비중, β : Y재의 효용기여도, 지출비중
㉡ 가격탄력성 $= 1$

먼저, 가격변화로 인하여 P_X가 $\frac{3}{2}$배로 상승하였으므로 X재는 종전수요의 $\frac{2}{3}$배 만큼을 수요하게 된다(㉡). 따라서 예산식은 $P_{X1} \times X_1 = \frac{3}{2} P_{X0} \times \frac{2}{3} X_0 = P_{X0} \times X_0$으로, X재에 대한 지출비용은 종전과 같다. 따라서 Y재에 대한 지출비용도 종전과 동일하므로 Y재 소비량에는 변화가 없다. 다음으로, 정부보조금 50,000원이 X재와 Y재에 각각 25,000원씩 지출하게 된다(㉠). 최종적으로 X재 소비량은 $100 \times \frac{2}{3} + \frac{25,000}{1,500} = \frac{250}{3} < 100$으로 X재 소비는 감소한다. Y재 소비량은 $Y + \frac{25,000}{P_Y}$이므로 Y재의 소비량은 증가한다.

07 효용함수 $U = 2\sqrt{Y}$를 가진 A는 두 종류의 일자리를 제안받았고, 다음과 같은 상황에 처해 있다. A가 두 번째 일자리를 선택하기 위한 연간보수 X의 최솟값은?(단, Y는 연간보수이다)

첫 번째 일자리	두 번째 일자리
• 연간보수는 6,400만원이다. • 일시해고의 불확실성이 없다.	• 일시해고에 대한 불확실성이 존재한다. • 전체의 1/4에 해당하는 연도는 경기가 좋아 일시해고가 되지 않으며, 이때의 연간보수는 X이다. • 전체의 3/4에 해당하는 연도는 경기가 좋지 않아 일시해고가 되며, 이때의 연간보수는 2,500만원이다.

① 2억원
② 2억 5,000만원
③ 2억 6,400만원
④ 2억 8,900만원

해설 두 번째 일자리에 대한 기대효용이 첫 번째 일자리에서의 효용보다 크거나 같아야 하므로 $\frac{1}{2}\sqrt{X} + \frac{150}{2} \geq 2\sqrt{6,400} = 160$이다. 식을 X에 대해 정리하면 $X \geq 28,900$(만원)이다.

08 어떤 소비자가 두 재화 X재와 Y재를 소비할 때 가격변화에 따라 소비조합을 아래와 같이 변화시켰다. 이에 관한 설명으로 옳지 않은 것은?

가 격	소비조합
$P_1 = (P_X, P_Y) = (2, 3)$	소비조합 A : $(X, Y) = (4, 4)$
$P_2 = (P_X, P_Y) = (3, 2)$	소비조합 B : $(X, Y) = (2, 4)$
$P_3 = (P_X, P_Y) = (4, 1)$	소비조합 C : $(X, Y) = (3, 2)$

① 소비조합 A가 소비조합 B보다 직접현시선호되었다.
② 소비조합 A가 소비조합 C보다 직접현시선호되었다.
③ 소비조합 B가 소비조합 C보다 직접현시선호되었다.
④ 소비조합 C가 소비조합 B보다 직접현시선호되었다.

[해설] 가격수준이 P_3일 때, 소비조합 B를 선택가능하지만 소비조합 C를 선택했기 때문에 B보다 C가 직접현시선호되었다고 볼 수 있다.

09 두 재화 X와 Y만을 소비하는 사람이 있다. 기준연도 $t = 0$에서의 가격은 $P^0 = (P_X^0, P_Y^0) = (20, 5)$이고, 소비는 $(X^0, Y^0) = (5, 15)$이었다. 비교연도 $t = 1$에서의 가격은 $P^1 = (P_X^1, P_Y^1) = (10, 15)$이고, 소비는 $(X^1, Y^1) = (10, 5)$이었다면 이 사람의 후생은 어떻게 평가할 수 있는가?

① 라스파이레스 지수로 평가한 결과 그 값이 1보다 작다.
② 라스파이레스 지수로 평가한 결과 기준연도보다 비교연도에 후생수준이 개선되었다.
③ 파셰 지수로 평가한 결과 기준연도보다 비교연도에 후생수준이 개선되었다.
④ 기준연도와 비교연도의 후생수준에는 아무런 차이가 없다.

[해설] $L_Q = \dfrac{P_0 Q_1}{P_0 Q_0} = \dfrac{300}{175} > 1$이고, $P_Q = \dfrac{P_1 Q_1}{P_1 Q_0} = \dfrac{175}{275} < 1$이다. 따라서 라스파이레스 지수로 평가한 결과 기준연도에 비해 비교연도에 후생수준이 개선되었음을 알 수 있다.

10 A기업의 총비용곡선이 $TC = 50 + Q^2$일 때, 옳은 것은?

① 평균가변비용곡선은 U자 모양을 갖는다.
② 생산량이 10일 때 평균비용과 한계비용이 같다.
③ 한계비용곡선은 우상향하는 직선이다.
④ 평균고정비용곡선은 수직선이다.

해설 ① 평균가변비용곡선은 Q로, 우상향하는 직선이다.
② Q가 10일 때 $AC = (50/Q) + Q = 15$, $MC = 2Q = 20$이므로 같지 않다.
④ 평균고정비용곡선은 $50/Q$이므로 직각쌍곡선형태이다.

11 노동과 자본만 이용하여 재화를 생산하는 기업의 생산함수가 $Q = \min(\frac{L}{2}, K)$이다. 노동가격은 6원이고, 자본가격은 3원일 때 기업이 재화 200개를 생산하고자 할 경우 평균비용(원)은?(단, 고정비용은 없다)

① 9
② 10
③ 12
④ 15

해설 주어진 노동가격과 자본가격을 통해 비용함수가 $TC = 6L + 3K$로 주어져 있음을 알 수 있다. 레온티에프 생산함수를 가진 기업이 비용을 극소화하기 위해서는 $\frac{2}{L} = K$를 만족해야 하고, 이는 즉 $\frac{L}{2} = Q$, $K = Q$를 뜻한다. 즉, $L = 2Q$, $K = Q$이다. 비용함수식 TC에 대입하면 $TC = 15Q$이다. $AC = \frac{TC}{Q}$이므로 $AC = 15$이다.

12 어떤 재화시장이 완전경쟁시장이고, 개별 기업의 장기평균비용은 $Q^2 - 10Q + 50$이라고 한다. 재화의 시장수요가 $Q_M = 2,000 - 5P$일 때 장기균형상태에서 시장에 참여 중인 기업의 수는 얼마인가?

① 250
② 375
③ 500
④ 625

해설 장기균형상태에서 개별 기업은 평균비용의 최저점에서 생산한다. 즉 U자형의 장기평균비용함수를 미분한 값이 0이 되도록 하는 Q값만큼 생산한다. 따라서 $2Q - 10 = 0$, $Q = 5$이다. 한편 장기균형상태에서 가격은 장기평균비용과 일치하므로 $Q = 5$를 장기평균비용에 대입하면 $P = 25$를 얻을 수 있다. 시장수요함수에 $P = 25$를 대입하면 $Q_M = 1,875$이다. 개별 기업의 생산량인 5로 시장수요량 1,875를 나누면 $\frac{1,875}{5} = 375$이다. 375개의 기업이 시장에 참여 중인 기업에 해당한다.

13 두 개의 동일한 기업이 조업하며, 시장수요함수가 $P = 12 - Q$인 산업이 있다. 두 기업의 생산활동에는 생산비가 전혀 들지 않는다고 하자. 꾸르노-내쉬 균형에서 가격은 얼마로 형성되겠는가?(단, Q는 두 기업 생산량의 합이다)

① 0　　　　　　　　　　　② 3
③ 4　　　　　　　　　　　④ 6

[해설] 기업의 이윤극대화 식은 다음과 같다.
$\pi_A = Q_A \times [12 - (Q_A + Q_B)] - TC(=0)$
$\pi_B = Q_B \times [12 - (Q_A + Q_B)] - TC(=0)$
위의 식으로부터 이윤극대화 식을 통해 반응곡선을 도출할 수 있다.
$\frac{\partial \pi}{\partial Q_A} = 12 - 2Q_A - Q_B = 0$

$\frac{\partial \pi}{\partial Q_B} = 12 - 2Q_B - Q_A = 0$

기업B의 반응곡선 : $Q_A + 2Q_B = 12$
기업A의 반응곡선 : $2Q_A + Q_B = 12$

두 반응 곡선을 연립하여 $Q(=Q_A + Q_B)$를 구하면 $Q=8$이다. 또한, 과점시장의 균형은 $\frac{a-m}{3b}$이므로 꾸르노 균형은 A, B 기업이 4씩 생산할 때 이루어진다. 시장의 공급량이 8이므로 주어진 수요함수에 대입하면 시장가격(P)은 4이다.

14 생산요소의 대체탄력성(σ)에 대한 설명으로 옳지 않은 것은?

① 등량곡선의 곡률이 클수록 탄력적이다.
② 레온티예프 생산함수의 경우 σ값이 항상 0이다.
③ $\sigma > 1$이면 임금(w)상승에 따라 노동분배율이 줄어든다.
④ 등량곡선이 우하향의 직선에 가까울수록 대체탄력성은 커진다.

[해설] 등량곡선의 곡률이 클수록 대체탄력성은 작아진다(요소집약도변화율 < 요소상대가격).

> **더알아보기**
>
> - 생산요소 대체탄력성(σ) = $\dfrac{\Delta\left(\dfrac{K}{L}\right)/\left(\dfrac{K}{L}\right)}{\Delta\dfrac{w}{r}/\dfrac{w}{r}}$
>
> - 노동의 분배율 = $\dfrac{\text{임금소득}}{\text{총소득}}$

15 아래 그림의 F점에서 E점으로의 이동에 대한 설명으로 옳은 것은?

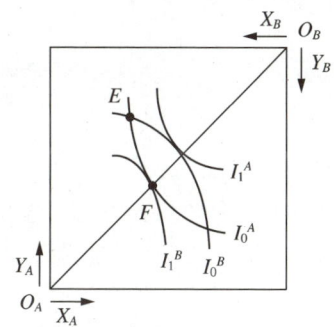

① A의 효용은 증가하고 B의 효용은 증가한다.
② A의 효용은 불변이나 B의 효용은 감소한다.
③ 파레토개선이 이뤄진다.
④ 효용가능경계 위로 이동한다.

[해설] ①·② A의 효용은 같은 무차별곡선 위에 있으므로 불변이나, B의 입장에서는 더 안쪽 무차별곡선으로 이동하였으므로 효용이 감소한다.
③ E에서 F로의 이동이 파레토개선이라 할 수 있다.
④ 효용가능경계에서 벗어난다.

16 공공재에 대한 A와 B의 수요함수가 각각 $P_A = 70 - Q$, $P_B = 150 - Q$이다. 이에 대한 설명으로 옳은 것을 모두 고르면?(단, P는 가격, Q는 수량이다)

> ㄱ. $0 \leq Q \leq 70$일 때, 공공재의 사회적 편익곡선은 $P = 220 - 2Q$이다.
> ㄴ. $70 \leq Q$일 때, 공공재의 사회적 편익곡선은 $P = 150 - Q$이다.
> ㄷ. 공공재 생산의 한계비용이 50일 때, 사회적 최적 생산량은 90이다.
> ㄹ. 공공재 생산의 한계비용이 70일 때, 사회적 최적 생산량은 75이다.

① ㄱ, ㄴ
② ㄴ, ㄷ, ㄹ
③ ㄱ, ㄴ, ㄹ
④ ㄱ, ㄴ, ㄷ, ㄹ

[해설] 공공재의 경우 사적재화와는 달리 개별편익곡선의 수직 합을 통해서 수요곡선을 구한다. 따라서 $0 \leq Q \leq 70$일 때는 두 수요함수를 수직으로 합한 $P = 220 - 2Q$가 수요함수이고, $70 \leq Q$일 때는 B만 수요하므로 $P = 150 - Q$가 사회적 편익곡선이 된다.
공공재 생산의 최적 공급량은 $P = MC$일 때 성립한다. $MC = 50$일 때 만나는 사회적 편익곡선은 $P = 150 - Q$이고, 이때의 $Q = 100$이다. $MC = 70$일 때 만나는 사회적 편익곡선은 $P = 220 - 2Q$, $Q = 75$이다.

➕ 더알아보기

- 수직합 : 수직축 변수에 대한 식으로 정리하여 합한다.
- 수평합 : 수평축 변수에 대한 식으로 정리하여 합한다.

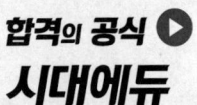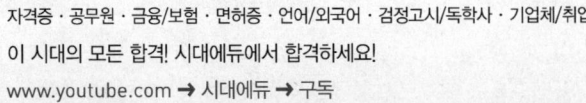

공기업 전공필기 경제학

PART 2
거시경제학

Chapter 01	거시경제학의 기초
Chapter 02	국민소득결정이론
Chapter 03	소비함수와 투자함수
Chapter 04	화폐금융론
Chapter 05	총수요와 총공급이론
Chapter 06	거시경제 안정화 정책
Chapter 07	인플레이션과 실업
Chapter 08	동태경제이론
PART 2	거시경제학 심화문제

합격의 공식 시대에듀 www.sdedu.co.kr

최신복원문제

🔑 키워드 GDP

국내총생산(GDP) 측정 시 포함되는 것을 모두 고르면?　　한국주택금융공사, 중소벤처기업진흥공단

> ㄱ. 외국인이 한국에서 생산한 전자기기
> ㄴ. 정부가 일자리 창출을 위해 실업자에게 지급하는 보조금
> ㄷ. 전업주부의 노동가치
> ㄹ. 영화 관람을 하기 위해 구입한 영화 티켓

① ㄱ, ㄴ　　　　　　　　　　　　② ㄱ, ㄹ
③ ㄴ, ㄷ　　　　　　　　　　　　④ ㄷ, ㄹ

[해설] 국내총생산(GDP)는 일정 기간 한 나라 국경 안에서 생산된 모든 최종 재화와 서비스의 시장가치이다. 정부 보조금 지출(이전지출), 가정주부의 가사노동, 자본이득, 지하경제, 이전거래 등은 국내총생산에 포함되지 않는다.

정답 ②

Chapter 01
거시경제학의 기초

기출 키워드	중요도
☑ 국민경제순환	★★
☑ 삼면등가의 법칙	★
☑ 국내총생산(GDP)의 개념	★★★
☑ 명목GDP와 실질GDP	★★★
☑ GDP갭	★★
☑ 국민총생산(GNP)과 국내총생산(GDP)의 비교	★
☑ 국제기구의 통계지표	★
☑ 소비자물가지수(CPI)	★
☑ GDP디플레이터	★★★
☑ 실업률 계산	★★★
☑ 피셔방정식	★★
☑ 저축과 투자의 항등관계	★★★
☑ 절약의 역설	★★

CHAPTER 01 거시경제학의 기초

1 거시경제학의 개요

1 거시경제학의 개념

거시경제학은 국민소득, 물가, 실업, 경제성장, 환율 등 경제 전체적인 거시경제 변수의 움직임을 파악하고 결정요인과 상호 연관 관계를 분석하는 경제학의 한 분야이다.

2 국민경제순환

(1) 국민경제순환의 과정

가계는 기업에 생산요소를 공급한 대가로 소득(Y)을 얻고 이 소득(Y)을 기초로 소비(C)와 저축(S)을 한다. 기업은 가계가 제공하는 생산요소를 생산설비와 결합하여 생산물을 만들고 이를 시장에 판매한다. 이때 생산설비나 건물 등에 대한 기업의 지출은 투자(I)로 분류된다.

경제순환도

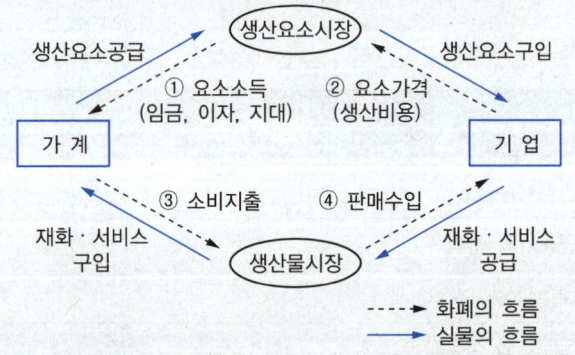

3 삼면 등가의 법칙

삼면 등가의 법칙은 국민의 경제활동이 생산, 분배(소득), 지출 중 어느 측면에서 측정해도 동일한 법칙을 뜻하며 '국내총생산(GDP) = 국내총소득(GDI) = 국내총지출(GDE)'이 성립한다.

국내총생산(GDP)	$Y = GDP$	경제순환도의 ④에 해당
국내총소득(GDI)	$Y = C + S + T$	경제순환도의 ①에 해당
국내총지출(GDE)	$Y = C + I + G + (X - M)$	경제순환도의 ③에 해당

(C: 소비, I: 투자, G: 정부지출, S: 저축, T: 조세)

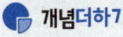 **개념더하기**

균형국민소득 항등식
$Y = C + I + G + (X - M)$

4 주입과 누출

(1) **주입** : 투자(I) + 정부지출(G) + 수출(X) = 소득순환의 외부로부터 유입

(2) **누출** : 저축(S) + 조세(T) + 수입(M) = 소득순환의 외부로 누출

(3) **주입·누출과 국민소득**

주입 > 누출 ($I+G+X > S+T+M$)	국민소득 증대
주입 = 누출 ($I+G+X = S+T+M$)	국민소득 균형
주입 < 누출 ($I+G+X < S+T+M$)	국민소득 감소

2 국내총생산(GDP)

1 국내총생산(GDP)의 개념

국내총생산은 한 나라의 경제활동 수준을 파악하기 위해 사용하는 경제활동지표 중 하나이다.

> 일정 기간 한 나라 국경 안에서 생산된 모든 최종 재화와 서비스의 시장가치를 시장 가격으로 평가한 후 합산하여 계산한다.

2 국내총생산(GDP)의 구분

(1) **명목GDP와 실질GDP**

① 명목GDP
  ㉠ 당해생산량에 당해연도 가격을 곱하여 계산한 GDP이다.
  ㉡ 명목GDP는 물가가 상승하면 상승한다.
  ㉢ 당해연도의 경제활동 규모와 산업구조를 파악하는 데 유용하다.

② 실질GDP
  ㉠ 당해생산량에 기준연도 가격을 곱하여 계산한 GDP이다.
  ㉡ 실질GDP는 물가의 영향을 받지 않는다.
  ㉢ 경제성장과 경기변동 등을 파악하는 데 유용하다.

(2) **잠재GDP와 GDP갭**

① 잠재GDP
  ㉠ 한 나라의 모든 자원을 이용하여, 인플레이션을 가속하지 않으면서 달성할 수 있는 최대 수준의 GDP이다.
  ㉡ 자연실업 상태의 GDP를 의미한다.

② GDP갭
  GDP갭은 잠재GDP에서 실제로 생산하고 있는 실제GDP를 차감한 값을 말한다.

개념체크OX

• 명목GDP는 물가의 영향을 받지 않는다. ◯ ✕
• GDP갭은 '잠재GDP − 실제GDP'이다. ◯ ✕

✕, ◯

3 국민총생산(GNP)과 국민총소득(GNI)

1 국민총생산(GNP)

(1) 국민총생산(GNP)의 개념

국민총생산은 한 나라 국민이 일정 기간에 생산한 최종 재화와 서비스를 시장 가격으로 평가한 총액으로, 그 나라 국민의 생산활동 가치를 의미한다.

(2) 국민총생산(GNP)과 국내총생산(GDP)의 비교

① 국내총생산(GDP)은 그 나라의 경제적 영토 안의 생산요소로 생산된 총산출액을 뜻하지만, 국민총생산(GNP)은 그 나라의 국민이 소유하는 국내 요소로 생산된 총산출액을 의미한다.

국민총생산(GNP)와 국내총생산(GDP)의 비교

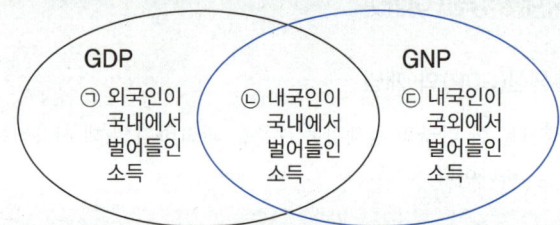

② GNP = GDP + 국외순수취요소소득
  = GDP + (국외수취요소소득 − 국외지급요소소득)

③ 국민총생산(GNP)과 국내총생산(GDP)의 대소 관계 비교

구 분		GNP와 GDP의 관계
폐쇄경제		GNP = GDP
개방경제	해외에 대한 투자가 활발	GNP > GDP
	외국인의 자국 투자 활발	GNP < GDP

2 국민총소득(GNI)

(1) 국민총소득(GNI)의 개념

① 국민총소득은 한 나라의 국민이 국내외 생산활동에 참여한 대가로 받은 소득의 합계를 의미한다.
② 국민이 생산활동을 통해 획득한 소득의 실질 구매력을 나타내는 지표이다.
③ 일반적으로 명목 국민총소득을 인구 수로 나눈 '1인당 국민총소득'은 국민 생활 수준을 측정하기 위한 소득지표이다.
④ 국제기구는 국내총생산(GDP)과 국민총소득(GNI)을 국민소득 통계로 사용한다.
⑤ GNI = GNP + 교역조건 변화에 따른 실질무역손익
  = GDP + 국외순수취요소소득 + 교역조건 변화에 따른 실질무역손익

개념더하기

- 국외수취요소소득 : 우리나라 기업이나 근로자가 외국에서 일한 대가
- 국외지급요소소득 : 외국의 기업이나 근로자가 우리나라에서 일한 대가

개념더하기

구 분	국민(N)	국내(D)
총생산 (P)	GNP	GDP
총소득 (I)	GNI	GDI

4 주요 거시경제 변수

1 물가지수(Price Index)

(1) 물가지수의 개념

물가지수는 다양하게 변화하는 개별상품의 가격을 종합해 평균적인 가격수준을 산출한 것이다.

(2) 물가지수의 종류

소비자물가지수 (CPI)	• 소비자들이 구매하는 일반적인 재화와 서비스의 가격변동을 조사함으로써 가계의 평균적인 생계비나 화폐의 구매력 변동을 나타낸다. • 기준연도의 상품거래량을 기준 삼아 가중치를 적용하므로 소비자들이 느끼는 물가상승률과 다르게 나타난다는 단점이 있다. • 가장 대표적인 물가지수이다.
GDP디플레이터	• GDP디플레이터 = $\dfrac{명목GDP}{실질GDP}$ • 재화와 서비스의 국내 거래가격뿐 아니라 수출입가격의 변동까지도 포함하는 가장 포괄적인 물가지수이다.
기 타	생산자물가지수, 생활물가지수, 수출입물가지수 등

2 실업률

실업률은 경제활동인구에서 실업자가 차지하는 비중을 나타내는 지표이다.

$$실업률 = \dfrac{실업자\ 수}{경제활동인구}$$

3 이자율

(1) 이자율의 개념

이자율은 자금 1단위당 이자의 비율을 말하며, 여기서 '이자'는 자금을 사용하는 것에 대해 지불하는 대가를 말한다.

(2) 명목이자율과 실질이자율

① 명목이자율
  ㉠ 은행에서 실제 지급하는 이자율을 의미한다.
  ㉡ 인플레이션을 고려하여 조정하기 이전의 이자율이다.

② 실질이자율
  ㉠ 실질적으로 받게 되는 이자율을 의미한다.
  ㉡ 인플레이션율을 반영하여 조정된 이자율이다.

> **개념체크OX**
> • 소비자물가지수는 기준연도의 상품가격을 기준으로 가중치를 적용한다. O X
> • GDP디플레이터는 명목GDP를 실질GDP로 나눈 값이다. O X
>
> X, O

(3) 피셔방정식

피셔방정식은 어빙 피셔(Irving Fisher)가 제시한 이자율에 대한 방정식으로, 이자율과 기대인플레이션율 간의 관계를 나타낸다.

$$i(\text{명목이자율}) = \bar{r}(\text{실질이자율}) + \pi^e(\text{기대인플레이션율})$$

4 환율과 국제수지

(1) 환 율

환율은 특정 시점에 어떤 한 나라의 통화와 다른 나라의 통화가 교환되는 교환비율을 말한다.

(2) 국제수지

국제수지는 일정 기간 자국 거주자와 외국 거주자 사이에 발생한 상품·서비스, 자본 등의 모든 경제적 거래에 따른 수입과 지급의 차이를 말한다.

(3) 환율과 국제수지의 관계

- 경상수지 흑자 → 외환 공급 초과 → 외화가치 하락, 원화가치 상승 → 환율 하락
- 경상수지 적자 → 외환 수요 초과 → 외화가치 상승, 원화가치 하락 → 환율 상승

5 저축과 투자

(1) 저 축(S)

① 저축의 개념

저축은 소득 중 현재 소비되지 않는 부분을 말한다. 총저축은 민간저축과 정부저축으로 구분된다.

$S_N(\text{총저축}) = S_P(\text{민간저축}) + S_G(\text{정부저축})$
- $S_P = Y - T - C$
- $S_G = T - G$
- $S_N = (Y - T - C) + (T - G)$
  $= Y - C - G$

② 민간저축은 민간의 가처분소득($Y_D = Y - T$) 중 현재 소비되지 않는 부분을 말하며, 정부저축은 정부의 소득인 조세수입(T) 중 현재 지출되지 않은 부분을 말한다.

개념체크OX

- 피셔방정식에 따르면 명목이자율은 실질이자율과 기대인플레이션율의 합이다. ◯✕
- 경상수지가 흑자이면 환율이 하락한다. ◯✕
- 총저축은 정부저축에서 민간저축을 뺀 값이다. ◯✕

O, O, ✕

(2) 투 자(I)

투자는 이자소득이나 자본이득을 목적으로 자금을 지출하는 행위이다. 주로 기업에 의해 발생하며 기업이 한 해 동안 최종재를 생산하기 위해 새롭게 구입한 자본재 금액에 해당한다.

(3) 저축과 투자의 항등관계

경제전체의 총저축(S_N)은 투자(I)되거나 순수출($X-M$)에 사용된다. 폐쇄경제의 경우에는 순수출값이 존재하지 않으므로 항상 국내총저축과 국내총투자가 일치하게 된다.

$$Y = C + I + G + (X - M)$$
$$Y - C - G = I + (X - M)$$
$$S_N = I + (X - M)$$

개념더하기

절약의 역설

절약의 역설은 저축이 투자로 이어지지 못하고 오히려 총수요만 감소시켜 생산활동 위축, 국민소득 감소 등의 현상이 발생할 때, 이를 뜻하는 말이다. 즉, 개인적 측면에서는 절약이 바람직하지만 전체의 관점에서는 그렇지 않은 현상을 말한다. 저축의 역설은 단기에 해당하는 개념으로, 주로 투자가 과포화되어 투자 기회가 부족한 선진국에 적용된다.

개념체크OX

• 경기침체 상황에서는 절약의 역설이 발생하지 않는다. ○×
• 케인즈는 임금이 경직적이기 때문에 절약의 역설이 발생한다고 본다. ○×

×, ○

CHAPTER 01 기출분석문제

01 국제유가가 크게 상승하고 있음에도 불구하고 국민소득이 증가할 수 있는 경우는?   한국산업단지공단

① 기업이 국제유가 상승에 대응하여 투자를 줄이는 경우
② 소비자들이 물가가 상승함에 따라 소비를 줄이는 경우
③ 중앙은행이 이자율을 하락시켜 기업의 투자가 크게 증가하는 경우
④ 기업의 기술혁신이 이루어져 총수요가 크게 감소하는 경우

[해설] 국제유가의 상승은 '석유'라는 필수 원자재 가격의 상승을 야기한다. 즉, 생산비용의 상승으로 총공급이 감소하여 소득이 감소한다. 이렇게 국민소득이 감소하는 과정에서도 총수요 및 총공급이 증가하여 이를 상쇄시킬 만큼 경제적 효과가 있다면 국민소득이 증가할 수 있다. ①·②는 소비나 투자 등의 감소로 총수요와 국민소득의 감소를 가져오는 요인들이다. 그러나 ③의 경우처럼 중앙은행이 이자율을 하락시켜 기업의 투자가 크게 증가한다면 총수요가 크게 증가해 국민소득이 증가할 수 있다. ④의 경우 기술혁신이 일어나면 총수요 감소가 아니라 총공급이 증가한다.

02 GDP에 대한 설명으로 옳지 않은 것은?   소상공인시장진흥공단

① GDP는 일정 기간 걸쳐 측정되는 유량(flow)변수이다.
② GDP는 소비, 투자, 정부지출, 순수출로 구성된다.
③ GDP디플레이터는 명목GDP를 실질GDP로 나눈 것으로 가장 포괄적인 물가지수이다.
④ 내국인이 국내와 국외에서 벌어들인 소득은 GDP 산출에 포함된다.

[해설] ④ 국내총생산(GDP)는 일정 기간 한 나라 국경 안에서 생산된 모든 재화와 서비스의 가치이다. 따라서 내국인과 외국인이 국내에서 벌어들인 소득이 GDP에 포함되며 내국인이 국외에서 벌어들인 소득은 국민총생산(GNP)에 포함된다.

03 곡물과 책만 소비하는 어느 경제에서의 곡물과 책의 가격, 소비량은 다음 표와 같다. 2023년도를 기준연도로 할 때 2024년의 실질GDP와 GDP디플레이터의 값은?

IBK기업은행

구 분	곡 물		책	
	곡물 가격	곡물 소비량	책 가격	책 소비량
2023년	10	3	10	6
2024년	12	4	8	6

① 실질GDP : 96, GDP디플레이터 : 96
② 실질GDP : 96, GDP디플레이터 : 102
③ 실질GDP : 100, GDP디플레이터 : 96
④ 실질GDP : 100, GDP디플레이터 : 100

해설
- 실질GDP = $10 \times 4 + 10 \times 6 = 100$
- 명목GDP = $12 \times 4 + 8 \times 6 = 96$
- GDP디플레이터 = $\dfrac{명목GDP}{실질GDP} \times 100 = \dfrac{96}{100} \times 100 = 96$

04 2023년에 A국가의 명목GDP가 400억원이었고 2024년의 명목GDP는 900억원으로 증가하였다. 동일한 기간 동안 GDP디플레이터는 100에서 150으로 증가하였다면 이 기간 동안의 실질GDP 증가율은 얼마인가?

중소벤처기업진흥공단

① 25%   ② 50%
③ 60%   ④ 100%

해설
- 2023년 GDP디플레이터 = $\dfrac{400}{실질GDP^{2023}} \times 100 = 100$, 2023년의 실질GDP = 400억원
- 2024년 GDP디플레이터 = $\dfrac{900}{실질GDP^{2024}} \times 100 = 150$, 2024년의 실질GDP = 600억원
- 실질GDP 증가율 = $\dfrac{600억원 - 400억원}{400억원}\% = 50\%$

05 다음 중 국내총생산(GDP)에 포함되는 항목은 무엇인가?

한국수자원공사

① 국공채 이자
② 기업의 신규 기계 매입
③ 주부의 가사노동
④ 주식시장에서의 지분매입

해설 국공채 이자, 주부의 가사노동은 국내총생산에 포함되지 않는다. 주식시장에서의 지분매입은 소유권 이전에 불과하므로 국내총생산 포함 조건 중 생산조건에 어긋난다.

정답 01 ③ 02 ④ 03 ③ 04 ② 05 ②

06 다음은 국내총생산(GDP)을 비롯한 거시변수에 대한 설명이다. 이중 가장 옳지 않은 것은? 한국산업단지공단

① 전년에 비해 직원 수는 변화가 없고 급여가 3% 감소하였다면 명목GDP는 감소하지만 실질GDP는 변화가 없다.
② 명목GDP는 당해연도의 경제활동 규모와 산업구조를 파악하는 데 유용하다.
③ 이미 발행된 국채에 대한 이자지급은 GDP에 포함되지 않는다.
④ 해외에서의 자국 상품에 대한 투자가 증가할 경우 GNP가 GDP보다 증가한다.

[해설] 외국의 자국 투자가 활발해지면 국내생산이 늘어나 GDP가 GNP보다 높게 나타난다.

07 A국 국민소득 계정의 구성항목이 아래와 같다. A국의 (ㄱ) GDP와 (ㄴ) 재정수지는? 소상공인시장진흥공단

소 비 = 200	수 입 = 50
수 출 = 100	민간저축 = 150
투 자 = 100	정부지출 = 100

① (ㄱ) 300, (ㄴ) 50
② (ㄱ) 400, (ㄴ) 50
③ (ㄱ) 450, (ㄴ) 0
④ (ㄱ) 500, (ㄴ) 0

[해설] 개방경제의 국민소득 결정항등식인 $Y = C + I + G + X - M$에 주어진 조건을 대입하면 $200 + 100 + 100 + 100 - 50$이므로 $Y = 450$이다. 민간저축 $S_P = Y - T - C = 150 = 450 - T - 200$이므로 $T = 100$임을 알 수 있다.
재정수지는 $T - G = 100 - 100 = 0$이다.

08 거시경제 변수들에 대한 다음 설명 중 옳지 않은 것은? IBK기업은행

① GNI(국민총소득)는 소득의 실질적인 구매력을 나타내는 지표이다.
② GDP(국내총생산)는 한 나라의 영토 안에서 생산된 최종 재화 시장가치의 합이다.
③ GNP(국민총생산)는 국제기구에서 국민소득 통계로 사용된다.
④ GNP(국민총생산)에 교역조건 변화에 따른 실질무역손익이 더해진 것이 GNI(국민총소득)이다.

[해설] 국제기구에서 국민소득 통계로 이용하는 것은 GDP(국내총생산)와 GNI(국민총소득)이다.

09 A국의 경상수지가 흑자라고 할 때 A국의 환율에 대한 설명으로 옳지 않은 것은?   주택도시보증공사

① A국의 외환 공급은 초과상태이다.
② 외화가치가 하락한다.
③ A국의 원화가치가 하락한다.
④ 환율이 하락한다.

[해설] 경상수지가 흑자이면 외환 공급이 초과상태이며, 이에 따라 외화가치가 하락하고 원화가치는 상승하여 환율이 하락한다.

10 다음 중 명목이자율과 실질이자율에 대한 설명으로 옳은 것을 고르면?   인천국제공항공사

① 명목이자율은 항상 실질이자율보다 높다.
② 인플레이션율이 0이면 실질이자율과 명목이자율은 같다.
③ 명목이자율은 실질이자율에서 인플레이션율을 뺀 값이다.
④ 물가상승률이 하락하면 항상 명목이자율은 상승한다.

[해설] 피셔방정식에 의해 '명목이자율 = 실질이자율 + 인플레이션율'이 성립한다. 따라서 인플레이션율이 0이면 실질이자율과 명목이자율은 같은 값을 가진다.

11 케인즈의 '절약의 역설(Paradox of Thrift)'에 대한 다음의 설명 중 가장 옳은 것은?   한국수력원자력

① 소비가 미덕이므로 저축할 필요 없이 소비를 계속 늘려야 한다.
② 개인이 저축을 늘리면 수요는 감소하지만 투자가 늘어난다.
③ 개인이 저축을 늘리면 국민소득 감소로 이어져 좋지 않은 결과를 가져올 수도 있다.
④ 개인이 저축을 늘리면 국민소득의 증가를 가져오지만 일정 기간이 지나면 저축이 감소한다.

[해설] '절약의 역설'은 개인의 입장에서 저축을 늘리는 것이 합리적이지만 사회 전체로는 오히려 소득의 감소를 초래할 수 있다는 이론이다. 모든 사람이 저축을 늘릴 경우 소비와 투자가 감소하고 이어 국민소득이 줄어들게 된다. 결론적으로 개인이 저축을 늘리면 국민소득 중 저축이 차지하는 비율은 높아질 수 있지만 국민소득을 감소시켜 저축의 절대액은 변하지 않거나 오히려 감소하게 된다는 이론이다.

최신복원문제

키워드 국민소득결정이론 학파별 비교

케인즈학파와 고전학파의 국민소득결정모형에 대한 설명으로 가장 옳지 않은 것은?

한국자산관리공사

① 고전학파와 달리 케인즈는 가격변수가 경직적이라고 가정하였다.
② 고전학파는 노동시장이 항상 완전고용상태를 유지한다고 보았다.
③ 케인즈는 노동수요를 실질임금의 감소함수, 노동공급은 명목임금의 증가함수로 보았다.
④ 디플레이션갭과 인플레이션갭은 고전학파 모형에서 발견된다.

해설 디플레이션갭과 인플레이션갭은 케인즈의 국민소득결정모형(단순모형)에서 적용되는 개념이다.

정답 ④

Chapter 02

국민소득결정이론

기출 키워드	중요도
☑ 고전학파의 국민소득결정이론	★★
☑ 고전학파의 총공급곡선 도출과정	★
☑ 고전학파 모형의 평가	★★
☑ 케인즈의 단순모형	★★★
☑ 케인즈 모형의 유효수요 가정	★★
☑ 한계소비성향(MPC)	★★★
☑ 한계저축성향(MPS)	★
☑ 케인즈의 균형국민소득결정	★★★
☑ 케인즈 모형의 평가	★★
☑ 디플레이션갭과 인플레이션갭	★★
☑ 승수효과	★★★
☑ 여러 가지 승수 공식	★★★
☑ 자동안정화장치	★★
☑ 국민소득결정이론 학파별 비교	★★★

CHAPTER 02 국민소득결정이론

1 고전학파의 국민소득결정모형

1 고전학파 모형의 기본가정

(1) 세이의 법칙(Say's Law)

'공급은 스스로 수요를 창조한다(Supply creates its own demand).'는 명제로, 공급이 균형국민소득을 결정함을 뜻한다.

(2) 가격변수의 신축성

모든 가격변수(물가, 명목임금, 명목이자율)가 완전히 신축적이므로 균형에서 벗어나면 즉각적으로 가격조정이 이뤄져 균형상태로 복귀한다.

(3) 완전정보

개별경제주체는 물가에 대한 완전한 정보를 가지고 있으므로 물가가 상승하면 노동 공급자는 즉각 명목임금의 인상을 요구한다.

(4) 노동시장에 대한 가정

노동의 수요와 공급은 모두 실질임금(w)에 의하여 결정된다. 따라서 노동수요와 노동공급은 모두 실질임금(w)의 함수이다.

(5) 완전경쟁시장

모든 시장이 완전경쟁시장이므로 개별경제주체는 가격수용자로 행동한다.

(6) 화폐수량설

통화량과 물가가 정비례관계를 가진다는 화폐수량설($MV = PY$)에 입각한다.

2 고전학파 모형의 공급곡선

(1) 노동시장

① 노동의 수요곡선 : $L^D = L^D(w) = MP_L$, 실질임금의 감소함수
② 노동의 공급곡선 : $L^S = L^S(w) = g(L)\ (g' > 0)$, 실질임금의 증가함수

> **개념더하기**
>
> - 실질임금(w) = $\dfrac{W}{P} = MP_L$
> - 명목임금(W) = $P \times MP_L$

③ 노동시장의 균형 : $L^D = L^S$
  ㉠ 노동 수요곡선과 노동 공급곡선이 만나는 점에서 균형고용량과 균형 실질임금이 결정된다.
  ㉡ 고전학파 모형에서의 노동시장은 언제나 완전 고용상태이다.
  ㉢ 따라서 이 모형 내에서 비자발적 실업은 존재하지 않으며, 실업은 일시적인 현상이다.
④ 노동시장 불균형 시 조정과정
  ㉠ 노동시장의 초과수요 → 명목임금의 상승 → 균형 달성 → 완전고용
  ㉡ 노동시장의 초과공급 → 명목임금의 하락 → 균형 달성 → 완전고용

(2) 생산함수

노동투입량을 증가시킬수록 노동의 한계생산(MP_L)이 체감하는 수확체감의 법칙이 성립하므로 단기 총생산함수는 아래로 오목한 형태를 가진다.

$$Y = F(L, \overline{K})$$

Y : 경제전체의 총생산량, L : 노동의 총고용량, K : 총자본량(단기에는 고정)

(3) 총공급곡선의 도출

언제나 완전고용량을 달성하는 노동 수요·공급함수와 총생산함수가 결합하여 고전학파의 총공급곡선을 도출한다. 이때 총공급곡선은 수직선으로 나타난다.

고전학파 노동시장에서의 수요공급함수

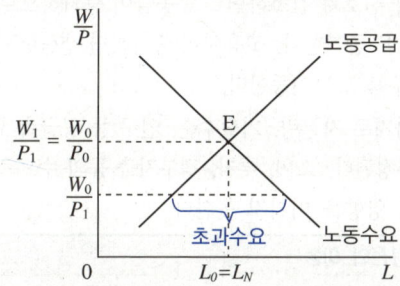

고전학파의 총생산함수

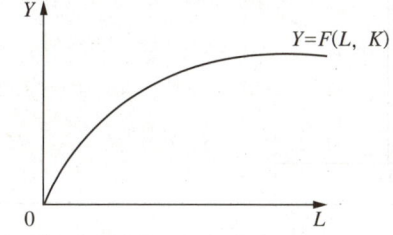

> **개념체크OX**
> • 고전학파의 균형국민소득모형에 따르면 실업이 지속될 수 있다. O X
> • 고전학파의 생산함수는 아래로 볼록한 모형을 갖는다. O X
>
> X, X

고전학파의 총공급곡선

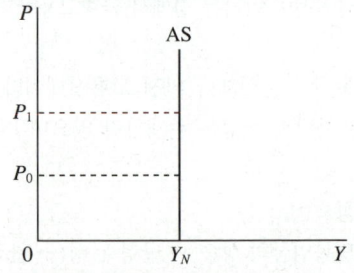

3 고전학파 균형국민소득의 결정

(1) 단기적 관점
① 물가가 상승($P_0 \to P_1$)하면 일시적으로 노동시장에서 초과수요가 발생하나 즉각적으로 명목임금이 상승하므로 고용량과 생산량은 불변한다.
② 따라서 단기에는 공급측 요인만으로 균형국민소득이 결정된다.
③ 총공급곡선은 수직으로 도출된다.

(2) 장기적 관점
① 기술진보가 이루어지거나 자본량이 증가하면 총생산함수가 상방으로 이동한다. 이에 따라서 생산량이 증가($Y_0 \to Y_1$)하여 총공급곡선이 우측으로 이동한다.
② 인구가 증가하거나 여가 선호가 감소하면 노동공급이 증가하므로 실질임금은 하락하고 고용량은 증가한다. 고용량이 증가하면 생산량도 증가하므로 총공급곡선은 우측으로 이동한다.
③ 장기에도 단기와 마찬가지로 자본량, 기술수준, 인구 등 공급측 요인만으로 균형국민소득이 결정된다. 소비, 투자, 정부지출 등의 수요측 요인은 균형국민소득결정에 영향을 미치지 못한다.

고전학파 장기 총공급곡선의 이동

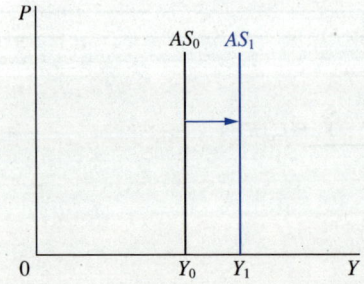

개념체크OX

• 고전학파 모형에 의하면 단기에 물가가 상승하더라도 고용량과 생산량이 불변한다. ○×
• 고전학파 모형은 공급에 의해 균형국민소득이 결정된다고 본다. ○×

O, O

4 고전학파 모형의 평가

(1) 공급 중시 경제학

국민소득은 공급측 요인에 의해서만 영향을 받는다. 국민소득을 증가시키기 위해서는 자본량, 인구 수, 기술수준 등 공급능력을 증대시켜야 한다.

(2) 호황기 경제학

총수요에 비해 총공급이 부족한 호황기를 설명하기에 적합하다.

(3) 저축은 미덕

공급능력이 강조되면 투자재원 조달을 위한 저축이 요구된다. 따라서 고전학파 모형은 저축을 사회의 미덕으로 여긴다.

(4) 장기모형

가격변수의 신축성과 완전고용상태를 가정하므로 장기모형에 가깝다.

2 케인즈의 단순모형

1 케인즈 모형의 기본가정

(1) 유효수요이론

유효수요이론은 유효수요가 공급을 창조한다는 이론이다. '유효수요'는 실제로 구매력이 있는 수요를 뜻한다. 케인즈는 유효수요에 따라 공급량은 얼마든지 늘어날 수 있다고 보고, 경기침체의 원인을 유효수요의 부족에서 찾았다.

(2) 잉여생산능력의 존재

대공황 경험을 계기로 잉여생산능력의 존재를 전제하므로 경제에 유휴설비나 실업 등이 존재한다. 즉, 수요가 증가하면 이에 부응하여 공급은 얼마든지 증가할 수 있다.

(3) 불완전정보

개별경제주체가 불완전정보하에서 행동한다.

(4) 가격변수의 경직성

물가는 경직적이고, 명목임금은 완전고용이 달성될 때까지 하방 경직적이다.

(5) 노동수요와 노동공급

노동수요는 실질임금의 감소함수이고, 노동공급은 명목임금의 증가함수이다.

> **개념체크 OX**
> - 케인즈의 단순모형에 따르면 공급량은 유효수요에 의해 결정된다. O X
> - 케인즈는 균형국민소득 결정에 있어 완전정보를 가정한다. O X
>
> O, X

2 케인즈의 균형국민소득결정

(1) 여러 함수에 대한 가정

① 소비(C)는 가처분소득($Y_d = Y - T$)의 증가함수이다(기초소비가 없는 경우).

$$C(Y_d) = cY_d \quad (0 < c < 1)$$
$$(c : MPC)$$

② 저축(S)은 가처분소득 중에서 소비하고 남는 부분을 의미한다.

$$S(Y_d) = Y_d - C(Y_d) = (1-c)Y_d$$
$$(1-c : MPS)$$

③ 조세(T)는 소득(Y)의 증가함수이다.

$$T(Y) = tY$$
$$(0 < t < 1)$$

④ 투자(I) 및 정부지출(G)은 소득(Y)과는 무관한 외생변수로 가정한다.

$$I = \overline{I}, \quad G = \overline{G}$$
$$(\overline{I} = 독립투자)$$

> **개념더하기**
> • 한계소비성향(MPC)
> $= \dfrac{\Delta C}{\Delta Y_d}$
> • 한계저축성향(MPS) $= \dfrac{\Delta S}{\Delta Y_d}$
> • $MPC + MPS = 1$

(2) 소득과 지출에 의한 균형국민소득 결정

① 소득과 지출의 측면에서 균형국민소득을 도출한다.
② 균형국민소득은 지출(E)과 소득(Y)이 일치하는 수준(Y_0)에서 결정된다.
③ 실제 국민소득이 Y_0보다 적은 Y_1 수준에서는 초과수요가 발생한다. 이때 기업은 적정재고수준을 유지하기 위해 생산량을 증대시키므로 실제 국민소득이 Y_0로 증가한다. 초과공급의 경우(Y_2)에는 기업이 생산량을 감소시키므로 국민소득이 Y_2에서 Y_0로 이동한다.

> **개념더하기**
> • 총공급곡선의 기울기 $= 1$

소득과 지출에 의한 균형국민소득 도출

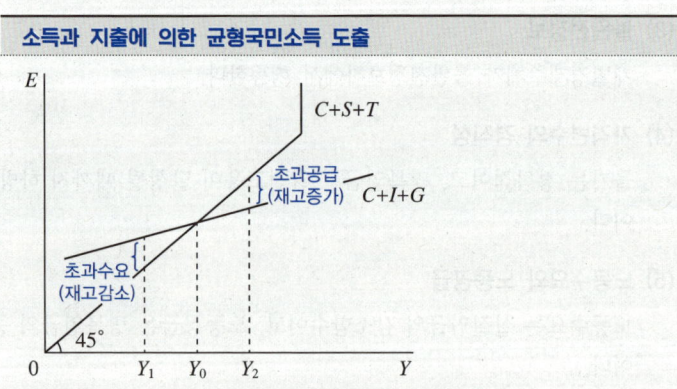

(3) 주입과 누출에 의한 균형국민소득 결정

① 주입과 누출의 측면에서 균형국민소득을 도출한다.

② 균형국민소득은 투자(I)와 저축(S)이 일치하는 수준(Y_0)에서 결정된다.

③ 실제국민소득이 Y_0보다 적은 Y_1 수준에서는 투자가 저축보다 많으므로 초과수요가 발생한다. 이때 기업 입장에서는 초과수요만큼 보유하던 재고를 판매할 것이므로 재고가 감소한다. 재고가 감소하면 생산량을 증대시키므로 실제 국민소득이 Y_0로 증가한다. 초과공급의 경우(Y_2) 반대로 재고의 증가로 기업이 생산량을 감소시키므로 국민소득이 Y_2에서 Y_0로 이동한다.

저축과 투자에 의한 균형국민소득 도출

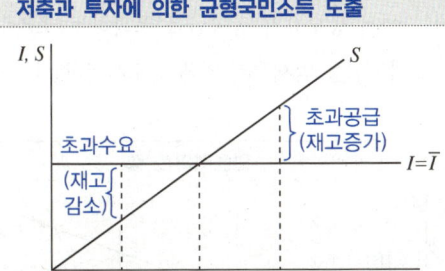

④ 국민소득상태에 따른 변화

국민소득 상태	누출(S)과 주입(I)의 크기	재고변화	다음 기의 GDP 변화
Y_1	누출(S) < 주입(I)	재고감소	다음 기의 GDP 증가
Y_0	누출(S) = 주입(I)	재고변화 없음	다음 기의 GDP 불변
Y_2	누출(S) > 주입(I)	재고증가	다음 기의 GDP 감소

3 케인즈 모형의 평가

(1) 수요중시 경제학
케인즈 모형에서는 총수요 또는 유효수요의 크기가 균형국민소득을 결정한다.

(2) 불황기 경제학
총수요가 총공급을 따르지 못하는 불황기에 적합한 이론이다.

(3) 소비의 미덕
국민소득의 증대를 위해 총수요의 구성요소인 소비나 투자증대가 효과적이다. 민간부문의 자발적인 수요증가가 기대하기 어려운 경우, 정부의 수요팽창정책이 중요하다.

(4) 단기모형
가격변수의 경직성을 가정하므로 단기모형에 가깝다.

> **개념더하기**
>
> **국민소득결정이론 학파별 비교**
>
> | 구 분 | 고전학파 | 케인즈 |
> |---|---|---|
> | 경제 환경 | 19세기까지의 물물교환 경제 | 20세기의 화폐경제 |
> | 중 점 | 공급 중심 | 수요 중심 |
> | 기본 가정 | • 완전경쟁 시장
• 가격변수의 신축성
• 완전정보 | • 불완전경쟁시장
• 가격변수의 경직성
• 불완전정보 |
> | 장단기 | 장기에 더욱 적합 | 단기에 더욱 적합 |
> | 정 책 | 자유방임 정책 | 적극적 개입 정책 |

(5) 균형국민소득 ≠ 완전고용국민소득

고전 균형국민소득모형과 달리 케인즈 모형에서는 균형국민소득이 완전고용국민소득을 보장하지는 않는다.

4 디플레이션갭과 인플레이션갭

(1) 디플레이션갭

완전고용국민소득(Y^*)에서 총공급이 총수요를 초과하는 초과공급 부분($\overline{AB}$)을 말한다. 디플레이션 상태를 벗어나기 위해 증가시켜야 하는 총수요의 크기이다.

(2) 인플레이션갭

완전고용국민소득(Y^*)에서 총수요가 총공급을 초과하는 초과수요 부분($\overline{CD}$)을 말한다. 인플레이션을 억제하기 위해 감소시켜야 하는 총수요의 크기이다.

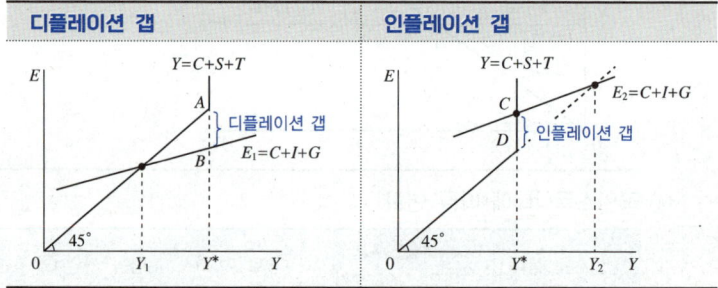

5 승수효과

(1) 승수효과의 개념

승수효과는 외생적으로 결정되는 투자지출이나 정부지출이 변할 때 그 변화분의 일정 배수만큼 국민소득도 변하는 효과를 말한다. '승수'는 그러한 변화분의 일정배수에 해당한다.

(2) 승수의 도출

예를 들어 기업이 미래에 대한 낙관적 예측으로 투자를 $\Delta \overline{I}$ 만큼 증가시킨다고 하자. $\Delta \overline{I}$ 만큼의 투자는 기업의 수입으로 이어진다. 기업의 수입은 다시 임금, 이자 등의 형태로 가계소득을 증가시킨다. 가계는 $\Delta \overline{I}$ 만큼 증가된 소득 중 한계소비성향(c)을 곱한 $c \times \Delta \overline{I}$ 만큼 소비를 하고, 이는 다시 기업의 수입을 $c \times \Delta \overline{I}$ 만큼 증가시킨다. 이러한 과정이 계속해서 반복되는 경우 아래의 식을 만족하게 된다. 아래의 식에서 투자의 변화분($\Delta \overline{I}$)에 곱해지는 배수값$\left(\dfrac{1}{1-c}\right)$을 독립투자지출에 대한 투자승수라한다.

> **개념체크OX**
> • 투자를 2만큼 증가시켰을 때 국민소득이 6만큼 증가하면 투자승수는 3이다. O X
> • 정부지출을 1만큼 증가시켰을 때 국민소득이 1만큼 증가했다면 투자승수는 0이다. O X
>
> O, X

$$\Delta Y = \Delta \overline{I} + c\Delta \overline{I} + c^2 \Delta \overline{I} + \cdots$$
$$= (1+c+c^2+\cdots)\Delta \overline{I}$$
$$= \left(\frac{1}{1-c}\right)\Delta \overline{I}$$
$$(0 < c = MPC < 1)$$

(3) 승수의 결정요인

① 한계소비성향(MPC)이 클수록 승수는 커진다.
② 한계저축성향(MPS)이 작을수록 승수는 커진다.
③ 한계수입성향(MPI)이 작을수록 승수는 커진다.
④ 유발투자계수가 클수록 승수는 커진다.
⑤ 조세율이 작을수록 승수는 커진다.

(4) 여러 가지 승수공식

구 분	폐쇄경제, 정액세	폐쇄경제, 비례세	개방경제, 비례세
투자승수	$\dfrac{1}{1-MPC}$	$\dfrac{1}{1-MPC(1-t)}$	$\dfrac{1}{1-MPC(1-t)+m}$
정부지출승수	$\dfrac{1}{1-MPC}$	$\dfrac{1}{1-MPC(1-t)}$	$\dfrac{1}{1-MPC(1-t)+m}$
조세승수	$\dfrac{-MPC}{1-MPC}$	$\dfrac{-MPC}{1-MPC(1-t)}$	$\dfrac{-MPC}{1-MPC(1-t)+m}$

> **개념더하기**
>
> **자동안정화장치**
> 세금제도의 도입은 승수를 감소시켜 국민소득의 변동을 줄이는 기능을 한다. 따라서 경기변동 시 자동으로 소득이 안정된다. 예를 들어 호황기에 투자지출 변화로 소득변화가 크게 나타날 때, 소득세가 자동으로 경기과열을 억제한다. 이러한 기능을 가진 제도를 자동안정화장치라 한다.

CHAPTER 02 기출분석문제

01 다음과 같은 경제모형하에서 균형국민소득은 얼마인가?(단, Y는 국민소득, C는 소비, Y_d는 가처분소득, I는 투자, G는 정부지출, T는 조세, X는 수출, M은 수입이다) 한국자산관리공사

(1) $C = 30 + 0.75 Y_d$
(2) $Y_d = Y - T$
(3) $I = 120$
(4) $G = 150$
(5) $T = 0.2 Y$
(6) $X = 100$
(7) $M = 0.1 Y$

① 1,000
② 600
③ 800
④ 500

[해설] 국민소득결정 항등식 $Y = C + I + G + X - M$에 주어진 식을 대입하면
$Y = 30 + 0.75(Y - 0.2Y) + 120 + 150 + 100 - 0.1Y$이다.
이를 계산하면 $0.5Y = 400$이므로 균형국민소득 Y의 값은 800이다.

02 다음과 같은 개방경제모형에서 정부지출과 세금을 똑같이 100만큼 늘리면 균형국민소득의 변화는?(단, Y는 국민소득, T는 조세이다) 국민연금공단

소비 : $C = 300 + 0.75(Y - T)$
투자 : $I = 100$
수출 : $X = 600$
수입 : $M = 200 + 0.25(Y - T)$

① 0
② 50
③ 100
④ 150

[해설] 국민소득결정 항등식 $Y = C + I + G + X - M$에 주어진 식을 대입하면
$Y = 300 + 0.75(Y - T) + 100 + G + 600 - (200 + 0.25(Y - T))$이다.
이를 계산하면 $Y = 1600 + 2G - T$값이 나온다. 정부지출과 세금을 똑같이 100만큼 늘리면 $Y = 1600 + 2(G + 100) - (T + 100)$이다.
따라서 $Y = 1700 + 2G - T$이므로 균형국민소득은 100만큼 변했다고 볼 수 있다.

03 다음 중 케인즈 경제학의 주요 내용에 속하는 것은?   서울에너지공사

① 생산된 것은 모두 판매되며, 따라서 수요부족 상태가 장기적으로 지속될 가능성은 없다.
② 가격은 상하로 신축적이다.
③ 유휴시설 상태를 탈피하기 위해서는 총수요 증대를 도모해야 한다.
④ 세이의 법칙이 성립한다.

[해설] ③ 케인즈는 잉여생산능력을 가정하여 유휴시설이 있다고 가정하였고, 이를 탈피하고 국민소득을 증가시키기 위한 총수요 증대를 강조하였다.
① 고전학파의 국민소득 모형에 대한 설명이다.
② 케인즈는 가격이 경직적이라고 가정하였으며, 명목임금에 대해서는 하방경직적이라고 가정했다.
④ 세이의 법칙은 고전학파의 가정 중 하나로, 케인즈는 가격기구에 의해 불균형이 해소되지 않는다고 보았다.

04 다음 중 저축과 소비에 대한 고전학파와 케인즈의 비교로 옳지 않은 것은?   한국자산관리공사

① 고전학파는 저축이 증가하여야 투자와 생산을 위한 자본축적이 가능하다고 주장하였다.
② 케인즈는 소비가 증가하여야 생산 증가가 가능하다고 주장하였다.
③ 절약의 역설은 투자 기회가 부족한 개발도상국의 경우에 성립한다.
④ 절약의 역설은 케인지언(케인즈 학파)에 의해 강조된 것으로 저축의 증가가 단기적으로 경기침체를 유발한다는 의미이다.

[해설] 절약의 역설은 저축의 증가가 투자의 증가로 이어지지 못하고 오히려 총수요만 감소시켜 생산활동을 위축시키게 되어 국민소득 또한 감소하는 경우를 말한다. 이는 주로 투자가 과포화되어 투자 기회가 부족한 선진국의 경우에 성립한다.

05 국민소득결정이론에 대한 설명으로 옳은 것은?   국민연금공단

① 케인즈학파는 가격변수가 신축적이라고 가정하였다.
② 고전학파는 노동자들이 불완전한 정보를 가지고 있으므로 화폐환상을 가진다고 주장했다.
③ 고전학파는 정부의 적극적인 개입이 국민소득 결정에 중요하다고 보았다.
④ 케인즈학파의 이론은 단기에 더욱 적합한 이론이다.

[해설] ① 케인즈학파는 가격변수가 경직적이라고 가정하였다.
② 고전학파는 각 경제주체가 완전정보를 가지고 있다고 가정하였다.
③ 고전학파는 시장에 온전히 경제를 맡겨야 한다고 주장하며, 정부의 간섭에 부정적 견해를 보였다.

정답   01 ③   02 ③   03 ③   04 ③   05 ④

06 다음 〈보기〉와 같은 경제에서 균형국민소득은 4,000이다. 만약 투자지출이 1,000으로 증가한다면 균형국민소득은 A로 증가하고, 그때의 투자승수는 B이다. A와 B의 값을 옳게 짝지은 것은? 주택도시보증공사

| 보기 |
$C = 500 + 0.5(Y - T)$
$I = 500$
$T = 1,000$
$G = 1,500$

① A : 4,250, B : 2
② A : 4,250, B : 2.5
③ A : 4,500, B : 1.5
④ A : 5,000, B : 2

[해설] 국민소득결정 항등식 $Y = C + I + G$에 $I = 1,000$과 주어진 식을 모두 대입하면 $Y = 500 + 0.5(Y - 1,000) + 1,000 + 1,500$이다. $Y = 0.5Y + 2,500$, $0.5Y = 2,500$으로 계산됨에 따라 균형국민소득은 5,000이다. 투자가 500만큼 변할 때 균형국민소득은 1,000만큼 변하였으므로 투자승수는 2이다.

07 지영이의 가처분소득이 월 30만원에서 36만원으로 증가함에 따라 저축이 5만원에서 6만5천원으로 증가한다면 지영이의 한계소비성향은 얼마인가? 한국주택금융공사

① 0.25
② 0.3
③ 0.5
④ 0.75

[해설] 가처분소득증가분 = 6만원, 저축증가분 = 1만5천원이므로 한계저축성향은 $\frac{1.5}{6} = 0.25$, 한계소비성향은 '1 - 한계저축성향'이므로 0.75이다.

08 다음 중 정부지출승수의 크기가 감소하는 경우로 옳은 것은? 한국장학재단

① 한계소비성향이 증가하는 경우
② 한계저축성향이 증가하는 경우
③ 한계수입성향이 감소하는 경우
④ 투자의 한계효율이 감소하는 경우

[해설] 정부지출승수는 정부지출증가분에 대한 국민소득증가분의 비율로, 한계저축성향이나 한계수입성향이 증가할수록, 한계투자성향이나 한계소비성향이 감소할수록 크기가 작아진다.

09
개방경제인 어느 국가의 비례세율이 0.1이고 한계소비성향이 0.8이라고 한다. 정부지출이 14조원 증가하는 경우 국민소득 증가분은?(단, 구축효과와 투자의 가속도 효과는 없다)
한국관광공사

① 14조원 증가
② 28조원 증가
③ 50조원 증가
④ 80조원 증가

[해설] 정부지출승수 $= \dfrac{1}{1 - MPC(1 - t)} = \dfrac{1}{1 - 0.8(1 - 0.1)} = \dfrac{1}{1 - 0.72} = \dfrac{1}{0.28}$ 이다.

따라서 국민소득의 증가분은 14조원 $\times \dfrac{1}{0.28} = 50$조원이다.

10
완전고용국민소득이 2,200이고, 현재의 균형국민소득이 1,800이라고 한다. 균형국민소득을 1,900으로 증가시키기 위해서는 25만큼의 정부지출이 필요하다. 이때 디플레이션갭의 크기는?
한국무역보험공사

① 25
② 50
③ 100
④ 125

[해설] 현재 국민소득을 100만큼 증가시키기 위한 정부지출의 증가분이 25이므로 정부지출승수가 4임을 알 수 있다. 현재 균형국민소득은 완전고용국민소득보다 400만큼 모자르므로 이를 위해 정부는 100만큼 지출을 증가시켜야 한다. 디플레이션갭 또한 증가시켜야 하는 총수요의 크기에 해당하므로 100의 값을 갖는다.

정답 06 ④ 07 ④ 08 ② 09 ③ 10 ③

최신복원문제

🔑 **키워드** 소비 투자이론

소비이론에 대한 설명으로 옳은 것은 모두 고르면? 한국토지주택공사

ㄱ. 케인즈의 절대소득가설에 따르면 소비는 현재의 가처분소득에 의해 결정된다.
ㄴ. 듀젠베리의 상대소득가설에 따르면 과거 최고소득수준이 높으면 소득수준이 하락해도 소비수준도 같이 하락하여 평균소비성향이 낮아진다.
ㄷ. 프리드만의 항상소득가설에 따르면 단기에 소득이 증가할수록 평균소비성향은 하락한다.
ㄹ. 안도와 모딜리아니의 생애주기가설에 따르면 청·장년기에 비해 노년기에 평균소비성향이 낮아진다.

① ㄱ, ㄴ
② ㄱ, ㄷ
③ ㄴ, ㄷ
④ ㄷ, ㄹ

[해설] ㄴ. 상대소득가설에 따르면 현재 소득이 동일하더라도 과거의 최고소득수준이 높을수록 현재의 소득은 상대적으로 적어 평균소비성향이 높아진다.
ㄹ. 생애주기가설에서 소비는 생애에 걸쳐 평탄하지만 소득은 청·장년기에 높았다가 노년기에 낮아진다. 따라서 소비에 비하여 소득이 적은 노년기에는 저축이 적으므로 평균소비성향이 높고, 소비에 비하여 소득이 많은 청·장년기에는 저축이 많으므로 평균소비성향이 낮다.

정답 ②

Chapter 03
소비함수와 투자함수

기출 키워드	중요도
☑ 소비이론	★★★
☑ 절대소득가설의 가정	★
☑ 절대소득가설의 평가	★
☑ 상대소득가설의 전시효과와 톱니효과	★
☑ 피셔의 2기간 모형	★★
☑ 항상소득가설의 항상소득과 임시소득	★★★
☑ 항상소득가설의 평가	★
☑ 생애주기가설의 가정	★
☑ 생애주기가설의 평가	★
☑ 현재가치법 공식	★★
☑ 내부수익률법 공식	★★
☑ 토빈의 q이론	★★★
☑ q이론의 평가	★★
☑ 효율적시장가설	★

CHAPTER 03 소비함수와 투자함수

1 소비함수이론

1 절대소득가설(케인즈)

(1) 절대소득가설의 가정

① 소비의 독립성
한 개인의 소비는 다른 사람의 소비로부터 영향을 받지 않는다.

② 소비의 가역성
소득이 증가하면 소비가 증가하고 반대로 소득이 감소하면 소비가 감소한다.

(2) 절대소득가설의 내용

① 소비는 현재의 가처분소득($Y_d = Y - T$)에 의해 결정된다.
② 소득이 증가하면 소비는 증가한 소득의 일부(cY_d)만 소비된다. 즉, 소비 한 단위 증가에 따른 한계소비성향은 0과 1 사이에서 결정된다(0 < MPC < 1).
③ 한계소비성향은 직선으로 나타난다.
④ 소득이 증가할수록 평균소비성향은 감소한다.
⑤ 평균소비성향은 소득이 증가함에 따라 그 값이 작아지긴 하나 한계소비성향보다는 항상 크다(APC > MPC).
⑥ 소비와 가처분소득 간의 관계가 1차 함수로 표현된다.

$$C(Y_d) = C_0 + cY_d \quad (0 < c < 1, \ C_0 > 0)$$
(C_0 : 기초소비, c : 한계소비성향(MPC))

절대소득가설의 소비함수

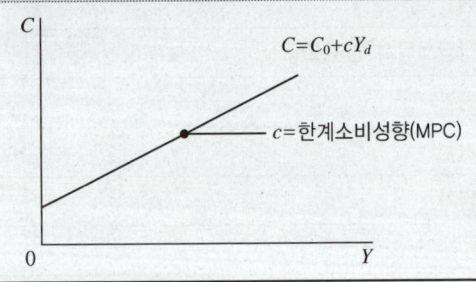

개념체크OX

- 절대소득가설에서 평균소비성향은 소득증가에 따라 증가한다. ⓄⓍ
- 절대소득가설에서 평균소비성향은 한계소비성향보다 언제나 크다. ⓄⓍ

×, ○

(3) 절대소득가설의 평가

① 절대소득가설하에서는 일시적인 세율인하에 의해 소비가 크게 증가하므로 일시적인 재정정책이 매우 효과적이다.
② 절대소득가설은 단기에 APC > MPC임을 설명할 수 있으나 장기에 APC = MPC가 됨을 설명하는 것이 불가능하다.

2 상대소득가설(듀젠베리)

(1) 상대소득가설의 가정

① 소비의 상호의존성(전시효과)
   소비는 자신의 소득뿐만 아니라 다른 사람의 소비수준에도 영향을 받는다.
② 소비의 비가역성(톱니효과)
   소비행위는 습관적이므로 과거 최고소득수준의 영향을 받는다. 이로 인해 소득수준이 하락해도 소비수준은 쉽게 내려가지 않는다.

(2) 상대소득가설의 내용

① 장기소비함수(LRC)
   소득이 증가할 때 소비도 비례적으로 증가하면 장기에는 평균소비성향이 일정한 값을 갖게 된다(APC = MPC). 따라서 장기소비함수가 원점을 통과하는 직선의 형태로 도출된다.
② 단기소비함수(SRC)
   ㉠ 전시효과(소비의 상호의존성)
      • 한 개인의 소비행위는 이웃 집단의 평균적인 소득에 따른 소비수준으로부터 영향을 받는다.
      • 소득수준이 높아질수록 평균소비성향이 낮아진다.
   ㉡ 톱니효과(소비의 비가역성)
      • 소비는 현재의 소득뿐만 아니라 과거의 최고소득수준에도 영향을 받는다.
      • 소득수준이 감소할 경우, 단기소비함수(SRC)를 따라 소비가 감소한다($A_2 \to B \to A \to B_1 \to A_1$).

상대소득가설의 톱니효과

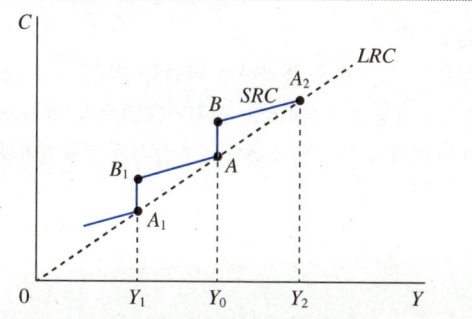

> **개념더하기**
>
> **쿠즈네츠의 실증분석**
> • 횡단면분석 : 소득이 높을수록 평균소비성향은 감소한다(APC > MPC).
> • 단기 시계열분석 : 호황기에는 APC가 낮고, 불황기에는 APC가 높다(APC > MPC).
> • 장기 시계열분석 : 장기에는 APC가 일정하다(APC = MPC).

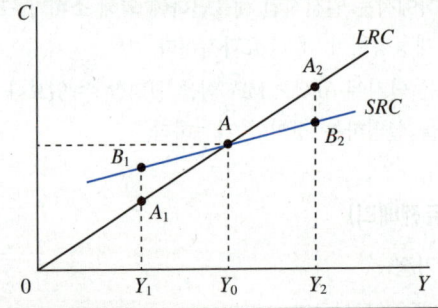

상대소득가설의 장기소비함수(LRC)와 단기소비함수(SRC)

개념더하기

피셔의 2기간 모형(소비 평준화 모형)
- 소비자균형에서는 현재소비와 미래소비 간 소비자의 주관적인 교환비율(MRS)과 객관적인 교환비율인 상대가격$(1+r)$이 일치한다(MRS = $1+r$). 이자율이 상승하거나 하락하면 현재 소비의 상대가격이 변하므로 현재 소비도 변한다.
- 소득 흐름과 무관하게 소비를 일정하게 유지함으로써 더 높은 효용을 얻을 수 있다.
- 이 모형은 케인즈의 절대소득가설과는 달리 개인들의 현재 소비는 미래소득에 의해서도 영향을 받는다는 것을 보여주며, 항상소득가설, 생애주기가설, 랜덤워크가설의 이론적인 기초를 제공해준다.

(3) 상대소득가설의 평가
① 상대소득가설의 대표적 이론인 전시효과와 톱니효과는 비합리적인 소비자를 가정하고 있다.
② 소득이 증가할 때는 소비가 증가하지만, 소득이 감소할 때는 소비수준이 쉽게 내려가지 않는 비가역성으로 인해 소비함수가 비대칭적이다.

3 항상소득가설(프리드만)

(1) 항상소득가설의 가정
① 실제 소득은 항상소득과 임시소득의 합으로 구성된다. 사람들이 장기적 관점에서 소비계획을 세우므로 소비는 현재의 절대소득이 아닌 항상소득에 의해 결정된다.
  ㉠ 항상소득 : 정상적인 소득 흐름으로 볼 때 확실하게 기대할 수 있는 장기적인 평균기대수입을 의미하며, 일반적으로 현재 및 과거의 소득을 가중평균하여 구한다. 항상소득이 늘어나면 소비도 증가한다.
  ㉡ 임시소득 : 예기치 않게 임시로 발생하는 소득을 의미한다. 단기에는 임시소득이 양의 값과 음의 값을 모두 가지나, 장기에는 평균이 0으로 수렴한다. 임시소득의 증가분은 저축으로 유입되는 경향이 강하다.

$$C = kY_P \quad (0 < k < 1)$$
$$Y = Y_P + Y_t \quad (Y_P : 항상소득, \ Y_t : 임시소득)$$

(2) 항상소득가설의 내용
① 단기소비함수(SRC)
  단기소비함수는 소비 축을 통과하는 직선의 형태이므로 호황기(고소득층)에는 평균소비성향이 감소하고 불황기(저소득층)에는 평균소비성향이 증가한다. 따라서 단기에 소득이 증가할수록 평균소비성향은 하락하게 된다.

② 장기소비함수(LRC)

장기적으로 임시소득의 평균은 0이므로 평균소비성향은 일정하고 소비는 항상소득만의 함수이므로 한계소비성향과 평균소비성향은 일치한다 (APC = MPC).

$$C = kY \quad (0 < k < 1)$$
$$APC = MPC = k$$

항상소득가설의 단기소비함수(SRC)와 장기소비함수(LRC)

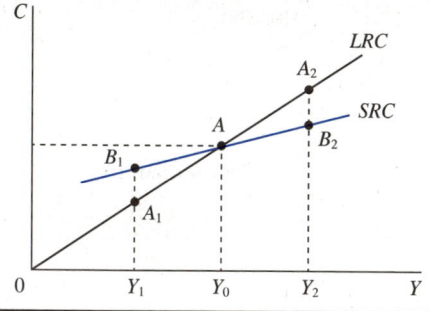

(3) 항상소득가설의 평가

① 단기적인 재정정책은 임시소득만 변화시키게 되므로 장기적으로 항상소득을 변화시키는 정책만이 소비에 영향을 미칠 수 있다.
② 현실적으로 실제 소득을 항상소득과 임시소득으로 구분하는 것은 어렵다.

4 생애주기가설(안도, 모딜리아니)

(1) 생애주기가설의 가정

① 소득의 흐름은 불규칙적이고 소비는 일생동안 매우 안정적인 추세를 보인다.
② 소득이 낮은 초년기와 말년기에는 음의 저축(차입)이 발생하고 소득이 높은 장년기에는 양의 저축이 발생한다.
③ 소득뿐 아니라 자산의 크기에도 영향을 받는다.

$$C = k_1 a + k_2 Y$$
$$(a : 자산, \ Y : 소득)$$

개념체크OX

• 생애주기가설에 따르면 말년기에는 음의 저축(차입)이 발생한다. ○ⅹ
• 생애주기가설은 자산에 의해서만 결정된다. ○ⅹ

○, ⅹ

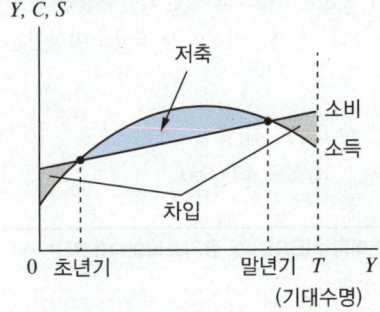

안도와 모딜리아니의 생애주기가설

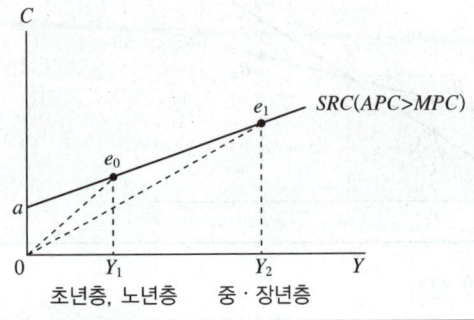

(2) 생애주기가설의 내용

① 단기소비함수(SRC)

단기에는 자산소득이 고정되어 있으므로 단기소비함수는 소비 축을 통과하는 우상향의 직선이다.

② 장기소비함수(LRC)

장기에는 자산소득이 노동소득에 비례해서 증가하므로 장기소비함수는 원점을 통과하는 직선의 형태이므로 장기적으로 평균소비성향은 일정하다.

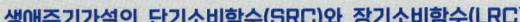

생애주기가설의 단기소비함수(SRC)와 장기소비함수(LRC)

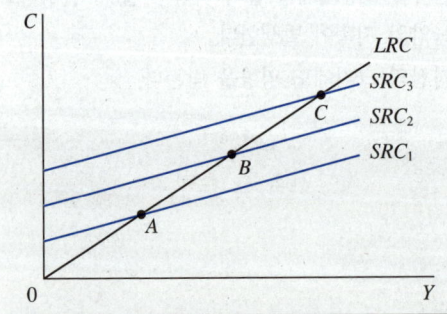

(3) 생애주기가설의 평가

① 단기적인 조세정책은 평생소득에 큰 영향을 미치지 못하므로 효과가 미약하다.

② 인구 구성의 변화가 소비와 저축에 미치는 영향을 분석하는 데 유용하다. 예를 들어 기대수명이 길어질 것이 예상되면 저축률 상승을 예상할 수 있다.

③ 생애주기가설은 항상소득과 임시소득의 구분 없이 전 생애에 걸친 소득과 소비의 패턴을 관찰하는 데 주목하므로 개인의 현실적 소비행태에 초점을 맞춘다.

5 랜덤워크가설(홀)

(1) 랜덤워크가설의 내용

① 항상소득가설에 합리적 기대를 도입하여 소비행태를 설명하는 이론이다.

② 합리적 기대는 이용 가능한 모든 정보를 이용하여 경제변수를 예상하는 것을 의미하며, 합리적 기대하에서는 체계적인 예상 오차가 발생하지 않는다.

③ 개인들은 합리적 기대를 통해 항상소득을 예상하고, 결정된 항상소득에 따라 소비를 결정한다.

$$C_t = C_{t-1} + \varepsilon_t$$
(ε_t : 예상하지 못한 충격)

(2) 랜덤워크가설의 평가

① 미래의 소비를 예측하기 위해서는 전기의 소비만 알면 된다.

② 예상하지 못한 정책만이 소비를 변화시킬 수 있다.

2 투자함수이론

1 현재가치법(고전학파)

(1) 현재가치법의 특징

① 피셔에 의해 구체화된 고전학파의 투자결정이론이다.

② 투자로 얻는 기대수익의 현재가치(PV ; Present Value)와 자본재의 구입가격 즉, 투자비용(C)을 비교하여 투자의사 결정을 내리는 방법이다.

(2) 현재가치법의 투자결정원리

투자안의 순현재가치(NPV ; Net Present Value)는 자본재 구입 시 예상되는 수익의 현재가치(PV)에서 투자비용(C)을 차감하여 구한다.

> **개념체크OX**
>
> • 합리적 기대란 이용 가능한 정보 중 일부를 선별하여 경제변수를 예상하는 것을 말한다. O X
>
> • 랜덤워크가설은 개인들은 합리적 기대를 통해 임시소득을 예상하고 이에 따라 소비를 결정한다는 내용이다. O X
>
> X, X

$$NPV = PV - C$$
$$PV = \sum_{k=1}^{n} \frac{R_k}{(1+r)^k}$$

(R_k : k기의 기대수익, r : 이자율, n : 기대수익의 발생시점, C : 투자비용)

PV > C	NPV > 0	투자 증가
PV = C	NPV = 0	투자 불변
PV < C	NPV < 0	투자 감소

(3) 현재가치법의 평가

① 투자는 이자율의 감소함수이므로 이자율에 의해 투자 여부가 결정된다.
  ㉠ 이자율이 하락하면 기대수익의 현재가치(PV)가 증대되어 투자 규모가 늘어나게 된다.
  ㉡ 이자율이 상승하면 기대수익의 현재가치(PV)가 감소하여 투자 규모가 감소하게 된다.
② 투자는 이자율 변화에 민감하게 반응하므로 현재가치법에서 투자의 이자율탄력성은 크다.

2 내부수익률법 = 한계효율법(케인즈)

(1) 내부수익률법의 특징

① 케인즈에 의해 제시된 투자 결정이론이다.
② 내부수익률(= 투자의 한계효율 = MEI)과 이자율을 비교하여 투자를 결정하는 방법이다.
③ '내부수익률'은 투자비용(C)과 투자로부터 얻는 예상수입의 현재가치(PV)가 같아지도록 하는 할인율(m)을 의미한다. 즉, NPV = 0으로 만드는 할인율이다.

(2) 내부수익률법의 투자결정원리

내부수익률(m)이 자금조달비용인 이자율(r)보다 높다면 투자규모가 늘어나게 되고, 내부수익률이 자금조달비용인 이자율보다 낮다면 투자 규모가 감소하게 된다.

$$NPV = PV - C$$
$$C = \sum_{k=1}^{n} \frac{R_k}{(1+m)^k}$$

(R_k : k기의 기대수익, n : 기대수익의 발생시점, m : 내부수익률, C : 투자비용)

m > r	NPV > 0	투자 증가
m = r	NPV = 0	투자 불변
m < r	NPV < 0	투자 감소

개념체크OX

- 현재가치법에 의하면 $PV > C$ 일 때 투자가 이뤄진다. OX
- 현재가치법에서 투자의 이자율 탄력성은 크다. OX

O, O

(3) 내부수익률법의 평가

① 기업가의 기대수익에 따라 내부수익률이 결정되므로 기업가는 내부수익률과 시장이자율을 비교하여 투자를 결정한다. 즉, 내부수익률이 이자율보다 크면 투자를 하고, 내부수익률이 이자율보다 낮으면 투자를 하지 않는다.

② 투자는 이자율의 감소함수이지만, 투자는 이자율보다 내부수익률에 의해 결정된다고 보기 때문에 투자의 이자율탄력성은 작다.

③ 기업가의 장래에 대한 기대와 동물적 감각으로 투자가 결정된다.

3 토빈의 q이론

(1) q이론의 개념

① 주식시장에서 평가된 기업의 가치와 실물자본의 대체비용을 비교하여 투자를 결정하는 이론이다.

② 토빈의 q이론은 생산물시장과 자본시장을 연결한 투자이론이다.

(2) q이론의 투자결정원리

① q값을 분석하여 투자를 결정한다. q값은 주식시장에서 평가된 기업의 시장가치와 기업 실물자본의 대체비용 비율로 계산한다.

$$q = \frac{\text{주식시장에서 평가된 기업의 시장가치}}{\text{기업 실물자본의 대체비용}}$$

$q > 1$	주식시장 가치 > 실물자본 가치	투자 증가
$q = 1$	주식시장 가치 = 실물자본 가치	투자 불변
$q < 1$	주식시장 가치 < 실물자본 가치	투자 감소

② 이자율 변화를 분석하여 투자를 결정한다.
  ㉠ 이자율 상승 → 주가 하락 → q 하락 → 투자 감소
  ㉡ 이자율 하락 → 주가 상승 → q 상승 → 투자 증가

(3) q이론의 평가

① 전통적인 투자이론이 이자율·국민소득 등을 설명변수로 하는 자본재 수요이론인 것에 비해, q이론은 주식시장에서 평가된 자본가치를 포함하여 투자유인에 대한 정보를 보다 포괄적으로 고려하고 있다.

② 토빈의 q이론은 주식시장의 국민경제적 역할을 잘 보여주지만, 주식시장이 상대적으로 효율적인 국가의 경우에만 적용된다.

4 신고전학파의 투자결정이론

(1) 신고전학파 투자결정이론의 의의

기업이 이윤극대화를 추구하는 과정에서 적정자본량이 결정되고, 자본량을 적정수준으로 조정하는 과정에서 투자가 이루어지게 된다는 이론이다.

개념더하기

현재가치법과 내부수익률법의 구분

현재가치법과 내부수익률법에서 둘 다 투자는 이자율의 감소함수이다. 즉, 이자율이 낮아지면 투자는 증가하고 이자율이 높아지면 투자는 감소한다.

그러나 현재가치법은 이자율을 기준으로 투자를 결정하므로 투자는 이자율에 대해 탄력적이지만, 내부수익률법은 시장이자율이 아닌 내부수익률을 기준으로 투자를 결정하므로 투자는 이자율에 대해 비탄력적이다.

개념체크OX

• q이론에서 이자율이 상승하면 q값이 하락한다. ⃞O⃞ ⃞X⃞
• q이론은 주식시장이 활발하지 않은 국가의 경우 적용이 어려울 수 있다. ⃞O⃞ ⃞X⃞

O, O

(2) 신고전학파 투자결정이론의 내용

① 자본의 사용자비용

자본의 사용자비용에 영향을 미치는 세 가지 요인에는 이자비용, 감가상각비, 인플레이션이 있다.

$$C = (i+d-\pi)P_k = (r+d)P_k$$

(i : 명목이자율, d : 감가상각률, π : 인플레이션율, r : 실질이자율)

② 자본의 한계생산물가치

자본의 한계생산물가치는 자본 1단위의 투입으로 인하여 추가로 얻는 수입을 의미하며, 자본에 대해 수확체감의 법칙이 성립하므로 우하향하는 형태로 도출된다.

$$VMP_K = MP_K \times P$$

③ 적정자본량의 결정

기업의 이윤이 극대가 되는 적정자본량은 자본의 한계생산물가치(MR)와 자본의 사용자비용(MC)이 같아지는 수준에서 결정된다.

$$MP_K = (r+d)$$

④ 최적화된 투자량의 결정

$$MP_K \times P = (r+d)P_K$$

$$MP_K - \frac{P_K}{P}(r+d)$$

$$I = I(MP_K - \frac{P_K}{P}(r+d)) + dK$$

(dK : 대체투자)

(3) 신고전학파 이론의 투자결정원리

① 실질이자율(r)이나 감가상각률(d)이 하락하면 자본의 사용자비용이 하락하고 그에 따라 적정 자본량이 증가하므로 투자가 증가한다.

② 인플레이션율(π)이 상승하는 경우 자본의 사용자비용이 하락하여 적정 자본량이 증가하므로 투자가 증가한다.

5 단순가속도원리(사무엘슨, 힉스)

(1) 단순가속도원리의 내용

① 소비의 변동이 유발투자 변동을 더 크게 초래한다는 원리이다.
② 유발투자를 가정하여 소득 또는 소비의 변화가 발생할 때 투자가 훨씬 급속히 변화하는 경우를 설명한다.

개념체크OX

• 단순가속도원리에서 생산만이 투자에 있어 중요하게 기능한다. ◯✕
• 사무엘슨과 힉스에 따르면 한계소비성향이 클수록 유발투자가 증가한다. ◯✕

✕, ◯

③ 소득의 증가 → 소비의 증가 → 생산의 증가 → 투자의 증가
(이때 투자재의 불가분성으로 인해 일반적으로 투자의 증가율이 소비의 증가율보다 크다.)
④ 한계소비성향이 클수록 유발투자가 증가한다.
⑤ 소득증가분이 클수록 유발투자가 증가한다.

$$I_t = v(Y_t - Y_{t-1}) = v\Delta Y_t$$

가속도계수(v) : 소비증가분에 대한 유발투자의 증가분

(2) 단순가속도원리의 한계점
① 자본이 전부 이용된다는 가정을 전제로 하고 있다.
② 가속도계수(v)가 일정하다고 가정하고 있다.
③ 자본재 가격이나 이자율 등을 고려하지 않고 있다.
④ 특정연도의 목표 자본량이 당해연도에 모두 실현된다는 비현실적인 상황을 가정하고 있다.

6 자본스톡조정모형(신축적 가속도원리)

(1) 자본스톡조정모형의 내용
① t기(당기)의 자본량과 $t-1$기(전기)의 자본량의 차이가 투자량이 된다고 보았다.
② 실제 자본량(K_t)과 목표 자본량(K^*) 간의 차이가 시차를 두고 서서히 메워진다고 보는 이론으로, 투자조정속도(λ)를 고려하였다.
③ 즉, 투자 결정과 실제로 투자가 실행되는 데는 상당한 시차가 존재하므로 매기 투자는 ($K_t^* - K_{t-1}$)의 일정 비율(λ)만큼 이루어진다.

$$I_t = K_t - K_{t-1} = \lambda(K_t^* - K_{t-1})$$
$$(0 < \lambda < 1)$$

(2) 자본스톡조정모형의 투자 결정요인
- 목표 생산량 증가 → 목표 자본량(K^*) 증가 → 투자 증가
- 이자율 하락 → 목표 자본량(K^*) 증가 → 투자 증가
- 자본재 가격 하락 → 목표 자본량(K^*) 증가 → 투자 증가

(3) 자본스톡조정모형의 평가
① 투자에 소요되는 시차를 고려하므로 단순한 가속도이론보다는 훨씬 더 현실적이다.
② 조정계수(λ)와 목표 생산량(K^*)에 대한 설명이 미흡하다.

> **개념더하기**
>
> **효율적 시장가설**
> (Efficient Market Hypothesis)
> - 주식가격이 매 시점 모든 정보를 반영하여 즉각적으로 조정된다는 가설이다.
> - 주식시장이 효율적이면 주식가격이 일정한 규칙성 없이 움직이고, 그 결과 미래주식에 대한 예측이 불가능해진다. 이 경우, 주식가격이 랜덤워크(random walk)를 따른다고 말한다.
> - 효율적 시장에서는 누구도 주가의 과거변동 패턴에 기초하여 시장수익률보다 높은 수익률을 실현할 수 없으며, 지속적으로 초과이윤을 실현할 수도 없다.

CHAPTER 03 기출분석문제

01 다음 중 케인즈의 절대소득가설에 대한 설명 중 가장 옳지 않은 것은?   한국도로공사

① 한계소비성향은 0보다 크고 1보다 작다.
② 일시적으로 소득이 증가하면 소비는 증가한다.
③ 케인즈는 개인의 소비가 다른 사람의 소비와 무관하다는 소비의 독립성을 전제로 한다.
④ 불황기보다 호황기의 평균소비성향이 크다.

[해설] ④ 케인즈의 절대소득가설에 따르면 호황기에는 평균소비성향이 낮고, 불황기에는 평균소비성향이 높다.
① 소득이 증가하면 소비도 증가하나 증가한 소득 중 일부(한계소비성향)만 소비된다(0 < MPC < 1).
②·③ 케인즈의 절대소득가설에 따르면 소비는 현재소득의 절대적 크기에 의존한다. 케인즈의 절대소득가설은 한 개인의 소비는 다른 사람의 소비행위와 무관하게 이루어진다는 소비의 독립성과 소비지출이 소득수준에 따라 자유롭게 움직인다는 소비의 가역성을 전제로 하고 있다.

02 소비이론에 대한 설명으로 옳은 것은?   한국산업단지공단

① 생애주기가설에 따르면 청장년기에 비해 노년기에 평균소비성향이 낮아진다.
② 항상소득가설에 따르면 단기에 소득이 증가함에 따라 평균소비성향이 높아진다.
③ 상대소득가설에 따르면 현재 소득이 동일하더라도 과거의 최고소득 수준이 높을수록 평균소비성향이 높다.
④ 케인즈에 따르면 소득이 증가하더라도 평균소비성향이 일정하다.

[해설] ③ 상대소득가설에 따라 현재 소득이 동일하더라도 소비의 비가역성으로 인해 소비는 과거의 최고소득의 영향을 받으며, 최고소득 수준이 높을수록 평균소비성향이 높아지는 경향이 있다. 이를 톱니효과라 한다.
① 생애주기가설에서 노년기의 평균소비성향이 청장년기보다 높다.
② 항상소득가설에서 소득증가에 따라 평균소비성향은 낮아진다.
④ 케인즈의 소비이론에서는 소득이 증가하면 평균소비성향이 감소하는 것으로 나타난다.

03 다음 중 항상소득가설에 대한 설명으로 옳지 않은 것은?   한국자산관리공사

① 장기적으로 평균소비성향은 일정하다.
② 소비는 임시소득에 의해 결정된다.
③ 단기적으로는 평균소비성향이 한계소비성향보다 크다.
④ 임시소득은 장기적으로 0에 수렴한다.

[해설] 항상소득가설에 따르면 소비는 임시소득이 아닌 항상소득에 의해 결정된다.

04 다음 중 항상소득가설에 대한 설명으로 옳지 않은 것은? 　　　　　　　　　　　　　　　　한국산업단지공단

① 임시소득은 소비가 아닌 저축으로 연결되는 경향이 강하다.
② 임시소득이 단기적으로 증가할 경우, 저축 변동 폭보다 소비 변동 폭이 크다.
③ 소득에서 항상소득의 비율이 클수록 소비성향이 높고 저축성향은 낮아진다.
④ 고소득자일수록 임시소득이 크고 소비성향이 작아지는 경향을 보인다.

[해설] 임시소득(예 복권당첨, 상속, 증여재산 등)이 증가할 경우, 소비보다는 저축으로 유입되는 경향이 크므로 소비 변동 폭보다는 저축 변동 폭이 더 크다.

05 소비의 항상소득가설과 생애주기가설에 대한 설명으로 옳지 않은 것은? 　　　　　　한국도로공사

① 소비자들은 가능한 한 소비수준을 일정하게 유지하려는 성향이 있다.
② 생애주기가설에 의하면 고령 인구의 비율이 높아질수록 민간부문의 저축률이 하락할 것이다.
③ 프리드만의 항상소득가설에 의하면 높은 소득의 가계가 평균적으로 낮은 평균소비성향을 갖는다.
④ 케인즈는 항상소득가설을 이용하여 승수효과를 설명하였다.

[해설] 케인즈의 승수모형에서는 현재 소득이 증가하면 즉각 소비가 증가하는 것으로 가정한다. 즉, 케인즈의 승수모형은 항상소득가설이 아닌 절대소득가설을 이용하여 설명한 것이다.

06 투자결정이론에 대한 설명 중 옳지 않은 것은? 　　　　　　　　　　　　　　　　　한국산업단지공단

① 실질이자율이 상승하면 자본의 한계생산이 감소하여 투자가 줄어든다.
② 주택담보대출 이자율이 상승하면 주택 수요와 가격이 하락하고, 주택투자도 감소하게 된다.
③ 투자지출은 소비지출보다 GDP에서 차지하는 비중은 작으나, 변동성은 더 크다.
④ 투자세액공제는 자본재 구입에 사용된 금액의 일부를 세금에서 공제하여 줌으로써 투자를 촉진시킨다.

[해설] 실질이자율의 상승은 투자의 감소를 의미한다. 그러나 실질이자율의 상승과 생산기술 상의 문제인 자본의 한계생산과는 상관이 없다.

07 A그룹이 이번 기의 투자를 통하여 다음 기에 1,100만원, 그 다음 기에 1,210만원의 수익을 기대할 때, 이 투자안의 현재가치는?(단, 할인율 = 10%) 　　　　　　　　　　　　　　　한국가스공사

① 1천만원　　　　　　　　　　　② 2천만원
③ 3천만원　　　　　　　　　　　④ 4천만원

[해설] 투자안의 현재가치 = $\dfrac{1,100만원}{1+0.1} + \dfrac{1,210만원}{(1+0.1)^2}$ = 1,000만원 + 1,000만원 = 2,000만원

[정답] 01 ④　02 ③　03 ②　04 ②　05 ④　06 ①　07 ②

08 신고전학파의 투자이론에 대한 설명으로 옳지 않은 것은?(단, 감가상각률과 자본재 가격의 변화율 및 조세의 영향은 고려하지 않는다)

한국도로공사

① 실질이자율이 상승하면 기업의 투자는 감소한다.
② 실질이자율이 하락하면 자본의 한계생산도 하락한다.
③ 경제전체의 기술진보로 인하여 자본의 한계생산이 높아지면 이자율은 상승한다.
④ 감가상각률을 고려하지 않으므로 자본재 1단위에 대한 투자의 기회비용은 자본재 1단위의 매매가격과 같다.

[해설] 자본재 1단위를 사용할 때의 기회비용은 자본의 사용자비용 $C=(r+d)P_k$를 의미한다. 감가상각률을 고려하지 않는다면 자본재 1단위를 구입할 때의 기회비용은 자본재의 매매가격이 아니라 $C=rP_k$가 된다.

---

09 투자계획안 A, B, C, D, E의 투자비용은 각각 300억원, 400억원, 500억원, 600억원, 700억원이며 한계효율은 각각 0.08, 0.09, 0.11, 0.12, 0.13이다. 현재 시장이자율이 10%일 경우 총투자의 크기는 얼마인가?

기술보증기금

① 700억원　　　　　　　　　　② 1,300억원
③ 1,800억원　　　　　　　　　④ 2,200억원

[해설] 케인즈의 내부수익률법(한계효율법)에 따르면 내부수익률(한계효율)이 시장이자율보다 큰 경우에 투자가 이루어지므로 총투자비용은 투자계획안 C, D, E의 투자비용만 합계하여 구한다. 따라서 총투자의 크기는 500억원 + 600억원 + 700억원 = 1,800억원이 된다.

---

10 투자의 가속도원리에 대한 설명으로 옳지 않은 것은?

서울주택도시공사

① 소득의 변화가 투자에 가속도적 영향을 미친다는 이론이다.
② 투자는 자본의 한계생산에 의해 결정된다는 이론이다.
③ 한계소비성향이 클수록 투자가 더 크게 증가한다고 본다.
④ 신축적 가속도원리는 단순가속도원리에 투자에 소요되는 시차를 반영한 것이다.

[해설] 소득증가 → 소비증가 → 투자증가 → 소득증가 …의 과정을 통해 투자가 소득의 변화에 의해 결정된다는 이론이다.

---

11 다음 중 토빈의 q이론에 대한 설명으로 옳지 않은 것은?

한국증권금융

① q > 1이면 자산의 시장가치가 대체비용보다 크다는 의미이다.
② q비율이 올라갈수록 투자수익성이 양호하고 경영이 효율적이라는 의미가 된다.
③ q < 1이면 자산의 시장가치가 대체비용과 같다는 의미이다.
④ q비율이 낮을수록 적대적 M&A의 대상이 되는 경향이 있다.

[해설] q < 1이면 자산의 시장가치가 대체비용보다 낮다는 의미로, 투자가 감소한다. q = 1인 경우에는 투자균형이 이루어진다. 적대적 M&A는 상대방 기업의 반대를 무릅쓰고 인수·합병을 추진하는 것으로, q비율이 낮을수록 주식시장 가치가 작아지므로 적대적 M&A의 대상이 될 수 있다.

12 다음 토빈의 q이론에 대한 설명으로 옳지 않은 것은?   한국교통안전공단

① q값은 자본시장과 실물시장을 연결해주는 매개변수로, 이자율보다 자본시장에 관하여 포괄적인 정보를 제공해준다.
② q이론은 생산물시장과 자본시장을 연결한 투자이론이다.
③ q값은 기업의 실물자본의 대체비용을 주식시장에서 평가된 기업의 시장가치로 나누어 계산한다.
④ q값이 1보다 큰 경우, 기업이 투자를 확대한다고 주장한다.

[해설] 토빈의 q값은 주식시장에서 평가된 기업의 시장가치를 기업의 실물자본 대체비용으로 나눈 값으로 정의된다.

13 투자이론에 대한 설명 중 옳지 않은 것은?   한국산업단지공단

① 신고전학파에 따르면 실질이자율 하락은 자본의 사용자비용을 감소시켜 투자지출이 증가한다.
② 토빈의 q이론에 의하면 주식시장에서 평가된 시장가치가 실물자본 대체비용보다 큰 경우 투자는 감소한다.
③ 사무엘슨과 힉스의 단순가속도원리에 따르면 소득변동이 클수록 투자가 크게 증가한다.
④ 케인즈의 내부수익률법에서 투자의 한계효율이 이자율보다 높으면 투자규모가 늘어난다.

[해설] 토빈의 q이론에서 주식시장에서 평가된 시장가치가 기업 실물자본의 대체비용보다 크다는 것은 q값이 1보다 큰 경우이다. 이 경우 자본의 시장가치가 자본의 대체비용보다 크기 때문에 투자는 증가한다.

14 효율적 시장가설(Efficient Market Hypothesis)에 대한 설명으로 옳은 것은?   신용보증기금

① 주식가격은 매 시점마다 관련 정보 중 일부만을 반영한다.
② 주식가격은 랜덤워크(random walk)를 따른다.
③ 미래 주식가격 변화에 대한 체계적인 예측이 가능하다.
④ 주식가격의 예측이 가능해도 가격조정은 이루어지지 않는다.

[해설] ① 주식가격은 매 시점마다 모든 관련 정보를 반영한다.
③ 미래 주식가격 변화에 대한 체계적인 예측이 불가능하다.
④ 미래 주식가격 변화의 예측이 가능하면 가격조정이 즉각적으로 이루어진다.

[정답] 08 ④   09 ③   10 ②   11 ③   12 ③   13 ②   14 ②

최신복원문제

키워드 통화승수

통화승수가 증가하는 원인으로 옳은 것은? 　　　　　　　　　　　　　　　　　한국자산관리공사

① 은행의 요구불예금에 대한 이자율이 하락하였다.
② 경제 불안으로 은행 부도의 위험이 높아졌다.
③ 은행의 초과 지급준비금 보유가 감소하여 은행 대출이 증가하였다.
④ 가계가 보유하는 화폐 중 현금보유 비중이 증가하였다.

해설　① 예금에 대한 이자율 하락은 예금의 감소를 일으켜 통화승수를 감소시킨다.
　　　② 사회전체의 신뢰도가 커질수록 통화승수는 증가한다.
　　　④ 가계가 보유하는 현금보유 비중이 감소할수록 통화승수는 증가한다.

정답 ③

Chapter 04

화폐금융론

기출 키워드	중요도	기출 키워드	중요도
☑ 화폐의 기능	★	☑ 유동성 선호설	★★★
☑ 통화량 공식	★★	☑ 케인즈의 화폐수요곡선	★★★
☑ 통화지표	★	☑ 이자율과 화폐수요의 관계	★★
☑ 본원통화의 구성	★	☑ 유동성함정	★★
☑ 통화공급	★★	☑ 신화폐수량설의 의의	★
☑ 통화승수	★★★	☑ k% 준칙	★
☑ 통화공급방정식	★	☑ 학파별 화폐이론 비교	★★★
☑ 통화승수의 결정요인	★★	☑ 중간목표관리제	★★
☑ 피셔의 교환방정식	★★★	☑ 통화정책 수단	★★★
☑ 현금잔고방정식	★	☑ 물가안정목표제	★

CHAPTER 04 화폐금융론

1 화폐와 금융

1 화폐와 통화량

(1) 화폐

① 화폐의 개념

화폐는 재화나 서비스의 거래, 채권·채무 관계의 청산 등 일상적인 거래에서 통용되는 자산을 의미한다.

② 화폐의 기능
㉠ 교환의 매개수단
㉡ 가치의 척도
㉢ 장래지불의 표준
㉣ 가치저장수단
㉤ 회계의 단위

(2) 통화량

① 통화량의 정의

통화량은 특정 시점 시중에 유통되고 있는 화폐의 총액을 의미한다. 이러한 통화량을 적정수준으로 유지해야 물가안정이 이루어진다.

② 통화량(M) = 현금통화(C) + 예금통화(D)

③ 통화지표와 유동성지표의 분류

통화지표	M1(협의통화)	• 현금통화(민간보유현금) • 요구불예금(당좌예금, 보통예금 등) • 수시입출금식 저축성예금
	M2(광의통화)	• M1(협의통화) • 단기금융펀드(MMF) • 만기 2년 미만의 정기 예·적금 • 수익증권 • 시장성상품(CD, RP, 표지어음) • 만기 2년 미만의 금융채 • 만기 2년 미만의 금전신탁 • 증권사 자산관리계좌(CMA) 등
유동성지표	Lf(금융기관 유동성)	• M2(광의통화) • 만기 2년 이상의 금융상품 • 생명보험계약 준비금
	L(광의유동성)	• Lf(금융기관 유동성) • 기타 금융기관의 금융상품 • 국채, 지방채 • 회사채, 기업어음(CP)

> **개념체크OX**
> • 당좌예금은 광의통화에 해당한다.
> • 회사채는 광의유동성에 해당한다.
>
> ✕, ○

2 금융과 금융기관

(1) 금융거래의 유형

① 직접금융

직접금융은 자금을 공급하는 자와 자금을 수요하는 자가 직접 거래하는 방식을 말한다. 자금 수요자가 증권시장에서 직접 주식 또는 채권을 발행하여 자금을 조달한다.

② 간접금융

간접금융은 자금을 공급하는 자와 자금을 수요하는 자가 금융기관을 매개로 거래하는 방식을 말한다. 간접금융은 은행 등 금융기관이 자금 공급자인 일반 대중으로부터 예금을 받아 자금 수요자인 기업 등에게 자금을 대출해줌으로써 거래가 이루어진다.

(2) 금융기관의 기능

① 거래 비용의 절감
② 위험의 축소
③ 유동성의 제고
④ 지급결제수단의 제공
⑤ 화폐의 공급

> **개념더하기**
>
> **중앙은행의 기능**
> - 발권은행 기능
> - 은행의 은행 기능
> - 정부의 은행 기능
> - 통화금융정책의 집행
> - 외환관리 업무

2 화폐공급

1 본원통화

(1) 본원통화의 개념

① 본원통화는 통화공급의 주체인 중앙은행이 발행한 현금으로, 중앙은행을 빠져나와 시중에 공급되는 통화를 말한다.
② 신용창조의 특성으로 인해 본원통화 1단위가 공급되면 통화량은 본원통화 공급량보다 훨씬 크게 증가하므로 본원통화를 '고성능 화폐'라고도 한다.
③ 중앙은행의 통화성 부채이며, 예금은행의 예금통화 창조의 토대가 된다.

(2) 본원통화의 구성

① 본원통화(B) = 현금통화(C) + 지급준비금(R)
   ㉠ 지급준비금(R) = 법정지급준비금 + 초과지급준비금 = 지급준비율(r) × 예금통화(D)
   ㉡ 법정지급준비금은 예금은행이 예금주를 보호하기 위해서 정해 놓은 것으로 예금액에서 일정 비율 보유해야 하는 준비금을 말한다.
   ㉢ 초과지급준비금은 실제 보유 지급준비금에서 법정지급준비금을 차감한 것이다.

② 지급준비금 = 시재금 + 지급준비예치금
  ㉠ 시재금은 지급준비금 중 예금은행의 금고에 보관 중인 현금을 말한다.
  ㉡ 지급준비예치금은 지급준비금 중 중앙은행에 예치한 금액을 말한다.
③ 화폐발행액은 본원통화 중 지급준비예치금을 제외하고 민간이 보유한 현금통화와 은행이 보유한 시재금을 합한 현금총액을 말한다.

본원통화		
현금통화(C)	지급준비금(R)	
현금통화(C)	시재금	지급준비예치금
화폐발행액		지급준비예치금

(3) 본원통화의 공급경로
① 중앙은행의 대차대조표

차변(자산)	대변(부채 + 자본)
• 정부에 대한 여신 • 예금은행에 대한 여신 • 유가증권 • 외화자산(외화예금) • 기타자산(현금, 금 등)	• 본원통화 • 정부예금 • 해외부채 • 기타부채

② 중앙은행의 자산이 증가하는 경우에 본원통화는 증가한다.

중앙은행의 자산 증가 원인
• 정부재정적자가 증가하는 경우 • 예금은행의 한국은행으로부터의 차입이 증가하는 경우 • 국제수지가 흑자인 경우 • 중앙은행이 유가증권을 구입하는 경우

2 통화공급

(1) 본원통화의 공급경로
① 중앙은행으로부터 정부의 차입
② 중앙은행으로부터 예금은행의 차입
③ 수출 증가 및 외자도입
④ 중앙은행의 순자산 증가

(2) 통화승수(m)
중앙은행에서 공급된 통화는 은행의 예금창조 과정을 거쳐 통화량이 증가하게 된다. 이때 중앙은행이 공급한 통화와 궁극적으로 증가한 통화량 사이의 비율을 통화승수라고 한다.

개념체크OX

• 본원통화는 현금통화와 지급준비금으로 구성된다. ⃞O⃞X
• 지급준비금은 시재금과 지급준비예치금으로 구성된다. ⃞O⃞X

O, O

① 현금통화비율이 주어졌을 때의 통화승수

c(현금통화비율) = $\dfrac{C(\text{현금통화})}{M(\text{통화량})}$ 이 주어져 있을 때

$$m(\text{통화승수}) = \dfrac{1}{c+z(1-c)}$$

(z : 실제지급준비율)

② 현금예금비율이 주어졌을 때의 통화승수

k(현금예금비율) = $\dfrac{C(\text{현금통화})}{D(\text{예금통화})}$ 이 주어져 있을 때

$$m(\text{통화승수}) = \dfrac{k+1}{k+z}$$

(z : 실제지급준비율)

(3) 통화공급방정식

통화량(M) = 통화승수(m) × 본원통화(B)
$$\Rightarrow M = \dfrac{1}{c+z(1-c)} \times B$$

(c : 현금통화비율, z : 실제지급준비금)

(4) 통화승수의 결정요인

① 현금예금비율(k)이 낮을수록 통화승수(m)가 커진다.
② 지급준비율(r)이 낮을수록 통화승수(m)가 커진다.
③ 예금이자율이 커지면 통화승수(m)가 커진다.
④ 대출이자율이 상승하면 통화승수(m)가 커진다.
⑤ 사회 전반적으로 신용이 높아지면 통화승수(m)가 커진다.

(5) 통화공급곡선

① 통화공급의 외생성(통화주의학파)
민간부문이 결정하는 현금통화비율과 예금은행이 결정하는 초과지급준비율이 일정하다면 통화공급량은 중앙은행에 의해 결정되므로 통화공급곡선은 수직선이다.

② 통화공급의 내생성(케인즈학파)
화폐공급이 이자율의 증가함수이므로 이자율이 상승할 때 현금예금비율과 현금통화비율, 지급준비율이 감소하고 이에 따라 통화승수가 커져 통화공급량이 증가한다. 따라서 통화공급곡선은 우상향한다.

 개념체크OX

• 현금예금비율이 높을수록 통화승수가 커진다. ⃞O⃞X
• 대출이자율이 낮아지면 통화승수가 커진다. ⃞O⃞X

X, X

3 화폐수요

1 화폐수요의 개념

화폐수요는 특정 시점에서 개인들이 보유하고자 하는 화폐의 양을 의미한다.

2 고전적 화폐수량설(피셔)

(1) 피셔의 교환방정식

화폐유통속도(V)와 총생산량(Y)이 일정하다는 전제하에 일정 기간 동안의 총거래액(PY)과 그에 대한 일정 기간 동안의 총지출액(MV)이 항상 일치함을 의미하는 항등식이다.

$$M^d V = PY$$
(M: 통화량, V: 화폐유통속도, P: 물가, Y: 총생산량)

(2) 화폐수요의 도출

명목GDP($=PY$)만큼의 거래를 위해서는 명목국민소득의 일정비율$\left(\frac{1}{V}\right)$만큼의 화폐가 필요하다는 의미이다.

$$M^d = \frac{1}{V} PY$$

(3) 화폐수량설의 시사점

화폐는 오직 거래의 편의를 위해 보유되는 거래의 매개수단으로, 그 이상의 기능을 수행하지 않는다.

3 현금잔고수량설(마샬, 피구)

(1) 현금잔고수량설의 가정

① 개인들의 소득 수입 시점과 지출 시점이 완전히 일치하지 않고, 채권매매 시 비용이 발생하므로 명목국민소득 중 일정 비율(k%)만큼은 화폐로 보유한다.
② 개인의 화폐보유량은 화폐의 보유로 얻을 수 있는 효용과 다른 자산의 보유로 얻을 수 있는 효용을 비교함으로써 결정된다.

(2) 현금잔고방정식

현금잔고방정식에 의해 화폐수요는 물가에 비례한다는 결론을 얻을 수 있다. 아래 방정식에서 '마샬k'는 사회의 거래관습에 의해 결정되므로 일정하며, Y도 완전고용 국민소득으로 일정하다.

개념체크 OX

• 피셔 방정식은 $MY = PV$이다. ○|×
• 현금잔고방정식에 따르면 화폐수요는 물가에 비례한다. ○|×

×, ○

$$M^d = kPY$$
$$\Rightarrow \frac{M^d}{P} = kY$$

(k : 마샬k, 현금보유비율)

(3) 고전적 화폐수량설과의 비교

구 분	고전적 화폐수량설	현금잔고수량설
화폐의 기능	교환의 매개수단	가치의 저장수단
화폐의 수요	화폐수요를 암묵적으로 도출 $M^d = \frac{1}{V}PY$	화폐수요를 명시적으로 도출 $M^d = kPY$
강조점	화폐의 유량측면 강조	화폐의 저량측면 강조

4 유동성 선호설(케인즈)

(1) 화폐수요의 동기

① 거래적 동기의 화폐수요

일상 거래를 위해 화폐를 보유하는 것을 말하며, 일반적으로 소득이 증가하면 거래적 동기의 화폐수요도 증가한다.

② 예비적 동기의 화폐수요

장래에 예상치 못한 상황을 대비해 화폐를 보유하는 것을 말하며, 일반적으로 소득이 증가하면 예비적 동기의 화폐수요도 증가한다.

③ 투기적 동기의 화폐수요

채권가격의 하락이 예상될 때 채권을 구입하기 위해 화폐를 보유하는 것을 말하며, 투기적 화폐수요는 이자율의 감소함수이다.

(2) 케인즈의 화폐수요곡선

케인즈가 제시한 화폐수요는 거래적·예비적 화폐수요($L_T(Y)$)와 투기적 화폐수요($L_S(r)$)의 합으로 나타난다.

$$\frac{M^d}{P} = L_T(Y) + L_s(r) = L(Y, r)$$

① 케인즈 화폐수요곡선의 이동

구 분	화폐수요곡선 이동 방향
소득증가	화폐수요곡선이 오른쪽으로 이동
소득감소	화폐수요곡선이 왼쪽으로 이동

개념체크OX

• 유동성 선호설에서 투기적 동기의 화폐수요는 이자율의 감소함수이다. ☐☒

• 케인즈의 화폐수요곡선은 소득증가에 따라 우측으로 이동한다. ☐☒

O, O

② 이자율과 화폐수요
　㉠ 이자율과 화폐수요의 관계
　　케인즈는 화폐수요의 동기 중 투기적 동기에 의한 화폐수요를 중시했으며, 투기적 화폐수요는 이자율의 감소함수로 가정하였다.

이자율	채권가격	경제주체의 움직임	화폐수요
이자율 상승	채권가격 하락	경제주체들이 채권가격의 상승을 예상하여 채권을 매입	화폐수요 감소
이자율 하락	채권가격 상승	경제주체들이 채권가격의 하락을 예상하여 채권 보유량을 줄이고 화폐보유를 선호	화폐수요 증가

　㉡ 이자율의 변화요인
　　• 국민소득의 증가 → 거래적 화폐수요 증가 → 화폐수요곡선이 오른쪽으로 이동 → 이자율 상승
　　• 물가수준 상승 → 실질통화공급 감소 → 화폐공급곡선이 왼쪽으로 이동 → 이자율 상승
　　• 중앙은행이 통화량을 증가 → 통화공급 증가 → 화폐공급곡선이 오른쪽으로 이동 → 이자율 하락
　㉢ 케인즈는 화폐시장에서 (화폐수요와 화폐공급이 일치하는 수준에서) 이자율이 결정되는 것으로 본다.
　㉣ 고전학파는 이자율이 대부자금시장에서 (투자와 저축이 일치하는 수준에서) 결정되는 것으로 본다.

(3) 유동성함정
① 유동성함정은 이자율이 매우 낮은 경우 모든 개인들이 이자율의 상승(채권가격의 하락)을 예상하여 화폐수요를 무한히 증가시키는 구간을 말한다.
② 유동성함정은 단기 명목이자율이 0에 가까운 상태가 된다.
③ 유동성함정에서 투기적 화폐수요의 이자율탄력성은 무한대가 된다.
④ 경기가 매우 침체된 상태에서 나타나며, 모든 유휴자금의 증가분이 투기적 화폐수요로 흡수되기 때문에 유동성함정에서는 통화정책보다 재정정책이 더 유효하다.

(4) 보몰-토빈 모형
① 보몰과 토빈은 케인즈의 유동성 선호설을 발전시켰다. 투기적 화폐수요에 더해 거래 목적의 화폐보유 및 예비적 화폐수요도 이자율의 영향을 받는 이자율의 감소함수라고 주장하였다. 보몰-토빈 모형에서 화폐수요는 목적에 상관없이 이자율의 감소함수이다.
② 화폐수요는 소득의 증가함수이다.

$$M^d = P\sqrt{\frac{bY}{2r}} \Rightarrow \frac{M^d}{P}\sqrt{\frac{bY}{2r}}$$

(r : 이자율, b : 현금 인출 비용)

개념더하기

유휴자금
유휴자금은 당장 소비되지 않고 장기투자나 가까운 시일에 소요될 큰 지출 등을 위해 모아두는 유휴상태의 자금을 말한다.
예 증권, 정기예금, 부동산 매입

개념체크OX
• 유동성함정은 화폐보유에 대한 비용이 크다. OX
• 유동성함정에 빠진 경우 통화정책보다 재정정책이 더 유효하다. OX

X, O

③ 재고이론 : 보몰은 화폐를 일종의 재고로 간주하고 화폐보유의 편익과 비용이 적정화폐 보유의 규모를 결정한다고 주장하였다.
④ 자산선택이론 : 토빈은 일반적으로 대체효과가 소득효과보다 더 크기 때문에 투기적 화폐수요는 이자율의 감소함수라고 가정하였다.

5 신화폐수량설(프리드만)

(1) 신화폐수량설의 의의

고전학파는 화폐의 자산으로의 기능을 무시하고 교환의 매개수단 기능만을 강조하였다. 반면 케인즈는 화폐를 하나의 자산으로써 보유하는 가치저장 기능을 중시하였다. 이에 대해 프리드만은 신화폐수량설을 통해 화폐를 자산으로 보유하는 가치저장의 기능을 인정하면서도 케인즈와는 달리 화폐수요가 매우 안정적이라고 주장하였다.

(2) 화폐수요함수

① 프리드만의 신화폐수량설에서 실질화폐수요($\frac{M^d}{P}$)에 영향을 미치는 변수에는 개인의 부(W)로부터 발생하는 항상소득(Y_P), 채권수익률, 주식수익률, 화폐수익률 등의 수익률(r), 예상인플레이션율(π^e) 등이 있다.
② 일반적으로 항상소득이 증가하면 화폐수요가 증가하고, 여러 자산의 수익률(r) 또는 예상인플레이션율(π^e)이 상승하면 화폐수요는 감소한다.

$$\frac{M^d}{P} = f(Y_P,\ r,\ \pi^e)$$

(3) 신화폐수량설 화폐수요의 특징

① 프리드만은 신화폐수량설에서 유통속도는 이자율과 예상인플레이션율의 영향을 받지만 그 정도가 매우 미미하며 화폐수요의 이자율탄력성이 매우 작으므로 화폐수요함수가 매우 안정적이라고 주장한다.
② 화폐수요가 안정적이기 때문에 통화량의 변화가 명목국민소득 결정에 가장 중요한 요인이다.
③ 경제지표로써 통화량을 중시하였으며 k% 준칙의 시행을 강조하였다.
④ 화폐유통속도(V)가 안정적이므로 통화량의 변화는 단기적으로 명목국민소득(PY)에 매우 큰 영향을 미치나, 장기적으로는 물가상승만 초래한다.

> **개념더하기**
>
> **k% 준칙**
> k% 준칙은 통화량 증가율을 경제성장률에 맞추어 매년 일정하게 유지하는 준칙이다.

6 학파별 비교

구 분	고전적 화폐수량설	케인즈의 유동성 선호설	프리드만의 신화폐수량설
화폐의 기능	교환의 매개수단 강조	가치저장수단 강조	가치저장수단 강조
화폐수요 결정요인	명목국민소득 (PY)	소득과 이자율 강조	소득과 이자율, 항상소득(Y_P) 강조
화폐 유통속도	일 정 (외생적 결정변수)	불안정	안 정
화폐수요함수	$M^d = \dfrac{1}{V}PY$	$\dfrac{M^d}{P} = L_r(Y) + L_s(r)$	$\dfrac{M^d}{P} = k(r, \pi^e)Y_P$
화폐수요함수의 안정성	매우 안정적	불안정적	매우 안정적
화폐수요의 이자율탄력성	완전 비탄력적	탄력적	비탄력적
화폐수요의 소득탄력성	1(단위탄력적)	매우 비탄력적	1에 가까움

4 통화정책

1 통화정책의 의의

통화정책은 중앙은행이 각종 금융정책수단을 이용하여 물가안정, 완전고용, 경제성장, 국제수지균형 등의 정책목표를 달성하려는 경제 정책이다. 통화정책의 체제는 중간목표관리제와 물가안정목표제로 구분된다.

2 중간목표관리제

(1) 중간목표관리제의 의의
 ① 중간목표관리제는 중간목표 변수를 설정하고, 이를 집중적으로 관리해 최종목표를 달성하려는 통화정책 운영방식을 말한다.
 ② 중간목표 변수로는 주로 이자율, 통화량 등이 사용된다.
 ③ 케인즈학파는 이자율의 급격한 변동이 투자를 불안정하게 하여 실물부문의 불안정성이 초래되므로 이자율을 중간목표로 관리하는 것이 바람직하다고 주장한다.
 ④ 반면 통화론자들은 통화량을 자주 조정하면 인플레이션이 발생하므로 물가안정을 위해서는 통화량을 중간목표로 관리하는 것이 바람직하다고 주장한다.

> **개념더하기**
>
> **통화공급목표의 설정**
> $\dfrac{\Delta M}{M} + \dfrac{\Delta V}{V} = \dfrac{\Delta P}{P} + \dfrac{\Delta Y}{Y}$
> → 통화공급 증가율 + 유통속도 증가율 = 물가상승률 + 경제성장률

(2) 일반적인 통화정책 수단

공개시장조작 정책	공개시장에서 국공채를 매입·매각함으로써 통화량과 이자율을 관리하는 정책을 말한다. • 국공채 매입 → 본원통화 증가 → 통화량 증가 → 이자율 하락 • 국공채 매각 → 본원통화 감소 → 통화량 감소 → 이자율 상승
재할인율 정책	예금은행이 중앙은행으로부터 차입할 때의 이자율인 재할인율을 조정함으로써 통화량과 이자율을 관리하는 정책을 말한다. • 재할인율 하락 → 예금은행의 차입증가 → 본원통화 증가 → 통화량 증가 → 이자율 하락 • 재할인율 상승 → 예금은행의 차입감소 → 본원통화 감소 → 통화량 감소 → 이자율 상승
지급준비율 정책	법정지급준비율을 조정함으로써 통화승수를 변화시켜 통화량과 이자율을 관리하는 정책이다. • 지급준비율 감소 → 통화승수 증가 → 통화량 증가 → 이자율 하락 • 지급준비율 증가 → 통화승수 감소 → 통화량 감소 → 이자율 상승

> **개념더하기**
>
> **콜금리(Call Rate)**
> 금융기관이 일시적으로 자금이 부족할 때, 자금이 풍부한 다른 금융기관에 찾아가 대출을 요청하는 것을 콜(Call)이라 하며, 금융기관이 돈을 빌려줄 때 형성되는 금리가 바로 콜금리이다.

3 물가안정목표제

(1) 물가안정목표제의 개념

① 통화량 등의 중간목표를 두지 않고 정책의 최종목표인 물가안정 자체를 사전에 설정하고 목표물가상승률을 대외적으로 밝힌 뒤, 이를 달성하려는 통화정책 운영방식이다.

② 한국은행이 채택하고 있는 통화정책 운영체제이다. 우리나라에서는 '한국은행 기준금리'가 운용수단으로 사용되며, 소비자 물가상승률을 물가안정목표로 설정한다.

③ 물가안정목표제는 정책 목표가 일반인에게 이해되기 쉽고, 중앙은행의 독립성을 높인다는 특징이 있다.

(2) 기준금리 조정의 효과(기준금리 인상 시)

① 기준금리 인상으로 이자율이 상승하면 투자가 감소한다.

② 기준금리가 인상되면 장기금리인 채권수익률이 상승해 주식 수요가 감소하게 된다(주가 하락 → 토빈의 q 하락 → 투자 감소).

③ 기준금리 인상으로 은행의 대출금리가 상승하면 주택구입자금 대출 시 이자비용이 증가하므로 주택 수요가 감소한다(부동산가격 하락 → 주택투자 감소).

④ 기준금리가 인상되면 해외자본이 유입해 환율이 하락하므로 순수출이 감소한다.

⑤ 기준금리가 인상되면 자산가격이 하락하므로 부의 효과에 의해 소비가 감소한다.

> **개념더하기**
>
> **부의 효과**
> 자산가격이 상승하면 소비도 증가하는 현상을 말한다. 반대로 자산가격이 하락하면 소비도 감소한다.

CHAPTER 04 기출분석문제

01 다음 중 화폐에 대한 설명으로 옳은 것은?   한국가스공사

① 만기가 2년 미만인 금융상품은 LF에 해당한다.
② 가치저장수단의 역할로 소득과 지출의 발생 시점을 분리해준다.
③ 본원통화는 현금통화와 초과지급준비금으로 구성된다.
④ 유가증권은 중앙은행 대차대조표의 대변에 해당한다.

[해설] ① 만기가 2년 미만인 금융상품은 M2(광의통화)에 해당한다.
③ 본원통화는 현금통화와 지급준비금으로 구성된다.
④ 유가증권은 중앙은행 대차대조표의 차변에 해당한다.

02 다음 중 통화와 금리에 대한 설명으로 옳지 않은 것은?   중소벤처기업진흥공단

① 우리나라의 현행 통화지표에는 M1, M2, Lf, L 등이 있다.
② 통화는 교환매개, 가치저장, 회계단위, 가치의 측정단위 등의 기능을 한다.
③ 기업어음, 회사채, 생명보험회사의 보험계약준비금은 금융기관 유동성(Lf)에 포함된다.
④ 명목금리는 일반적으로 명목GDP 증가율과 비슷한 수준이다.

[해설] 생명보험회사의 보험계약준비금은 금융기관 유동성(Lf)에 포함되나, 기업어음과 회사채 등 정부 및 기업 등이 발행한 유동성 금융상품은 광의유동성(L)에 포함된다.

03 본원통화에 대한 다음 설명 중 옳지 않은 것은?   한국무역보험공사

① 중앙은행이 예금은행에 대한 대출을 늘리면 본원통화가 증가한다.
② 국제수지가 적자이면 본원통화가 줄어든다.
③ 중앙은행이 환율 하락을 방지하기 위해 외환시장에 개입을 시작하면 본원통화는 감소한다.
④ 중앙은행이 공개시장에서 국공채를 매각하면 본원통화가 감소한다.

[해설] 환율 하락을 방지하기 위해 중앙은행이 외환시장에 개입하는 경우, 달러를 매입하고 원화를 매도하기 때문에 본원통화는 증가하게 된다.

04 통화공급에 대한 다음 설명 중 옳지 않은 것은? 　　　　　　　　　　　한국관광공사

① 통화량은 민간보유현금통화와 요구불예금의 합으로, 본원통화를 민간보유현금통화와 지급준비금의 합으로 정의하면 현금예금비율이 0.7이고 지불준비금비율이 0.3인 경우 통화승수는 1.3이다.
② 중앙은행이 필요지급준비율을 하락시키면 통화공급이 증가한다.
③ 중앙은행은 공개시장조작, 지급준비율조절, 재할인율조절을 통해 통화공급을 통제할 수 있다.
④ 중앙은행이 은행으로부터 채권을 매입하면 통화공급이 증가한다.

[해설] 현금예금비율($k = \dfrac{C}{D}$)이 0.7이고 지급준비금비율(z)이 0.3으로 주어져 있으므로 $m = \dfrac{k+1}{k+z} = \dfrac{0.7+1}{0.7+0.3} = 1.7$이다.

05 통화정책에 대한 설명으로 옳지 않은 것은? 　　　　　　　　　　　근로복지공단

① 시중은행의 법정지급준비율이 낮아지면 통화량은 증가한다.
② 재할인율을 높이면 통화량은 감소한다.
③ 중앙시장이 공개시장에서 국채를 매입하면 통화량은 증가한다.
④ 중앙은행이 화폐를 추가로 발행하면 통화승수가 증가한다.

[해설] 중앙은행이 화폐를 추가로 발행하면 통화승수가 아닌 본원통화가 증가한다.

06 다음 중 화폐수요에 대한 설명으로 옳은 것은? 　　　　　　　　　　　한국장학재단

① 이자율이 상승하면 화폐수요가 감소한다.
② 요구불예금 수요가 증가하면 M1 수요는 감소한다.
③ 물가가 상승하면 거래적 동기의 화폐수요가 감소한다.
④ 실질 국내총생산이 증가하면 M1 수요는 감소한다.

[해설] ① 이자율은 화폐에 대한 기회비용이므로 이자율이 상승하면 화폐수요가 감소한다.
② 요구불예금은 M1에 해당하므로 요구불예금 수요의 증가는 M1 수요의 증가로 이어진다.
③ 거래적 동기의 화폐수요는 소득의 증가함수이다.
④ 명목 국내총생산이 증가하면 통화수요가 증가하고, 따라서 M1 수요도 증가한다.

07 민간은 화폐를 현금과 요구불예금으로 각각 1/2씩 보유하고, 은행은 예금의 1/3을 지급준비금으로 보유한다. 통화공급을 180만큼 늘리기 위한 중앙은행의 본원통화의 증가분은?(단, 통화량은 현금과 요구불예금의 합계이다.)

경기신용보증재단

① 100
② 110
③ 120
④ 140

[해설] 통화량(M) = 통화승수(m) × 본원통화(B)이고, $\Delta M = m \times \Delta B$이다. $\Delta M = 180$으로 주어졌으므로 통화승수(m)를 구하여 식에 대입하면 본원통화의 증가분(ΔB)을 구할 수 있다. 주어진 조건을 통해 z(지급준비율) = 1/3, c(현금통화비율) = 1/2, k(현금예금비율) = $\frac{1/2}{1/2}$ = 1임을 알 수 있다. 이를 통화승수식 m(통화승수) = $\frac{1}{c+z(1-c)}$ 또는 m(통화승수) = $\frac{k+1}{k+z}$에 대입하면 $m = \frac{3}{2}$이다. $\Delta M \times \frac{1}{m} = \Delta MB = 180 \times \frac{2}{3} = 120$이므로, 본원통화의 증가분은 120이다.

08 한 화폐수요함수가 다음과 같다고 한다. $\frac{M^d}{P} = 2,400 - 400r$, 여기서 r은 백분율(%)로 표시한 이자율이다. 현재의 통화 공급량은 1,900이며 물가수준은 2로 고정되어 있다. 만일, 금융당국이 이자율은 4%로 유지하려고 한다면, 통화공급량을 어떻게 변화시켜야 하겠는가?

한국장학재단

① 200 증가시킨다.
② 400 증가시킨다.
③ 300 감소시킨다.
④ 400 감소시킨다.

[해설] 화폐수요함수를 $M^d = 2,400P - 400Pr$로 변형하여 $P = 2$를 대입하면 $M^d = 4,800 - 800r$이다. $r = 4$를 대입하면 $M^d = 1,600$이다. $M^d = M^s$를 만족하기 위해서 통화공급량은 300 감소시켜야 한다.

09 다음 〈보기〉는 케인즈의 유동성 선호이론에서 화폐수요에 영향을 미치는 요소들에 대한 것이다. 빈칸에 들어갈 적절한 단어를 차례대로 묶은 것은?

금융감독원

| 보기 |
(ㄱ)이 높아지면 화폐에 대한 수요는 감소한다.
(ㄴ)가(이) 높아지면 화폐에 대한 수요는 증가한다.

① (ㄱ) 물가수준, (ㄴ) 국민소득
② (ㄱ) 이자율, (ㄴ) 조세
③ (ㄱ) 이자율, (ㄴ) 물가수준
④ (ㄱ) 물가수준, (ㄴ) 이자율

[해설] 유동성 선호이론에 따르면 이자율은 화폐보유에 대한 기회비용을 의미한다. 따라서 이자율이 높아지면 화폐에 대한 수요는 감소한다. 한편, 물가수준은 재화와 서비스 거래에 필요한 화폐의 양을 의미하므로 물가수준이 높아지면 화폐에 대한 수요는 증가한다.

10 다음 표의 빈칸에 들어갈 말이 적절히 묶인 것은?　　　　　　　　　　　　　　IBK기업은행

구 분	고전적 화폐수량설	케인즈의 유동성 선호설	프리드만의 신화폐수량설
화폐의 기능	교환의 매개수단	가치저장수단	(ㄱ)
화폐수요 결정요인	명목국민소득(PY)	(ㄴ)	소득과 이자율, 항상소득(Y_P) 강조
화폐 유통속도	일정 (외생적 결정변수)	불안정	(ㄷ)
화폐수요함수	(ㄹ)	$\dfrac{M^d}{P}=L_r(Y)+L_s(r)$	$\dfrac{M^d}{P}=k(r,\ \pi^e)Y_P$
화폐수요의 이자율탄력성	완전 비탄력적	(ㅁ)	비탄력적

① (ㄱ) 교환의 매개수단, (ㄴ) 임시소득, (ㄷ) 안정, (ㄹ) $M^d=\dfrac{1}{V}P$, (ㅁ) 탄력적

② (ㄱ) 교환의 매개수단, (ㄴ) 소득과 이자율, (ㄷ) 불안정, (ㄹ) $M^d=PY$, (ㅁ) 비탄력적

③ (ㄱ) 가치저장수단, (ㄴ) 소득과 이자율, (ㄷ) 불안정, (ㄹ) $M^d=\dfrac{1}{V}PY$, (ㅁ) 단위탄력적

④ (ㄱ) 가치저장수단, (ㄴ) 소득과 이자율, (ㄷ) 안정, (ㄹ) $M^d=\dfrac{1}{V}PY$, (ㅁ) 탄력적

[해설] 프리드만의 신화폐수량설은 화폐의 가치저장수단을 인정하면서도 화폐의 유통속도는 안정적이라고 주장한다. 케인즈의 유동성 선호설에서는 소득과 이자율을 강조하며, 고전적 화폐수량설의 화폐수요함수는 $M^d=\dfrac{1}{V}PY$이다. 케인즈의 화폐이론에서 화폐수요의 이자율탄력성은 탄력적이다.

11 다음 중 유동성함정에 대한 설명으로 가장 옳은 것은?　　　　　　　　　　　한국도로공사

① 실질화폐수요는 이자율에 대해 완전 비탄력적이다.
② 화폐 보유에 대한 기회비용이 아주 크다.
③ 유동성함정에 빠진 경우, 확장적 통화정책으로도 기대인플레이션을 높이면 주어진 명목이자율 수준을 유지하면서 실질이자율을 낮추는 것이 가능하다.
④ 유동성함정에 빠진 경우, 확장적 통화정책이 확장적 재정정책보다 효과적이다.

[해설] 유동성함정에 빠진 경우 통화정책보다 재정정책이 유효하지만, 피셔방정식($R=\pi+r$)을 고려하면 기대인플레이션을 높이는 방식으로 실질이자율을 낮추는 것이 가능하다.

[정답] 07 ③　08 ③　09 ③　10 ④　11 ③

12 국민소득결정모형에서 화폐공급이 300억원, 정부지출이 250억원, 소비지출이 300억원, 투자지출이 350억원일 때 화폐의 유통속도(V)를 구하면?

한국자산관리공사

① 2
② 3
③ 4
④ 5

[해설] 국민소득 $PY = C + I + G = 300 + 350 + 250 = 900$(억)이고, 피셔의 교환방정식 $MV = PY$에 구해진 PY인 900억을 대입하면
$V = \dfrac{PY}{M} = \dfrac{900억}{300억} = 3$이다.

13 다음 중 보몰-토빈 이론에 대한 설명으로 옳지 않은 것은?

신용보증기금

① 화폐는 일종의 재고이며, 화폐보유에 따른 편익과 비용을 비교하여 화폐보유 규모를 결정한다.
② 대체효과보다 일반적으로 소득효과가 크기 때문에 투기적 화폐수요는 이자율의 감소함수이다.
③ 예비적 화폐수요와 투기적 화폐수요는 이자율의 감소함수이고, 거래적 화폐수요는 이자율의 증가함수이다.
④ 케인즈의 유동성 선호설을 발전시킨 이론이다.

[해설] 보몰-토빈 모형은 거래적 화폐수요, 예비적 화폐수요도 투기적 화폐수요와 더불어 이자율의 감소함수라고 주장한다.

14 통화정책에 대한 설명으로 옳은 것은?

신용보증기금

① 중앙은행이 법정지급준비율을 인하하면 총지급준비율이 작아져 통화승수는 작아지고 통화량도 작아진다.
② 중앙은행이 재할인율을 콜금리보다 낮게 인하하면 통화량이 감소한다.
③ 중앙은행이 양적완화를 실시하면 본원통화가 증가하여 단기이자율은 상승한다.
④ 중앙은행이 공개시장조작으로 국채를 매입하면 통화량이 증가한다.

[해설] ① 중앙은행이 법정지급준비율을 인하할 경우, 총지급준비율이 작아지면 통화승수가 커져 통화량이 증가한다.
② 중앙은행이 재할인율을 콜금리보다 낮게 인하하면 통화량은 증가한다.
③ 중앙은행은 기준금리가 0에 가까울 정도로 낮아 통화량을 증가시켜도 더 이상 이자율이 낮아지지 않는 상황에서 양적완화 정책을 실시한다.

➕ **더알아보기** 양적완화 정책

양적완화 정책은 저금리 시에, 중앙은행이 통화를 시중에 직접 공급해 시장 경제를 활성화하고, 경기를 부양시키는 통화정책을 뜻한다.

15 통화정책의 테일러준칙과 인플레이션 목표제에 대한 설명으로 옳은 것은? 주택도시보증공사

① 테일러준칙하에서는 경기가 호황일 때 이자율을 하락시키고, 경기가 불황일 때 이자율을 인상시킨다.
② 테일러준칙에서 다른 변수들은 불변일 때 정책당국이 목표인플레이션율을 높이면 정책금리도 높여야 한다.
③ 인플레이션 목표제는 미래 인플레이션 예측치에 근거하며, 테일러준칙은 후향적이어서 과거 인플레이션을 따른다.
④ 인플레이션 목표제에서는 정부가 목표를 구체적인 수치로 중앙은행에 지시한다.

[해설] ③ 인플레이션 목표제는 미래의 인플레이션을 구체적인 수치로 제시하고, 테일러준칙에서는 실제인플레이션과 목표인플레이션을 비교하여 사후에 조정한다.
① 테일러준칙은 경기가 호황일 때 이자율을 상승시키고, 경기가 불황이면 이자율을 하락시킨다.
② 테일러준칙은 실제인플레이션율이 인플레이션 목표치를 벗어났을 때, 은행이 정책금리를 변경한다는 이론이다. 따라서 실제인플레이션율이 아닌 목표인플레이션율의 변화는 정책금리 변동과 무관하다.
④ 인플레이션 목표제는 중앙은행이 목표인플레이션율을 구체적인 숫자로 제시하고 이에 맞추어 정부가 통화정책을 운영하는 방식이다.

16 중앙은행이 통화정책을 통해 경기를 활성화하고자 할 때, 통화량 확대를 위한 정책에 대한 설명으로 옳지 않은 것은? 한국도로공사

① 공개시장에서 국공채를 매입한다.
② 재할인율을 인상한다.
③ 법정지급준비율을 감소시킨다.
④ 공개시장조작 정책과 재할인율 정책은 본원통화에 영향을 미쳐 통화량을 관리한다.

[해설] 중앙은행은 예금은행이 중앙은행으로부터 차입할 때의 이자율인 재할인율을 조정하여 통화량을 관리하는데 재할인율을 인상하면 본원통화가 감소해 통화량이 감소하므로 재할인율을 인하하여 본원통화를 증가시켜 통화량을 확대시킨다.

[정답] 12 ② 13 ③ 14 ④ 15 ③ 16 ②

최신복원문제

키워드 총공급곡선의 이동

총수요(AD)-총공급(AS)모형에서 총공급곡선을 이동시키는 요인이 아닌 것은?   IBK기업은행

① 노동인구 수의 변화
② 자본량의 증가
③ 천연자원의 개발
④ 통화공급 증대

해설   통화공급 증대는 총공급곡선이 아닌 총수요곡선과 관련된다.

정답 ④

Chapter 05
총수요와 총공급이론

기출 키워드	중요도	기출 키워드	중요도
☑ IS곡선의 도출	★★	☑ IS-LM균형	★★★
☑ IS곡선의 기울기 결정요인	★★★	☑ 총수요-총공급 모형의 원리	★★
☑ IS곡선 기울기에 대한 학파별 견해	★★	☑ 총수요곡선이 우하향하는 이유	★
☑ IS곡선의 이동	★★★	☑ 실질잔고효과	★
☑ 생산물시장의 불균형과 IS곡선	★	☑ 총수요곡선의 기울기	★★★
☑ LM곡선의 도출	★★	☑ 총수요곡선의 이동	★★★
☑ LM곡선의 기울기 결정요인	★★★	☑ 총공급곡선이 우상향하는 이유	★
☑ LM곡선 기울기에 대한 학파별 견해	★★	☑ 장기총공급곡선에서의 물가수준	★★
☑ LM곡선의 이동	★★★	☑ 총공급곡선의 이동	★★★
☑ 화폐시장의 불균형과 LM곡선	★	☑ 균형물가 및 균형생산량의 결정	★★★

CHAPTER 05 총수요와 총공급이론

1 IS-LM모형

1 IS-LM모형의 의의

IS-LM모형을 통해 밀접하게 상호작용하는 생산물시장과 화폐시장을 종합적으로 분석할 수 있다.

> **개념더하기**
> **생산물시장과 화폐시장의 상호작용**
> 생산물시장 → 국민소득 결정 → 화폐수요 결정
> 투자 결정 ← 이자율 결정 ← 화폐시장

2 IS-LM모형의 가정

(1) 물가수준(P)은 외생변수로서 상수 취급되므로 고정이다.

(2) 투자수요(I^D)는 독립투자 이외에도 이자율(r)의 감소함수인 유발투자수요를 가정한다.

3 IS곡선

(1) **IS곡선의 개념**

① IS곡선은 생산물시장의 균형을 이루는 이자율과 국민소득의 조합을 나타내는 직선이다.

② 생산물시장의 균형조건인 I^D(투자수요) = S(저축)을 만족하는 균형이자율과 균형국민소득으로부터 도출된다.

(2) **IS곡선의 도출**

4부문 모형(가계, 기업, 정부, 해외)을 가정한다.

① 생산물시장 총수요의 구성요소

> - 총수요 : $Y = C + I + G + (X - M)$
> - 소비 : $C = C_0 + cY_d$ $(0 < c < 1)$
> - 투자 : $I = I_0 - br$ $(b > 0)$
> - 조세 : $T = T_0 + tY$ $(t > 0)$
> - 정부지출 : $G = G_0$
> - 가처분소득 : $Y_d = Y - T$
> - 수출 : $X = X_0$
> - 수입 : $M = M_0 + mY$ $(0 < m < 1)$

> **개념더하기**
> **생산물시장의 균형조건**
> - 유효수요
>   = 소비(C) + 투자(I)
> - 총공급 = 국민소득(Y)
> - 소비(C)
>   = 국민소득(Y) − 저축(S)
> - 균형조건 : 유효수요 = 총공급
> $Y = C + S \Rightarrow C + I = C + S$
> $\Rightarrow I = S$

② 균형국민소득 결정식

$$Y = C + I + G + (X - M)$$
$$= C_0 + c(Y - T_0 - tY) + I_0 - br + G_0 + (X_0 - M_0 - mY)$$
$$\Rightarrow (1 - c(1-t) + m)Y = C_0 - cT_0 + I_0 - br + G_0 + X_0 - M_0$$
$$\therefore Y = \frac{1}{1 - c(1-t) + m}(C_0 - cT_0 + I_0 + G_0 + X_0 - M_0)$$
$$- \frac{b}{1 - c(1-t) + m}r$$

③ r에 대하여 정리 → IS곡선의 함수식

$$r = -\frac{1 - c(1-t) + m}{b}Y + \frac{1}{b}(C_0 - cT_0 + I_0 + G_0 + X_0 - M_0)$$

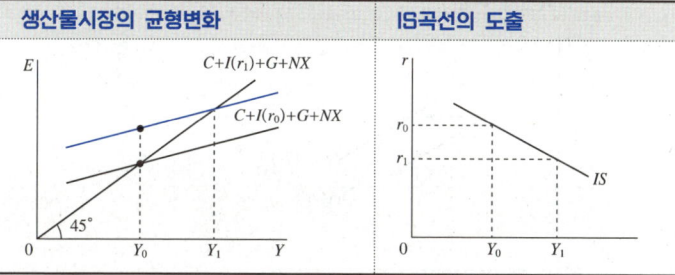

| 생산물시장의 균형변화 | IS곡선의 도출 |

(3) IS곡선의 기울기(4부문 모형)

① IS곡선의 기울기 결정요인

IS곡선의 기울기는 $-\dfrac{1 - c(1-t) + m}{b}$ 이므로

완만(탄력적)	급경사(비탄력적)
• 투자의 이자율탄력성(b)이 클수록 • 한계소비성향(c)이 클수록 • 소비함수에 실질자산이 도입될수록	• 세율(t)이 높을수록 • 한계수입성향(m)이 클수록 • 한계저축성향(s)이 클수록 • 자동안정화장치가 잘 작동될수록

② IS곡선 기울기에 대한 학파별 견해

구 분	고전학파	통화론자	케인즈학파	케인즈 단순모형
투자의 이자율탄력성	완전 탄력적	탄력적	비탄력적	완전 비탄력적
IS곡선의 기울기	수 평	완 만	가파른 형태	수 직
재정정책의 유효성	무 력	효과 적음 (구축효과가 크다)	효과 많음 (구축효과가 적다)	구축효과가 발생하지 않음

개념체크OX

• IS곡선의 기울기는 한계소비성향이 작을수록 가파르다. ⓞⓧ

• 고전학파는 IS곡선이 수직이라고 주장했다. ⓞⓧ

O, X

(4) IS곡선의 이동

① 곡선상의 이동

다른 모든 변수가 일정한 상태에서 이자율이 변하면 IS곡선상에서 균형점이 이동한다.

② IS곡선의 이동

IS곡선 우측 이동 요인	IS곡선 좌측 이동 요인
• 기초소비 증가(소비 증가, 저축 감소) • 독립투자 증가(투자 증가) • 정부지출 증가(재정적자 증가, 조세 감소) • 순수출 증가(수출 증가, 수입 감소)	• 기초소비 감소(소비 감소, 저축 증가) • 독립투자 감소(투자 감소) • 정부지출 감소(재정적자 감소, 조세 증가) • 순수출 감소(수출 감소, 수입 증가)
= 주입 증가, 누출 감소	= 주입 감소, 누출 증가

IS곡선의 이동

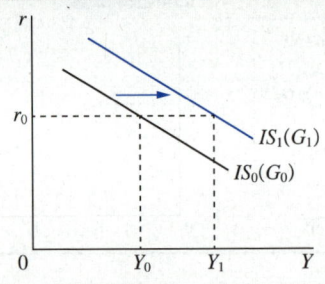

(5) 생산물시장의 불균형

① IS곡선 상방 영역(A점)

균형수준을 보장하는 이자율 수준보다 높은 이자율 수준의 영역으로, 투자수요보다 저축이 많은 초과공급이 발생하는 영역이다.

② IS곡선 하방 영역(B점)

균형수준을 보장하는 이자율 수준보다 낮은 이자율 수준의 영역으로, 저축보다 투자수요가 많은 초과수요가 발생하는 영역이다.

생산물시장의 불균형

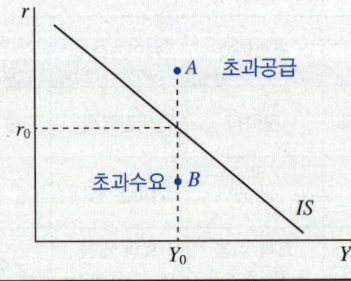

> 📝 **개념체크OX**
> • 투자의 증가는 IS곡선을 우측으로 이동시킨다. ⓞⓧ
> • 정부지출 감소는 IS곡선을 좌측으로 이동시킨다. ⓞⓧ
>
> O, X

4 LM곡선

(1) **LM곡선의 개념**
   ① LM곡선은 화폐시장의 균형을 이루는 이자율과 국민소득의 조합을 나타내는 직선이다.
   ② 화폐시장의 균형조건인 M^D(화폐수요) $= M^S$(화폐공급)을 만족하는 균형이자율과 균형국민소득으로부터 도출된다.

(2) **LM곡선의 도출**
   ① 화폐수요함수와 화폐공급함수
   화폐수요는 소득의 증가함수이자 이자율의 감소함수이며 화폐공급은 중앙은행에 의해 외생적으로 주어져 일정하다.

   > ㉠ 화폐수요 : $\dfrac{M^d}{P} = kY - hr$
   >
   > ㉡ 화폐공급 : $\dfrac{M^s}{P} = \dfrac{M_0}{P_0}$
   >
   > (단, 물가수준은 P_0로 주어져 있고, 중앙은행의 명목통화량은 M_0라고 가정한다)

   ② LM곡선의 도출

   $$\frac{M^d}{P} = \frac{M^s}{P} \Rightarrow \frac{M_0}{P_0} = kY - hr$$

   (k : 마샬 k, h : 이자율탄력성)

   화폐시장의 균형을 만족하는 위 균형식을 r에 대하여 정리하면
   → LM곡선의 함수식

   $$r = \frac{k}{h}Y - \frac{1}{h}\frac{M_0}{P_0}$$

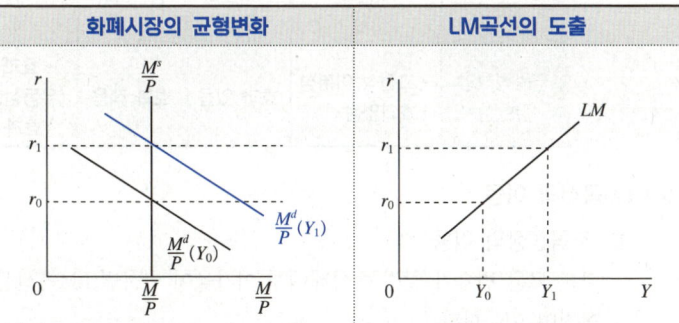

| 화폐시장의 균형변화 | LM곡선의 도출 |

(3) **LM곡선의 기울기**
   ① LM곡선의 기울기 결정요인
   LM곡선의 기울기는 $\dfrac{k}{h}$이므로

> **개념체크OX**
> • LM곡선은 생산요소시장에서 균형을 이루는 이자율과 국민소득의 조합이다. ⃞O⃞X
> • 화폐의 이자율탄력성이 작을수록 LM곡선은 가파르다. ⃞O⃞X
>
> ×, ○

㉠ 화폐의 소득탄력성(마샬k)이 작을수록 LM곡선은 완만하다.
㉡ 화폐의 이자율탄력성(h)이 클수록 LM곡선은 완만하다.
㉢ 화폐의 유통속도($v = \frac{1}{k}$)가 클수록 LM곡선은 완만하다.
- 투기적 화폐수요가 이자율에 대해 탄력적일수록 LM곡선은 완만하다.
- 거래적 화폐수요는 국민소득에 대해 탄력적일수록 LM곡선은 완만하다.

② LM곡선의 기울기에 대한 학파별 견해

㉠ 고전학파

투기적 화폐수요가 거의 존재하지 않는다고 보는 고전학파는 이자율이 변해도 화폐수요는 별로 변하지 않을 것이라고 보기 때문에 화폐시장의 균형을 회복하기 위한 소득수준의 변화도 별로 크지 않다고 생각했다. 따라서 이들은 LM곡선의 기울기가 매우 가파르다고 주장한다. 극단적으로 투기적 화폐수요가 전혀 존재하지 않는다면 LM곡선은 수직선이 된다.

㉡ 케인즈학파

반면 케인즈학파는 투기적 화폐수요가 당연히 존재하며, LM곡선의 기울기는 매우 완만한 형태라고 주장한다. 극단적으로 이자율 수준이 너무 낮아서 모든 사람이 이자율이 곧 상승해 채권가격이 하락할 것으로 생각한다면 투자적 화폐수요가 무한히 증가하는 '유동성함정'이 발생하는 경우, LM곡선은 수평선이 된다.

구 분	고전학파	통화론자	케인즈학파	케인즈 단순모형
화폐수요의 이자율탄력성	완전 비탄력적	비탄력적	탄력적	탄력적 (유동성함정하에 완전 탄력적)
LM곡선의 기울기	수 직	가파르다	완만하다	완만 (유동성함정하에 수평)
금융정책의 유효성	• 고전적 이분성 • 효과없음	효과 있음	효과 적음	효과 적음 (유동성함정하에 효과 없음)

(4) LM곡선의 이동

① LM곡선상의 이동

다른 모든 변수가 일정한 상태에서 이자율이 변하면 LM곡선상에서 균형점이 이동한다.

② LM곡선의 이동

LM곡선 우측 이동 요인	LM곡선 좌측 이동 요인
• 통화공급량의 증가 • 물가수준의 하락 • 화폐수요의 감소	• 통화공급량의 감소 • 물가수준의 상승 • 화폐수요의 증가

📝 개념체크OX

• 통화론자들은 화폐수요의 이자율탄력성이 비탄력적이며, 금융정책이 효과적이라고 주장한다. ⊙⊠
• 케인즈 단순모형하에 유동성함정에서 LM곡선은 수평이다. ⊙⊠

○, ○

LM곡선의 이동

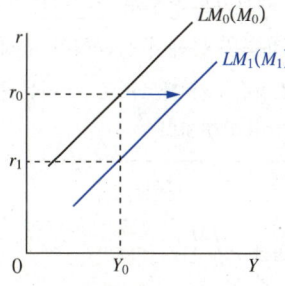

(5) 화폐시장의 불균형

① LM곡선 상방 영역(A점)

화폐시장의 균형을 보장하는 이자율 수준보다 높은 이자율 수준의 영역으로, 화폐수요가 화폐공급보다 적은 초과공급이 발생하는 영역이다.

② LM곡선 하방 영역(B점)

화폐시장의 균형을 보장하는 이자율 수준보다 낮은 이자율 수준의 영역으로, 화폐수요가 화폐공급보다 많은 초과수요가 발생하는 영역이다.

화폐시장의 불균형

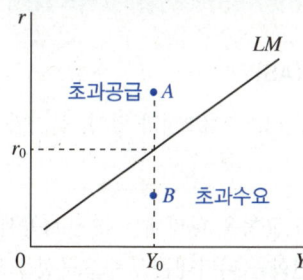

5 IS-LM균형

(1) 생산물시장과 화폐시장의 동시균형

IS곡선과 LM곡선이 교차하는 E점에서 균형국민소득과 균형이자율이 결정되며 생산물시장과 화폐시장이 동시균형을 이루게 된다.

IS-LM균형

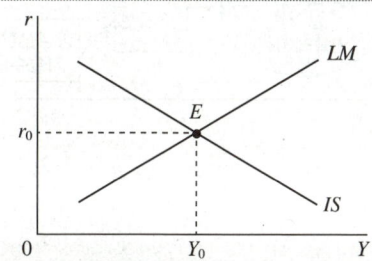

> **개념체크OX**
> • LM곡선의 상방 영역은 화폐수요가 초과인 영역이다. ⃞O⃞X
> • IS-LM균형은 생산물시장과 화폐시장의 동시균형 상태이다. ⃞O⃞X
>
> X, O

(2) 생산물시장과 화폐시장의 동시불균형

생산물시장에서 불균형이 발생하면 생산량을 통해서 불균형을 조정하며 화폐시장에서 불균형이 발생하면 이자율을 통해서 불균형이 조정된다.

보통 화폐시장이 생산물시장보다 조정속도가 빠르므로, 동시불균형 시 LM곡선이 조정된 후에 IS곡선의 조정이 이뤄진다.

생산물시장과 화폐시장의 동시불균형

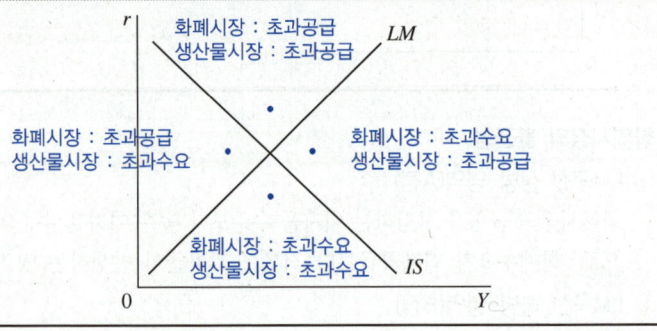

2 총수요와 총공급

1 총수요곡선(AD)과 총공급곡선(AS)

(1) 총수요(AD)-총공급(AS)모형에서는 IS-LM모형과 달리, 물가가 가변적인 경우를 분석한다.

(2) 생산물시장의 균형과 화폐시장의 균형을 나타내는 IS-LM곡선으로부터 물가변화에 따른 총수요수준의 변화를 나타내는 총수요곡선을 도출할 수 있다.

(3) 노동시장의 균형과 물가수준에 대한 기대 그리고 생산함수를 통하여 총공급곡선을 도출할 수 있다.

총수요(AD)-총공급(AS)모형의 원리

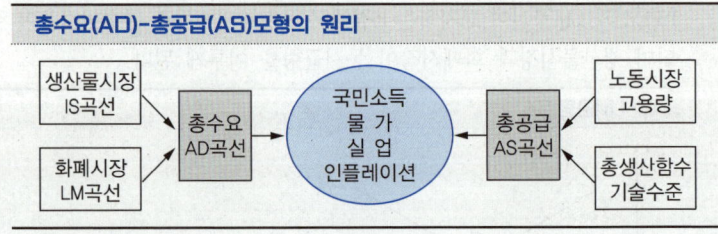

2 총수요곡선(AD)

(1) 총수요곡선의 개념

① 총수요곡선은 다른 요인들이 일정하다는 가정하에 물가수준(P)과 총수요의 관계를 나타낸 곡선을 말한다.

개념체크OX

• IS-LM모형을 통해 총수요(AD)곡선을 도출한다. ⃞X

• 노동시장의 균형과 총생산함수를 통해 총공급(AS)곡선을 도출한다. ⃞X

O, O

② 총수요는 가계, 기업, 정부, 외국이 국내에서 생산된 최종생산물(실질 GDP)에 대해 구매하고자 하는 총체적 수요를 말한다.

(2) 총수요곡선이 우하향하는 이유

① 이자율효과

㉠ 물가수준이 하락하는 경우 실질통화공급량이 증가한다($\frac{M}{P_0} \to \frac{M}{P_1}$). 실질통화공급량의 증가에 따라 이자율이 하락하면($r_0 \to r_1$) 투자가 증가하여 소득이 증가한다($Y_0 \to Y_1$). 따라서 물가가 하락하면 총수요량이 증가하며 총수요곡선은 우하향한다.

㉡ 물가의 하락 → 실질통화공급량 증가 → 이자율 하락 → 투자·소득 증가 → 총수요량 증가

이자율 하락에 따른 IS-LM곡선의 균형 이동	총수요(AD)곡선

② 실질잔고효과(Real Balance Effect)

㉠ 물가의 하락 → 현금이나 국공채 등 명목자산의 실질가치 상승 → 소비자들의 구매력 상승 → 민간소비의 증가 → IS곡선 우측 이동 → 총수요의 증가

㉡ 실질잔고효과는 부의 효과(Wealth Effect) 또는 피구효과와도 관련이 있다.

부의 효과	자산가격이 상승하면 소비도 증가하는 현상을 말한다.
실질잔고효과	통화정책을 실시하여 명목통화공급이 증가하면 실질잔고가 정상치를 벗어나 부의 증가를 초래하여 최종적으로 소비가 증가하는 현상을 말한다.
피구효과	경제 불황이 발생하여 물가가 하락하면 민간이 보유한 화폐의 구매력이 증가하므로 실질적인 부가 증가하는 효과가 발생하고, 실질적인 부가 증가하면서 소비도 증가하는 현상을 말한다.

③ 무역수지 효과

물가 하락 → 국내상품 가격의 상대적 하락 → 수출 증가, 수입 감소 → 순수출 증가 → 총수요 증가

(3) 총수요곡선의 기울기

IS곡선이 완만할수록(투자의 이자율탄력성이 클수록), LM곡선의 기울기가 가파를수록(화폐수요의 이자율탄력성이 작을수록) 총수요곡선의 기울기는 완만해진다.

개념더하기

피구효과와 유동성함정

유동성함정은 극심한 경기침체로 국민소득이 완전고용국민소득 수준보다 훨씬 낮은 상황에서 발생한다. 이때 LM곡선이 수평이므로 물가하락 시 국민소득이 변하지 않는데, 피구효과가 존재한다면 물가하락 시 소비가 증가하여 IS곡선이 우측으로 이동하므로 국민소득이 증가하게 된다. 따라서 피구효과가 존재하면 유동성함정에서도 재정정책이 유효하며 국민소득을 변화시킬 수 있다.

개념체크OX

- 물가가 하락하면 총수요도 하락한다. OX
- IS곡선이 완만하면 총수요곡선의 기울기도 완만하다. OX

×, O

(4) 총수요곡선의 이동

① 물가수준이 주어져 있을 때 총수요의 구성요소 중 일부가 증가하면 총수요곡선은 오른쪽으로 이동한다.

② 일반적으로 IS곡선이나 LM곡선이 오른쪽으로 이동하면 총수요가 증가하게 되므로 총수요곡선이 오른쪽으로 이동한다.

㉠ 소비지출(C)이 증가하는 경우
- 일반적으로 소비자의 자산 증가는 소비를 증가시켜 총수요곡선이 우측으로 이동한다.
- 소비자가 미래에 소득이 증가할 것으로 예상하면 현재 소비지출을 증가시켜 총수요곡선이 우측으로 이동한다.

㉡ 투자지출(I)이 증가하는 경우
- 실질이자율이 하락하는 경우 차입비용이 감소하여 투자 의욕이 증가하게 되고, 이는 총수요의 증가로 이어져 총수요곡선이 우측으로 이동한다.
- 새로운 기술의 개발 등으로 인해 향후 투자에 대한 기대수익이 높은 경우, 투자가 증가하여 총수요곡선이 우측으로 이동한다.

㉢ 정부지출(G)이 증가하는 경우
도로·항만 건설이나 국방비 증가 등의 재정정책은 정부지출을 증가시켜 총수요곡선이 우측으로 이동한다.

㉣ 순수출(NX)이 증가하는 경우
- 해외소득이 증가하면 우리나라 상품도 소비가 증가하게 되므로 우리나라 총수요곡선은 우측으로 이동한다.
- 명목환율의 상승은 해외시장에서 가격경쟁력을 높여 수출이 증가해 총수요곡선은 우측으로 이동한다.

총수요곡선의 우측 이동 요인	
IS곡선의 우측 이동	LM곡선의 우측 이동
• 소비자의 소비지출(C)이 증가하는 경우 • 기업의 투자지출(I)이 증가하는 경우 • 정부의 정부지출(G)이 증가하는 경우 • 순수출(NX)이 증가하는 경우	• 화폐공급(M^s)이 증가하는 경우 • 화폐수요(M^d)가 감소하는 경우

3 총공급곡선(AS)

(1) 총공급곡선의 개념

① 총공급곡선은 다른 요인들이 일정하다는 가정 아래 물가수준(P)과 총공급의 관계를 나타낸 곡선을 말한다.

② 총공급의 크기는 한 나라가 보유한 생산요소(노동, 자본 등)의 부존량과 생산기술(총생산함수)에 의해 결정된다.

(2) 단기총공급곡선

① 단기총공급곡선은 생산요소의 가격은 고정되어 있으나 상품가격은 변할 수 있는 기간에 도출된다.

개념체크OX
- 화폐공급의 감소는 총수요를 좌측으로 이동시킨다. ⓞⓧ
- 수입 감소는 총수요를 우측으로 이동시킨다. ⓞⓧ

O, O

② 단기총공급곡선은 불완전한 정보와 비신축적인 임금 및 가격 등의 변수로 인해 우상향하는 형태로 도출된다.

(3) 총공급곡선이 우상향하는 이유

① 물가와 공급량의 관계

물가의 상승 → 실질임금의 하락 → 노동수요의 증가 → 고용량의 증가 → 총공급량 증가

② 학파별 주장

화폐환상모형 (비대칭 정보모형)	• 케인즈학파와 통화주의학파의 총공급곡선 모형이다. • 노동자들이 기업에 비해 물가에 대한 정보가 부족하므로 물가상승 시 명목임금의 변화를 실질임금의 변화로 착각하는 화폐환상을 가지게 된다. 따라서 실질임금이 하락하는 데도 노동공급이 증가해 총공급량이 증가한다. • 물가상승 시 고용량이 증가하므로 총공급곡선은 우상향한다.
비신축적 임금모형 (명목임금 경직성모형)	• 노동자들은 예상임금을 바탕으로 명목임금 계약을 체결하므로 명목임금은 경직적이다. • 명목임금이 경직적인 상황에서 물가가 상승하면 실질임금이 하락하므로 노동에 대한 초과수요로 이어지고 고용량이 증가한다. • 명목임금이 경직적이므로 고용량은 전적으로 노동의 수요측면에 의해 결정된다. • 물가상승 시 고용량이 증가하므로 총공급곡선은 우상향한다.
불완전정보모형	• 루카스에 의해 개발된 새고전학파의 총공급곡선 모형이다. • 다른 재화 가격에 대한 불완전한 정보로 인해 물가상승 시 각 개별생산자가 자신이 생산하는 재화의 가격만 상승한 것으로 인식하여 생산량을 증가시키게 되는 현상을 설명한다. • 물가상승 시 생산량이 증가하므로 총공급곡선이 우상향한다.
비신축적 가격모형	• 새케인즈학파의 총공급곡선이다. • 일부 기업은 총수요 증가로 물가가 상승하면 메뉴비용 등의 이유로 가격조정 대신 생산량을 증가시킨다. • 물가상승 시 생산량이 증가하므로 총공급곡선이 우상향한다.

(4) 장기총공급곡선

① 생산요소와 생산물의 가격이 모두 가변적인 기간에 도출되는 총공급곡선을 말한다.

② 완전정보하에서 기업과 노동자 모두 물가수준의 변화를 정확히 인식함($P = P^e$)에 따라 노동수요곡선과 노동공급곡선은 이동하지 않기 때문에 물가수준의 변화에 대한 균형고용량과 실질임금은 불변이다.

③ 물가수준이 변하더라도 균형고용량이 불변이기에 생산량도 불변이다. 따라서 장기총공급곡선은 수직이 된다.

> **개념체크OX**
>
> • 화폐환상모형은 케인즈학파와 통화주의학파의 모형이다. ⊙Ⓧ
>
> • 비신축적 가격모형에 따르면 일부 기업은 물가가 상승하면 메뉴비용 등의 이유로 가격을 조정한다. ⊙Ⓧ
>
> O, X

(5) 총공급곡선의 이동

① 총공급곡선은 물가(P)와 국민소득(Y) 간의 관계를 나타내는 좌표평면에 그려지는 곡선이므로 물가의 변동은 총공급곡선상의 이동을 가져온다.

② 물가 이외의 국내외 생산요소 가격의 변화, 생산성의 변화, 제도의 변화 등의 변동은 총공급곡선의 이동을 가져온다.

③ 총공급곡선을 우측으로 이동시키는 요인들은 다음과 같다.

　㉠ 인구증가, 노동 의욕의 증가 등으로 임금이 하락하여 노동고용량이 증가하는 경우에는 총공급곡선이 우측으로 이동한다.

　㉡ 석유 등 원자재 가격의 하락으로 국외 생산요소의 가격이 하락하면 생산요소투입량이 증가해 총공급곡선이 우측으로 이동한다.

　㉢ 기술개발 등으로 인한 생산성의 증가는 평균생산비용을 줄이게 되어 총공급곡선을 우측으로 이동시킨다.

　㉣ 법인세율의 인하는 생산비용을 감소시켜 총공급곡선을 우측으로 이동시킨다.

　㉤ 기업에 대한 보조금은 생산비용을 감소시켜 총공급곡선을 우측으로 이동시킨다.

4 거시경제적 균형

(1) 균형의 형성

① 총수요곡선과 총공급곡선이 교차하는 점에서 균형물가와 균형생산량이 결정된다.

② GDP는 균형생산량을 의미한다.

총수요(AD)-총공급(AS)의 균형

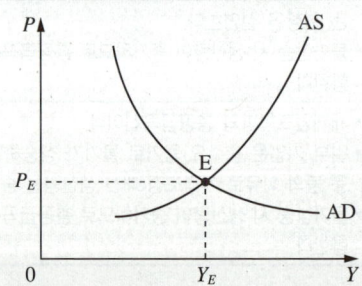

(2) 불균형 시 조정과정

① 총수요가 총공급을 초과하는 경우 세율 인상, 정부지출 축소, 이자율 인상 등의 총수요 억제정책을 활용하여 균형으로 조정해 간다.

② 총공급이 총수요를 초과하는 경우 세율 인하, 정부지출 확대, 이자율 인하 등의 총수요 확장정책을 활용하여 균형으로 조정해 간다.

개념체크OX

- 임금의 하락은 총공급곡선을 우측으로 이동시킨다. ⓞⓧ
- 국외 생산요소 가격의 상승은 총공급곡선을 좌측으로 이동시킨다. ⓞⓧ

O, O

CHAPTER 05 기출분석문제

01 다음은 IS-LM곡선에 변화를 주는 요인들이다. 각 요인에 의한 변화로 옳은 것은?   서울시설공단

① 한계소비성향의 변화는 IS곡선의 기울기만을 변화시킨다.
② 자발적인 투자의 증가는 IS곡선을 왼쪽으로 수평 이동시킨다.
③ 통화의 거래적 수요를 결정짓는 소득통화비율의 변화는 LM곡선을 수평 이동시킨다.
④ 통화공급량의 증가가 있을 때, 균형이자율과 균형국민소득은 모두 증가한다.

[해설] ① 한계소비성향의 변화는 IS곡선의 기울기를 변화시킨다.
② IS-LM모형에서 이자율 변화에 따른 소득의 증가는 곡선상의 이동이다. 이자율 이외의 다른 외생변수가 변화하는 경우는 곡선의 이동이 일어난다. 투자와 정부지출의 증가는 IS곡선을 우측 이동시킨다.
③ 소득통화비율(k)의 변화는 LM곡선의 기울기를 변화시키므로 수평 이동하지 않는다.
④ 통화공급량이 증가하면 LM곡선이 우측 이동하고, 균형이자율은 증가가 아니라 감소한다.

02 다음 중 IS곡선의 기울기에 대한 설명으로 옳은 것은?   신용보증기금

① 투자의 이자율탄력성이나 한계소비성향과는 무관하다.
② 소비함수에 실질자산이 도입될수록 가파르다.
③ 피구(Pigou)효과를 고려하게 되면 IS곡선의 기울기는 더 가팔라진다.
④ 투자가 이자율 변화에 탄력적일수록 완만하고, 한계소비성향이 클수록 완만하다.

[해설] ①·②·④ IS곡선의 기울기 $-\frac{1-c(1-t)+m}{b}$는 투자의 이자율탄력성(b)이 커질수록, 한계소비성향(c)이 클수록 더욱 완만해진다. 또한, 소비함수에 실질자산이 도입될수록 IS곡선은 완만하다.
③ 피구효과는 경제 불황이 발생하여 물가가 하락하면 민간이 보유한 화폐의 구매력이 증가하므로 실질적인 부가 증가하는 효과가 발생하고, 실질적인 부가 증가하면서 소비도 증가하여 IS곡선이 오른쪽으로 이동하는 효과를 말한다. 즉, 피구효과는 IS곡선의 기울기가 아닌 IS곡선의 이동을 가져오는 효과이다.

03 다음 중 LM곡선의 기울기를 결정하는 요인으로 옳지 않은 설명은?   신용보증기금

① LM곡선의 기울기는 소득탄력성(k)과 이자율탄력성(h)에 따라 결정된다.
② 유통속도(V)의 이자율 탄력성이 클 수록 LM곡선은 완만하다.
③ 예비적 동기의 화폐수요의 소득탄력성(k)이 작을수록 LM곡선은 완만하다.
④ 투기적 화폐수요의 비중이 높을수록 LM곡선은 가파르다.

[해설] 투기적 화폐수요의 비중이 높을수록 화폐수요가 이자율에 민감하므로 LM곡선은 완만하다.

정답   01 ①   02 ④   03 ④

04. IS-LM모형에서 통화 당국이 통화공급을 줄였다고 할 때 〈보기〉 문장의 괄호 안에 들어갈 말을 순서대로 적은 것은?

한국산업단지공단

> **보기**
> 시장에서 채권의 가격은 (   )하고, 이자율이 (   )하며, 투자와 소득은 (   )한다.

① 상승 – 하락 – 증가
② 상승 – 상승 – 감소
③ 하락 – 상승 – 증가
④ 하락 – 상승 – 감소

[해설] 통화공급량의 감소는 화폐시장에서 초과수요를 발생시켜 이자율의 상승을 가져오며 채권가격을 하락시킨다. 통화공급의 감소에 따른 이자율의 상승은 투자를 감소시키며 이에 따라 국민소득은 감소한다.

05. LM곡선에 대한 다음 설명 중 옳지 않은 것은?

한국자산관리공사

① 이자율이 상승할 때 화폐시장이 균형상태에 있기 위해서는 소득이 증가해야 한다.
② 통화량이 고정되어 있어도 물가가 상승한다면 LM곡선은 좌측으로 수평 이동하게 된다.
③ 화폐의 유통속도가 클수록 LM곡선은 탄력적이다.
④ 전체 화폐수요 중 투기적 화폐수요의 비중이 클수록 LM곡선이 급경사가 된다.

[해설] 전체 화폐수요 중 투기적 화폐수요의 비중이 커진다는 것은 화폐수요의 이자율탄력성(h)이 커진다는 것을 의미한다. 화폐수요의 이자율탄력성이 클수록 LM곡선의 기울기는 완만해진다.

06. IS곡선에 대한 설명으로 옳은 것을 모두 고르면?

한국도로공사

> ㄱ. 한계소비성향이 클수록 IS곡선의 기울기는 완만해진다.
> ㄴ. 정부지출이 증가하면 IS곡선은 우측으로 이동한다.
> ㄷ. IS곡선 하방의 한 점은 생산물시장의 초과공급상태이다.
> ㄹ. 다른 변수가 일정하고 이자율만 변하면 IS곡선의 균형점이 이동한다.

① ㄱ, ㄴ
② ㄱ, ㄷ
③ ㄱ, ㄴ, ㄹ
④ ㄴ, ㄷ, ㄹ

[해설] ㄷ. IS곡선 하방에 위치하면 균형수준을 보장하는 이자율 수준보다 낮은 이자율 수준의 영역으로, 저축보다 투자수요가 많은 초과수요가 발생하는 영역이며 초과수요상태이다.

07 다음 그림과 같이 IS-LM곡선을 가지는 경제가 현재 A점의 상태에 있다. 다음 중 옳은 것은?

한국토지주택공사

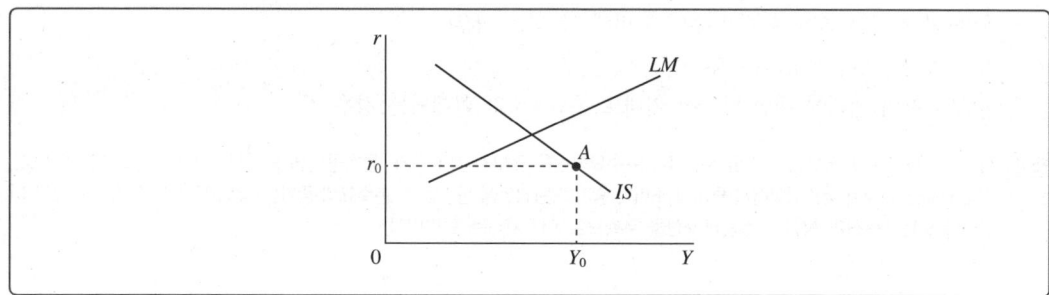

① 화폐공급은 화폐수요보다 많고, 생산은 계획된 지출과 같다.
② 화폐공급은 화폐수요보다 적고, 생산은 계획된 지출보다 적다.
③ 화폐공급은 화폐수요와 같고, 생산은 계획된 지출보다 많다.
④ 화폐공급은 화폐수요보다 적고, 생산은 계획된 지출과 같다.

[해설] IS곡선 상방 영역은 생산물시장의 초과공급 영역이고, IS곡선 하방 영역은 생산물시장의 초과수요 영역이다. LM곡선 상방 영역은 화폐시장에서 초과공급이 존재하는 영역이며 LM곡선 하방 영역은 화폐시장에서 초과수요가 존재하는 영역이다. A점에서 생산물시장은 균형이며 화폐시장은 초과수요 상태이다. 화폐시장에서 이자율이 상승하고 투자가 감소하면서 균형으로 수렴하게 된다.

08 폐쇄경제하에서 정부가 지출을 늘렸다. 이에 대응하여 중앙은행이 기존 이자율을 유지하려고 할 때 나타나는 현상으로 옳은 것은?(단, IS곡선은 우하향하고, LM곡선은 우상향한다)

IBK기업은행

① LM곡선이 왼쪽으로 이동한다.
② 소득수준이 감소한다.
③ 소득수준이 불변이다.
④ 통화량이 증가한다.

[해설] 정부지출 증가로 인해 IS곡선이 우측으로 이동한다. 이에 중앙은행이 이자율을 유지하기 위해서는 LM곡선을 우측으로 이동시켜야 한다. 이에 따라 통화량이 증가하고 소득수준이 증가한다.

09 금융위기로 인해 주택가격이 크게 하락함에 따라 가계의 소비지출이 감소하고 한계소비성향도 감소하였다. IS-LM모형상에서 이에 따른 효과로 적절한 것은?

한국관광공사

① IS곡선이 좌측 이동하고 기울기가 급해진다.
② IS곡선이 우측 이동하고 기울기가 급해진다.
③ IS곡선이 좌측 이동하고 기울기가 완만해진다.
④ IS곡선이 우측 이동하고 기울기가 완만해진다.

[해설] 가계의 소비지출이 감소하여 IS곡선이 좌측으로 이동하고, 한계소비성향이 감소하여 IS곡선의 기울기가 가팔라진다.

[정답] 04 ④ 05 ④ 06 ③ 07 ④ 08 ④ 09 ①

10 국민경제에서 총수요곡선을 우측으로 이동시키는 요인이 아닌 것은?   한국산업단지공단

① 기업의 투자 의욕이 고취되는 경우
② 해외 경기가 좋아 수출이 수입에 비해 잘 되는 경우
③ 노동생산성이 향상되는 경우
④ 소비자의 미래에 대한 낙관적 기대로 독립소비가 확대되는 경우

[해설] 총수요는 IS-LM을 통하여 도출될 수 있다. 총수요곡선은 정부지출의 증가, 통화공급의 증가하는 경우, 순수출이 증가하는 경우, 미래에 대한 기대가 낙관적이어서 투자와 소비가 증가하는 경우에 증가한다. 총수요의 증가는 총수요곡선의 우측 이동으로 나타난다. 그러나 노동생산성의 향상은 총공급곡선을 우측으로 이동시키는 요인이다.

11 다음 중 총수요곡선의 이동에 대한 설명으로 옳지 않은 것은?   서울주택도시공사

① 소비가 증가하면 총수요곡선이 오른쪽으로 이동한다.
② 외국에서 우리나라 제품에 대한 수요가 증가하면 총수요곡선이 오른쪽으로 이동한다.
③ 조세 증가로 인하여 가처분소득이 감소하면 총수요곡선은 왼쪽으로 이동한다.
④ 장래에 물가가 내릴 것으로 예상하면 총수요곡선이 오른쪽으로 이동한다.

[해설] 장래에 물가가 내릴 것으로 예상되면 소비자들은 물가가 하락한 이후에 상품을 구매하기 위해 소비를 줄일 것이므로 총수요곡선은 왼쪽으로 이동한다.

12 다음 중 총공급곡선이 우상향하는 이유를 모두 고르면?   한국산업단지공단

> 가. 물가의 변화에 따라 명목임금이 신축적으로 변동하고 이에 따라 생산도 변한다.
> 나. 불완전정보로 인하여 전반적인 물가수준의 변화와 상대가격의 변화를 혼동한다.
> 다. 기업들은 가격을 수요의 변화에 따라 즉각적으로 조정할 수 없다.
> 라. 노동수요는 실질임금에 의존하지만 노동공급은 기대 실질임금의 함수이다.

① 가, 나   ② 나, 라
③ 가, 나, 다   ④ 나, 다, 라

[해설] 가. 물가상승 시 물가상승분만큼 명목임금도 상승한다면 생산비가 변하지 않으므로 기업들은 생산량을 증가시킬 필요가 없다. 즉, 물가의 변화에 따라 명목임금이 신축적으로 변동한다면 기업들은 생산량을 변화시키지 않을 것이므로 총공급곡선은 수직선이 된다.
나. 루카스의 불완전정보모형
다. 비신축적 가격모형
라. 화폐환상모형(비대칭정보모형)

13 장기총공급곡선에 대한 설명으로 옳지 않은 것은? 한국가스공사

① 장기총공급곡선은 수직이다.
② 장기총공급곡선은 고전학파의 이분성을 뒷받침해 준다.
③ 확장적 통화정책으로 통화량이 증가하더라도 장기총공급곡선은 이동하지 않는다.
④ 장기총공급량은 명목임금이 경직적이고 자유롭게 변동하지 않기 때문에 물가수준이 얼마가 되든 변하지 않는다.

[해설] 장기에는 임금이 신축적이므로 물가수준이 상승하면 명목임금도 비례적으로 상승한다. 물가상승 시 명목임금이 비례적으로 상승하면 실질임금과 고용량은 변하지 않는다. 그러므로 장기총공급곡선은 수직선으로 도출된다. 장기총공급곡선이 수직선이 되면 통화량의 변화는 실질변수에 아무런 영향을 미칠 수 없다. 즉, 실물부문의 균형치가 통화량과 아무런 관계없이 결정되는 현상인 고전적 이분성이 성립하게 된다.

14 A국가의 총수요곡선과 총공급곡선은 각각 $Y_d = -P+4$, $Y_S = (P-P^e)+7$이다. 여기서 예상물가수준이 5일 때, (ㄱ)균형물가수준과 (ㄴ)균형국민소득은?(단, Y_d는 총수요, Y_s는 총공급, P는 실제 물가수준, P^e는 예상 물가수준이다) 한국주택금융공사

① (ㄱ) 1, (ㄴ) 3
② (ㄱ) 1, (ㄴ) 4
③ (ㄱ) 2, (ㄴ) 0
④ (ㄱ) 2, (ㄴ) 2

[해설] 예상물가수준 $P^e=5$를 주어진 식에 대입하면 총공급은 $Y_S=P+2$이다. 이를 총수요식과 같다고 놓고 물가수준(P)을 구하면 1이고, 이를 식에 다시 대입하여 균형국민소득(Y)은 3으로 구해진다.

15 괄호 안에 들어갈 내용으로 옳은 것은?(단, 전염병이 발생하기 전의 경제는 균형상태이고, 총공급곡선은 우상향하고 총수요곡선은 우하향한다) 주택도시보증공사

> 폐쇄경제 총수요(AD)-총공급(AS)모형에서 전염병의 발생으로 인하여 총수요와 총공급이 모두 감소할 때, 균형국민소득은 (ㄱ)하고 균형물가수준은 (ㄴ)한(하)다.

① ㄱ : 감소, ㄴ : 감소
② ㄱ : 감소, ㄴ : 증가
③ ㄱ : 증가, ㄴ : 감소
④ ㄱ : 감소, ㄴ : 불확실

[해설] 총수요곡선과 총공급곡선 모두 좌측으로 이동하므로 균형국민소득은 확실히 감소하나, 균형물가수준은 불확실하다.

16 A국 경제의 총수요곡선과 총공급곡선이 각각 $P = -Y_d + 5$, $P = P_e + (Y_s - 3)$이다. P_e가 2에서 3으로 증가할 때, (ㄱ)균형소득수준과 (ㄴ)균형물가수준의 변화는?(단, P는 물가수준, P_e는 기대물가수준이다)

새마을금고중앙회

① ㄱ : 상승, ㄴ : 상승
② ㄱ : 하락, ㄴ : 상승
③ ㄱ : 상승, ㄴ : 하락
④ ㄱ : 하락, ㄴ : 불확실

[해설] P_e가 2일 때 균형소득수준 = 3, 균형물가수준 = 2이다. P_e가 3일 때 균형소득수준 = $\frac{5}{2}$, 물가수준 = $\frac{5}{2}$이다. 따라서 균형소득수준은 하락하고 균형물가수준은 상승하였다.

17 거시경제의 총수요(AD)-총공급(AS) 모형에 대한 설명으로 옳지 않은 것은?

한국도로공사

① 물가수준이 하락하면 증가하여 이자율은 하락하고 투자와 소득은 증가하여 총수요량은 증가한다.
② 물가수준이 상승하면 실질임금은 하락하고 고용량은 증가하여 총공급량은 증가한다.
③ 소비지출이 증가하면 총수요곡선은 우측으로 이동한다.
④ 생산비용이 감소하면 총공급곡선은 좌측으로 이동한다.

[해설] ④ 기술개발 등으로 인한 생산성 증가, 법인세율 인하, 기업에 대한 보조금 등은 생산비용을 감소시켜 총공급곡선을 우측으로 이동시킨다.

18 폐쇄경제 총수요(AD)-총공급(AS)모형하에서 금융시장이 불안정하여 기업들의 투자심리가 악화되었을 때의 영향으로 옳지 않은 것은?

기술보증기금

① 국민소득이 감소하므로 실업률이 상승한다.
② 물가수준이 하락한다.
③ 생산비용이 상승하여 단기총공급곡선이 좌측으로 이동한다.
④ 총수요관리 정책이 효과적일 수 있다.

[해설] 기업의 투자가 감소하는 경우 단기총공급곡선은 이동하지 않고, 총수요곡선만 좌측으로 이동한다.

우리가 해야할 일은 끊임없이 호기심을 갖고
새로운 생각을 시험해보고 새로운 인상을 받는 것이다.

- 월터 페이터 -

최신복원문제

🔑 **키워드** 확장적 재정정책의 상대적 유효성

폐쇄경제 IS-LM모형에서 IS곡선이 일정하다고 하자. 중앙은행이 시중의 금융기관을 상대로 채권을 매입했을 때, 이동한 균형점이 될 수 있는 것은?

주택도시보증공사

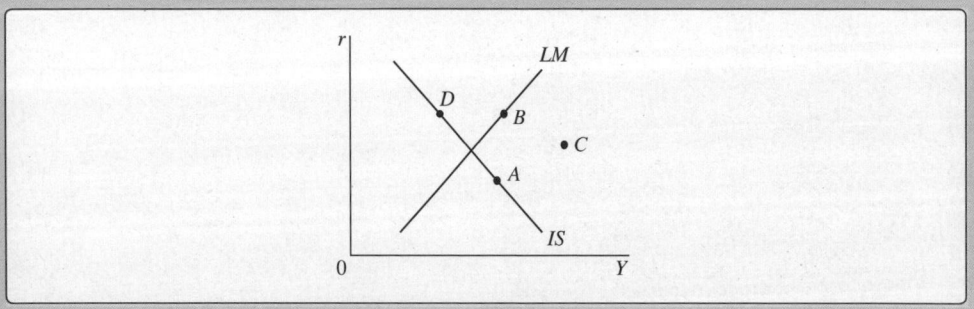

① A
② B
③ C
④ D

[해설] 중앙은행이 채권을 매입하는 경우, 통화량이 증가하고 LM곡선이 우측으로 이동한다. 따라서 현재 IS곡선이 일정하다고 가정하였으므로 LM곡선이 우측으로 이동해 달성하는 균형점은 A점이다.

정답 ①

Chapter 06
거시경제 안정화 정책

기출 키워드	중요도
☑ 균형재정	★
☑ 재정정책의 효과	★★
☑ 구축효과	★★★
☑ 확장적 재정정책의 상대적 유효성	★★★
☑ 재정의 자동안정화장치 작동방식	★★
☑ 리카도 대등정리	★★
☑ 통화정책 중간목표에 대한 학파별 견해	★
☑ 통화정책의 수단	★★
☑ 통화정책의 효과	★★
☑ 확장적 통화정책의 상대적 유효성	★★★

CHAPTER 06 거시경제 안정화 정책

1 재정정책

1 재정정책의 개념

(1) 재정정책은 정부가 정부지출(G)과 세율(T)을 변화시켜 총수요에 충격을 줌으로써 경제성장, 물가안정, 완전고용 등을 달성하려는 총수요관리 정책이다.

(2) 경기과열 시 총수요를 억제하기 위한 정책을 긴축적 재정정책이라고 하고, 경기위축 시 총수요를 확장하기 위한 정책을 확장적 재정정책이라고 한다.

(3) 정부지출을 위한 재원을 조세수입이나 국·공채의 발행(일반인에게)으로 조달하는 경우로, 통화공급량에 영향을 미치지 않는 경우를 말한다.

2 균형재정

(1) 정부예산제약식

> 자금의 용도 = 자금의 원천
> 정부지출(G) = 조세(T) + 실질 화폐발행 수입
> 정부지출(G) − 조세(T) = 통화공급증가분(ΔM) + 국·공채발행분(ΔB)

(2) 균형재정의 개념

정부지출과 조세의 크기가 같은 경우를 균형예산(균형재정)이라 한다. 정부지출의 크기가 조세수입의 크기를 초과하는 경우를 재정적자(적자예산)라 하며 반대의 경우는 재정흑자라 한다. 부족한 재원은 화폐를 발행하거나 국공채발행을 통해 조달한다.

> 정부지출(G) = 조세(T)

3 재정정책의 효과

(1) 확장적 재정정책

① 확장적 재정정책의 개념
  ㉠ 확장적 재정정책은 경기가 위축되었을 때 위축된 경기를 확장하려는 목적으로 시행하는 재정정책을 말한다.
  ㉡ 정부는 정부지출을 늘리거나 세율을 인하하여 총수요를 증가시키는 정책을 편다.

개념체크OX

- 재정정책은 정부지출과 세율을 변화시키는 정책이다. ⓞⓧ
- 정부지출보다 조세의 크기가 더 큰 경우를 균형예산이라 한다. ⓞⓧ

O, ×

② 승수효과
  ㉠ 승수효과는 정부가 지출을 늘리면 정부가 실제로 지출한 금액보다 총수요가 더 크게 창출되는 현상을 말한다.
  ㉡ 경기침체 시 정부의 확장적 재정정책의 시행은 총수요의 구성요소인 정부지출을 증가시켜서 총수요를 증가시킬 뿐 아니라 승수효과를 통한 총수요확대를 이루어내어 경기침체를 벗어날 수 있다.

구 분	폐쇄경제, 정액세	폐쇄경제, 비례세	개방경제, 정액세, 비례세
정부지출승수	$\dfrac{1}{1-MPC}$	$\dfrac{1}{1-MPC(1-t)}$	$\dfrac{1}{1-MPC(1-t)+m}$
조세승수	$\dfrac{-MPC}{1-MPC}$	$\dfrac{-MPC}{1-MPC(1-t)}$	$\dfrac{-MPC}{1-MPC(1-t)+m}$

③ 구축효과
  ㉠ 구축효과는 확장 재정정책으로 정부지출을 늘려도 총수요가 오히려 줄어드는 현상을 말한다.
  ㉡ 정부지출로 인한 총수요 증가 효과가 이자율 상승을 야기해 민간투자를 감소시켜 총수요 증가 영향을 상쇄하는 효과이다.
  ㉢ IS곡선이 급경사일수록(= 투자의 이자율탄력성이 작을수록) LM곡선이 완만할수록(= 화폐수요의 이자율탄력성이 클수록) 구축효과가 작아진다.

승수효과와 구축효과

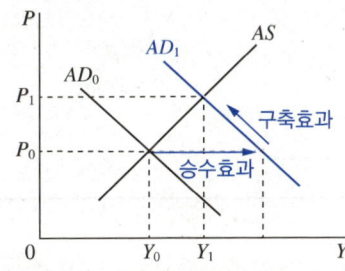

④ 확장적 재정정책의 상대적 유효성
  IS곡선이 급경사일수록(= 투자의 이자율탄력성이 작을수록) LM곡선이 완만할수록(= 화폐수요의 이자율탄력성이 클수록) 구축효과보다 승수효과가 크기 때문에 재정정책의 효과가 커진다.
  ㉠ IS곡선의 기울기와 재정정책의 효과
    IS곡선의 기울기가 가파른 경우(IS_1)가 완만한 경우(IS_2)에 비하여 구축효과의 크기가 더 작다. 이는 투자의 이자율탄력성이 더 작기 때문이다. 따라서 LM곡선이 일정한 경우 IS곡선의 기울기가 가파를 때 재정정책의 효과가 더 크다.

  - IS_1의 경우 : $Y_1 \to Y_3$, 구축효과($Y_4 - Y_3$)
  - IS_2의 경우 : $Y_1 \to Y_2$, 구축효과($Y_4 - Y_2$)

개념체크OX
- 구축효과는 IS곡선이 완만할수록 크다. ⓞⓧ
- IS곡선이 가파를 때 재정정책의 효과가 더 크다. ⓞⓧ

O, O

IS곡선의 기울기에 따른 재정정책의 효과

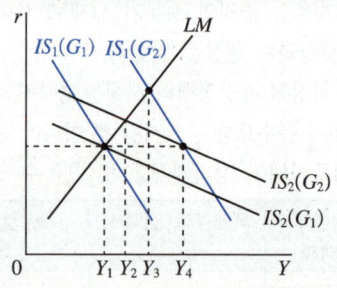

ⓒ LM곡선의 기울기와 재정정책의 효과

LM곡선의 기울기가 완만한 경우가(LM_2) 가파른 경우에 비하여 (LM_1) 이자율의 상승폭이 더 작다. 이는 이자율 상승에 따른 투자의 구축효과가 작음을 의미하며 LM곡선의 기울기가 완만한 경우의 재정효과가 더 크다.

- LM_1의 경우 : $r_1 \rightarrow r_3$, $Y_1 \rightarrow Y_2$
- LM_2의 경우 : $r_1 \rightarrow r_2$, $Y_1 \rightarrow Y_3$

LM곡선의 기울기에 따른 재정정책의 효과

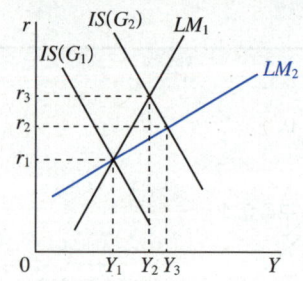

(2) 긴축적 재정정책

① 긴축적 재정정책의 개념
  ㉠ 긴축적 재정정책은 경기가 과열되었을 때 과열된 경기를 억제하려는 목적으로 시행하는 재정정책을 말한다.
  ㉡ 정부와 중앙은행은 과열된 물가를 조절하고 화폐의 가치를 끌어올리기 위해 정부지출을 줄이거나 세율을 인상하여 총수요를 감소시키는 정책을 편다.

4 재정의 기능

(1) 재정의 자동안정화장치 개념

경기침체나 경기과열 시 정부가 의도적으로 정부지출과 조세를 변경시키지 않아도 자동으로 정부지출과 조세수입이 변하여 경기침체나 경기과열을 완화해주는 재정 제도를 말한다.

> **개념체크OX**
> - LM곡선의 기울기가 완만할수록 재정정책의 효과가 작다. ○Ⅹ
> - 정부지출과 조세의 변화없이 경기를 안정화하는 정책을 자동안정화장치라고 한다. ○Ⅹ
>
> Ⅹ, ○

(2) 재정의 자동안정화장치의 작동방식

국민소득이 Y_0일 때 정부지출(G)과 조세수입(T)이 같아져 균형재정상태를 이룬다. 국민소득이 Y_0에서 Y_1으로 경기가 과열되는 경우 조세수입(누출)이 증가하여 경기과열을 억제해 준다. 소득이 감소하는 경우에는 조세수입(누출)이 감소하여 경기침체를 완화해 준다. 재정의 자동안정화장치로는 누진세 제도, 실업보험, 각종 사회보장제도 등이 있다.

재정의 자동안정화장치

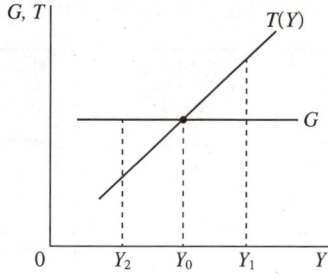

(3) 재정적 견인(Fiscal Drag)

현재의 경제상태가 완전고용 국민소득에 크게 미달할 경우 완전고용달성을 위한 총수요 증대 효과가 조세수입의 증가로 인해 억제되는 경우를 재정적 견인이라고 한다.

(4) 정책함정

경기가 불황에 있을 때 균형재정을 추구함으로써 경기가 더욱 침체에 빠지는 경우를 정책함정이라고 한다.

(5) 리카도 대등정리(Ricardian Equivalence Theorem)

① 정부지출 수준이 일정할 때 정부지출의 재원을 조세로 충당하나 부채(공채 등)로 충당하나 경제적 효과는 동일하다는 이론이다.
② 장기적으로 보았을 때 정부의 지출증가는 민간의 경제활동에 어떤 영향도 주지 못한다는 것을 보여준다.
③ 리카도 대등정리가 성립하지 않는 경우
  ㉠ 사람들이 매우 근시안적으로 의사결정을 해, 현재의 가처분소득에 의해서만 소비가 결정되는 경우
  ㉡ 사람들이 유동성제약에 직면해 있는 경우
  ㉢ 경제활동인구증가율이 0보다 큰 경우

> **개념체크OX**
> • 재정의 자동안정화장치로는 누진세제도, 실업보험 등이 있다. OX
> • 리카도대등정리에 의하면 정부지출의 재원을 부채로 충당하는 것만이 효율적이다. OX
>
> O, X

2 통화정책

1 통화정책의 개념

중앙은행이 각종 금융정책수단을 이용하여 통화량을 변화시킴으로써 물가안정, 완전고용(실업감소), 국제수지균형 등을 달성하려는 경제 정책을 말한다.

2 통화정책의 체계

정책수단	운용목표	중간목표	최종목표
• 공개시장 조작 • 여수신제도 • 지급준비제도 등	• 단기시장금리 • 지급준비금 • 재할인율 등	• 통화량 • 이자율 • 환 율	• 물가안정 • 금융안정 • 완전고용 • 지속적 성장 • 국제수지균형

> **개념더하기**
> • 최종목표
>   통화정책이 추구하는 최우선 목표로, 물가안정 적정수준의 경제성장, 국제수지의 개선 등을 궁극적인 목표로 삼고 있다.
> • 운용목표
>   중앙은행이 최종목표를 달성하기 위해 제어하고자 하는 지표이다.

3 통화정책의 중간목표

(1) 중간목표의 개념

① 중간목표는 통화정책의 궁극적인 목표(물가안정 등)를 달성하기 위하여 중앙은행이 직접적으로 영향을 미칠 수 있는 변수를 의미한다.
② 중간목표는 정책수단과 최종목표와의 매개역할을 하는 것으로, 외부시차가 길고 가변적인 통화정책에 필요하다.
③ 중간목표의 변화를 통하여 최종목표가 예측 가능해야 하며, 통제 및 측정 가능하여야 한다.
④ 이자율을 중간목표로 하는 정책을 이자율 타겟팅 정책, 통화량을 중간목표로 하는 정책을 통화량 타겟팅 정책이라고도 한다.

(2) 통화정책의 중간목표에 대한 학파별 견해

① 통화주의학파
   이자율 지표는 매우 불완전한 정보를 제공하기 때문에 통화량을 중간목표로 설정해야 한다고 주장한다.

② 케인즈학파
   통화량 증감은 그 자체에 의미가 있는 것이 아니라 그것이 이자율을 변동시켜 투자수요(실물경제)에 영향을 미칠 때 그 의미가 있으므로 이자율을 중간목표로 설정해야 한다고 주장한다.

4 통화정책의 수단

(1) 공개시장조작 정책
  ① 정 의
    ㉠ 중앙은행이 직접 채권시장에 참가하여 금융기관을 상대로 채권을 매입하거나 매각하여 통화량을 조절한다.
    ㉡ 본원통화에 직접 영향을 미치는 방식이다.
  ② 방 법

  > 중앙은행이 시중의 금융기관을 상대로
  > ㉠ 채권 매입 → 통화량 증가 → 실질이자율 감소, 투자 증가 → 총수요 증가
  > ㉡ 채권 매각 → 통화량 감소 → 실질이자율 증가, 투자 감소 → 총수요 감소

(2) 재할인율 정책
  ① 정 의
    ㉠ '재할인'은 시중은행이 기업에 할인해 준 어음을 중앙은행이 다시 할인해 주는 제도를 말한다. 즉, 중앙은행이 일반은행에 대출해 줄 때 적용되는 이자율을 말한다.
    ㉡ 재할인율 정책은 일반은행이 중앙은행으로부터 자금을 차입할 때 차입 규모를 조절하여 통화량을 조절하는 통화정책수단을 말한다.
    ㉢ 본원통화에 직접 영향을 미치는 방식이다.
  ② 방 법

  > ㉠ 재할인율 인상 → 실질이자율 상승, 투자 감소 → 통화량 감소 → 총수요 감소
  > ㉡ 재할인율 인하 → 실질이자율 감소, 투자 증가 → 통화량 증가 → 총수요 증가

(3) 지급준비율 정책
  ① 정 의
    ㉠ 중앙은행이 예금은행에 대한 법정지급준비율을 변경함으로써 통화량을 조절한다.
    ㉡ 지급준비금은 금융기관의 유동성을 유지할 목적으로 중앙은행에 예치하거나 은행이 보유하고 있는 현금을 의미한다.
    ㉢ 법정지급준비금은 예금자의 예금인출요구에 대비하여 총예금액의 일정비율 이상을 대출할 수 없도록 규정해놓은 규제이다.

개념체크OX
- 채권을 매입하면 통화량이 감소한다. ○/×
- 재할인율을 인상하면 실질이자율이 상승해 투자가 감소한다. ○/×

×, ○

② 방법
> ③ 지급준비율 인하 → 통화량 증가 → 실질이자율 감소, 투자 증가 → 총수요 증가
> ⓒ 지급준비율 인상 → 통화량 감소 → 실질이자율 증가, 투자 감소 → 총수요 감소

③ 통화승수에 영향

지급준비율 변경 → 신용창조능력 변화 → 통화량 변화 → 통화승수 변화

> 통화승수$(m) = \dfrac{k+1}{k+z}$
> (z : 실제지급준비율)

5 통화정책의 효과(확대금융정책)

중앙은행이 통화량 증가를 통한 확대 통화정책을 시행할 경우 LM곡선이 우측으로 이동한다. 통화공급의 증가로($M_1 \to M_2$) 화폐시장에서 초과공급이 발생하고 이자율이 하락한다($r_1 \to r_2$). 이자율의 하락에 따라 실물시장에서 투자가 증가하여 소득이 증가한다($Y_1 \to Y_2$).

통화정책에 따른 LM곡선의 이동

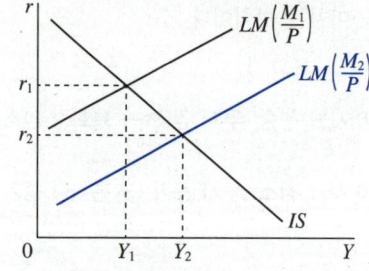

6 통화정책의 상대적 유효성

통화정책의 효과는 IS곡선이 수평에 가까울수록, LM곡선이 수직에 가까울수록 더 커진다. 이는 투자의 이자율탄력성이 클수록, 화폐수요의 이자율탄력성이 작을수록 통화정책의 효과가 더 커짐을 의미한다.

(1) IS곡선의 기울기와 통화정책

통화정책은 통화공급 증가에 따른 이자율 하락과 이에 따른 투자의 증가로 그 효과가 발생한다. 투자의 이자율탄력성이 작은 경우는 이자율 하락에 따른 투자 증대 효과가 적다. IS곡선의 기울기가 가파르다는 것은 투자의 이자율탄력성이 작음을 의미하므로 IS곡선의 기울기가 더 완만한 경우(IS_2)의 통화정책 효과가 크게 나타난다.

> **개념체크OX**
> · IS곡선의 기울기가 수직이면 통화정책의 효과가 크게 나타난다. ⓞⓧ
> · 화폐의 이자율탄력성이 작을수록 통화정책의 효과가 크다. ⓞⓧ
>
> ⓧ, ⓞ

- IS_1의 경우 : $Y_1 \rightarrow Y_2$
- IS_2의 경우 : $Y_1 \rightarrow Y_3$

IS곡선의 기울기에 따른 통화정책 효과

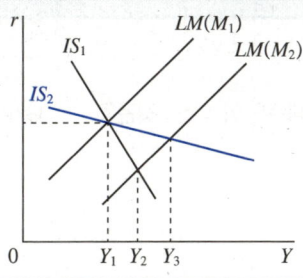

(2) LM곡선의 기울기와 통화정책

LM곡선의 기울기가 가파르다는 것은 화폐수요의 이자율탄력성이 작다는 것을 의미한다. 이는 동일한 통화공급량이 증가한 경우 화폐시장의 균형을 회복하기 위한 이자율의 하락폭이 더 크다는 것을 의미하며, 이로 인해 투자의 증대에 의한 소득증대효과가 더 크게 나타난다. 따라서 LM곡선의 기울기가 가파른 경우(LM_1) 통화정책의 효과가 더 크게 나타난다.

- LM_1의 경우 : $Y_1 \rightarrow Y_3$
- LM_2의 경우 : $Y_1 \rightarrow Y_2$

LM곡선의 기울기에 따른 통화정책 효과

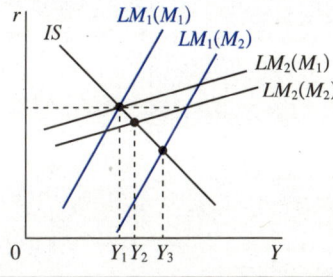

개념체크OX

- LM곡선의 기울기가 완만한 것은 화폐수요의 이자율탄력성이 크다는 뜻이다. ○|×
- LM곡선의 기울기가 가파른 경우에 통화정책의 효과가 더 크다. ○|×

○, ○

CHAPTER 06 기출분석문제

01 다음 중 중앙은행이 통화량을 증가시키기 위해서 사용할 수 있는 정책수단이 아닌 것은? IBK기업은행

① 지급준비율의 인하
② 통화안정증권의 매입
③ 중앙은행의 재할인율 인상
④ 국채의 매입

[해설] 중앙은행의 통화정책수단은 재할인율 정책, 지급준비율 정책, 공개시장조작 정책이 있으며 통화공급은 재할인율의 인하, 지급준비율의 인하, 공개시장에서의 국채 매입 등의 경우 증가한다.

> **➕ 더알아보기 　통화안정증권**
>
> 통화안정증권은 중앙은행이 공개시장조작을 통해 통화공급을 조정·안정시키기 위하여 발행하는 통화성 특별유통증권으로 중앙은행이 공개시장에서 통화안정증권을 매각하면 본원적 화폐의 유통량이 감소한다. 중앙은행이 공개시장을 통해 통화안정증권을 환매·상환하면 본원적 화폐의 유통량은 증가한다.

02 한계소비성향(Marginal Propensity to Consume)이 0.8이고, 소득세(Income Taxes)는 없는 상태에서 정액세(Lump-sum Taxes)가 100만큼 감소한다고 가정하자. 주어진 이자율 수준에서 IS곡선은 어느 방향으로 얼마만큼 변화하는가? 소상공인진흥공단

① 300만큼 오른쪽으로 이동
② 300만큼 왼쪽으로 이동
③ 400만큼 오른쪽으로 이동
④ 400만큼 왼쪽으로 이동

[해설] 주어진 이자율 수준에서 IS곡선의 이동폭은 케인즈 단순모형에서 조세승수이다. 조세승수 $= \dfrac{-MPC}{1-MPC} = \dfrac{-0.8}{1-0.8} = -4$이므로 조세가 100만큼 감소하는 경우 소득은 400만큼 증가하고 곡선의 이동폭도 400이다.

03 경제전체의 한계저축성향이 0.25일 때, 정부지출은 10억원 증가하고 조세는 20억원 증가하면 IS곡선은?

한국관광공사, 한국자산관리공사

① 10억원만큼 우측으로 이동한다.
② 10억원만큼 좌측으로 이동한다.
③ 20억원만큼 우측으로 이동한다.
④ 20억원만큼 좌측으로 이동한다.

[해설] 한계저축성향이 0.25이므로 한계소비성향은 0.75이다. 정부지출승수는 $\frac{1}{1-c} = \frac{1}{1-0.75} = 4$이므로 정부지출이 10억원 증가하면 IS곡선은 40억원만큼 우측이동한다. 조세승수는 $\frac{-c}{1-c} = \frac{-0.75}{1-0.75} = -3$이므로 조세가 20억원 증가하면 IS곡선은 60억원만큼 좌측이동한다. 따라서 IS곡선은 좌측으로 20억원만큼 이동하게 된다.

04 이자율 타겟팅 정책과 통화량 타겟팅 정책에 대한 다음 설명 중 옳은 것을 모두 고르면?(단, IS곡선은 우하향하고 LM곡선은 우상향한다)

서울보증보험

> 가. 이자율과 통화량을 동시에 타겟팅하는 것은 생산물시장의 균형을 변화시키는 충격이 존재하는 한 불가능하다.
> 나. 경기변동의 주요 요인이 생산물시장의 균형을 변화시키는 충격이라면 이자율 타겟팅 정책이 통화량 타겟팅 정책보다 국민소득 안정화에 더 효과적이다.
> 다. 경기변동의 주요 요인이 주로 화폐시장의 균형을 변화시키는 충격이라면 통화량 타겟팅 정책이 이자율 타겟팅 정책보다 국민소득 안정화에 더 효과적이다.

① 가
② 나
③ 다
④ 나, 다

[해설] 민간투자 혹은 민간소비가 불안정해서 IS곡선이 왼쪽이나 오른쪽으로 이동하는 경우에는 통화량을 일정하게 유지하는 통화량 타겟팅이 경제안정화에 더 효과적이다. 화폐수요가 불안정해서 LM곡선이 왼쪽이나 오른쪽으로 이동하는 경우에는 이자율을 일정하게 유지하는 이자율 타겟팅이 경제 안정화에 더 효과적이다. 한편 생산물시장의 불안정성으로 인해 IS곡선이 왼쪽이나 오른쪽으로 이동하는 경우에는 통화량과 이자율을 모두 일정하게 유지하는 것이 불가능하나, 화폐부문이 불안정적일 때는 이자율 타겟팅을 실시하면 LM곡선이 목표 이자율 수준에서 수평선의 형태가 되므로 이자율과 통화량을 모두 일정하게 유지할 수 있다.

[정답] 01 ③ 02 ③ 03 ④ 04 ①

05 재정정책에 대한 설명으로 가장 옳지 않은 것은? 　　　　　　　　　　　　　　　　　　　한국주택금융공사

① 고전학파 모형에 따르면 구축효과는 국공채발행의 경우에는 나타나지만, 조세정책의 경우에는 나타나지 않는다.
② 구축효과는 재정정책에 대응하는 이자율의 변동 정도에 따라 다르게 나타난다.
③ 사회보장 이전지출은 재정의 자동안정화장치에 속한다.
④ 가계, 기업, 정부로 구성된 케인즈 단순모형에서 정부지출승수와 투자승수는 동일하다.

[해설] ① 고전학파 모형에 따르면 정부정책은 대부자금시장에서 수요를 증가시켜 이자율이 상승한다. 이는 국공채의 경우뿐만 아니라 조세감면정책의 경우에도 대부자금의 공급을 감소시켜 이자율 상승에 따른 구축효과가 발생한다.
③ 이전지출은 실업수당이나 재해보상금 사회보장기부금과 같이 정부가 당기의 생산활동과 무대한 사람에게 반대급부 없이 지급하는 것을 말하며, 이는 재정정책의 일환으로 자동안정화장치에 해당한다.

06 재정지출 증가의 구축효과를 가장 잘 설명한 것은? 　　　　　　　　　　　　　　　　　　　주택도시보증공사

① 재정지출이 증가하면 환율이 상승하며 해외로부터의 수입을 감소시킨다.
② 재정지출 증가는 물가의 상승을 초래하여 소비지출의 비중을 감소시킨다.
③ 재정지출의 증가는 경기회복을 초래하여 실업률을 떨어뜨린다.
④ 재정지출의 증가는 이자율의 상승을 초래하여 민간 투자의 위축을 초래한다.

[해설] 구축효과는 이자율 상승에 따른 구축과 환율변화에 따른 구축, 그리고 장기 물가수준 상승에 따른 구축으로 구분할 수 있다. 단기 정부지출의 증가는 이자율 상승을 가져와 민간 투자를 감소시키며, 이자율 상승에 따른 환율 하락으로 순수출이 감소하여 최초 정부지출 증가를 추가로 구축한다. 장기에는 총수요의 증가와 이에 따른 물가상승으로 실질통화공급량이 감소하여 정부지출 증대효과를 구축한다.

07 IS-LM모형에서 화폐수요가 이자율에 대해 완전 비탄력적인 경우, 정부가 정부구매와 조세를 동일한 규모로 증가시키는 재정정책을 시행할 때 예상되는 결과는? 　　　　　　　　　　　　　　　　　　　신용보증기금

① 이자율은 변화가 없다.
② 이자율이 상승하여 투자가 감소한다.
③ 화폐수요가 증가한다.
④ 물가가 하락한다.

[해설] 화폐수요의 이자율탄력성이 완전 비탄력적인 경우, LM곡선은 수직선이다. 정부지출 승수와 조세승수를 비교하면 정부지출 승수의 절댓값이 조세승수의 절댓값보다 크기 때문에 IS곡선이 우측으로 이동하고 이에 따라 이자율이 상승하고 투자가 감소한다. 더불어 LM곡선의 기울기가 수직이므로 LM곡선이 완만한 경우보다 이자율 상승폭이 크다.

08 케인즈의 이자율이론에 대한 설명으로 옳지 않은 것은? 한국교통안전공단

① 소득수준이 상승하면 화폐수요가 증가한다.
② 화폐수요가 증가하면 이자율이 상승한다.
③ 통화 당국이 화폐공급을 증대시키면 이자율이 하락한다.
④ 통화량이 증가하면 총수요가 감소한다.

[해설] 통화량이 증가하면 이자율이 하락하고 투자가 증가하여 결국 총수요가 증가한다.

09 만약 통화주의학파의 주장이 옳다면 IS-LM모형에서 화폐공급의 증가가 국민소득, 이자율, 물가수준, 소비, 투자, 실질화폐잔고에 미치는 장·단기 효과를 옳게 설명한 것은? 한국도로공사

> ⓐ 화폐공급의 증가는 단기적으로 LM곡선을 오른쪽으로 이동시킨다.
> ⓑ 화폐공급의 증가는 단기적으로 이자율을 하락시키고, 낮은 이자율은 투자를 증가시킨다.
> ⓒ 화폐공급의 증가는 단기적으로 소득을 증가시킨다.
> ⓓ 화폐공급의 증가는 장기적으로 물가를 상승시켜서 실질화폐잔고를 감소시킨다.
> ⓔ 화폐공급의 증가는 장기적으로 LM곡선을 왼쪽으로 이동시켜서 이자율이 최초의 균형점으로 되돌아간다.

① ⓐ, ⓑ
② ⓐ, ⓑ, ⓒ
③ ⓐ, ⓑ, ⓒ, ⓓ
④ ⓐ, ⓑ, ⓒ, ⓓ, ⓔ

[해설] 통화주의학파 모형에서 장기에 화폐의 중립성이 성립한다. 통화주의학파 모형에서 통화공급량이 증가하면 단기에는 이자율의 하락과 소득이 증가한다(단기효과). 그러나 장기에는 적응적 기대와 물가의 신축성 가정에 기인하여 물가수준의 상승과 이에 따른 실질통화공급량의 감소로 이자율과 소득은 최초상태로 복귀하게 된다(자연실업률가설).

10 IS-LM모형에서 정부의 정책에 대해 설명한 것으로 옳지 않은 것은? IBK기업은행

① IS-LM모형에서 정부지출을 증가시켰을 때 투자의 이자율탄력성이 클수록 구축효과가 작아진다.
② 유동성함정 구간에서는 정부지출에 따른 소득증대효과가 상대적으로 큰 경향이 있다.
③ 화폐수요의 소득탄력성이 크면 LM곡선의 기울기는 더욱 급해진다.
④ 중앙은행이 공개시장에서 채권을 매입할 경우 LM곡선은 오른쪽으로 이동한다.

[해설] 확장 재정정책을 시행하면 국민소득이 증가하므로 거래적 화폐수요가 증가한다. 화폐수요가 증가하면 이자율이 상승하게 되는데, 투자의 이자율탄력성이 크면 이자율이 상승할 때 투자가 큰 폭으로 감소하므로 구축효과가 크게 나타난다. 따라서 투자의 이자율탄력성이 크면 확대적인 재정정책을 시행하더라도 국민소득이 별로 증가하지 않는다.

[정답] 05 ① 06 ④ 07 ② 08 ④ 09 ④ 10 ①

11 재정지출의 확대로 정부지출을 늘려도 총수요가 오히려 줄어드는 현상인 구축효과에 대한 설명으로 옳지 않은 것은?
한국산업단지공단

① 투자의 이자율탄력성이 클수록 구축효과는 커진다.
② 화폐수요의 이자율탄력성이 클수록 구축효과는 커진다.
③ LM곡선의 기울기가 작을수록 구축효과는 작아진다.
④ 한계소비성향이 클수록 구축효과는 커진다.

[해설] 구축효과는 화폐수요의 이자율탄력성이 낮을수록 커진다. 또한 한계소비성향이 클수록 IS곡선은 완만해지며 IS곡선이 완만할수록 구축효과는 커진다.

12 폐쇄경제하 총수요(AD)-총공급(AS)모형을 이용하여 정부 지출증가로 인한 변화에 대한 설명으로 옳은 것은? (단, AD곡선은 우하향, 단기 AS곡선은 우상향, 장기 AS곡선은 수직선이다)
한국무역보험공사

① 단기에 균형소득수준은 불변이다.
② 장기에 균형소득수준은 증가한다.
③ 장기에 고전학파의 이분법이 적용된다.
④ 단기에 물가가 증가하였다가 장기에는 다시 원래의 물가로 돌아온다.

[해설] 폐쇄경제하의 총수요(AD)-총공급(AS)모형에서 정부지출이 증가하면 총수요곡선이 우측으로 이동한다. 장기에 균형국민소득이 잠재생산량을 초과함에 따라 물가가 상승한다. 즉, 총공급곡선이 좌상향으로 이동하면서 본래 균형국민소득으로 돌아간다. 정부지출 결과 물가만 상승하고 균형국민소득에는 아무런 영향을 주지 못하였으므로 고전학파의 이분법이 적용된다.

13 총수요(AD)-총공급(AS)모형에서 통화정책과 재정정책에 대한 설명으로 옳은 것은?
한국자산관리공사

① 유동성함정에 빠진 경우 확장적 통화정책은 총수요를 증가시킨다.
② 화폐의 중립성에 따르면, 통화량을 늘려도 명목임금은 변하지 않는다.
③ 구축효과는 정부지출 증가가 소비지출 감소의 주요 원인이라는 것이다.
④ 통화정책은 이자율의 변화를 통해 국민소득에 영향을 미친다.

[해설] ① 유동성함정에 빠진 경우, 확장적 재정정책이 효과적이며 통화정책은 영향력이 없다고 본다.
② 화폐의 중립성은 통화량의 변화가 실질변수에 영향을 주지 않는다는 이론으로, 중앙은행이 긴축 금융정책 또는 확장 금융정책을 실시해도 생산량은 감소하거나 증가하지 않고 명목변수인 물가만 변동한다고 본다.
③ 구축효과는 정부지출의 증가가 오히려 투자지출의 감소를 초래한다는 것이다.

14 리카도 대등정리(Ricardian Equivalence)에 대한 설명으로 옳지 않은 것은? 　　한국수력원자력

① 소비자가 근시안적 견해를 가지면 이 정리는 성립되지 않는다.
② 정부부채를 통해 조세삭감의 재원을 충당하는 정책은 소비를 변화시키지 않는다.
③ 리카도는 정부 재정을 부채를 통해 확보하는 것이 조세를 통해 확보하는 것과 같다고 주장했다.
④ 정부가 미래의 정부지출을 축소한다는 조건에서 현재 조세를 줄이는 경우에 현재의 민간소비는 변하지 않는다.

[해설] ④ 미래의 정부지출을 축소한다는 조건에서 현재의 조세를 감소시키면 가처분 소득이 증가하므로 민간소비도 증가한다.

15 총수요(AD)-총공급(AS)모형에서 ⊙과 ⓒ에 해당하는 효과의 이름과 효과로 인한 ⓒ균형국민소득 변화가 옳게 짝지어진 것은? 　　금융결제원

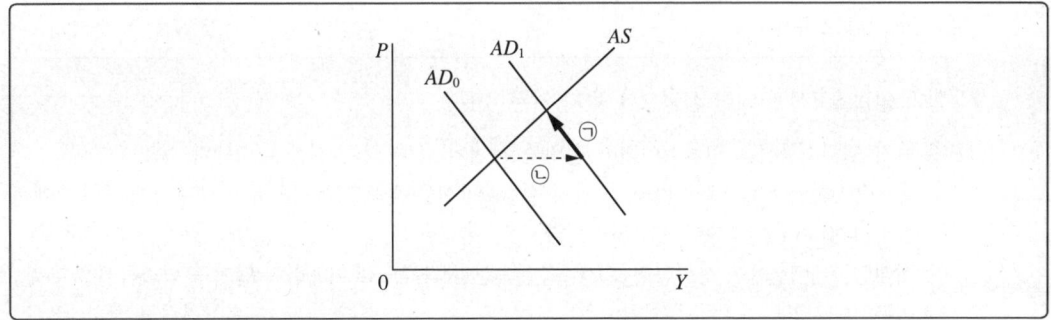

① ⊙ 승수효과, ⓒ 구축효과, ⓒ 증가
② ⊙ 구축효과, ⓒ 승수효과, ⓒ 증가
③ ⊙ 승수효과, ⓒ 구축효과, ⓒ 불변
④ ⊙ 구축효과, ⓒ 승수효과, ⓒ 불변

[해설] 승수효과는 정부지출로 인한 총수요 증가 효과이고, 민간투자 감소를 일으켜 승수효과를 상쇄하는 효과가 구축효과이다. 그림에서는 구축효과보다 승수효과가 크므로, 균형국민소득은 증가하였다.

[정답] 11 ② 12 ③ 13 ④ 14 ④ 15 ②

최신복원문제

🔑 키워드 필립스곡선

단기 필립스곡선에 대한 설명으로 옳지 않은 것은? IBK기업은행, 한국토지주택공사

① 단기 필립스곡선은 인플레이션과 실업률 사이의 음(-)의 관계를 나타낸다.
② 총수요곡선이 우측으로 이동하면 단기 필립스곡선은 좌측으로 이동하여 같은 실업률 수준에서 이동하기 전보다 인플레이션이 낮아진다.
③ 기대인플레이션율이 상승하면 단기총공급곡선이 좌측으로 이동하여 단기 필립스곡선은 우측으로 이동한다.
④ 실제 인플레이션이 기대 인플레이션보다 높으면 단기적으로 실제 실업률은 자연 실업률보다 높아진다.

[해설] 총수요곡선이 우측으로 이동하면 필립스곡선 자체 이동이 아닌 필립스곡선상의 점이 좌상향점으로 이동한다. 총공급곡선이 우측으로 이동하면 필립스곡선이 좌측으로 이동하여 같은 실업률 수준에서 이동하기 전보다 인플레이션이 낮아진다.

정답 ②

Chapter 07
인플레이션과 실업

기출 키워드	중요도
☑ 물가지수	★
☑ 라스파이레스 방식	★★
☑ 파셰 방식	★★
☑ 인플레이션	★★★
☑ 수요견인 인플레이션	★★
☑ 비용인상 인플레이션	★★
☑ 예상된 인플레이션의 영향	★
☑ 예상하지 못한 인플레이션의 영향	★★
☑ 테일러준칙	★★
☑ 실업률	★★★
☑ 경제활동참가율	★★
☑ 실업의 종류	★★★
☑ 자연실업률	★★
☑ 효율임금이론	★
☑ 필립스곡선	★★★

CHAPTER 07 인플레이션과 실업

1 인플레이션

1 물가지수

(1) 물가와 물가지수
① 물가는 시장에서 거래되는 모든 개별상품과 서비스의 가격을 일정한 수준으로 가중평균하여 종합한 전반적인 가격수준을 의미한다.
② 물가지수는 물가의 움직임을 구체적으로 측정한 지표로서 기준시점 이후의 물가변동을 백분율로 표시한다.

$$물가지수 = \frac{비교시점의 \ 물가수준}{기준시점의 \ 물가수준} \times 100$$

(2) 물가지수의 작성방식
① 라스파이레스 방식(LPI)
라스파이레스 방식은 기준연도의 거래량(Q_0)을 가중치로 사용하며 소비자물가지수, 생산자물가지수 등의 계산에 이용된다. 일반물가수준의 상승을 과대평가하는 경향이 있다.

$$\frac{\sum P_i Q_0}{\sum P_0 Q_0} \times 100$$

② 파셰 방식(PPI)
파셰 방식은 비교연도의 거래량(Q_i)을 가중치로 사용하며 GDP디플레이터 계산에 이용된다. 일반물가수준의 상승을 과소평가하는 경향이 있다.

$$\frac{\sum P_i Q_i}{\sum P_0 Q_i} \times 100$$

(3) 물가지수의 종류
① 소비자물가지수(CPI)
소비자물가지수는 가계가 일상생활을 영위하기 위해 소비하는 재화와 서비스의 가격변동을 측정하기 위한 물가지수이다. 라스파이레스 방식으로 통계청에서 작성한다.

개념체크OX
- 라스파이레스 방식은 기준연도의 거래량을 가중치로 사용한다. ⃝⨯
- GDP디플레이터는 파셰 방식으로 계산된다. ⃝⨯

⃝, ⃝

② 생산자물가지수(PPI)

생산자물가지수는 국내에서 생산하여 국내시장에서 기업 간에 거래되는 모든 재화와 서비스의 가격변동을 측정한 물가지수이다. 라스파이레스 방식으로 한국은행에서 작성한다.

③ GDP디플레이터

GDP디플레이터는 명목가치를 실질가치로 환산할 때 사용하는 물가지수로, 명목GDP를 실질GDP로 나누어 사후적으로 얻어지는 값이다. GDP디플레이터는 재화와 서비스의 국내거래가격뿐만 아니라 수출입가격의 변동까지 포함하기 때문에 가장 포괄적인 물가지수이다. 파셰 방식으로 한국은행에서 작성한다.

$$\text{GDP디플레이터} = \frac{\text{명목GDP}}{\text{실질GDP}}$$

> **개념더하기**
>
> **화폐의 구매력**
> - 화폐가치 $= \frac{1}{\text{물가수준}} \times 100$
> - 물가상승 → 화폐구매력 감소 → 화폐가치 하락
> - 물가하락 → 화폐구매력 증가 → 화폐가치 상승

2 인플레이션(Inflation)

(1) 인플레이션의 개념

인플레이션은 상품과 서비스의 일반적인 물가수준이 지속해서 상승하는 현상을 말한다. 화폐가치 혹은 구매력의 하락을 의미하기도 한다.

$$\pi_i(\text{인플레이션율}) = \frac{P_i - P_{i-1}}{P_{i-1}}$$

(P_i : i년도 물가, P_{i-1} : $i-1$년도 물가)

(2) 인플레이션의 원인과 대책

① 수요견인 인플레이션(총수요증가로 인한 인플레이션)

㉠ 케인즈학파
- 인플레이션의 원인을 총수요를 구성하는 소비, 투자, 정부지출, 순수출의 증가와 같은 실물부문의 요인으로 보았다.
- IS곡선의 우측 이동으로 인해 수요견인 인플레이션이 발생한다고 보았다.
- 수요견인 인플레이션의 경우 인플레이션을 억제하기 위해서는 긴축 재정정책이나 통화량을 감소시키는 정책이 필요하다고 주장했다.

㉡ 고전학파와 통화주의학파
- 인플레이션의 원인을 화폐적 요인인 통화량 증가로 보았다.
- LM곡선의 우측 이동이 수요견인 인플레이션을 유발한다고 보았다.
- 인플레이션은 언제나 화폐적인 현상으로, 화폐 이외의 다른 요인으로는 조절하기 어렵다고 보았으며, 통화량 증가율은 경제성장률에 맞추어 매년 일정하게 유지하는 준칙(k% 준칙)에 입각한 통화정책의 시행을 강력하게 주장하였다.

> **개념체크OX**
> - 소비자물가지수는 소비자들의 대체 가능성을 배제함으로써 물가상승률을 과대평가할 수 있다. O X
> - 인플레이션을 고려하여 조정한 실질이자율은 음(-)이 될 수 있다. O X
>
> O, O

수요견인 인플레이션

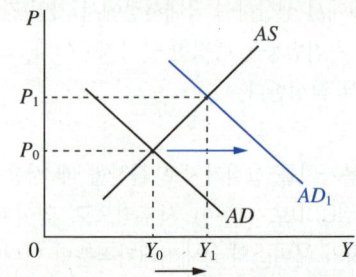

② 비용인상 인플레이션(총공급감소로 인한 인플레이션)
  ㉠ 케인즈학파
    비용인상 인플레이션의 원인을 총공급곡선의 좌측 이동 즉, 과도한 임금인상, 기업의 이윤증대, 석유나 원자재의 가격상승 등으로 보았다. 단, 임금인상의 경우 노동생산성 증가율이 임금상승률보다 크거나 같다면 비용인상 인플레이션은 발생하지 않을 수 있다고 본다.
  ㉡ 통화주의학파와 합리적 기대학파
    경제주체들의 수요견인 인플레이션에 대한 적응적(합리적) 반응에서 비용인상 인플레이션이 발생한다고 보았으며, 민간의 기대물가수준이 실제 물가수준과 일치하도록 하는 통화정책을 중요시하였다.

비용인상 인플레이션

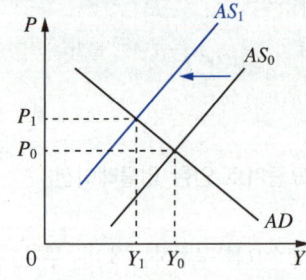

③ 공급충격과 스태그플레이션(Stagflation)
  ㉠ 스태그플레이션은 경기가 불황임에도 불구하고 물가가 상승하는 현상을 말한다.
  ㉡ 즉, 공급충격으로 인한 비용인상 인플레이션이 지속될 경우 인플레이션과 실업이 동시에 발생하는 현상이다.
  ㉢ 하지만 공급충격은 지속해서 발생하는 것은 아니므로 지속적인 비용인상 인플레이션은 불가능하다.
  ㉣ 스태그플레이션의 대책
    • 스태그플레이션을 해결하기 위해 총수요 확장정책이나 긴축 재정정책으로 대응하는 것은 바람직하지 않다.
    • 비용인상 인플레이션 발생 시 실업 문제 해결을 위한 총수요 확장정책은 인플레이션을 심화시킨다.

개념체크OX

• 케인즈는 비용인상 인플레이션의 원인이 총공급곡선의 우측 이동이라고 주장했다. OX
• 스태그플레이션은 경기가 불황인데도 물가가 상승하는 현상이다. OX

×, O

- 비용인상 인플레이션 발생 시 인플레이션 해결을 위한 긴축 재정정책은 실업률을 높인다.

④ 혼합형 인플레이션

혼합형 인플레이션은 수요측 인플레이션과 공급측 인플레이션 요인이 모두 작용하는 경우를 말한다. 수요와 공급측 요인이 모두 작용하는 혼합형 인플레이션에서는 지속적인 물가상승이 이루어진다.

(3) 예상된 인플레이션의 영향

① 소득재분배 미발생
  ㉠ 예상된 인플레이션하에서는 채권자와 채무자 간에 부의 재분배가 발생하지 않는다.
  ㉡ 인플레이션이 완전하게 예상되면 채권자들은 피셔 방정식에 의해 채무자에게 (실질이자율에 예상인플레이션율을 합한 만큼의) 명목이자를 요구함으로써 물가상승에 따른 손실을 보전할 것이다.

> 명목이자율 = 실질이자율 + 예상인플레이션율

② 구두창 비용(Shoe-Leather Cost)의 발생
  ㉠ 구두창 비용은 인플레이션으로 인해 화폐가치가 하락한 상황에서 화폐보유의 기회비용이 상승하는 것을 나타내는 용어이다.
  ㉡ 사람들이 화폐를 덜 보유하기 위해서 금융기관을 자주 방문해야 하므로 거래 비용이 증가하게 된다.

③ 메뉴비용(Menu Cost)의 발생
  ㉠ 메뉴비용은 물가상승 시 물가상승에 맞추어 기업들이 생산하는 재화나 서비스의 판매가격을 조정할 때 소요되는 비용을 의미한다.
  ㉡ 인플레이션이 발생하면 기업이 부담해야 하는 메뉴비용이 증가한다.

(4) 예상하지 못한 인플레이션의 영향

① 소득재분배 발생
  ㉠ 예상하지 못한 인플레이션이 발생하면 채권자와 채무자 간에 부의 재분배가 발생한다.
  ㉡ 예상하지 못한 인플레이션으로 인해 화폐의 가치가 하락하면 금융자산(현금, 채권 등)을 가진 사람과 채권자는 손해를 입는 반면, 실물자산을 가진 사람과 채무자는 이익을 얻는다.
  ㉢ 예상하지 못한 인플레이션으로 고정소득자들은 불리한 위치에 놓인다.

② 경제의 불확실성
  ㉠ 예상하지 못한 인플레이션은 경제의 불확실성을 증가시킨다.
  ㉡ 경제의 불확실성은 결국 경제전체의 비효율을 높이게 되어 사람들의 후생수준을 감소시킨다.

> **개념체크 OX**
> • 예상하지 못한 인플레이션은 구두창 비용을 발생시킨다. ⃞O⃞X
> • 소득재분배는 예상된 인플레이션의 영향이다. ⃞O⃞X
>
> ×, ×

③ 생산과 고용
   ㉠ 예상하지 못한 인플레이션이 발생하면 기업들은 노동의 수요를 증가시킨다.
   ㉡ 노동의 수요가 증가하게 되면 일시적으로 생산량과 고용량이 증가하게 된다.

(5) 디플레이션
① 디플레이션은 인플레이션과 반대되는 개념으로 경제 전반적으로 상품과 서비스의 가격이 지속해서 하락하는 현상을 말한다.
② 인플레이션율이 0% 이하가 되어 물가수준이 하락하는 상황을 말한다.
③ 총수요곡선의 좌측 이동, 총공급곡선의 우측 이동이 원인이다.

> **개념더하기**
>
> **테일러준칙**
> - 테일러준칙은 실제인플레이션율과 실제경제성장률이 각각 인플레이션 목표치와 잠재성장률을 벗어날 경우 중앙은행이 정책금리를 변경한다는 이론이다.
> - 테일러준칙에 따르면 중앙은행은 실제인플레이션율이 인플레이션 목표치보다 높은 경우 금리를 올리고 반대의 경우 금리를 내리며, 또한 실제성장률이 잠재성장률보다 높으면 금리를 올리고 반대의 경우에는 금리를 내린다.
> - 특정 국가의 적정 금리수준을 파악하는 방법들 중 하나이다.

2 실 업

1 실업의 개념

실업은 일할 의사와 능력을 갖춘 사람이 일자리를 갖지 못한 상태를 말한다.

2 실업 관련 지표

(1) 실업률

$$\text{실업률} = \frac{\text{실업자 수}}{\text{경제활동인구}} \times 100(\%) = \frac{\text{실업자 수}}{\text{취업자 수} + \text{실업자 수}} \times 100(\%)$$

생산가능인구	경제활동인구	취업자
		실업자
	비경제활동인구	주부, 학생, 환자, 실망노동자 등

(2) 경제활동참가율

$$\text{경제활동참가율} = \frac{\text{경제활동인구}}{\text{15세 이상 인구}} \times 100(\%)$$

3 실업의 유형

(1) 자발적 실업

자발적 실업은 일할 능력을 갖추고 있으나 현재의 임금수준에서 일할 의사가 없어서 실업 상태에 있는 경우를 말한다.
① 마찰적 실업 : 일시적으로 직장을 옮기는 과정에서 발생하는 실업
② 탐색적 실업 : 보다 나은 직장을 탐색하면서 발생하는 실업

(2) 비자발적 실업

비자발적 실업은 일할 의사와 능력을 갖추고 있으나 현재의 임금수준에서 일자리를 구하지 못해 실업 상태에 있는 경우를 말한다.

① **경기적 실업** : 경기침체로 인해 발생하는 대량의 실업(케인즈적 실업) → 경기회복으로 해결이 가능
② **구조적 실업** : 일부 산업의 사양화 등 산업구조의 변화로 인하여 발생하는 실업 → 산업구조의 개편과 새로운 인력정책으로 해결이 가능

(3) 기타의 실업

① **위장실업** : 인구 과잉의 후진국 농업부문에서 주로 나타나는 실업으로, 겉으로 보기에는 취업상태에 있으나 한계생산력이 0인 상태의 실업을 말한다.
② **기술적 실업** : 기술진보로 노동이 인간에서 기계로 대체되어 발생하는 실업을 말한다.
③ **계절적 실업** : 생산 또는 수요의 계절적 변화에 따라 발생하는 실업을 말한다.

4 실업의 원인과 대책

(1) 고전학파

고전학파에 따르면 노동의 수요와 공급은 모두 실질임금의 함수이고, 명목임금은 완전 신축적이므로 항상 완전고용상태를 유지하여 비자발적 실업은 발생하지 않는다. 따라서 실업은 노동조합, 최저임금제, 실업수당 등 제도적 요인에 의해 발생하며 실업의 대책은 가격의 신축성을 저해하는 제약이나 간섭을 최소화하는 것이다.

(2) 케인즈학파

케인즈학파는 노동의 공급을 예상 실질임금의 함수로 보았으나 명목임금의 하방 경직성을 가정함으로써 비자발적 실업의 존재를 인정한다. 실업은 총수요의 부족에 기인하여 발생하며 정부가 총수요 확장정책을 시행함으로써 실업을 줄일 수 있다고 본다.

(3) 통화주의학파의 자연실업률 가설

① **자연실업률의 개념**
자연실업률은 노동시장의 균형상태로, 현재 진행되는 인플레이션을 가속하지도 감속시키지도 않는 실업률을 말한다.

② **자연실업률의 측정**

$$U_N = \frac{U}{U+E} = \frac{이직률}{이직률 + 구직률}$$

> **개념체크 OX**
> • 비자발적 실업에는 경기적 실업과 기술적 실업이 있다. O X
> • 자연실업률은 인플레이션을 가속하지 않는다. O X
>
> X, O

③ 자연실업률 가설

자연실업률 가설에 따르면 장기에는 실업과 인플레이션 사이의 상충관계가 존재하지 않는다. 적응적 기대와 신축적 물가를 가정하여 정부의 재량적인 정책은 단기적으로 효과가 있으나 장기에는 민간 경제주체의 기대변화에 의해 물가수준만 상승시킨다(k% 준칙에 입각한 통화정책 주장). 따라서 실업을 감소시키기 위한 정부의 재량적인 정책은 장기적으로 무력하며 자연실업률 수준을 변화시키는 정책만이 실업을 감소시킬 수 있다.

(4) 새고전학파의 직업탐색이론

직업탐색이론에 따르면 불완전한 노동시장과 비대칭적 정보하에, 노동자는 더 높은 임금의 일자리를 탐색하고 기업은 더 높은 생산성을 가진 노동자를 탐색하는 과정에서 일시적으로 실업이 발생한다. 따라서 실업을 감소시키기 위해 노동시장의 정보 흐름을 원활히 하고 실업수당을 감소시킬 것을 주장하였다.

> **개념더하기**
>
> **효율임금이론**
>
> 새케인즈학파 경제학자들의 이론으로, 기업의 실질임금이 노동자의 생산성과 노동자들의 의욕을 결정한다고 본다. 실질임금이 시장균형임금보다 높을 때, 이를 '효율임금'이라 하며 효율임금으로 인해 노동자들의 생산성이 더 높아진다는 이론이다. 생산성이 임금을 결정하는 것이 아니라 임금이 생산성을 결정한다고 주장한다.

3 인플레이션과 실업의 관계

1 전통적인 필립스곡선

(1) 필립스곡선의 개요

① 필립스곡선은 인플레이션율과 실업률 간의 단기 상충관계(Trade-off)가 존재함을 보여주는 곡선이다.
② 일반적인 필립스곡선은 우하향의 형태를 띠고 있다.

$$\pi = -\lambda(u - u_N) \quad (\lambda > 0)$$

(π : 인플레이션율, u : 실제실업률, u_N : 자연실업률)

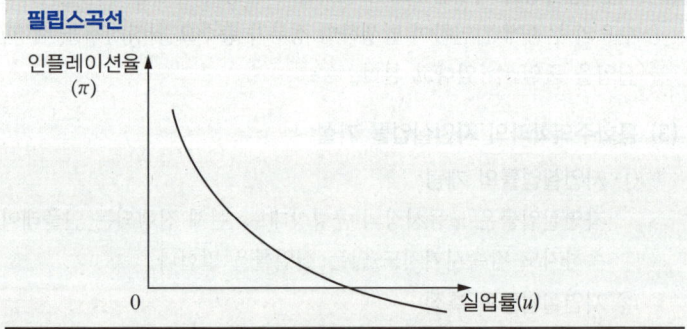

필립스곡선

(2) 필립스곡선의 이동

① 총수요곡선의 이동은 필립스곡선상의 변화를 가져온다.
　㉠ 총수요곡선이 우측으로 이동하면 필립스곡선상의 점이 좌상향점으로 이동한다.
　㉡ 총수요곡선이 좌측으로 이동하면 필립스곡선상의 점이 우하향점으로 이동한다.

② 총공급곡선의 이동은 필립스곡선 자체의 이동을 가져온다.
　㉠ 총공급곡선이 우측으로 이동하면 필립스곡선은 좌측으로 이동한다.
　㉡ 총공급곡선이 좌측으로 이동하면 필립스곡선은 우측으로 이동한다.

(3) 필립스곡선의 시사점

① 필립스곡선은 우하향하는 모양의 곡선으로 실업률을 낮추면 인플레이션율이 상승하고 인플레이션율을 낮추면 실업률이 증가한다. 이는 '물가안정'과 '완전고용'을 동시에 달성할 수 없음을 의미한다.

② 정태적 기대를 가정하고 있으며, 물가가 상승하는 동시에 실업률이 증가하는 스태그플레이션을 설명하지 못한다는 한계가 있다.

③ 정부의 정책개입에 따른 효과가 존재한다는 것을 의미하며, 재량적인 안정화 정책에 정당성을 부여하였다.

2 기대부가 필립스곡선(자연실업률 가설, 통화주의학파)

(1) 기대부가 필립스곡선의 개요

① 단기에는 노동자들의 기대인플레이션율(π^e)과 인플레이션율·실업률 간에 역관계가 성립한다.

② 장기에는 노동자들이 물가상승을 예상하면 명목임금 인상을 요구할 것이므로 인플레이션율과 실업률 간에 역관계가 없어진다.

③ 적응적 기대를 가정하여 노동자들의 물가 예상을 반영할 수 있는 기대부가 필립스곡선을 도입하였다.

④ 결론적으로 기대부가 필립스곡선에 따르면 장기에는 노동자들의 물가 예상이 정확해져($\pi = \pi^e$), 인플레이션율이 상승하더라도 실업률은 자연실업률 수준에서 유지되므로 장기필립스곡선은 수직으로 도출된다.

$$\pi = \pi^e - \lambda(u - u_n)$$
($\lambda > 0$, u : 실제실업률, u_n : 자연실업률)

개념체크OX

- 총공급곡선의 이동은 필립스곡선 자체의 이동을 가져온다. O X
- 총수요곡선이 좌측으로 이동하면 필립스곡선상의 점도 좌측으로 이동한다. O X

O, X

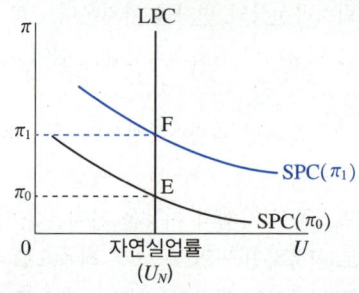

기대부가 필립스곡선

(2) 기대부가 필립스곡선의 이동
① 원자재가격이 상승하거나 기대인플레이션율(π^e)이 상승하면 단기총공급곡선이 좌측 이동하여 단기필립스곡선이 우측 이동한다. 장기필립스곡선의 이동은 유발되지 않는다.
② 기술이 진보하거나 노동자들의 생산성이 향상되면 단기총공급곡선과 장기총공급곡선이 모두 우측으로 이동하여 단기필립스곡선과 장기필립스곡선 모두 좌측으로 이동한다.

(3) 기대부가 필립스곡선의 시사점
① 정부의 정책이 단기적으로는 유효하나, 장기에는 필립스곡선이 수직선이므로 실업률을 낮추기 위해 확장적인 재정정책을 시행하더라도 실업률은 낮아지지 않고 물가만 상승하게 된다.
② 실업률을 자연실업률 이하로 낮추기 위한 정부의 재량적인 정책은 바람직하지 않고 준칙에 의한 정책을 시행하여야 한다.

3 새고전학파의 필립스곡선

(1) 새고전학파 필립스곡선의 특징
합리적 기대하에서는 이용 가능한 모든 정보를 이용하여 다음 기의 인플레이션율을 예상하므로 예측 오차는 평균적으로 0이 되므로 단기필립스곡선도 수직선이다.

(2) 새고전학파 필립스곡선의 시사점
① 새고전학파의 필립스곡선은 단기와 장기에 모두 수직선이므로 정부의 재정정책은 단기에서조차 효과가 없다. 이를 '정책 무력성의 정리'라 한다.
② 예상치 못한 정책이 단기적으로 실업률을 낮출 수는 있으나 예상치 못한 정책을 남발하게 되면 정부에 대한 신뢰도가 사라지므로 바람직하지 못하다고 주장했다.

> **개념더하기**
>
> **오쿤의 법칙(Okun's law)**
> 오쿤의 법칙은 한 나라의 '생산량'과 '실업' 사이에 경험적으로 관찰되는 안정적인 음(-)의 상관관계가 존재한다는 법칙이다. 이 법칙에 따르면 한 나라의 실업률이 자연실업률에서 1% 상승할 때마다 생산량이 약 2.5% 하락한다고 한다.

CHAPTER 07 기출분석문제

01 다음 중 물가지수에 대한 설명으로 옳지 않은 것은? IBK기업은행, 중소벤처기업진흥공단

① 소비자물가지수와 생산자물가지수는 파스파이레스 방식으로 계산된다.
② 소비자물가지수는 국내에서 생산되는 재화뿐만 아니라 수입재도 포함하여 계산된다.
③ GDP디플레이터는 국내거래가격만을 반영하여 계산된다.
④ GDP디플레이터는 파셰 방식으로 측정한 물가지수이다.

[해설] GDP디플레이터는 재화와 서비스의 국내가격뿐만 아니라 수출입가격의 변동까지 포함하기 때문에 가장 포괄적인 물가지수이다.

02 다음 중 인플레이션에 대한 설명으로 옳지 않은 것은? 신용회복위원회

① 폐쇄경제에서 완전고용상태일 때 총수요가 총공급을 초과하면 인플레이션이 발생한다.
② 인플레이션이 예상될 때 개인들이 재화를 미리 사두려고 하면 인플레이션은 더욱 심화한다.
③ 수입원자재 가격의 상승은 비용인상 인플레이션을 유발할 수 있다.
④ 중앙은행은 인플레이션을 진정시키기 위해 국공채를 매입한다.

[해설] 중앙은행이 국공채를 매입하면 통화량을 늘리게 되어 인플레이션을 잡을 수 없다. 중앙은행은 국공채를 매각하여 통화량을 흡수하는 방식으로 인플레이션을 억제해야 한다.

03 다른 요인이 일정 불변일 때, 예상치 못한 인플레이션으로 발생할 수 있는 현상에 대한 설명 중 옳은 것은? 한국자산관리공사

① 동일한 단기필립스곡선상에서 실업이 증가한다.
② 채권자는 이익을 보지만 채무자는 손해를 본다.
③ 고정된 임금소득을 얻는 근로자는 유리해진다.
④ 사람들의 능력과 필요에 무관하게 부를 재분배한다.

[해설] ① 예상치 못한 인플레이션은 총공급곡선을 우상향, 단기필립스곡선을 우하향시킨다. 그러므로 물가는 상승하고 단기적으로 필립스곡선을 따라 실업이 감소한다.
② 인플레이션이 발생하면 일반적으로 채권자에게 불리하고 채무자에게 유리하므로, 소득재분배의 기능을 하기도 한다.
③ 명목소득을 받는 근로자의 경우는 예상치 못한 손해를 가져오나, 실물자산 보유자의 경우에는 자산가치의 상승을 가져오므로 유리하다.

[정답] 01 ③ 02 ④ 03 ④

04 예상보다 높은 인플레이션율이 발생할 경우 나타나는 효과에 대한 설명으로 옳지 않은 것은? 한국도로공사

① 화폐의 구매력이 감소한다.
② 실질 국민소득이 감소한다.
③ 누진세 체계하에서 정부의 조세수입이 감소한다.
④ 채무자는 이익을 보고, 채권자는 손해를 본다.

[해설] 누진세 체계는 명목소득에 대해 세율이 적용된다. 인플레이션율이 증가하면 근로자들의 실질소득이 감소하지만 명목소득은 증가하는 것처럼 보이므로 세율구간이 상승하고 정부의 조세수입이 증가한다.

05 A국에서 인플레이션 갭과 생산량 갭이 모두 확대될 때, 테일러준칙(Taylor's rule)에 따른 중앙은행의 정책은? 주택도시보증공사

① 정책금리를 인상한다.
② 정책금리를 인하한다.
③ 지급준비율을 인하한다.
④ 지급준비율을 고정한다.

[해설] 테일러준칙에 따르면 중앙은행은 실제인플레이션율이 인플레이션 목표치보다 높은 경우 금리를 올린다.

06 다음 중 디플레이션에 대한 설명으로 옳지 않은 것은? 한국자산관리공사

① 주식 및 부동산 가격의 하락은 부의 효과를 통해 소비를 더 크게 위축시킬 수 있다.
② 인플레이션과는 다르게 소득의 재분배가 일체 발생하지 않는다.
③ 소비가 지연됨에 따라 GDP에 부정적 영향을 줄 수 있다.
④ 지난 달 물가상승률이 10%에서 이번 달 물가상승률이 2%로 하락했다면 디플레이션이 발생한 것이 아니다.

[해설] 인플레이션과 마찬가지로 디플레이션 또한 소득의 재분배가 발생한다.

07 1984년의 소비자물가지수는 25이고 2023년의 소비자물가지수는 255라고 하자. 1984년 우동 한 그릇의 가격이 300원이었다고 한다면 1984년 우동 한 그릇의 가격을 2023년 화폐로 환산할 경우 해당하는 가격은? 금융결제원

① 3,060원
② 3,074원
③ 3,082원
④ 3,095원

[해설] 1984년 우동 한 그릇의 가격에 물가지수를 곱해주면 된다. $300 \times \frac{255}{25} = 3,060$

08 다음 중 소비자물가지수에 대한 설명으로 옳지 않은 것은?   중소벤처기업진흥공단

① 기준연도에서 항상 100이다.
② GDP디플레이터보다 소비자들의 생계비를 더 왜곡한다.
③ 가격변화 없이 품질이 개선될 경우, 생계비 측정을 왜곡할 수 있다.
④ 소비자가 구매하는 대표적인 재화와 서비스에 대한 생계비용을 나타내는 지표이다.

[해설] GDP디플레이터와 소비자물가지수 모두 왜곡이 있으며, 어떤 것이 더 왜곡이 있는지에 대한 비교는 불가능하다.

09 다음 중 효율임금이론에 대한 설명으로 옳지 않은 것은?   서울보증보험

① 소득수준이 낮은 국가의 경우 효율임금은 건강상태를 개선해 생산성을 향상시킨다.
② 노동시장의 균형임금과 동일한 임금수준에서 노동자의 생산성이 향상된다.
③ 효율임금은 노동자의 일에 대한 노력의 강도를 높인다.
④ 효율임금은 노동자의 이직과 태만을 줄이게 한다.

[해설] 효율임금이론은 시장균형임금보다 높은 수준의 임금을 지급하면 생산성을 높일 수 있다고 보는 이론이다. 효율임금을 지급함으로써 숙련된 노동자의 이직률이 낮아지고, 근로 열의가 높아지며, 건강상태 개선, 노동자의 직무태만 방지, 우수한 인재를 채용할 수 있다.

10 실업에 대한 설명 중 옳은 것은?   한국토지주택공사

① 실업률은 실업자를 생산가능인구로 나누어 구한 백분율이다.
② 고용보험제도는 실업률을 증가시킬 수 있다.
③ 실업자는 경제활동인구에 포함되지 않는다.
④ 자연실업은 불경기 때문에 직장을 잃게 되어 발생하는 실업을 말한다.

[해설] ② 고용보험제도는 실업자의 유보임금을 상승시켜 실업 기간을 증가시킬 수 있다.
① 실업률은 (실업자 수/경제활동인구) × 100(%)로 측정되며, 실망실업자는 실업자통계에 포함되지 않는다.
③ 경제활동인구는 실업자 수와 취업자 수의 합이다.
④ 자연실업은 자연실업률 상태에서의 자발적 실업을 의미한다(탐색적 실업, 마찰적 실업).

[정답] 04 ③ 05 ① 06 ② 07 ① 08 ② 09 ② 10 ②

11 2023년 우리나라 통계청의 고용통계 작성기준에 대한 설명으로 옳지 않은 것은?(단, 만 15세 이상 인구를 대상으로 한다) 서울교통공사

① 대학생이 수입을 목적으로 조사대상 주간에 주당 1시간 이상 아르바이트를 하는 경우 취업자로 분류된다.
② 다른 조건이 같을 때 실업자가 구직활동을 포기하면 경제활동참가율은 하락한다.
③ 질병으로 입원하여 근로가 불가능한 상태에서 구직활동을 하는 경우 실업자로 분류되지 않는다.
④ 가족이 수입을 위해 운영하는 편의점에서 조사대상 주간에 무상으로 주당 20시간 근로한 자녀는 비경제활동인구로 분류된다.

[해설] ④ 가구단위에서 경영하는 농장이나 사업체의 수입을 높이는 데 주당 18시간 이상 일한 가족 종사자는 취업자에 해당한다.
① 수입을 목적으로 주당 1시간 이상 일할 경우 취업자에 해당한다.
② 실업자가 구직활동을 포기할 경우 비경제활동인구에 해당하며, 경제활동참가율은 '경제활동인구/생산가능인구'이므로 경제활동참가율이 하락한다.
③ 일할 의사를 가졌으나 일할 능력을 갖추지 못한 경우 비경제활동인구에 해당한다.

생산가능인구	경제활동인구	취업자
		실업자
	비경제활동인구	주부, 학생, 환자, 실망노동자 등

12 실업에 대한 다음 설명 중 틀린 것은? 한국자산관리공사

① 마찰적 실업은 자발적 실업이다.
② 자연실업률을 줄이기 위해 정부는 실업보험을 도입할 필요가 있다.
③ 경기적 실업과 구조적 실업은 비자발적 실업의 범주에 속한다.
④ 구조적 실업은 경기와 무관하게 발생할 수 있으며 장기화하는 특성이 있다.

[해설] 통화주의학파의 자연실업률 가설에서 자연실업률은 노동시장의 균형상태이므로, 정부의 재량정책은 물가수준만 상승시킨다고 본다. 참고로 실업보험의 도입은 노동자들의 구직활동을 위축시킬 수 있어 실업의 장기화를 가져올 수 있다.

13 자연실업률가설(Natural Rate of Unemployment)에 대한 설명으로 가장 적절치 않은 것은? 금융감독원

① 경제 안정화 정책이 매우 효과적이다.
② 기대물가상승률을 고려한다.
③ 단기에는 화폐환상이 존재할 수 있지만, 장기에는 존재하지 않는다.
④ 장기에 필립스곡선은 자연실업률 수준에서 수직이 된다.

[해설] 자연실업률가설에 따르면 정부의 재량적인 정책은 단기적으로는 유효하나, 장기에는 민간 경제주체의 기대가 변화함에 따라서 물가수준만 상승시킨다.

14 다음 중 완전고용상태에 도달한 경제에 대한 설명으로 옳은 것은?   한국산업단지공단

① 실업률은 자연실업률과 일치한다.
② 실업자는 실망실업자로만 구성된다.
③ 마찰적 실업이 존재하지 않는다.
④ 모든 경제활동인구는 취업자이다.

[해설] 완전고용상태는 '실업률 = 자연실업률' 상태를 의미한다.

15 단기필립스곡선은 우하향하고 장기필립스곡선은 수직일 때, 인플레이션율을 낮출 경우 발생하는 현상으로 옳은 것은?   서울주택도시공사

① 단기적으로 합리적 기대가설과 동일한 결과가 나타난다.
② 장기적으로 실업률은 자연실업률보다 높다.
③ 장기적으로 실업률이 감소한다.
④ 단기적으로 실업률이 증가한다.

[해설] 단기적으로 인플레이션이 낮아지면 단기필립스곡선을 따라 균형점이 우하방으로 이동하므로 실업률이 높아진다. 그러나 장기필립스곡선은 이동하지 않으므로 장기에는 변화가 없다.

16 지난 2년간 A국의 인플레이션율과 실업률이 〈보기〉와 같고 기대인플레이션율이 0이고 필립스곡선의 기울기 $\lambda = 2$일 때, 필립스곡선을 이용하여 구한 A국의 2023년과 2024년의 실업률은?   IBK기업은행

구 분	2023년	2024년
인플레이션율(%)	5%	9%
자연실업률(%)	12.5%	12.5%

① 2023년 : 8%, 2024년 : 5%
② 2023년 : 10%, 2024년 : 7%
③ 2023년 : 10%, 2024년 : 8%
④ 2023년 : 12%, 2024년 : 8%

[해설] 기대인플레이션율이 0이므로 필립스곡선식 $\pi = -\lambda(u - u_N)$ ($\lambda > 0$)를 통해 실제실업률을 계산할 수 있다. λ는 2로 주어졌으므로 인플레이션율과 자연실업률을 대입해 실제실업률을 구하면 2023년의 실업률은 10%, 2024년의 실업률은 8%이다.

17 다음 중 필립스곡선(Phillips Curve)에 대한 설명으로 옳지 않은 것은?   한국자산관리공사

① 실업과 인플레이션 사이의 상충관계(Trade-off)를 보여주는 곡선이다.
② 자연실업률가설에 따르면 장기에는 실업과 인플레이션 사이의 상충관계가 존재하지 않는다.
③ 예상인플레이션이 높을수록 단기의 필립스곡선 위치가 높아진다.
④ 총공급곡선이 오른쪽으로 이동하면 필립스곡선이 오른쪽으로 이동한다.

[해설] 총공급곡선의 우측 이동은 물가수준의 하락을 가져온다. 이는 동일물가 수준에서 생산량이 증가함(실업의 감소)을 의미한다. 따라서 필립스곡선은 좌측 이동한다.

[정답] 11 ④ 12 ② 13 ① 14 ① 15 ④ 16 ③ 17 ④

최신복원문제

🔑 키워드 경제성장이론

경제성장이론에 대한 설명으로 옳지 않은 것은? 한국주택금융공사

① 해로드-도마 모형에 따르면 인구증가율과 자본증가율이 일치하면 경제성장이 이루어지며 완전고용이 달성된다.
② 솔로우 모형에 따르면 균제상태에서 자본증가율과 인구증가율이 같다.
③ 솔로우 모형에서 황금률은 여러 균제상태 중에서 1인당 소비가 극대화되는 저축률인 균제상태를 의미한다.
④ 내생적 성장이론에서는 규모에 대한 수익체감 함수를 가정하여 지속적인 경제성장을 설명한다.

[해설] ④ 내생적 성장이론에서는 규모에 대한 수익체증 함수를 가정하여 기술축적, 인적자본 축적 등이 이루어지면 규모에 대한 수익체증이 발생하여 지속적인 성장이 가능하다고 설명한다.

정답 ④

Chapter 08
동태경제이론

기출 키워드	중요도
☑ 경기종합지수의 구성	★
☑ 기업실사지수(BSI)	★★
☑ 경기변동주기	★
☑ 균형경기변동이론(EBC)	★★★
☑ 화폐적 균형경기변동이론(MBC)	★★
☑ 실물적 균형경기변동이론(RBC)	★★
☑ 불균형경기변동이론	★
☑ 경제성장률	★★
☑ 해로드-도마 모형	★★
☑ 솔로우 모형	★★★
☑ 균제상태	★★★
☑ 황금률	★★
☑ 내생적 성장이론	★★

CHAPTER 08 동태경제이론

1 경기지수

1 경기와 경기지수

(1) 경기의 개념

경기는 국민경제의 총체적인 경제활동 상태를 의미한다.

(2) 경기지수의 개념

경기지수는 경기 흐름을 파악하기 위해 경기에 민감한 일부 경제지표를 선정하여 이를 지수로 나타낸 것이다.

2 경기지수의 종류

(1) 경기종합지수(CI ; Composite Index)

① 경기종합지수는 국민경제 전체의 경기 동향을 파악하기 위해 국민경제의 각 부문(고용, 생산, 소비, 투자, 대외, 금융)을 대표하고 경기 대응성이 높은 경제지표들을 선정한 후 이를 가공·종합하여 작성하는 것이다.

② 경기종합지수는 비교적 가까운 미래의 경기 동향을 예측하는 선행지수, 현재의 경기 상태를 나타내는 동행지수, 경기 변동을 사후에 확인하는 후행지수 세 가지로 구성되며, 매월 통계청에서 작성하여 계산된다.

③ 경기종합지수의 구성

경기 선행종합지수	경기 동행종합지수	경기 후행종합지수
1. 재고순환지표 2. 경제심리지수 3. 기계류내수출하지수 4. 건설수주액 5. 수출입물가비율 6. 코스피 7. 장단기금리차	1. 비농림어업취업자수 2. 광공업생산지수 3. 서비스업생산지수 4. 소매판매액지수 5. 내수출하지수 6. 건설기성액(실질) 7. 수입액(실질)	1. 취업자수 2. 생산자제품재고지수 3. 소비자물가지수변화율 (서비스) 4. 소비재수입액(실질) 5. CP유통수익률

(2) 기업실사지수(BSI ; Business Survey Index)

① 전반적인 경기 동향을 파악하기 위해 기업활동의 실적·계획, 미래 경기 전망에 대한 기업경영자들의 의견을 직접 조사하여 이를 지수화한 것이다.

$$\frac{(긍정적\ 응답업체\ 수\ -\ 부정적\ 응답업체\ 수)}{전체\ 응답업체\ 수} \times 100 + 100$$

개념체크OX

- 건설수주액은 경기 선행종합지수에 해당한다. O X
- 수입액은 경기 후행종합지수에 해당한다. O X

O, ×

② 기업실사지수(BSI)는 0~200 사이의 값을 가지며, 100을 초과할 경우 경기를 긍정적으로 보는 기업이 부정적으로 보는 기업보다 많다는 것을 의미한다.

2 경기변동론

1 경기변동

경기변동은 총체적인 경제활동수준이 주기적으로 상승과 하강을 반복하는 현상을 말한다. 경기변동은 일반적으로 호황 → 후퇴 → 불황 → 회복의 네 가지 국면으로 구분된다. 경기성장과 경기변동이 동시에 발생해 비교적 확장국면이 더 길게 나타난다. 수축국면은 확장국면에 비해 짧고 급격하게 진행된다.

경기변동

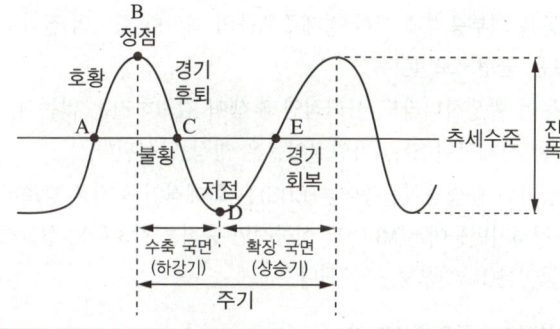

2 경기변동의 정형화된 사실

(1) 통화량은 경기 순응적이며 경기에 선행한다.

(2) 노동생산성은 경기 순응적이다.

(3) 고용과 실질임금은 경기 순응적이다.

3 고전적 경기변동이론

(1) 세이의 부분적 과잉생산설

'공급이 스스로 수요를 창출한다.'고 하여, 원칙적으로 발생하지 않지만 기업가의 착오로 인해 부분적으로 과잉생산이 일어나고 이로 인해 경기변동이 일어난다.

(2) 멜더스의 일반적 과잉생산설

인구의 증가는 임금의 감소를 유발하고, 기업가의 이윤을 증가시키므로 경영자는 생산을 확장하고, 근로자는 소비지출을 감소시키므로 경기변동이 일어난다.

> **개념체크 OX**
> • 경기변동 흐름에서 수축국면이 확장국면보다 길게 나타난다.
>   O X
> • 노동생산성은 경기 역행적이다.
>   O X
>
> ×, ×

(3) 호트레이의 순수화폐적 과잉투자설

은행의 신용창조에 의한 금리변동으로 경기변동이 발생한다.

(4) 슘페터의 기술혁신설

기업가의 혁신에 의한 신제품, 신기술 개발 등으로 경기변동이 일어난다.

4 케인즈학파의 경기변동이론 : 사무엘슨의 승수-가속도 원리모형

(1) 사무엘슨의 승수-가속도원리모형은 케인즈의 승수이론과 가속도원리를 결합해 경기변동을 설명하는 모형이다.

(2) 독립투자의 변화 → 국민소득의 변화 → 소비의 변화 → 유발투자수요의 변화

> **개념 더하기**
> - 승수이론 : 독립투자의 변화와 같은 총수요충격이 소득변동을 가져온다.
> - 가속도원리 : 소득변동이 다시 투자변동을 유발한다.

5 새고전학파의 경기변동이론 : 균형경기변동이론(EBC)

(1) 경기변동에 대한 새고전학파의 견해

① 경기변동은 외부충격에 대한 경제주체들의 최적화 행위의 결과로 달성한 새로운 균형으로 본다.
② 경기변동이 발생하더라도 사회적인 후생이 감소하지는 않는다.
③ 완전고용, 잠재국민소득, 자연실업률은 항상 달성된다.
④ 새고전학파의 균형경기변동이론(EBC)은 화폐적인 충격을 강조하는 화폐적 균형경기변동이론(MBC)과 실물적인 충격을 강조하는 실물적 균형경기변동이론(RBC)으로 구분된다.

(2) 화폐적 균형경기변동이론(MBC)

$$Y^S = Y_N + \gamma(P - P^e)$$

(Y^S : 총공급, Y_N : 완전고용공급량, γ : 총공급량이 물가예상 착오에 반응하는 정도, P^e : 기대물가수준)

① 예상하지 못한 통화량의 증가로 일반 물가수준이 상승하면 이는 총체적 충격에 의한 물가상승임에도 불구하고 불확실성으로 인해 개별경제주체들이 이를 자신이 공급하는 재화의 상대가격 변화로 혼동하면서 생산량을 늘리고 경기변동이 발생한다.
② 따라서 예상하지 못한 통화량의 증가로 인해 생산량은 일시적으로 완전고용생산량을 초과하고 경기호황이 발생한다(통화공급의 외생성).
③ 그러나 통화량 변화가 일어나더라도 장기에 경제주체들의 물가 예상이 정확하다면 생산량이 완전고용생산량 수준으로 복귀하여 경기변동이 발생하지 않는다.
④ 가격 경직성에 대한 가정 없이도 경기변동이 발생하는 것을 설명할 수 있으나, 경기변동의 지속성을 설명하는 데는 한계가 있다.

(3) 실물적 균형경기변동이론(RBC)

① 경기변동의 내용
기술진보, 생산성 변화 등 공급 측면의 실물적 충격 때문에 경기변동이 발생한다.

② 공급충격 종류에 따른 경기변동
㉠ 기술진보와 같은 유리한 공급충격이 발생하면 노동의 한계생산이 커지므로 생산함수의 상방 이동이 일어나고 고용량과 생산량이 모두 증가하여 경기호황이 발생한다.
㉡ 반대로 자연재해와 같은 불리한 공급충격이 발생하면 노동의 한계생산이 작아지므로 생산함수의 하방 이동이 일어나서 고용량과 생산량이 모두 감소하여 경기불황이 발생한다.
㉢ 기타요인 : 기술혁신, 경영혁신, 노동과 자본의 질적변화, 에너지 개발, 기후변화, 정부규제변화, 정부지출증가, 생산성충격, 소득세율 변화, 인구분포변화, 투자세액공제제도 등의 충격

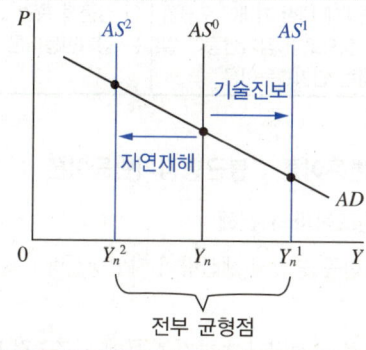

공급충격에 따른 경기변동

③ 경기변동의 상태
㉠ 가격조정이 신속하게 이루어지므로 생산량은 항상 완전고용생산량 수준으로 유지된다.
㉡ 경기변동이 발생하면 완전고용생산량 자체가 변화하므로 경제는 항상 균형상태에 있다.

④ 경기변동의 지속성
㉠ 유리한 공급충격으로 실질임금이 상승하면 노동자들은 현재의 노동공급을 늘리고 미래의 노동공급을 줄이기 때문에 경기변동은 지속성을 가진다(노동의 기간 간 대체효과).
㉡ 유리한 기술충격으로 투자가 시작되면 자본재의 건설기간 동안 생산, 투자, 소비 등이 지속적으로 증가하기 때문에 경기변동은 지속성을 가진다.

개념체크OX
- RBC이론에 따르면 경기변동은 수요측의 실물적 충격으로 발생한다. OX
- RBC이론하에서 경기변동은 완전고용생산량의 변화이므로 균형상태를 유지한다. OX

X, O

⑤ 경기변동과 통화량
  ㉠ 실물적 균형경기변동이론(RBC)은 화폐적 균형경기변동이론(MBC)에서와 달리 통화공급이 내생적으로 결정된다(화폐의 중립성).
  ㉡ 통화량의 변화가 실물부분에는 아무런 영향을 미칠 수 없다고 본다.
  ㉢ 경기가 활발해지면 중앙은행이 미리 통화공급을 증가시키므로 실물부문의 충격이 통화량의 변화를 야기한다.

(4) MBC와 RBC비교

구 분	화폐적 균형경기변동이론(MBC)	실물적 균형경기변동이론(RBC)
경제학자	루카스(Lucas)	키들랜드(Kydland), 프레스콧(Prescott)
경기변동요인	예상치 못한 통화량의 변화	기술혁신, 경영혁신, 노동과 자본의 질적변화, 에너지 개발, 기후변화, 정부규제변화 등
내 용	불완전한 정보하에서 예상치 못한 화폐적 충격이 경제주체들의 물가변동에 대한 기대에 오류를 발생시킴으로써 경기변동이 일어난다는 경기변동이론	경기변동을 유발시키는 확률적인 실물적 충격 요인을 강조하는 경기변동이론

6 신케인즈학파의 경기변동이론 : 불균형경기변동이론

(1) 경기변동에 대한 새케인즈학파의 견해
  ① 새케인즈학파는 경기변동을 실제 생산량이 자연생산량 수준에서 이탈한 불균형상태로 본다.
  ② 가격변수가 신축적으로 조정되지 못하기 때문에 외부충격 발생 시 경기변동이 발생하며, 경기변동은 지속성을 가진다.
  ③ 경제가 불균형상태일 경우 사회후생이 감소하므로 정부의 정책개입이 필요하다.

(2) 새케인즈학파의 경기변동이론 내용
  ① 새케인즈학파는 총수요 측면의 충격으로 인해 경기변동이 발생한다고 본다.
  ② 메뉴비용(Menu Cost), 조정실패 등으로 인해 가격이 경직적이다.
  ③ 부정적인 총수요충격으로 총수요가 감소하더라도 가격이 경직적이므로 생산량이 크게 감소하여 경기침체가 발생한다.
  ④ 또한, 가격이 경직적이므로 경기침체는 상당 기간 지속성을 갖는다.

> **개념체크OX**
> • 불균형경기변동이론에 따르면 경기변동은 자연생산량을 달성하지 못하는 상태이다. OX
> • 불균형경기변동이론에 따르면 메뉴비용 등으로 인해 가격이 신축적이다. OX
>
> O, X

3 경제성장론

1 경제성장의 개념

경제성장은 오랜 기간에 걸쳐 일어나는 총체적 생산수준, 실질 국내총생산의 지속적 증가와 평균생활수준 혹은 1인당 실질GDP의 지속적 성장을 의미한다.

2 경제성장률의 측정

(1) 경제전체의 규모나 정치적 역량을 측정하는 경우 경제성장률은 일정 기간 동안 발생한 경제전체의 실질GDP 증가율을 의미한다.

$$경제성장률 = \left(\frac{이번년도\ 실질GDP - 전년도\ 실질GDP}{전년도\ 실질GDP}\right) \times 100$$
$$= \frac{Y_t - Y_{t-1}}{Y_{t-1}} \times 100$$

(2) 생활수준의 향상 정도를 측정하는 경우 경제성장은 일정 기간 동안 발생한 1인당 실질GDP의 증가율을 의미한다.

$$1인당\ 경제성장률 = 경제성장률 - 인구증가율$$

3 경제성장요인

(1) 생산요소투입의 증가
① 생산과정에서 투입되는 대표적인 생산요소에는 노동과 자본이 있으며, 노동과 자본의 투입이 증가하면 생산이 늘어나면서 경제를 성장시킨다.
② 자본은 투자를 통해 형성되며, 투자의 재원은 저축을 통해 조달된다.

투 자	경제성장이론에서 투자는 단순히 총수요를 증가시키는 측면만이 아니라 생산능력의 증가를 가져와 총공급을 증가시키는 측면이 강조된다.
저 축	• 투자를 증가시키기 위해서 저축이 필요하므로 소비지출을 감소시켜야 한다. • 소비지출 감소로 인한 총수요 감소는 투자수요로 보전한다. • 하지만 오히려 지나친 저축은 경기를 둔화시킬 수 있다.

(2) 기술진보
① 동일한 양의 노동과 노동시간이 투입되어도 기술이 진보하면 생산이 늘어날 수 있다.
② 기업의 연구개발(R&D) 투자를 통해 기술혁신이 가능하다.
③ 기술진보는 장기적인 경제성장을 위해 가장 필요한 요인이다.

개념체크OX

• 경제성장률은 이번년도와 전년도 명목GDP로 계산한다. ОХ

• 1인당 경제성장률은 경제성장률에서 인구증가율을 뺀 값이다. ОХ

X, O

(3) 경제 외적 요인들
① 혁신적이고 창의적인 기업가 정신
② 안정적인 노사관계
③ 바람직한 사회적 제도 및 투명한 기업경영을 위한 제도 및 관행

4 경제성장이론

(1) 칼도의 정형화된 사실
① 칼도는 개별국가의 경제성장 및 국가 간 경제성장의 차이와 관련하여 장기적 경제성장의 주요 특성과 사실들을 종합하여 정리하였다.
② 경제성장의 조건
 ㉠ 자본과 생산량의 비율(자본계수 : $\frac{K}{Y}$)은 대체로 일정하다.
 ㉡ 자본증가율은 대체로 일정하다.
 ㉢ 자본과 노동투입률의 비율($\frac{K}{L}$)과 1인당 소득($\frac{K}{Y}$)이 일정비율로 증가한다. 자본증가율이 노동증가율보다 크고 그 차이는 대체로 일정하다.
 ㉣ 실질이자율은 지속적으로 증가하며 감소하는 추세를 보이지 않는다.
 ㉤ 자본과 노동의 상대적 분배율은 대체로 일정하다.

(2) 해로드-도마 모형
해로드-도마 모형은 노동요소와 자본요소가 완전고용인 상태에서 경제가 안정적으로 성장할 수 있는 조건을 설명하는 이론이다.
① 해로드-도마 모형의 가정
 ㉠ 경제 내에 한 가지 재화만 존재하며, 인구증가율은 n으로 일정하다.
 ㉡ 저축은 소득의 일정비율이며, 저축과 투자는 항상 동일하다.
  ($S = sY$, $S = I$)
 ㉢ 생산함수는 레온티예프 생산함수를 가정한다. 레온티예프 생산함수는 각 변수 사이의 대체 불가능성을 의미한다.
② 해로드-도마 모형의 균형도출
 ㉠ 레온티예프 생산함수
  • 레온티예프 생산함수 : $Y = \min\left[\frac{L}{\alpha}, \frac{K}{v}\right]$
   ($\alpha = \frac{L}{Y}$: 노동계수, $v = \frac{K}{Y}$: 자본계수)
  • $Y = \frac{L}{\alpha} = \frac{K}{v}$ 조건이 충족될 때 노동과 자본의 완전고용이 달성되고 효율적 생산이 이루어진다.

개념체크OX
• 해로드-도마 모형에서는 인구증가율이 증가한다. ⊙⊗
• 해로드-도마 모형에서는 콥-더글라스 함수를 가정한다. ⊙⊗

×, ×

- 해당 조건을 통해 $\frac{\Delta Y}{Y} = \frac{\Delta L}{L} = \frac{\Delta K}{K}$ 을 도출할 수 있다. 즉, 경제가 성장할 때 인구증가율과 자본증가율이 일치하면 그 크기만큼 경제성장이 이루어진다는 것을 의미한다.
- ⓒ 자연성장률 : 경제성장률과 인구증가율이 일치하는 성장률

$$\frac{\Delta Y}{Y} = \frac{\Delta L}{L} = n$$

- ⓒ 적정성장률 : 경제성장률과 자본증가율이 일치하는 성장률

$$\frac{\Delta Y}{Y} = \frac{\Delta K}{K} = \frac{s}{v}$$

$$\frac{\Delta K}{K} = \frac{I}{K} = \frac{S}{K} = \frac{sY}{K} = \frac{s}{\frac{K}{Y}} = \frac{s}{v}$$

→ 자본증가율 $= \frac{s}{v}$ (s : 저축률)

자연성장률 (G_N)	• 노동의 완전고용이 보장되는 성장률로 장기적으로 지속 가능한 최대 성장률을 의미한다. • 자연성장률은 인구증가율과 같다. • 자연성장률은 노동력의 증가율과 1인당 노동생산성 증가율에 의해 결정된다.
적정성장률 (G_W)	• 자본의 완전한 이용이 보장되는 성장률로, 모든 저축이 투자로 흡수되는 경우의 성장률을 의미한다. • 적정성장률은 자본증가율과 같다. • 적정성장률은 저축률과 생산량 대비 자본량의 비율에 의해 결정된다.

자연성장률 < 적정성장률	자연성장률 > 적정성장률
• 노동증가율 < 자본증가율 • 노동증가 흡수 가능한 자본력 • 자본설비과잉 • 투자과잉 • 저축과잉 • 소비가 미덕	• 노동증가율 > 자본증가율 • 인구 과잉으로 인한 실업 • 자본설비부족 • 투자부족 • 저축부족 • 저축이 미덕

③ 해로드-도마 모형의 기본방정식

경제가 성장하기 위해서는 자연성장률과 적정성장률이 일치해야 한다. 즉, 자본증가율과 인구증가율이 일치할 때 완전고용이 달성된다.

$$경제성장률 = 자본증가율 = 인구증가율$$
$$\rightarrow \frac{\Delta Y}{Y} = \frac{s}{v} = n$$

개념더하기

해로드-도마 모형의 확장
- 자본의 감가상각(d)이 있을 때 : $\frac{s}{v} = n + d$
- 기술진보(g, 노동생산성 증가율)가 있을 때 : $\frac{s}{v} = n + g$

> **개념더하기**
>
> **신고전학파 경제성장 모형**
> 해로드-도마 모형에서 노동과 자본이 상호 대체가 가능한 생산함수로 확대한 것을 신고전학파 경제성장 모형이라고 부른다.

④ 해로드-도마 모형의 평가
 ㉠ 균형조건하의 변수인 저축률, 자본계수, 인구증가율 모두 외생적으로 주어지는 외생변수이므로 기본식이 충족되기 어렵다.
 ㉡ 적정성장률과 자연성장률이 일치하지 않는 경우가 일반적이기 때문에 경제는 일반적으로 불완전 고용하의 성장이 나타나며, 균형성장은 현실적으로 나타나지 않는다.
 ㉢ 실제성장률이 적정성장률에서 벗어나면 균형으로 회복하기가 어렵다.

(3) 솔로우 모형

① 솔로우 모형의 가정
 ㉠ 모든 가격변수는 신축적으로 변동하고, 정보는 완전하다.
 ㉡ 생산함수는 요소 간의 대체 가능한 콥-더글라스 생산함수이다.
 ㉢ 인구증가율은 n으로 일정하다.
 ㉣ 저축은 소득의 일정 비율이며, 저축과 투자는 항상 일치한다.
  ($S = sY$, $S = I$)

② 균제상태의 도출
 ㉠ 1인당 생산함수와 저축함수
  • 생산함수 $Y = f(L, K)$에 대하여 1인당 생산함수로 변형하면
   $\frac{Y}{L} = f(1, \frac{K}{L}) \rightarrow y = f(k)$ (k : 1인당 자본량)
   즉, 1인당 국민소득은 오로지 1인당 자본량에 의해서 결정된다.
  • 1인당 자본량이 증가하면 1인당 생산량이 증가하나, 콥-더글라스 함수의 수확체감의 법칙에 따라 점점 체감적으로 증가하고, 접선의 기울기는 자본의 한계생산물(MP_k)을 의미한다.
  • 저축은 소득의 일정 비율이라 가정하였으므로 1인당 저축함수는 $s \times f(k)$이고, $S = I$ 이므로 $s \times f(k)$만큼의 자본투자가 이뤄진다.
 ㉡ 자본유지선의 도출
  • 자본량이 고정적일 때, 인구가 증가하면 1인당 자본량은 감소한다. 따라서 인구증가에 따라 자본량이 감소되지 않고 유지되기 위해서는 1인당 자본의 감소분만큼 자본투자가 추가로 이루어져야 한다.
  • 그 크기는 1인당 자본량에 인구증가율을 곱한 값 즉, nk이다. nk선을 자본유지선이라 하고, 1인당 자본량 k가 증가하면 nk도 증가하므로 원점을 통과하는 직선으로 나타나며 기울기는 n값이 된다.
 ㉢ 균제상태
  • 저축함수와 자본유지선에 의해서 1인당 자본증가율은 $\Delta k = sf(k) - nk$의 값으로 도출된다. 이 식에서 $sf(k)$는 자본의 증가분, nk는 자본의 감소분이다.

- $sf(k) = nk$일 때, 1인당 자본의 증가분과 감소분이 일치히면 1인당 자본량은 불변하므로 1인당 자본의 변화율은 0의 값을 가진다. 이 상태를 균제상태라 한다.

  즉, $sf(k)$곡선과 nk선의 교점에서 균제상태가 이루어진다.

  $$sf(k) = nk$$

③ 경제성장률 = 인구증가율
  ㉠ 균제상태에서는 1인당 자본증가율이 0이고, 따라서 1인당 국민소득의 변화율 또한 0이다. 따라서 경제의 총생산량 증가율은 인구증가율과 동일하다.
  ㉡ 도출과정
     기본방정식 $\Delta k = sf(k) - nk$를 1인당 자본량 k로 나누면 $\frac{\Delta k}{k} = \frac{sf(k)}{k} - n$이고, 균제상태에서 $\Delta k = 0$이므로 이를 대입하면 $\frac{sf(k)}{k} = n$이다.
  ㉢ 솔로우 모형에 따르면 경제는 반드시 균제상태에 이른다.
  ㉣ 균제상태하에서는 다음 등식을 만족하고, 노동과 자본은 완전고용상태에 이른다.

  경제성장률 = 자본증가율 = 인구증가율
  $\rightarrow \frac{\Delta Y}{Y} = (n+g) = \frac{sf(k)}{k} - d$
  $\rightarrow sf(k) = (n+g+d)k$

④ 솔로우 모형의 확장

  ㉠ 감가상각이 있을 때의 균제상태 : $sf(k) = (n+d)k$
  ㉡ 기술진보가 있을 때의 균제상태 : $sf(k) = (n+g)k$

⑤ 경제성장의 결정요인
  ㉠ 인구증가 : 일단 경제가 새로운 균제상태에 도달하면 총자본량과 총생산량은 인구증가율만큼 증가하므로 인구가 증가하면 경제도 성장한다.
  ㉡ 저축률의 증가 : 저축성향이 증가하면 균제상태에서의 1인당 자본량은 증가하고 1인당 생산량도 증가한다. 하지만 일단 경제가 새로운 균제상태에 도달하면 1인당 자본량과 1인당 생산량의 성장률도 0이 되고 총자본량과 총생산량은 n의 비율로 증가한다.
  ㉢ 기술진보 : 기술진보는 1인당 생산함수를 상방으로 이동시킨다. 그러나 한계생산이 체감하는 한, 생산함수의 오목한 형태는 그대로 유지되기 때문에 일회적 기술진보에 의한 지속적 경제성장은 불가능하다. 그러나 기술수준이 매기 일정률(a)로 상승하는 경우 1인당 생산함수는 지속적으로 상방이동하고 지속적 경제성장이 가능하다. 즉, 균제상태의 1인당 자본량은 기술진보율(a)만큼 지속적으로 증가한다.

> **개념체크OX**
> - 솔로우 모형의 균제상태에서는 자본증가율이 1로 일정하다. O X
> - 감가상각률이 주어졌을 때의 균제상태는 '$sf(k) = (n+d)k$'를 만족한다. O X
>
> X, O

⑥ 솔로우 모형의 황금률
㉠ 황금률의 개념
1인당 소득은 균제상태하에서 일정수준으로 유지된다. 1인당 소비가 극대화될 때 사회후생이 극대화되므로, 여러 균제상태 중에서 1인당 소비가 극대화되는 저축률을 자본축적의 황금률이라고 한다.

㉡ 황금률 달성조건
'1인당 소비 = 1인당 소득 − 1인당 저축'이므로 소비함수 $C = f(k) - sf(k) = f(k) - (n+d)k$이다. 따라서 생산함수의 접선의 기울기가 $(n+d)k$선과 기울기가 일치하는, $MP_k = n + d$일 때의 K_0에서 C가 극대화된다. 황금률 수준이 균제상태가 되기 위한 조건은 $\Delta k = 0 = sf(k) - (n+d)k$이다.

$MP_k = n + d$
$\rightarrow f'(k) = n + d$

황금률의 달성

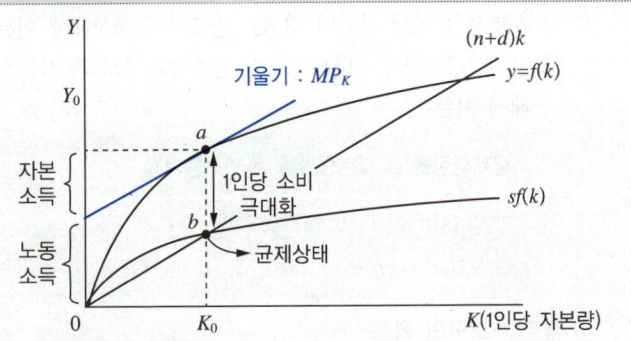

㉢ 황금률에서의 상태
- 자본소득 = 저축 = 투자
- 노동소득 = 소비
- 저축률 = 자본소득 분배율
- 경제성장률 = n = 자본의 순한계생산물($MP_K - d$)

㉣ 황금률 불일치
솔로우 모형은 실제 저축률이 황금률과 일치하지 않을 때 작동할 자동조정과정이 결여되어 있다. 따라서 정부가 개입하여 실제 저축률을 조정함으로써 균제상태를 달성한다.

개념체크OX
- 황금률은 여러 균제상태 중 1인당 소비가 극대화되는 저축률을 말한다. ☐X
- 황금률에서는 노동소득이 소비와 같아진다. ☐X

O, O

- 실제 저축률 > 황금률 저축률 (과다자본 상태) → 저축률 감소

과다자본 상태

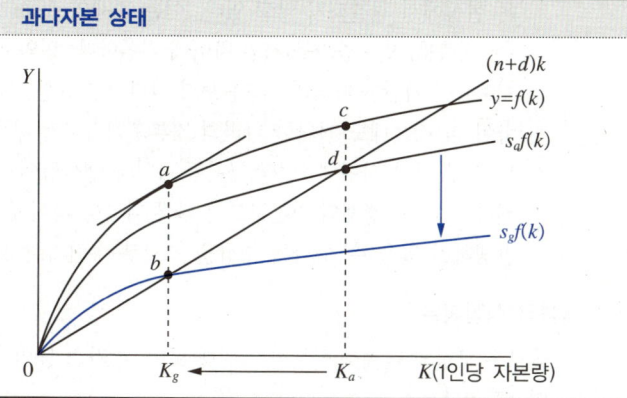

- 실제 저축률 < 황금률 저축률 (과소자본 상태) → 저축률 증가

과소자본 상태

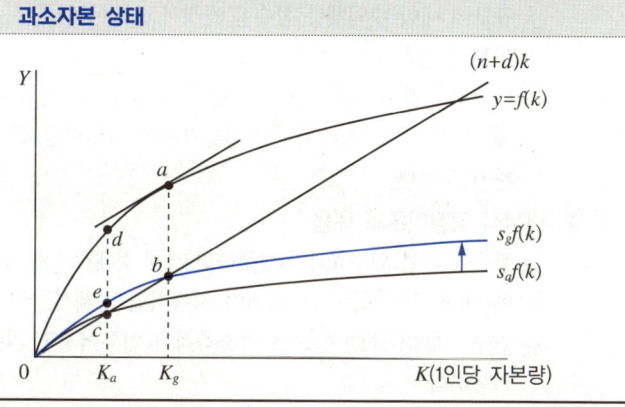

⑦ 솔로우 모형의 평가
  ㉠ 경제성장의 요인을 모형 내에서 설명하지 못한다(성장 원동력의 외생성).
  ㉡ 가난한 나라와 부유한 나라의 균제상태에서의 1인당 자본량과 1인당 생산량은 수렴한다는 수렴가설에 있어서 실증적 한계가 있다.
  ㉢ 국가 간 성장률 차이가 발생하는 원인을 설명하지 못한다(수렴가설의 한계).
  ㉣ 경제성장에 있어서 정부의 역할을 설명하지 못한다.

⑧ 솔로우 모형의 실증연구
  ㉠ 절대적 수렴가설 : 솔로우 모형에서 설계된 가설으로, 자본축적 정도가 다른 두 나라도 결국 균제상태에 이르면 동일한 1인당 생산량(Y)을 갖게 된다는 것이다. 만약 수확체감의 법칙이 적용된다면 가난한 나라는 부유한 나라에 비해 1인당 자본량은 적지만 자본의 한계생산성은 더 높다. 따라서 부유한 나라보다는 가난한 나라에서 자본을 축적할 유인이 커지고, 가난한 나라의 자본축적속도는 부유한 나라의 자본축적속도보다 더 빠르게 된다. 결국, 가난한 나라와 부유한 나라의 균제상태에서의 1인당 자본량과 1인당 생산량은 수렴한다.

> **개념체크OX**
> - 실제 저축률이 황금률 저축률보다 작은 상태를 과소자본 상태라고 한다. ⃞O ⃞X
> - 솔로우 모형은 경제성장의 요인을 외부에서 찾는다. ⃞O ⃞X
>
> O, O

ⓒ 조건부 수렴가설 : 실증연구에 의하면 솔로우 모형의 절대적 수렴성은 현실에서 관찰되지 않고 있다. 이는 경제의 구조(경제의 생산함수, 저축률, 인구증가율)적인 차이에 기인한다. 만약 부유한 나라의 저축률이 가난한 나라의 저축률보다 크다면 가난한 나라의 자본축적량이 더 적은데도 가난한 나라의 자본축적속도가 부유한 나라보다 느려 두 나라 사이에 1인당 자본량, 1인당 생산량이 수렴하지 않게 된다. 이처럼 경제의 기본구조가 다른 나라들 사이에는 수렴현상이 발생하지 않을 수 있다는 주장을 조건부 수렴가설이라고 한다.

(4) 내생적 성장이론

① 솔로우 모형의 한계를 극복하기 위해 로머, 루카스 등의 학자들에 의해 연구되었다.

② 내생적 성장이론의 가정
　㉠ 규모에 대한 수익체증 함수를 가정하고 그에 따른 지속적인 성장요인을 설명한다.
　ⓒ 내생적 성장이론에서는 실물자본 이외에 인적자본, 지식자본을 포함해 분석하기도 하고 축적된 실물자본이 외부성을 갖는 것으로 가정하기도 한다.

③ 내생적 성장이론의 내용
　㉠ 학습에 의한 외부효과가 발생하면 경제 전체적으로 생산함수가 규모에 대한 수익체증을 나타내어 지속적인 경제성장이 가능하다.
　ⓒ 연구・개발(R&D) 등으로 기술축적이 이루어지면 지속적인 성장이 가능하다.
　ⓒ 인적자본의 외부효과(교육의 질을 높이는 정책 등)로 인적자본 축적이 이루어지면 규모에 대한 수확체증이 발생하여 지속적인 성장에 기여한다.
　㉣ 금융시장이 발달하면 저축이 증가하고 투자의 효율성이 개선되어 경제성장이 촉진된다.

④ 내생적 성장이론의 평가
　㉠ 경제성장의 요인을 내생화함으로써 장기균형에서 1인당 소득이 지속해서 성장하는 현상을 설명할 수 있다.
　ⓒ 경제성장에 있어 인적자본의 축적이나 연구개발 부문의 중요성이 주목받는다.
　ⓒ 실증적인 분석을 통해 내생적 성장이론의 적합성에 대해 규명할 필요가 있다.
　㉣ 기술개발에 대한 지원, 교육투자, 사회간접자본 확충 등에 대한 정부투자는 경제 전반의 생산성을 향상하므로 정부의 역할을 중요하게 생각한다.
　㉤ 내생적 성장이론에서는 국가 간 소득수준의 수렴현상이 나타나지 않으므로 국가 간 경제성장률의 격차를 설명할 수 있다.

개념체크OX

• 내생적 성장이론은 실물자본을 통한 기술성장을 성장요인으로 꼽았다. ⃞O ⃞X
• 내생적 성장이론에서는 국가 간 소득수준이 수렴한다. ⃞O ⃞X

X, X

CHAPTER 08 기출분석문제

01 다음 중 경기선행지수에 해당하지 않는 것은? 한전KDN

① 수출입물가비율
② 건설수주액
③ 소비자물가지수변화율
④ 경제심리지수

[해설] 소비자물가지수변화율은 경기후행지수에 해당한다.

02 다음 중 경기변동을 유발하는 총수요 부문의 요인이 아닌 것은? 한국산업단지공단

① 노동인구 감소
② 소비 감소
③ 통화량 감소에 따른 이자율 상승
④ 정부의 재화 및 서비스 구입 증가

[해설] 경기변동은 총수요의 증감 또는 총공급의 증감에 의해 발생한다. 소비 감소, 통화량 감소에 따른 이자율의 상승은 총수요의 감소에 따른 경기 위축을 가져오고 정부지출 증가, 수출 증가는 총수요의 증가에 따른 경기팽창을 가져온다. 노동인구 감소는 총공급의 감소요인이다.

03 균형경기변동이론에 대한 설명으로 옳은 것을 모두 고르면? 기술보증기금

> ㄱ. 실물적 균형경기변동이론에서 자연재해나 기술진보와 같은 공급충격이 발생하면 고용량과 생산량이 증가한다.
> ㄴ. 화폐적 균형경기변동이론에서 통화량이 증가하면 단기적으로 경기호황이 발생한다.
> ㄷ. 화폐적 균형경기변동이론은 경기변동의 지속성을 설명하기 어렵다는 한계가 있다.
> ㄹ. 실물적 균형경기변동이론에서 통화량은 내생적으로 결정된다.

① ㄱ, ㄴ
② ㄴ, ㄷ
③ ㄱ, ㄴ, ㄷ
④ ㄴ, ㄷ, ㄹ

[해설] ㄱ. 자연재해와 같은 불리한 공급충격이 발생하면 노동의 한계생산이 작아지므로 고용량과 생산량이 감소한다. 반대로 기술진보와 같은 유리한 공급충격이 발생하면 노동의 한계생산이 커지므로 고용량과 생산량이 증가한다.

[정답] 01 ③   02 ①   03 ④

04 다음 중 칼도의 '정형화된 사실'에 해당하지 않는 것은?   한국주택금융공사

① 자본과 노동의 상대적 분배율은 일정하다.
② 실질이자율은 지속해서 감소하는 추세를 보이지 않는다.
③ 자본과 노동의 투입비율(K/L)과 1인당 소득이 일정 비율로 증가한다.
④ 선진국과 후진국의 경제성장률은 수렴한다.

[해설] 칼도의 '정형화된 사실' 이론은 국가 간 경제성장 차이와 관련된 특성과 사실을 정리한 이론이므로 선진국과 후진국의 경제성장률 격차가 수렴하지 않는다.

05 다음 중 경제성장에 대한 설명으로 옳은 것은?   주택도시보증기금

① 자본의 한계생산성이 체감하므로 자본축적은 경제성장의 원동력이 아니다.
② 교육의 질을 높이는 정책은 인적자본의 축적을 초래하여 경제성장에 기여한다.
③ 솔로우 경제성장모형에서 인구증가율이 높아지면 총국민소득은 감소한다.
④ 솔로우 경제성장모형에서 기술진보는 경제성장에 영향을 주지 않는다.

[해설] ① 자본축적은 경제성장의 원동력이라고 할 수 있다.
③ 인구증가율이 높아지면 총국민소득은 증가한다.
④ 기술진보는 생산성의 향상을 가져오므로 경제성장성을 촉진한다.

06 다음 중 경제성장이론에 대한 내용으로 옳지 않은 것은?   신용보증기금

① 해로드-도마 모형에서 경제는 불균형적으로 성장한다.
② 솔로우 모형에서는 자본축적이 높은 나라일수록 성장속도가 빠르며, 이를 수렴가설이라 한다.
③ 내생적 성장이론에서는 솔로우 모형의 규모에 대한 수확체감의 법칙을 부정한다.
④ 내생적 성장이론에서는 국가 간 경제성장률 차이를 설명할 수 있다.

[해설] 솔로우 모형에서의 수렴가설이 의미하는 바는 자본축적이 높은 나라일수록 성장속도가 느리다는 것으로, 가난한 나라는 부유한 나라에 비해 1인당 자본량은 적지만 자본의 한계생산성은 더 높고, 이로 인해 부유한 나라보다는 가난한 나라에서 자본을 축적할 유인이 커져 가난한 나라의 자본축적속도는 부유한 나라의 자본축적속도보다 더 빠르게 된다는 가설이다.

07 국가 간의 자료를 비교·분석하여 볼 때 경제성장에 대한 일반적인 설명 중 옳지 않은 것은?

중소벤처기업진흥공단

① 인구증가율이 높은 나라일수록 1인당 소득이 낮은 경향이 있다.
② 저축률이 높은 나라일수록 1인당 소득이 높은 경향이 있다.
③ 1인당 소득의 국제적 차이를 설명하는 데 인적자본은 물적 자본 못지않게 중요하다.
④ 개발도상국과 선진국 간의 1인당 소득 격차는 줄어드는 추세를 보인다.

[해설] 실증분석결과 절대적 수렴가설은 성립하지 않으나 상대적 수렴가설은 성립하는 것으로 나타났다. 개발도상국과 선진국 간 소득수준은 수렴하지 않는다.

08 실물적 경기변동이론(Real Business Cycle theory)의 내용과 부합되지 않는 것은?

주택도시보증공사

① 경기변동은 실제실업률과 자연실업률 사이의 괴리에 의해 발생한다.
② 기술충격이 경기변동의 주요 원인으로 다루어진다.
③ 경기변동은 경제주체들의 합리적 행위의 결과로 나타나는 시장균형 현상이다.
④ 생산성 향상으로 현재의 실질임금이 상승하면 소비자는 현재의 여가를 줄이는 대신 미래의 여가를 더 늘린다.

[해설] 실물적 경기변동이론은 경기변동을 유발하는 외부적 충격으로서 실물적 요인의 역할을 강조하고, 경기변동의 지속성을 장기간의 외생적 기술충격에 대한 일반균형의 변화과정으로 설명한다.

09 화폐적 경기변동이론(MBC)과 실물적 경기변동이론(RBC)에 대한 설명으로 옳은 것은?

금융결제원

① 화폐적 경기변동이론(MBC)은 프레스콧에 의해 전개된 이론이다.
② 화폐적 경기변동이론(MBC)은 경제주체들이 완전한 정보하에서 움직인다고 가정한다.
③ 실물적 경기변동이론(RBC)에 의하면 메뉴비용(Menu Cost), 조정실패 등으로 인해 가격이 경직적이다.
④ 실물적 균형경기변동이론(RBC)은 화폐적 균형경기변동이론(MBC)에서와 달리 통화공급이 내생적으로 결정된다.

[해설] ① 화폐적 경기변동이론(MBC)은 루카스에 의해 전개된 이론이다.
② 화폐적 경기변동이론(MBC)은 불완전한 정보하에서의 예상치 못한 화폐적 충격이 경제주체들의 물가변동에 대한 기대에 오류를 일으켜 경기변동이 발생한다고 주장한다.
③ 신케인즈학파의 불균형 경기변동이론에 대한 내용이다.

[정답] 04 ④ 05 ② 06 ② 07 ④ 08 ① 09 ④

10 다음 중 경제학파별 이론에 대한 설명으로 옳지 않은 것은?   한국산업단지공단

① 고전학파는 화폐의 중립성을 강조하는 주장을 펼친다.
② 실물경기변동이론(RBC)은 가격의 신축성을 가정하고 있다.
③ 가격의 경직성을 설명하는 메뉴비용이론은 새케인즈학파의 주장이다.
④ 케인즈 학파는 경기 침체의 원인을 총공급 부족으로 꼽았다.

[해설] 케인즈 학파는 경기 침체의 원인을 총공급이 아닌 총수요 부족으로 보았다.

11 솔로우의 경제성장모형에 대한 내용 중 옳은 것은?   한국주택금융공사

① 규모에 대한 보수증가의 생산함수를 가정한다.
② 경제가 성장할 때 1인당 자본량은 불변이다.
③ 저축률이 높아지면 장기 경제성장률은 높아진다.
④ 저축률이 높아지면 총자본량과 총생산은 증가한다.

[해설] ③·④ 저축률이 높아지면 일시적으로 경제성장률과 총자본량, 총생산량이 상승한다. 그러나 솔로우 모형에서 지속적인 경제성장은 기술진보를 통해서만 가능하다.
① 솔로우 모형에서 생산함수는 규모에 대한 보수불변 생산함수(1차 동차 생산함수)를 가정한다.
② 경제성장률은 1인당 자본량의 함수이다. 따라서 경제가 성장하면 1인당 자본량은 증가한다.

12 솔로우(Solow) 성장모형에서 아래와 같은 조건이 성립한다고 한다. 균제상태(steady state)에서 1인당 국민소득은?(단, 기술진보는 일어나지 않는다고 가정한다)   한국주택금융공사

> - 1인당 생산함수 $y = \sqrt{k}$
> - 저축률 = 9%
> - 자본의 감가상각률 = 1%
> - 인구증가율 = 2%
> (y = 1인당 국민소득, k = 1인당 자본량)

① 1   ② 2
③ 3   ④ 4

[해설] 1인당 생산함수를 $y = f(k)$라고 하면 균제상태에서 $sf(k) = (n+d+z)k$가 성립해야 하므로 주어진 조건을 이에 대입하면 $0.09 \times \sqrt{k} = (0.02+0.01)k$이므로 $0.09\sqrt{k} = 0.03k$, $3 = \dfrac{k}{\sqrt{k}}$이다. 따라서 $k=9$, $y=3$이다.

13 솔로우(R.Solow)의 경제성장모형에서 1인당 생산함수는 $y = 2k^{\frac{1}{2}}$, 저축률은 30%, 자본의 감가상각률은 26%, 인구증가율은 4%라고 가정한다. 균제상태에서의 1인당 생산량 및 자본량은?(단, y는 1인당 생산량, k는 1인당 자본량이다)

한국증권금융

① $y = 1$, $k = 1$
② $y = 2$, $k = 2$
③ $y = 3$, $k = 3$
④ $y = 4$, $k = 4$

[해설] 균제조건 $sf(k) = (n+d)k$에 각각 주어진 값을 대입하여 k를 구하면 4이다. 이 k를 주어진 생산함수에 대입하면 $y = 4$이다.

14 A국 경제는 기술진보가 없는 솔로우 경제성장모형의 균제상태에 있다. 현재의 1인당 자본량은 황금률 수준의 자본량보다 크다. A국의 상황에 대한 설명 중 옳은 것은?

국민연금공단

① 저축률이 하락하면 황금률 수준의 자본량이 달성될 수 있다.
② 현재 자본의 한계생산은 감가상각률과 인구증가율의 합보다 크다.
③ 황금률 수준의 자본량을 달성하면 자본의 한계생산은 감소한다.
④ 황금률 수준에 비해 현재의 1인당 소득이 더 작다.

[해설] ② 1인당 생산함수의 접선의 기울기 즉, 1인당 자본의 한계생산은 $n+d$보다 작다.
③ 과다자본의 상태에서 황금률 수준으로 이동할수록 자본의 한계생산은 증가한다.
④ 1인당 자본량이 증가할수록 1인당 소득이 높아진다. 현 상태는 과다자본 상태이므로 황금률 수준보다 1인당 소득이 더 크다.

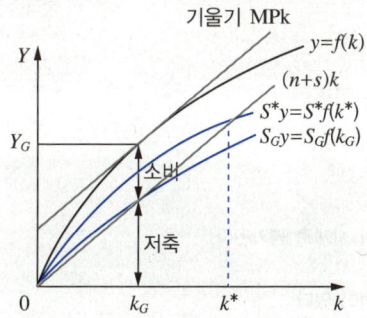

15 인구증가와 기술진보가 없는 솔로우 성장모형에서 황금률 균제상태가 달성되는 조건은? 서울주택도시공사

① 자본의 한계생산이 한계소비성향과 같다.
② 노동자 1인당 자본량이 최대이다.
③ 자본의 한계생산이 감가상각률과 같다.
④ 자본의 한계생산이 저축률과 같다.

[해설] 인구증가와 기술진보가 없을 때 솔로우 모형의 황금률 조건은 $MP_k = d$이므로 자본의 한계생산과 감가상각률이 같을 때 달성된다.

16 어느 경제의 총생산함수가 $Y = AL^{\frac{3}{5}}K^{\frac{2}{5}}$이며 실질GDP 증가율이 10%, 노동증가율이 5%, 자본증가율이 5%이다. 솔로우 잔차는 얼마인가?(단, Y는 실질GDP, A는 기술수준, L은 노동, K는 자본이다)

기술보증기금

① 1%   ② 2%
③ 5%   ④ 10%

[해설] 솔로우 잔차는 경제성장률에서 노동과 자본의 기여도를 뺀 부분이며 진보에 의한 기여도이다.
총생산함수 $Y = AL^{\frac{3}{5}}K^{\frac{2}{5}}$를 총생산함수 증가율로 표현하면 $\frac{\triangle Y}{Y} = \frac{\triangle A}{A} + \frac{3}{5}\frac{\triangle L}{L} + \frac{2}{5}\frac{\triangle K}{K}$이다. 이때 $\frac{\triangle Y}{Y} = 10\%$, $\frac{\triangle L}{L} = 5\%$, $\frac{\triangle K}{K} = 5\%$이므로 $\frac{\triangle A}{A} = 5\%$가 된다.

17 다음 중 솔로우 모형의 한계로 옳은 것은? 한국증권금융

① 경제성장의 요인을 모형 내에서만 설명한다.
② 실제성장률이 적정성장률에서 벗어나면 균형으로 회복하기가 어렵다.
③ 경제성장에 있어서 정부지출에 의존적이다.
④ 국가 간 성장률 차이에 대한 설명이 부재한다.

[해설] ① 솔로우 모형은 경제성장의 요인을 모형 내에서 설명하지 못하는 외생성이 한계로 평가된다.
② 해로드-도마 모형에 대한 평가이다.
③ 솔로우 모형은 경제성장에 있어서 정부의 역할을 설명하지 못하는 한계점이 있다.

PART 2 거시경제학 심화문제

01 GDP디플레이터와 CPI에 대한 설명으로 옳은 것은?

① GDP디플레이터와 CPI는 모두 재화가격에 가중치를 고정된 값으로 사용한다.
② 해외에서 생산되어 우리나라에서 판매되는 제품의 가격 인상은 CPI에는 영향을 미치지 않으나 GDP디플레이터에는 영향을 미친다.
③ CPI는 라스파이레스 지수이므로 제품가격의 급등으로 인한 소비자의 충격을 과대평가하는 경향이 있다.
④ 정부에 의해 구입된 물품가격의 상승은 CPI에만 반영된다.

[해설] ① GDP디플레이터는 명목GDP를 실질GDP로 나누어 계산한다. 명목GDP는 생산량의 가치를 현재가격으로 측정하며 실질GDP는 생산량의 가치를 기준년도의 가격으로 측정한다. GDP디플레이터는 기준년도 물가수준에 대한 올해의 물가수준을 나타내므로, 고정된 가중치를 사용한다고 보기 어렵다.
② 수입품은 CPI에 영향을 미친다. 그러나 수입품은 국내에서 생산된 제품이 아니므로 GDP디플레이터에는 영향을 미치지 않는다.
④ 기업 또는 정부에 의해 구입된 물품의 가격 상승은 GDP디플레이터에는 반영되지만 CPI에는 반영되지 않는다.

02 ○○전자레인지 공장에서 2023년에 A전자레인지를 생산하여 가전제품 대리점에 12만원에 판매하였고, 대리점에서는 이 전자레인지를 2024년에 소비자에게 15만원에 판매하였다. 다음 중 이에 대한 설명으로 옳은 것은?

① 2023년 GDP에 전자레인지 가격은 포함되지 않는다.
② 2024년 GDP는 12만원 증가한다.
③ 2023년의 소비지출이 12만원 증가한다.
④ 2024년에는 투자가 음의 값을 갖는다.

[해설] ③·④ 2023년에 생산이 이루어졌으나 소비자에게 판매되지 않아 12만원은 소비지출이 아닌 2023년에는 재고(= 투자)로 기록된다. 2024년 전자레인지가 소비자에게 15만원에 판매되면 소비지출이 15만원 증가한다. 따라서 재고감소가 −12만원만큼 이루어지므로 2024년의 재고투자는 (−)의 값을 갖는다.
① 2023년에 생산이 이루어졌으므로 전자레인지의 가격은 2023년 GDP에 포함된다.
② 전자레인지 대리점이 이윤으로 가져간 3만원이 대리점이 2024년에 생산한 부가가치이므로 2024년 GDP는 3만원이 증가한다.

03 A국 국민들은 소득이 증가하면 증가한 소득의 $\frac{2}{5}$를 A국에서 생산된 재화에, 그리고 $\frac{1}{5}$을 수입재 구입에 지출한다고 하자. 수출이 30원 증가하면 수입은 얼마나 유발되는가?

① 10
② 15
③ 20
④ 유발되지 않는다.

[해설] 주어진 상황을 통해 한계소비성향(MPC) = $\frac{2}{5} + \frac{1}{5} = \frac{3}{5}$과 한계수입성향(m) = $\frac{1}{5}$을 알 수 있다. 이를 통해 투자승수를 구하면 $\frac{1}{1-MPC+m} = \frac{1}{1-3/5+1/5} = \frac{1}{3/5} = \frac{5}{3}$이다.

따라서 수출 증가에 따른 국민소득의 증가분은 $30 \times \frac{5}{3} = 50$이다. 이 중 수입으로 유발되는 부분은 한계수입성향(m)을 곱한 $50 \times \frac{1}{5} = 10$이다.

04 한 국민경제가 $C = 0.5(Y-T) + 15$, $I = 40$, $T = tY + 10$으로 표현된다. 이 경제가 완전고용국민소득 600을 달성하며 이 국민경제는 재정수지의 균형을 이룬다고 할 때, 이를 만족하는 세율 t 값을 구하면?

① 0.25
② 0.5
③ 0.75
④ 0.8

[해설] 주어진 상황에서 재정균형을 이룬다고 했으므로 정부지출(G) = 조세(T)를 만족한다. 따라서 폐쇄경제하의 균형국민소득 항등식 $Y = C + I + G$이 $Y = C + I + T$로 대체 가능해진다. 주어진 식들을 대입하여 $Y = 0.5(Y-T) + 15 + 40 + T$를 Y에 대하여 풀고 완전고용국민소득인 $Y = 600$을 식에 대입하면 $Y = 0.5Y - 0.5T + 55 + T$, $0.5Y = 0.5T + 55$, 따라서 $300 = 0.5T + 55$이다. $T = 490$이므로 $490 = t \times 600 + 10$, 따라서 세율 $t = 0.8$의 값을 갖는다.

05 소비이론 학자들과 이들 가설에 대한 설명으로 옳은 것만을 〈보기〉에서 모두 고르면?

| 보기 |
ㄱ. 케인즈의 가설은 사람들의 장기소비행태를 설명할 수는 없지만 단기소비행태를 설명할 수 있다.
ㄴ. 안도와 모딜리아니의 가설에 의하면 평균소비성향은 유년기와 노년기에 높지만 청·장년기에는 낮은 모습을 보인다.
ㄷ. 프리드만의 가설에 따르면 임시소득 비중이 높으면 평균소비성향이 증가하는 경향을 보인다.
ㄹ. 홀의 가설은 프리드만이 주장한 가설에 합리적 기대를 도입하였다.

① ㄱ, ㄴ
② ㄱ, ㄷ
③ ㄱ, ㄴ, ㄹ
④ ㄴ, ㄷ, ㄹ

[해설] ㄷ. 프리드만의 가설은 항상소득가설이다. 항상소득가설에 따르면 임시소득 비중이 높을수록 평균소비성향이 감소한다.

⊕ **더알아보기** 학자별 소비이론

학 자	가 설
케인즈	절대소득가설
프리드만	항상소득가설
모딜리아니, 안도	생애주기가설
홀	랜덤워크가설

06 새로운 기계를 구입할 때 1년 뒤 예상 수입이 300만원, 2년 뒤의 예상수입이 450만원이라고 한다. 투자의 한계효율이 50%일 때, 기계의 가격은 얼마인가?

① 400만원 ② 500만원
③ 550만원 ④ 600만원

[해설] 투자의 한계효율(내부수익률)은 투자비용(C)과 투자로부터 얻는 예상수입의 현재가치(PV)가 같아지도록 하는 할인율(m)을 의미한다. 따라서 이 비율이 50%일 때, 예상수입의 현재가치(PV)를 계산해보면, $PV = \dfrac{300}{1+0.5} + \dfrac{450}{(1+0.5)^2} = 400$으로 계산된다. 따라서 기계의 가격은 400만원임을 알 수 있다.

07 A예금은행에는 요구불예금만 존재하고 현금누출액과 초과지급준비금이 없으며 법정지급준비율이 25%라고 하자. 본원예금 1억원이 A예금은행에 유입되었다. A예금은행의 대출총액 최대규모는?

① 1억원 ② 2억원
③ 3억원 ④ 4억원

[해설] 이 문제는 예금은행에 본원예금 1억원이 들어왔을 때 최대 대출총액을 묻고 있다. 이는 순신용창조액을 묻는 것과 같은 문제이다. 주어진 조건에서는 현금누출액과 초과지급준비금이 없다고 하였으므로 통화승수는 $\dfrac{1}{0.25}$이다. 순신용창조액 $=\left(1억 \times \dfrac{1}{0.25}\right) - 1억 = 3억$이다.

⊕ **더알아보기**

순신용창조액 = 신용창조액 - 본원예금
= (본원예금 × 통화승수) - 본원예금

08 A국가의 화폐수요함수는 $L(Y, r) = 0.5Y - 50r$이다. 지급준비율은 실질이자율의 함수로 $0.5 - 3r$, k(현금예금비율) $= 0.2$로 주어져 있다. 본원통화가 100, 물가수준은 1로 고정되어 있고 실질이자율이 10%라고 할 때 화폐시장이 균형을 이루는 소득수준을 구하면?(단, Y는 실질소득이다)

① 420
② 515
③ 605
④ 610

[해설] 화폐수요의 경우 물가수준이 1로 고정되어 있으므로 물가수준은 고려하지 않는다. 주어진 실질이자율 0.1을 식에 대입하면 화폐수요는 $0.5Y - 5$임을 알 수 있다. 화폐공급은 통화량을 뜻하므로 본원통화에 통화승수를 곱하여 얻을 수 있다. 주어진 조건들을 이용해 구한 통화승수 $m = \dfrac{k+1}{k+z} = \dfrac{1.2}{0.2 + 0.2} = 3$이므로 본원통화 100에 통화승수 3을 곱하면 300이다.

화폐수요와 화폐공급이 일치하는 지점에서 화폐시장이 균형을 이루므로 $0.5Y - 5 = 300$이고, 따라서 $Y = 610$이다.

09 매년 이자로 100만원씩 영구적으로 수취할 수 있는 채권이 있다고 하자. 이자율이 4%에서 5%로 상승했을 때 이 채권의 가격변화로 옳은 것은?

① 500만원이 상승한다.
② 500만원이 하락한다.
③ 1000만원이 상승한다.
④ 1000만원이 하락한다.

[해설] 매년 x의 이자를 받는 영구적 채권의 가격은 $\dfrac{x}{r}$로 나타낼 수 있다. 이자율이 4%일 때 이 채권의 가격은 $\dfrac{100(만원)}{0.04} = 2,500(만원)$이고 이자율이 5%로 상승했을 때 채권의 가격은 $\dfrac{100(만원)}{0.05} = 2,000(만원)$이 된다. 따라서 이 채권의 가격은 500만원 하락한다.

10 어느 폐쇄경제가 유동성함정에 빠져있다고 하자. 이 경제의 소비함수(C)는 $C = 280 + 0.6Y_d$이고, 한계수입성향(m)은 0.1이다. 만약 정부가 확대재정정책으로 정부지출을 150억만큼 증가시킬 경우, 국민소득은 얼마나 증가하는가?(단, Y_d 가처분소득이다)

① 90억
② 150억
③ 270억
④ 300억

[해설] 정부지출이 증가하면 IS곡선은 정부지출에 정부지출승수를 곱한 값만큼 우측으로 이동한다. 주어진 조건에서 소비함수를 통해 한계소비성향(MPC)이 0.6임을 알 수 있고, 한계수입성향은 0.1이다. 따라서 정부지출승수는 $\dfrac{1}{1 - 0.6 + 0.1} = 2$이다. 정부지출이 150억만큼 증가하면 IS곡선은 300억만큼 이동한다. 유동성함정하에서는 LM곡선이 수평선이므로 IS곡선이 300억만큼 우측으로 이동하면 국민소득 또한 300억만큼 증가한다.

11 폐쇄경제국인 A국의 IS-LM모형이 〈보기〉와 같다고 하자. 이때 정부지출이 3만큼 증가한다면 구축효과에 의한 소득감소분으로 적절한 것은?

> **보기**
> 소비(C) = $10 + 0.7Y$
> 정부지출(G) = 8
> 화폐수요(M^D) = $20 + 0.2Y - r$
> 투자(I) = $2 - r$
> 통화공급(M^S) = 10

① 4
② 6
③ 8
④ 10

해설 주어진 보기를 통해 IS곡선, LM곡선을 도출할 수 있다. IS곡선을 먼저 구하면, $Y = C + I + G = 10 + 0.7Y + 2 - r + 8$이므로 $0.3Y = 20 - r$, $r = 20 - 0.3Y$으로 구해진다. LM곡선은 $M^S = M^D$를 이용하여 $10 = 20 + 0.2Y - r$, $r = 10 + 0.2Y$로 구해진다. 이 두 곡선을 연립하여 교점을 구하면 $Y = 20$, $r = 14$이다. 정부지출이 3만큼 증가하면 IS곡선의 절편이 3만큼 증가하므로 IS곡선 식은 $r = 23 - 0.3Y$가 된다. 이를 통해 다시 LM곡선과의 교점을 구하면 $Y = 26$, $r = 15.2$이다. 정부지출이 증가하여 국민소득은 6만큼, 이자율은 1.2%만큼 증가한다. 한편 정부지출증가의 효과는 승수효과 + 구축효과이므로 승수효과의 크기를 구하면 구축효과를 구할 수 있다. 보기의 소비함수에서 한계소비성향(MPC)이 0.7로 주어졌다. 이를 이용하여 정부지출승수를 구하면 $\frac{10}{3}$이다. 즉, 정부가 지출을 3만큼 늘리면 국민소득은 10만큼 증가한다. 그러나 IS-LM모형을 통해 국민소득이 6만큼 증가하였으므로 구축효과의 크기는 4이다.

12 어느 국가에서 리카도 대등정리가 성립한다고 가정하자. 이 국가에서 정부지출의 변화없이 일시적으로 세금을 인하하는 경우 발생하는 현상으로 옳은 것은?

① 이자율이 상승한다.
② 정부저축이 증가한다.
③ 총수요가 증가한다.
④ 자원배분에 영향이 없다.

해설 ①·③·④ 어느 국가에서 정부지출 없이 세금을 인하한다는 것은 국채를 발행하여 재원을 조달할 수 밖에 없다. 리카도 대등정리가 성립하는 경우, 정부의 국채발행이 자원배분에 있어 영향을 미치지 않는다.
② 국채발행을 통한 조세인하가 실시되었으므로 정부저축은 증가한다기보다 감소한다고 볼 수 있다.

> ➕ **더알아보기** 리카도 대등정리
>
> 리카도 대등정리에 따르면, 경제적으로 영향을 미치는 것은 정부의 지출수준과 내용이며 정부지출의 재원을 조달하는 방법과는 아무런 의미가 없다. 그러므로 국채 발행을 통한 조세부담 경감은 소비에 영향을 미치지 않는다. 리카도 대등정리가 성립하는 국가에서는 재정적자 자체가 총수요와 무관하며, 전반적인 자원배분과정에 어떠한 영향도 주지 않는다.

13 노동시장이 안정상태에 있다고 가정하자. 취업인구의 1.2%가 매달 직업을 잃고 실업인구의 18.8%가 매달 새로운 직업을 얻는다면, 안정상태의 실업률은 얼마인가?(단, 경제활동인구는 고정이다)

① 6% ② 8%
③ 12% ④ 13%

해설 노동시장이 안정상태에 있을 때 실업률은 자연실업률을 뜻한다. 따라서 자연실업률 공식에 주어진 조건을 대입하면 $\frac{0.012}{0.012 + 0.188}$ = 0.06이다.

> **더알아보기** 자연실업률의 측정
>
> $$U_N = \frac{U}{U+E} = \frac{이직률}{이직률 + 구직률}$$

14 A국의 통계치가 아래 〈보기〉에 나와 있다. 이를 이용해 알 수 있는 A국의 고통지수(misery index)와, a국 정부가 인플레이션율을 3% 떨어뜨리려는 정책이 성공할 경우 연간GDP의 변화분으로 옳게 짝지어진 것은?

> **보기**
> 가. 실업률 9.2%
> 나. 인플레이션율 10.1%
> 나. 희생비율 3
> 라. GDP 900조
> 마. 청년실업률 14.5%
> 바. 예상인플레이션율 11%

① 19.3%, 27조
② 19.3%, 81조
③ 20.2%, 81조
④ 20.2%, 99조

해설 A국의 경제고통지수는 실업률 9.2%와 인플레이션율 10.1%의 합인 19.3%이다. 희생비율이 3으로 주어졌으므로, 인플레이션율 3%를 낮추기 위해 희생비율은 9가 되어야 한다. GDP 900조에 9%를 곱해주면 81이다. 따라서 인플레이션율 3%를 낮추기 위해 희생될 GDP의 감소분은 81조에 해당한다.

> **더알아보기** 자연실업률의 측정
>
> • 경제고통지수 = 실업률 + 인플레이션율
> • 희생비율 : 인플레이션율 1%를 감소시키기 위해 희생해야 하는 GDP 감소분

15 어느 경제의 필립스곡선과 중앙은행의 손실함수가 〈보기〉와 같다고 하자. 중앙은행은 손실을 최소화하도록 인플레이션율을 채택한다. 필립스곡선을 제약조건으로 갖는 중앙은행이 장기형에서 채택한 인플레이션율로 옳은 것은?(단, u는 실제실업률, u_n은 자연실업률이며 0.05이다. π^e는 기대인플레이션율이다)

> **보기**
> 필립스곡선 : $u = u_n - (\pi - \pi^e)$
> 손실함수 : $L = 2(u-0.01)^2 + 4(\pi-0.02)^2$

① 0% ② 2%
③ 3% ④ 4%

해설 이 문제는 필립스곡선을 제약조건으로 하여 손실함수를 최소화하는 문제로 볼 수 있다. 주어진 손실함수에 필립스곡선식을 대입하면 $L = 2(u_n - \pi + \pi^e - 0.01)^2 + 4(\pi - 0.02)^2$로 나타낼 수 있다. 여기에 주어진 자연실업률 $u_n = 0.05$을 대입하면 $L = 2(0.04 - \pi + \pi^e)^2 + 4(\pi - 0.02)^2$이다.
손실함수를 최소화하는 인플레이션율을 구하는 것이 목적이므로 손실함수를 인플레이션율로 미분한 값을 0과 같다고 하여 인플레이션율을 구할 수 있다.
$\frac{dL}{d\pi} = 4(-\pi + \pi^e + 0.04) \times (-1) + 8(\pi - 0.02) = 0$이다. 주어진 문제에서 장기에 채택할 인플레이션율이라 하였으므로 $-\pi + \pi^e$은 0이 된다. $\frac{dL}{d\pi} = -0.032 + 8\pi = 0$, 따라서 $\pi = 0.04$이다.

16 어느 경제의 총생산함수가 $Y = 9K^{\frac{1}{2}}L^{\frac{1}{2}}$이며 저축률은 60%, 인구증가율은 3%, 감가상각률은 7%이다. t기의 1인당 자본량 $k = 100$이라면 $(t+1)$기의 경제성장률은 몇 %인가?

① 17% ② 20%
③ 23% ④ 25%

해설 1인당 생산함수를 도출하면 $y = 9k^{1/2}$이다. 균제상태에서의 1인당 자본의 변화분을 구하면, $\Delta k = sf(k) - (n+d)k = 0.6 \times 90 - (0.03 + 0.07) \times 100 = 44$이다. 따라서 1인당 국민소득이 100에서 144로 증가하였음을 알 수 있다. 1인당 생산함수에서 t기와 $(t+1)$기의 각 y값을 우선 구하면 각각 90, 108이다. 경제성장률(%) = $\frac{\text{이번년도 실질GDP} - \text{전년도 실질GDP}}{\text{전년도 실질GDP}} \times 100(\%)$
= $\frac{Y_{t+1} - Y_t}{Y_t} \times 100$으로 구한다. 따라서 구해진 1인당 경제성장률은 $\frac{108-90}{90} = \frac{2}{10}$로, 20%이다. '경제성장률 - 인구증가율 = 1인당 경제성장률'이 성립하므로 1인당 경제성장률 20%에 인구증가율 3%를 더한 23%가 경제성장률에 해당한다.

공기업 전공필기 경제학

PART 3
국제경제학

Chapter 01	국제무역이론
Chapter 02	환율이론
Chapter 03	국제수지론
PART 3	국제경제학 심화문제

최신복원문제

키워드 비교우위론

다음 중 비교우위론에 대한 설명으로 옳지 않은 것은? 　　　　　　　　　　　주택도시보증공사

① 대기업의 CEO가 화단에 직접 물을 주지 않고 정원사를 고용하는 것은 비교우위론의 예측과 부합한다.
② 한 국가에서 모든 산업이 비교열위에 있는 경우도 종종 관찰된다.
③ 절대열위에 있는 산업이라도 비교우위를 가질 수 있다.
④ 국가 간의 무역뿐만 아니라 개인 간의 교역을 설명하는 데에도 응용된다.

[해설] 비교우위론은 자국에서 생산된 상품이 외국에서 생산된 상품과 비교하여 상대적으로 생산비가 싼 비교우위에 있는 상품일 때 각국은 이를 특화하여 다른 국가와 무역을 하는 것이 유리하다는 리카도의 이론이다. 이 이론은 비교생산비설에 바탕을 두고 있는데, 비교생산비설은 자본과 노동의 이동이 자유롭지 않은 국제 간의 교환원리를 무역 당사국의 생산비율의 차이에 의해 설명한다. 비교우위론하에서 각국 내에서 생산비가 비교적 우위인 상품을 집중적으로 생산 특수화해 그 잉여분을 수출하고 그 대신 외국에서 보다 싸게 생산할 수 있는 상품을 수입하면 무역 당사국은 모두 이익을 얻을 수 있다. 따라서 모든 국가는 비교우위를 가진다.

정답 ②

Chapter 01

국제무역이론

기출 키워드	중요도
☑ 절대우위론	★
☑ 비교우위론	★★★
☑ 헥셔-올린 정리	★★
☑ 스톨퍼-사무엘슨 정리	★
☑ 립진스키 정리	★★
☑ 레온티예프 역설	★★
☑ 산업 내 무역	★★
☑ 독점적 경쟁 모형	★
☑ PP-CC모형	★★
☑ 국제무역과 소득분배	★★
☑ 교역조건	★★
☑ 관세 부과의 효과	★★
☑ 수입쿼터제	★★
☑ 경제통합의 구분	★

CHAPTER 01 국제무역이론

1 무역이론

1 절대우위론(애덤스미스)

(1) 절대우위론의 개념

① '절대우위'는 교역 상대국보다 낮은 비용으로 생산할 수 있는 능력을 말한다.
② 절대우위론은 각국이 절대적으로 생산비가 낮은 재화 생산에 특화하여 그 일부를 교환함으로써 상호이익을 얻을 수 있다는 이론이다.

(2) 절대우위론의 설명

〈단위당 노동투입량〉

구 분	A국	B국
X재	5	4
Y재	2	5

① X재 1단위를 생산하기 위해 A국에서는 5명, B국에서는 4명의 노동자가 필요하므로 B국이 X재 생산에 절대우위가 있다.
② Y재 1단위를 생산하기 위해 A국에서는 2명, B국에서는 5명의 노동자가 필요하므로 A국이 Y재 생산에 절대우위가 있다.
③ 따라서 절대우위에 따르면 X재 생산은 B국, Y재는 A국이 생산한다.

2 비교우위론(리카도)

(1) 비교우위론의 개념

① '비교우위'는 교역 상대국보다 낮은 기회비용으로 생산할 수 있는 능력을 말한다.
② 비교우위론은 한 나라가 두 재화 생산 모두에 절대우위를 가지는 경우에도 양국이 각각 상대적으로 생산비가 낮은 재화 생산에 특화하여 무역을 한다면, 양국 모두 무역으로부터 이익을 얻을 수 있다는 이론을 말한다.
③ 절대우위와 달리 비교우위는 한 국가가 모두 가질 수가 없다.

(2) 비교우위론의 설명

〈단위당 노동투입량〉

구 분	A국	B국
X재	2	4
Y재	2	5

개념체크OX

- 절대우위론은 교역 상대국 간의 가능한 생산량을 절대적으로 비교한다. OX
- 비교우위는 한 국가가 모두 가질 수 없다. OX

X, O

⟨각 재화 생산의 기회비용⟩

구 분	A국	B국
X재 1단위 생산의 기회비용	Y재 1단위	Y재 $\frac{4}{5}$ 단위
Y재 1단위 생산의 기회비용	X재 1단위	X재 $\frac{5}{4}$ 단위

① X재 1단위를 생산하기 위해 A국은 Y재 1단위를 포기해야 하고, B국에서는 Y재 $\frac{4}{5}$ 단위를 포기해야 하므로 B국이 X재 생산에 비교우위가 있다.

② Y재 1단위를 생산하기 위해 A국에서는 X재 1단위, B국에서는 X재 $\frac{5}{4}$ 단위를 포기해야 하므로 A국이 Y재 생산에 비교우위가 있다.

③ A국이 X재와 Y재 생산에서 모두 절대우위를 갖지만, 비교우위 관점에서는 A국은 Y재에, B국은 X재에 특화되어 있다.

(3) 비교우위론의 특징
① 비교우위의 결정요인은 '노동 생산성 차이'이다.
② 비교우위론은 노동 생산성이 일정함을 가정하며 생산요소가 노동으로 유일함을 가정한다. 따라서 교역이 발생하면 각 나라는 비교우위를 가진 하나의 재화에 완전 특화하여 생산한다.
③ 무역의 이익은 각 재화의 상대가격 차이가 클수록 증가한다.

(4) 비교우위론의 평가
① 노동가치설에 입각해 있으므로 자본시장은 무시된다.
② 한계생산물 체감의 법칙을 무시하며, 요소 투입량과 생산량의 고정불변의 비례관계를 전제하고 있다.
③ 교역조건의 범위는 결정되나 구체적인 교역 균형점을 알 수가 없다.
④ 국가별로 노동생산성 차이가 발생하는 이유는 설명하지 못한다.

3 헥셔-올린 정리

(1) 헥셔-올린 정리의 가정
① 두 국가, 두 재화, 두 생산요소를 가정하며, 두 생산요소로는 자본과 노동을 가정한다.
② 두 국가의 생산함수는 동일하며, 규모에 대해 수익불변이다.
③ 국가 간 생산요소의 이동은 불가능하다.

(2) 헥셔-올린 정리의 내용
① 생산함수가 동일하더라도 각 국가에서 생산에 투입한 자본과 노동 비율에 차이가 있으면 국가 간 생산비의 차이가 발생하게 되고, 각국은 생산비가 적은 재화에 비교우위를 갖게 된다는 정리이다.

개념체크OX

- 비교우위론에 따르면 각국은 비교우위가 있는 상품을 특화하여 생산한다. ◯☓
- 헥셔-올린 정리는 노동가치설에 입각한다. ◯☓

◯, ☓

② 헥셔-올린 정리는 노동만 고려하는 전통적 무역이론과는 달리 노동과 자본 두 생산요소를 고려한 모형이다.
③ 노동이 상대적으로 풍부한 국가는 노동 집약적인 재화 생산에 비교우위를 지니게 되고, 자본이 상대적으로 풍부한 국가는 자본집약적인 재화 생산에 비교우위를 지니게 되어 무역이 발생하고 양국의 후생수준이 증가한다.
④ 헥셔-올린 정리의 생산가능곡선은 원점에 대해 오목한 모양으로, 한 재화 생산의 기회비용이 체증함을 의미하며, 각국은 무역에 있어 불완전 특화하게 된다.

(3) 헥셔-올린 정리의 확장

① 요소가격균등화 정리
자유무역이 이루어지면 양국의 재화가격 뿐만 아니라 생산요소 가격 또한 절대적·상대적으로 같아진다는 정리이다.

② 스톨퍼-사무엘슨 정리
무역은 생산과 소득분배에 변화를 가져온다는 정리로, 실질소득의 분배와 관련된 이론이다. 한 재화의 상대가격이 상승하면 그 재화에 집약적으로 사용되는 생산요소의 실질소득은 절대적·상대적으로 증가하고 다른 생산요소의 실질소득은 절대적·상대적으로 감소한다는 정리이다.

③ 립진스키 정리
무역과 경제성장에 관련된 이론으로, 한 생산요소의 부존량이 증가하면 그 생산요소를 집약적으로 사용하는 재화의 생산량은 증가하고 다른 재화의 생산량은 절대적으로 감소한다는 정리이다.

④ 레온티예프의 역설
1947년 미국의 경제학자 레온티예프는 다른 나라에 비해 자본이 상대적으로 풍부한 미국이 오히려 자본집약재를 수입하고 노동집약재를 수출하는 현상을 발견하였다. 이와 같이 헥셔-올린 정리와 정반대되는 레온티예프의 실증분석결과를 레온티예프의 역설(Leontief Paradox)이라고 한다.

4 현대무역이론

(1) 산업 간 무역과 산업 내 무역 비교

구 분	산업 간 무역	산업 내 무역
개 념	서로 다른 산업에서 생산되는 재화의 수출입	동일한 산업 내에서 이루어지는 재화의 수출입
무역의 발생원인	비교우위(상대적 요소부존 차이)에 따라 무역 발생	규모의 경제와 제품 차별화 정도, 독점적 경쟁에 따라 무역 발생
적응 사례	경제발전 정도가 상이한 후진국과 선진국 간에 주로 발생	경제발전 정도가 유사한 선진국과 선진국 또는 후진국과 후진국 간에 발생

> **개념체크OX**
> • 스톨퍼-사무엘슨 정리에 따르면 무역은 실질소득의 분배와 관련이 있다. O X
> • 립진스키 정리에 따르면 한 생산요소 부존량이 증가하면 다른 생산요소를 투입하는 재화의 생산량이 절대적으로 감소한다. O X
>
> O, O

무역으로 인한 소득 재분배	무역으로 인한 소득재분배 효과가 큼	모든 요소의 소득이 증가하므로 무역으로 인한 소득재분배 발생 효과가 크지 않음
무역이익의 원천	상대가격의 변화로부터 발생	시장 확대로 생산규모가 커지면 생산비용이 하락하여 재화가격이 하락함

(2) 현대무역이론의 모형

① 기술격차 이론 : 국가 간의 기술격차로 인해 무역이 발생한다.
② 제품수명주기 이론 : 신제품은 도입, 성숙, 표준화, 쇠퇴단계로 구분되며, 이로 인해 국제적 분업이 이뤄진다.
③ 규모의 경제 이론 : 양국의 생산함수와 요소부존이 동일해도 규모의 경제로 인해 산업 내 무역이 발생한다.
④ 대표적 수요 이론 : 특정 상품이 수출가능하기 위해서는 상당한 수요인 '대표수요'가 필요하다.
⑤ 독점적 경쟁 시장 이론 : 차별화된 제품 생산에서 규모의 경제로 인해 산업 내 무역이 발생한다. 요소부존량이 유사한 국가 사이에서 발생할 가능성이 크다. 독점적 경쟁 모형에 의해 산업 내 기업 수가 많아질수록 가격이 떨어짐을 알 수 있다.

5 PP-CC모형(독점적 경쟁 모형)

(1) 기본 가정

① 이윤극대화 조건 : $P > MR = MC$
② 평균비용 정리 : $P = AR = AC$
③ 개별기업 수요함수 : $Y = W\left(\dfrac{1}{n} - a(P - \overline{P})\right)$
④ 개별기업 비용함수 : $C = F + cY$
⑤ 균형($P = \overline{P}$)에서 $Y = \dfrac{W}{n}$, $n = \dfrac{W}{Y}$

(P : 기업이 책정한 가격, C : 비용, W : 산업 전체 판매량, $\overline{P}$: 경쟁 기업들의 평균가격, F : 고정비용, n : 산업 내 기업수, a : $0 < a < 1$인 임의의 상수)

(2) PP곡선의 도출

개별기업의 수요함수를 가격에 대하여 정리한다.

$$P = \dfrac{1}{na} + \overline{P} - \dfrac{Y}{Wa}$$

$$TR = Y\left(\dfrac{1}{na} + \overline{P}\right) - \dfrac{Y^2}{Wa}$$

> **개념체크 OX**
> • 산업 간 무역에서 소득재분배 효과는 없다. ⃞O ⃞X
> • 산업 내 무역은 주로 후진국과 선진국 사이에서 발생한다. ⃞O ⃞X
>
> ×, ×

Y에 대하여 미분하면

$$MR = (\frac{1}{na} + \overline{P}) - 2\frac{Y}{Wa} = (\frac{1}{na} + P - \frac{Y}{Wa}) - \frac{Y}{Wa}$$
$$= P - \frac{Y}{Wa}$$

이윤극대화 조건에 따라 $MR = P - \frac{Y}{Wa} = MC = c$이다.

균형에서 $Y = \frac{W}{n}$이므로 아래와 같은 식이 성립한다.

$$P = \frac{1}{na} + c$$

(3) CC곡선의 도출

개별기업의 평균비용함수 $AC = \frac{F}{Y} + c = P$이다. 균형에서 $Y = \frac{W}{n}$이므로 아래와 같은 식이 성립한다.

$$P = \frac{nF}{W} + c$$

(4) PP-CC균형

① PP곡선과 CC곡선이 교차하는 지점에서 균형가격(P^*)과 균형 기업 수 (n^*)를 도출할 수 있으며, 이때 국제무역이 발생한다.
② 시장 안에서 기업의 수가 증가 할 때마다 기업 한 곳이 생산할 수 있는 생산량은 감소한다.
③ 생산량 감소에 따라 기업들의 평균생산비용은 증가한다(CC곡선이 우상향하는 이유).
④ 시장 안에서 기업의 수가 증가하면 각 기업들이 책정하는 상품가격은 하락한다. 즉, 기업들의 독점력이 약해진다(PP곡선이 우하향하는 이유).

$$P^* = \sqrt{\frac{F}{aW}} + C$$
$$n^* = \sqrt{\frac{W}{aF}}$$

개념체크OX

- PP곡선과 CC곡선을 연립하면 균형 기업 수를 도출할 수 있다. ⓞⓧ
- PP-CC모형에 따르면 PP-CC 균형에서 무역이 발생한다. ⓞⓧ

O, O

PP-CC곡선의 균형

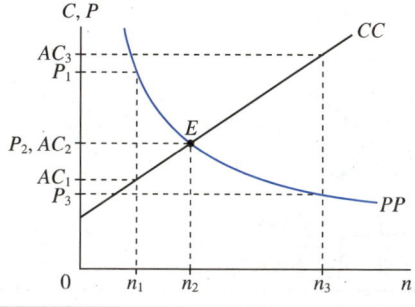

6 국제무역과 소득분배

(1) 수출국의 이득과 손실

수출국의 경우 자유무역이 허용되면 국내 가격이 상승하여 국제 가격과 같아진다. 해당 국제 가격하에서 발생하는 국내 초과공급량만큼 수출이 이뤄진다. 수출국이 되면 국내 소비가 줄면서 소비자잉여는 감소하고 국내 생산이 늘어나 생산자잉여는 증가한다. 이때 생산자잉여 증가분이 소비자잉여 감소분보다 크므로 사회적잉여는 증가한다.

수출국의 이득과 손실

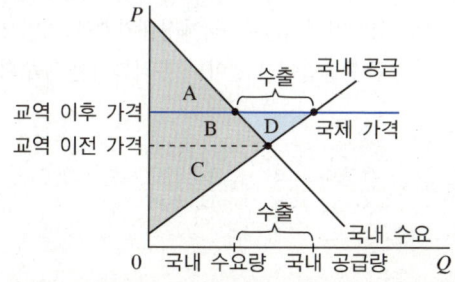

- 소비자잉여 : A + B → A
- 생산자잉여 : C → B + C + D
- 총잉여 : A + B + C → A + B + C + D

(2) 수입국의 이득과 손실

수입국의 경우 자유무역이 허용되면 국내 가격이 하락하여 국제 가격과 같아진다. 해당 국제 가격하에서 발생하는 국내 초과수요량만큼 수입이 이뤄진다. 수입국이 되면 국내 소비가 늘면서 소비자잉여는 증가하고 국내 생산이 줄어 생산자잉여는 감소한다. 이때 소비자잉여 증가분이 생산자잉여 감소분보다 크므로 사회적잉여는 증가한다.

> **개념체크OX**
> - PP-CC모형에서 기업수가 증가하면 각 기업의 AC도 증가한다. ⃞X
> - 수출국의 경우 무역으로 소비자잉여가 증가한다. ⃞X
>
> O, X

수입국의 이득과 손실

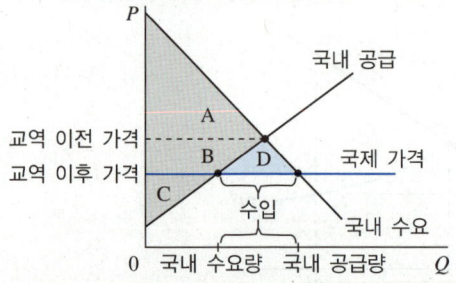

- 소비자잉여 : A → A + B + D
- 생산자잉여 : B + C → C
- 총잉여 : A + B + C → A + B + C + D

2 교역조건과 오퍼곡선

1 교역조건

(1) 교역조건의 개념

교역조건은 수출재와 수입재의 가격비율로, 국제상대가격을 의미하며 한 나라가 가격상 국가 간의 상품수출입에서 얼마나 유리한지를 지수화한 것이다.

$$교역조건 = \frac{수출재\ 가격}{수입재\ 가격} = \frac{\Delta 수입재\ 수량}{\Delta 수출재\ 수량}$$

(2) 교역조건의 종류

① 순상품교역조건

순상품교역조건은 상품 1단위를 수출하면서 벌어들인 외화로, 수입품을 얼마나 들여올 수 있는가를 나타낸다.

순상품교역조건이 상승하면 수출가격이 수입가격보다 더 크게 오르거나 더 낮게 내린 것을 뜻한다.

$$순상품교역조건 = \frac{수출\ 단가\ 지수}{수입\ 단가\ 지수} \times 100$$

② 소득교역조건

소득교역조건은 일정 시점에서 한 나라의 수출 총액으로, 가능한 총수입량을 나타낸다. 소득교역조건이 상승하면 한 나라가 일정 시점의 총수출대금으로 기준 시점보다 더 많은 수입을 할 여력이 생겼음을 뜻한다.

$$소득교역조건 = 순상품교역조건 \times 수출수량지수$$

개념체크OX

- 수입국의 경우 무역으로 소비자잉여가 감소한다. [O|X]
- 교역조건은 수입재 수량 변화분을 수출재 수량 변화분으로 나눈 것에 해당한다. [O|X]

X, O

2 오퍼곡선

오퍼곡선은 여러 가지 국제 가격 수준에서 어떤 국가가 수출하고자 하는 재화의 양과 수입하고자 하는 재화의 양의 조합을 나타낸 곡선이다. 각국의 오퍼곡선이 교차하는 점에서 교역조건이 결정된다.

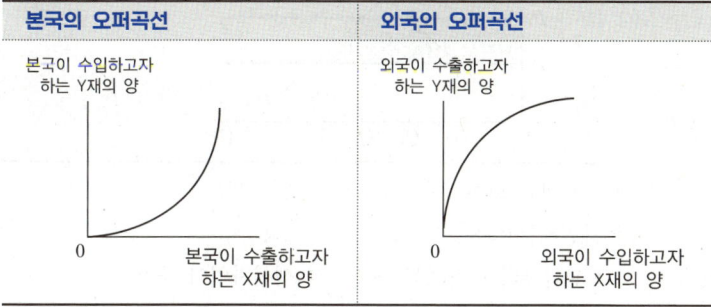

3 소국과 대국

(1) 소국은 국제시장에서 가격수용자이므로 경제성장으로 더 많은 재화를 수출해도 국제 가격(교역조건)이 불변이다. 소국은 반드시 경제성장 시 무역의 이익을 누린다.

(2) 대국은 국제시장에서 가격설정자이므로 더 많은 재화를 수출하면 국제 가격이 하락한다(교역조건 악화).

> **개념더하기**
>
> **궁핍화성장**
> 만약 교역조건 악화로 인한 후생 감소분이 매우 큰 경우, 성장 전보다 실질소득이 감소하여 오히려 후생이 감소하는데 이러한 형태의 성장을 '궁핍화성장'이라고 한다.

3 무역정책론

1 관세 부과

(1) 관세의 개념

관세는 수입 상품에 대하여 부과하는 조세로, 국내산업을 보호하기 위한 장치 중 하나이다.

(2) 관세 부과의 효과

① 소국의 관세 부과

㉠ 자원배분효과
- 생산량의 증가($Q_0 \to Q_1$) : 생산자잉여 증가
- 국내소비의 감소($Q_3 \to Q_2$) : 소비자잉여 감소

㉡ 사회후생의 변화

> - 소비자잉여 변화 : $-(A+B+C+D)$
> - 생산자잉여 변화 : A
> - 총잉여 변화(사회후생 감소) : $-(B+D)$
> - 재정수입 : C

> **개념체크OX**
>
> - 소국의 경우 관세 부과로 생산량과 국내소비 모두 증가한다. O X
> - 대국의 경우 관세 부과로 생산량은 감소하고 국내소비는 증가한다. O X
>
> X, X

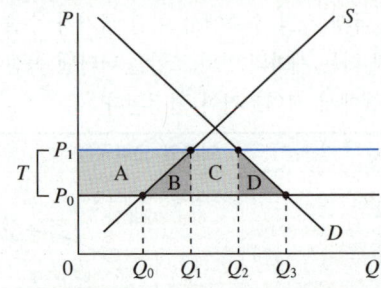

② 대국의 관세 부과
  ㉠ 자원배분효과
    • 생산량의 증가($Q_0 \rightarrow Q_1$) : 생산자잉여 증가
    • 국내소비의 감소($Q_3 \rightarrow Q_2$) : 소비자잉여 감소
  ㉡ 사회후생의 변화

> • 소비자잉여 변화 : − (A + B + C + D)
> • 생산자잉여 변화 : A
> • 총잉여 변화 : E − (B + D)
> • 재정수입 : C + E

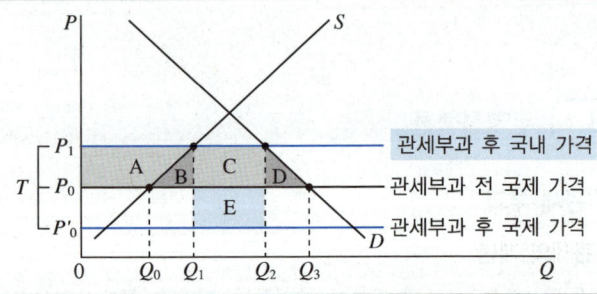

(3) 최적관세(t)
  ① 최적관세는 자국의 후생을 극대화하는 관세로 자국 한계대체율과 외국 한계교역조건이 일치하는 관세 수준이다.
  ② 일반적으로 최적관세율(t)은 다음과 같이 나타낼 수 있다.

$$t = \frac{1}{e^* - 1}$$

(단, e^* : 외국의 수입수요의 가격탄력성)

  ③ 본국의 무역 무차별곡선과 외국의 오퍼곡선이 접하는 점이다.
  ④ 소국의 경우, 관세를 부과하더라도 교역조건 개선에 따른 이득이 발생하지 않으므로 관세 부과는 항상 사회적인 후생손실을 발생하게 한다. 그러므로 소국의 최적관세율은 0이다.

개념더하기

메츨러의 역설

메츨러의 역설은 대국의 경우 관세 부과에 따른 국제 가격 하락 폭(교역조건 개선 효과)이 국내 가격 상승 폭(관세효과)을 상회하여, 관세 부과 후 수입재의 국내 가격이 하락하는 현상을 말한다. 메츨러의 역설이 발생하는 경우 관세 부과에 따른 국내산업 보호효과는 나타나지 않게 된다.

⑤ 대국의 경우 관세 부과에 따른 교역조건 개선 효과가 관세의 왜곡 효과보다 큰 경우, 후생증대 가능성이 존재한다. 그러나 장기적인 관점에선 관세전쟁의 가능성에 따라 자유무역이 우선된다.

2 수입쿼터제

(1) 수입쿼터제의 개념

수입쿼터제는 비관세장벽 중 하나로, 일국의 수입 상품을 정해진 기준에 따라 수입 수량 또는 금액을 제한하는 조치이다. 통상 국내 유치산업의 육성, 기존산업의 보호, 국제수지의 균형유지를 목적으로 시행된다.

(2) 수입쿼터제의 경제적 효과

수입쿼터제가 가져오는 경제적 효과로는 국내생산 증가, 국내소비 감소, 수입량 감소, 국제수지 개선 등이 있다.

3 수출보조금

수출하는 재화에 대해 보조금을 지급하는 정책이다. 수출보조금 정책을 채택한 국가에게는 순손실을, 수입국에는 순이익을 가져오며 국제적 후생손실을 가져온다. 이를 방지하기 위해 상대국가에서 상계관세를 부과할 경우 후생손실은 사라지지만 상대국가의 순이익 역시 줄어든다.

4 경제통합

(1) 경제통합의 구분

	역내 관세 철폐	역외 공동 관세 부과	역내 생산요소 자유 이동 보장	역내 공동 경제 정책 수행	초국가적 기구 설치·운영
자유무역협정(FTA) 역내 관세 철폐					
관세동맹(Customs Union) 공동 관세 부과					
공동시장(Common Market) 생산요소 이동 자유화					
경제동맹(Economic Union) 재정·금융 정책 상호작용					
완전경제통합(Complete Economic Union) 경제 주권 포기, 경제 정책 통합					

(2) 관세동맹의 효과

모든 국가에 대해 관세를 부과하고 있는 최초상황에서 A국은 재화를 가장 효율적으로 생산하는 C국으로부터 $P_C(1+t)$ 가격으로 수입한다. A국이 B국과 관세동맹을 체결하면 B국의 생산비가 P_B 이고, 관세동맹을 체결하지 않은 C국의 관세 부과 후의 $P_C(1+t)$ 가격은 증가하므로 B국으로부터 수입하게 된다. 관세동맹의 후생평가는 무역전환효과와 무역창출효과를 함께 분석하여야 한다.

> **개념체크OX**
> - 관세동맹의 경제통합을 맺은 국가 간에는 공동 관세가 부과된다. ○×
> - 경제동맹의 경제통합을 맺은 국가 간에는 생산요소의 자유로운 이동이 보장된다. ○×
>
> ○, ○

관세동맹의 효과

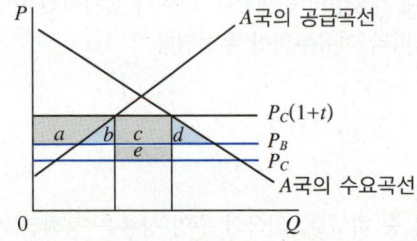

① 무역창출효과
  ㉠ 관세동맹으로 인해 가맹국들 간에 무역이 발생하는 효과이다.
  ㉡ $P_C(1+t)$로 수입하던 재화를 관세동맹으로 인해 P_B의 가격으로 수입하게 됨에 따라 수입이 증가한다.
  ㉢ 수입이 증가함에 따른 소비자잉여는 $(a+b+c+d)$만큼 증가하고 생산자잉여는 a만큼 감소한다. 그리고 정부 관세 수입이 c만큼 감소하여 총 후생증가분은 $(b+d)$이다.

② 무역전환효과
  ㉠ 관세동맹으로 인해 무역국이 역외국가에서 역내국가로 전환되는 효과이다.
  ㉡ 관세동맹 전 A국은 C국으로부터 수입을 하였으나 관세동맹 후 수입이 B국으로 전환되었다. 이에 따라 무역창출효과로 분석하였던 후생평가를 수정하여야 한다.
  ㉢ 추가적인 관세수입의 손실에 따른 후생 감소를 반영하여 관세동맹에 의해 $(b+d-e)$만큼의 후생변화가 발생한다.

(3) 관세동맹 이익의 특징
  ① 역내국 간 경쟁적 산업구조일수록 효과가 크다.
  ② 역내국 간 시장규모가 클수록 무역창출효과 크고, 전환효과는 작다.
  ③ 관세동맹 이전 역내국 간 무역장벽이 높을수록 통합효과가 크다.
  ④ 인접국 간 유통 비용이 낮고 산업구조 조정의 유연성이 클수록 경제효과가 커진다.

> **개념체크OX**
> • 무역창출효과는 종전에 수입가격보다 더 저렴한 가격으로 수입이 가능해진다. OX
> • 역내국 간 경쟁적 산업구조 일수록 효과는 줄어든다. OX
>
> O, X

CHAPTER 01 기출분석문제

01 다음 중 한 나라가 다른 나라에 비해 재화 X의 생산에 비교우위가 있다고 말할 수 있는 경우는?

공무원연금공단

① 주어진 자원을 가지고 다른 나라에 비해 재화 X를 더 많이 생산할 수 있을 때
② 그 나라가 재화 X의 생산에 절대우위를 가지고 있을 때
③ 재화 X를 한 단위 더 생산하기 위해서 포기해야 하는 다른 재화의 양이 다른 나라에 비해 상대적으로 많을 때
④ 다른 재화 한 단위를 생산하는 비용에 대하여 재화 X를 한 단위 생산하는 비용의 비율이 다른 나라에 비하여 낮을 때

[해설] 리카도의 비교우위론에 따르면 한 나라가 두 재화 생산에 모두 절대우위 혹은 절대열위에 있더라도 각국은 비교생산비가 낮은 재화 생산에 특화해서 무역을 하게 되면 상호이익이 발생한다. 비교생산비는 상대가격과 동일한 개념이다. 비교우위가 있는 재화는 재화 생산의 비교생산비가 상대적으로 작은 재화를 의미한다.

02 다음 표는 A국과 B국에서 옷과 핸드폰을 생산하는데 필요한 단위당 노동소요량을 나타낸 것이다. 이에 대한 설명으로 옳은 것은?

한국서부발전, 한전KDN

구 분	옷	핸드폰
A국	20시간	100시간
B국	40시간	400시간

① 옷을 생산하는 기회비용은 B국이 더 크다.
② B국은 옷과 핸드폰 생산에 모두 절대우위가 있다.
③ B국은 핸드폰 생산에 비교우위가 있다.
④ 비교우위론에 따라 두 국가가 무역을 한다면 A국은 핸드폰을 생산하여 수출한다.

[해설] ① A국 옷 1벌 생산의 기회비용은 핸드폰 $\frac{1}{5}$대, B국은 핸드폰 $\frac{1}{10}$대이다. 따라서 A국 옷 생산의 기회비용이 더 크다.
② A국이 B국보다 절대적으로 더 적은 노동량으로 옷과 핸드폰을 생산하므로 A국이 옷과 핸드폰 생산에 모두 절대우위가 있다.
③ A국 핸드폰 1대 생산의 기회비용은 옷 5벌, B국은 옷 10벌이다. 따라서 A국이 더 적은 기회비용으로 핸드폰을 생산하므로 A국이 핸드폰 생산에 비교우위가 있다.

[정답] 01 ④ 02 ④

03 A국은 노동과 자본만을 사용하여 노동집약재와 자본집약재를 생산하며 자본에 비해 상대적으로 노동이 풍부한 나라다. 스톨퍼-사무엘슨 정리를 따를 때, A국의 자유무역이 장기적으로 A국의 소득분배에 미치는 영향은?

부산교통공사

① 자본과 노동의 실질보수가 모두 상승한다.
② 자본과 노동의 실질보수가 모두 하락한다.
③ 자본의 실질보수가 상승하고 노동의 실질보수가 하락한다.
④ 자본의 실질보수가 하락하고 노동의 실질보수가 상승한다.

해설 스톨퍼-사무엘슨 정리에 의하면 어떤 재화의 상대가격이 상승하면 그 재화에 집약적으로 사용되는 생산요소 소득은 증가하고, 다른 생산요소 소득은 감소한다는 것을 말한다. 자유무역이 이루어지면 노동 풍부국인 A국에서는 노동집약재의 상대가격이 상승하게 되고 노동의 실질소득은 증가하는 반면에 자본의 실질소득은 감소한다.

04 미국의 과거 자료를 경험적으로 분석해 본 결과 상대적으로 자본이 풍부하다고 생각되는 미국이 자본집약적 상품을 수입하고 노동집약적 상품을 수출한다는 결과가 나왔다. 이를 뜻하는 말로 적절한 것은?

공무원연금공단

① 헥셔-올린 정리
② 레온티예프 역설
③ 리카도 정리
④ 쿠즈네츠 역설

해설 1953년에 레온티예프는 산업연관표를 사용하여 1947년 미국은 노동집약적 상품을 수출하고 자본집약적 상품을 수입했다고 하는 계산 결과를 발표하였다. 보통 미국과 같이 상대적으로 자본이 풍부한 나라에서는 노동집약적 상품을 수입하고 자본집약적 상품을 수출한다고 생각되고 있었으나 그것과 반대되는 결과가 나타난 것이다. 이것은 종래 무역 이론에서 받아들여지고 있는 헥셔-올린 정리와 모순되므로, 레온티예프 역설이라고 부른다.

> **⊕ 더알아보기** 레온티예프 역설의 원인
>
> 1. 미국의 수요 편향성 때문에 레온티예프 역설이 생겨났다.
> 2. 미국 노동자의 높은 생산성 때문에 레온티예프 역설이 생겨났다.
> 3. 미국의 수입 상품 구조 때문에 레온티예프 역설이 생겨났다.

05 교역조건(Terms of Trade)에 대한 다음 설명 중 적절하지 못한 것은? 한국관광공사

① 교역조건은 한 단위의 수출상품과 수입 상품이 교환되는 비율을 말한다.
② 자국의 화폐가 평가절하되면 교역조건은 악화된다.
③ 이론적으로 교역조건은 상품의 수출입뿐 아니라 서비스 거래까지 포함한다.
④ 교역조건이 악화되면 반드시 국제수지가 악화된다.

해설 ④ 교역조건의 변화만으로는 국제수지의 변화가 설명되지 않는다. 환율의 변화를 고려하여야 하기 때문이다. 환율이 상승하는 경우 국제수지가 개선되기 위해서는 마샬-러너조건이 성립하여야 한다.
① 교역조건은 양국 간에 교역되는 제품 간의 교환비율을 의미한다.
② 교역조건이 개선은 수출품 단위당 교환되는 수입품의 수량이 늘어남을 의미하며 수입가격에 비하여 수출가격이 상대적으로 상승하였음을 의미한다. 화폐의 평가절하는 자국통화 가치가 하락함을 의미하며 이는 환율의 상승을 의미한다. 환율이 상승하게 되면 수출품의 국제 가격은 하락하고 수입품의 국내 가격은 상승한다.
③ 서비스 교역은 상품교역에 포함된다.

06 다음 관세에 대한 설명 중 옳은 것은? 소상공인진흥공단

① 관세로 인한 사회적 이득은 사회적 비용보다 크다.
② 생산자들이 관세의 보호로부터 얻는 혜택이 소비자의 손해보다 크다.
③ 수입관세로 인한 조세수입이 수입할당의 경우보다 적다.
④ 수입관세의 부과로 해당 국내 수입대체산업이 보호된다.

해설 수입재화에 대한 관세 부과는 가격기구를 왜곡시켜 비효율을 발생시킨다. 관세 부과는 국내산업 보호 효과와 국내소비 감소 효과 그리고 수입대체 효과를 가져온다. 사회후생의 변화로는, 관세 부과에 따른 소비자잉여의 감소는 생산자잉여와 정부의 관세수입, 그리고 관세 부과에 따른 자중손실로 배분된다.

07 국내 시장에서 쌀에 대한 공급이 가격에 대해 완전히 비탄력적일 때, 쌀의 수입에 관세를 부과하는 경우 나타나지 않는 효과는? 주택도시보증공사

① 재정수입 증가
② 무역수지 개선
③ 쌀 소비 감소
④ 생산량 증대

해설 관세 부과에 따라 소비감소효과, 재정수입 증대효과, 무역수지 개선효과는 발생하지만 국내공급이 완전비탄력적이므로 공급증대효과는 발생하지 않는다.

정답 03 ④ 04 ② 05 ④ 06 ④ 07 ④

08 관세동맹(Customs Union)의 체결에 따른 효과에 대한 설명으로 가장 옳지 않은 것은? 서울교통공사

① 가장 효율적으로 생산하는 비동맹국으로부터의 수입이 비효율적으로 생산하는 동맹국으로부터의 수입으로 대체되는 무역전환(Trade Diversion)효과가 나타날 수 있다.
② 관세의 인하 또는 폐지로 자국에서 생산되던 재화가 동맹국으로부터 수입되는 무역창출(Trade Creation) 효과가 나타날 수 있다.
③ 무역전환효과가 무역창출효과보다 충분히 크면 관세동맹의 체결로 인하여 사회적 후생이 감소할 수 있다.
④ 무역전환효과는 항상 무역창출효과보다 크다.

[해설] 무역창출효과는 관세동맹으로 인해 가맹국들 간에 무역이 발생하는 효과이며, 무역전환효과는 관세동맹으로 인해 역외국가에서 역내국가로 전환되는 효과이다. 무역창출효과는 효율적으로 생산하는 국가와의 무역증가효과이며, 무역전환효과는 효율적 생산국에서 비효율적 생산국으로의 수입이 변화하여 발생하는 부정적 효과이다. 상황에 따라 두 효과 크기는 변화하므로 무역전환효과가 항상 무역창출효과보다 크지는 않다.

09 다음 중 산업 내 무역 이론과 관련된 내용만을 모두 고른 것은? 한국관광공사

ㄱ. 규모의 경제
ㄴ. 불완전 경쟁
ㄷ. 레온티예프 역설
ㄹ. 생산요소집약도

① ㄱ, ㄴ
② ㄱ, ㄹ
③ ㄴ, ㄷ
④ ㄷ, ㄹ

[해설] ㄱ. 산업 내 무역은 규모의 경제에 따라 발생하므로 관련 내용이 맞다.
ㄴ. 한 산업에 규모의 경제가 존재하면 평균비용이 감소하여 자연독점이 되므로 불완전 경쟁시장이 되므로 관련 내용이다.
ㄷ. 레온티예프 역설은 자본풍부국인 미국이 자본집약재를 수출하지 않고 오히려 수입하는 현상이며 이는 산업 간 무역에서 발생한다.
ㄹ. 생산요소집약도는 산업 간 무역의 발생 원인이다.

10 A국에서는 교역 이전 X재의 국내 가격이 국제 가격보다 더 높다. 교역 이후 국제 가격으로 A국이 X재의 초과수요분을 수입한다면, 이로 인해 A국에 나타나는 효과로 옳은 것은?(단, 공급곡선은 우하향, 수요곡선은 우하향한다) 한국부동산원

① 교역 전과 비교하여 교역 후 생산자잉여가 감소한다.
② 교역 전과 비교하여 교역 후 소비자잉여가 감소한다.
③ 생산자잉여는 교역 여부와 무관하게 일정하다.
④ 교역 전과 비교하여 교역 후 총잉여가 감소한다.

[해설] A국의 경우, 교역 전에 비하여 소비자잉여는 증가, 생산자잉여는 감소한다. 소비자잉여의 증가분이 생산자잉여 감소분보다 크므로 총잉여는 증가한다.

11 다음은 시장 개방 후 어느 나라의 X재에 대한 국내 수요곡선과 국내 공급곡선을 나타낸 그림이다. 현재 X재의 국내 가격이 P_0일 때, 정부가 수입 관세를 부과하여 X재의 국내 가격이 P_1으로 상승하는 경우에 대한 설명으로 옳지 않은 것은?(단, 관세 부과를 제외한 모든 조건은 동일하다)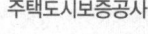

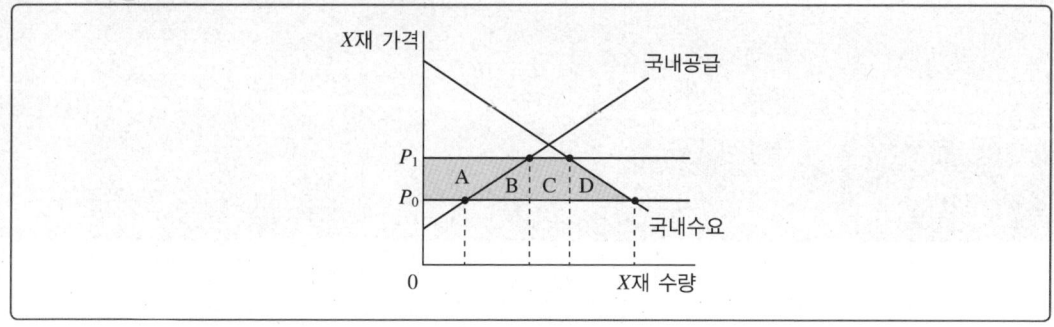

① 관세 부과 후 생산자잉여는 A만큼 감소한다.
② 관세 부과 후 경제 전체의 후생은 B, D만큼 감소한다.
③ 관세 부과 후 정부는 C만큼의 관세수입을 얻는다.
④ 관세 부과 후 소비자잉여는 A, B, C, D만큼 감소한다.

[해설] 관세 부과로 생산자잉여는 A만큼 감소하는 것이 아니라 A만큼 증가한다.

12 헥셔-올린(Heckscher-Ohlin)모형에 대한 설명으로 옳지 않은 것은? 한국가스공단

① 국가 간 생산요소의 이동을 불가능하다고 가정한다.
② 전통적 무역이론과 달리 노동과 자본 두 생산요소 모두 고려한다.
③ 자본에 비해 노동이 상대적으로 풍부한 국가는 노동 집약적인 재화를 생산하여 수출한다.
④ 헥셔-올린 모형의 생산가능곡선은 원점에 대해 볼록한 모양을 가진다.

[해설] ④ 헥셔-올린 모형에서 재화 생산의 기회비용이 체증하기 때문에 생산가능곡선은 원점에 대해 오목한 모양이다.

최신복원문제

🔑 키워드 환율결정이론

환율결정이론에 대한 설명으로 옳지 않은 것은? IBK기업은행, 한국토지주택공사

① 구매력평가설은 시장에서 같은 종류의 상품은 하나의 가격만이 성립한다는 일물일가의 법칙을 가정한다.
② 구매력평가설에서 두 국가 간의 물가수준 비율이 같을 때 균형환율이 결정된다.
③ 이자율평가설에 따르면 해외 이자율이 상승하면 환율은 하락한다.
④ 이자율평가설은 국가 간 자본이동이 자유로우면 국내 명목이자율과 해외투자수익률이 동일해지는 과정에서 환율이 결정된다.

[해설] ③ 이자율평가설에 따르면 해외 이자율이 상승하면 해외로 자금이 유출되어 외화수요가 증가해 환율이 상승하게 된다.

정답 ③

Chapter 02

환율이론

기출 키워드	중요도
☑ 명목환율과 실질환율	★
☑ 고정환율제도와 변동환율제도	★★★
☑ 수요·공급에 의한 환율이론	★
☑ 환율의 변화 요인	★★★
☑ 구매력평가설(PPP)	★★★
☑ 이자율평가설(IRP)	★★
☑ AA-DD모형	★

CHAPTER 02 환율이론

1 환 율

1 환율의 개념

국내화폐와 외국화폐가 교환되는 시장을 외환시장(Foreign Exchange Market)이라고 한다. 외환시장에서 결정되는 두 나라 화폐의 교환비율을 환율이라 하고, 자국 화폐단위로 표시한 외국화폐 1단위의 가격을 말한다.

2 명목환율과 실질환율

(1) 명목환율(e)은 자국통화와 외국통화의 교환비율을 의미한다. 즉, 외국통화 1단위를 얻기 위해 지불해야 하는 자국통화의 수량이다.

(2) 실질환율은 두 나라의 물가를 감안하여 조정한 환율로, 한나라의 상품이 다른 나라의 상품과 교환되는 비율을 말한다.

$$실질환율(q) = \frac{명목환율(e) \times 외국\ 가격(P_f)}{국내\ 가격(P)}$$

3 환율의 변화

환율이 인상하는 경우 자국 화폐의 가치가 하락하는 것을 의미하며, 환율이 인하하는 경우는 자국 화폐가치가 상승함을 의미한다.

환율 하락의 영향 (자국 화폐가치 평가절상)	환율 상승의 영향 (자국 화폐가치 평가절하)
• 수출 감소 • 수입 증가 • 경상수지 악화 • 외채부담 감소 • 교역조건 개선	• 수출 증가 • 수입 감소 • 경상수지 개선 • 외채부담 증가 • 교역조건 악화

개념체크OX

• 자국 화폐가치의 하락은 환율이 상승했다는 뜻이다. ⃝☒
• 환율이 하락하면 외채부담이 감소한다. ⃝☒
• 환율이 상승하면 수입이 증가한다. ⃝☒

O, O, X

4 환율 제도

구 분	고정환율제도	변동환율제도
환 율	환율이 정부나 중앙은행의 정책 의지에 따라 결정됨	변화하는 경제 수준에 따라 자유롭게 변동됨
국제수지 불균형의 조정	정부개입에 의한 해결과 역외국에 대해서는 독자관세 유지	시장에서 환율의 변화에 따라 자동으로 조정
환위험	작다	환율의 변동성에 기인하여 한 위험에 크게 노출
환투기의 위험	작다	크다
해외 교란요인의 파급 여부	국내로 쉽게 전파	환율의 변화가 해외 교란요인의 전파를 차단(차단효과)
금융 정책의 자율성 여부	자율성 상실(불가능성 정리)	자율성 유지
정책의 유효성	통화정책 무력	재정정책 무력

2 환율결정이론

1 수요·공급에 의한 환율결정

외환의 수요와 공급에 의해서 환율이 결정된다. 따라서 외환에 대한 수요와 공급이 일치하는 점에서 균형환율이 결정된다. 수요·공급의 기본원리와 마찬가지로 외환시장에서 외환의 초과수요가 발생하면 외환의 가격인 환율은 상승하며, 외환의 초과공급이 발생하는 경우에는 환율이 하락하게 된다. 예를 들어 수입품에 대한 선호가 증가하면, 외환에 대한 수요가 커지므로 그 결과 환율이 상승해서 국내통화의 가치는 떨어진다.

수요·공급에 의한 환율결정

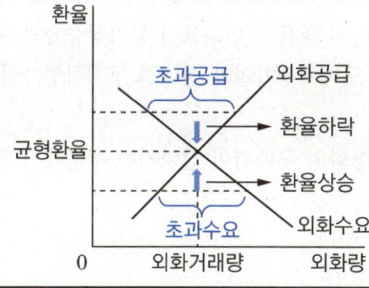

(1) 외환의 수요

환율이 하락하면 수입이 증가하므로 외환에 대한 수요량이 증가한다. 따라서 외화수요곡선은 우하향한다.

> **개념체크 OX**
> - 고정환율제도는 변동환율제도에 비해서 환위험이 크다. ⊙Ⅹ
> - 수요·공급에 의하면 외환의 초과수요에서 환율이 상승한다. ⊙Ⅹ
>
> Ⅹ, ○

(2) 외환의 공급

환율이 상승하면 수출이 증가하므로 외환에 대한 공급량이 증가한다. 따라서 외화공급곡선은 우상향한다.

(3) 환율의 변화요인

① 외화 곡선상의 이동

내생변수인 환율이나 외화량이 변화하면 곡선상의 점이 이동한다.

② 외화 곡선의 이동

㉠ 외화수요곡선의 이동

외화수요 증가요인	외화수요 감소요인
• 수입 증가 • 국민소득 증가 • 해외 이자율 상승 • 자국민의 해외유학·여행 증가 • 국내기업의 해외투자 증가 • 차관 제공 증가	• 수입 감소 • 국민소득 감소 • 해외 이자율 하락 • 자국민의 해외유학·여행 감소 • 국내기업의 해외투자 감소 • 차관 제공 감소

㉡ 외화공급곡선의 이동

외화공급 증가요인	외화공급 감소요인
• 수출 증가 • 국내 이자율 상승 • 외국인 유학생·관광객 수 증가 • 외국기업의 국내 투자 증가 • 차관 도입 증가	• 수출 감소 • 국내 이자율 하락 • 외국인 유학생·관광객 수 감소 • 외국기업의 국내 투자 감소 • 차관 도입 감소

2 구매력평가설(PPP)

(1) 구매력평가설의 개념

① 구매력평가설은 카셀에 의해 제시된 이론으로, 균형환율수준 혹은 변화율이 각국의 물가수준 혹은 물가변동률을 반영하여야 한다는 것이다.
② 환율이 물가수준을 반영하는지 환율의 변화율이 물가상승률의 차이를 반영하는지에 따라 절대적 구매력평가설과 상대적 구매력평가설로 나뉜다.
③ 외국통화의 구매력과 자국통화의 구매력이 같아지는 수준에서 환율이 결정된다는 이론이다.
④ 일물일가의 법칙을 전제로 한다.

(2) 절대적 구매력평가설

국제거래에 있어 어떤 제약도 없는 경우 모든 국가에서 화폐의 구매력이 동일해진다. 즉, 균형환율이 두 국가 간의 물가수준비율과 같다.

$$P = eP_f \rightarrow e = \frac{P}{P_f}$$

(e : 명목환율, P : 국내물가수준, P_f : 외국물가수준)

> **개념체크 OX**
> • 해외 이자율이 상승하면 외화수요는 증가한다. O X
> • 국내 이자율이 하락하면 외화공급은 감소한다. O X
>
> O, O

① $e < \frac{P}{P_f}$ 인 경우 국산품의 수요가 감소하고 외제품의 수요가 증가해, 국산품의 가격은 하락하고 외제품의 가격은 상승한다.

② $e > \frac{P}{P_f}$ 인 경우 수출이 증가하고 수입이 감소하여 경상수지 흑자를 통해 실제환율이 하락한다.

③ 절대적 구매력평가설의 평가
 ㉠ 차익거래가 발생하지 않는다.
 ㉡ 절대적 구매력평가설하에서 $P = eP_f$ 가 성립하므로, 실질환율(q) $= \frac{e \times P_f}{P} = 1$ 이 된다. 실질환율이 1로 일정하므로 순수출도 불변이다.

(3) 상대적 구매력평가설

$$\frac{de}{e} = \frac{dP}{P} - \frac{dP_f}{P_f}$$

($\frac{de}{e}$: 명목환율변동률, $\frac{dP}{P}$: 국내물가상승률, $\frac{dP_f}{P_f}$: 외국물가상승률)

① 상대적 구매력평가설은 국내물가상승률과 외국물가상승률의 차이만큼 균형환율변동률이 결정된다는 이론이다.
② 절대적 구매력평가설을 변화율로 나타낸 것이다.
③ 상대적 구매력평가설의 평가
 ㉠ 상대적 구매력평가설의 '일물일가 법칙' 적용에 무리가 따른다. 현실에서는 많은 나라들이 아직도 관세 등 무역장벽을 쌓고 있고, 무역에 소요되는 거래비용이 무시할 수 없을 정도로 큰 것이 일반적이며, 각 나라가 생산하는 상품이 완전히 동질적일 수는 없다.
 ㉡ 보편적으로 국제무역의 대상이 되지 않는 비교역재(Non Tradable Goods)가 존재한다. 따라서 비교역재를 포함한 일반물가수준의 차이로는 환율 결정방식을 설명할 수 없다.
 ㉢ 환율 결정요인으로 물가만을 고려하여 다른 요인들을 고려하지 못한다.
 ㉣ 물가가 신축적인 장기의 환율 결정에 적합하다.

3 이자율평가설(IRP)

(1) 이자율평가설의 개념

① 이자율평가설은 환율의 기대변동률과 국가 간 명목이자율의 관계를 설명하는 이론이다.
② 이자율평가설은 국제자본시장에서 일물일가의 법칙을 적용한 것으로, 자본수지 측면에서 환율이 결정된다.

> **개념더하기**
>
> **일물일가의 법칙**
> 시장에서 같은 종류의 상품에 대해서는 하나의 가격만이 성립한다는 원칙이다.

③ 국가 간 자본의 이동이 완전히 자유롭다면 국내투자수익률(= 명목이자율)과 해외투자수익률이 동일해지는 과정에서 환율이 결정된다.

(2) 유위험 이자율평가설(UIRP)

① $r - r^f > 0$이면 차익거래를 위해 국내로 자금이 유입된다.

② $\dfrac{\Delta e_{t+1}}{e_t} > 0$이면 환차손의 위험 때문에 국외로 자금이 유출된다.

③ 자본시장의 균형이 성립되려면 자본의 유출과 유입이 동일해야 한다.
국내 이자율 = 해외 이자율 + 환율의 변화율

$$(1+r) = \frac{e_{t+1}}{e_t}(1+r^f)$$

$$r - r^f = \frac{e_{t+1} - e_t}{e}\left(\frac{e_{t+1} - e_t}{e} = \frac{\Delta e}{e}\right)$$

$$\rightarrow r = r^f + \frac{\Delta e}{e}$$

(3) 이자율평가설의 환율 변동 요인

- 국내 이자율 상승 → 해외로부터의 자금 유입 → 외화공급 증가 → 환율 하락
- 해외 이자율 상승 → 해외로 자금 유출 → 외화수요 증가 → 환율 상승
- 예상 환율 상승 → 해외로 자금 유출 → 외화수요 증가 → 환율 상승

(4) 이자율평가설의 평가

① 이자율평가설이 성립하기 위해서는 국가 간 자본의 이동이 자유로워야 한다.
② 이자율평가설은 단기 환율 결정에 적합하다.

4 AA-DD모형

자산시장과 실물시장의 균형을 통해 균형국민소득과 균형환율을 결정하는 모형이다. 자산시장은 우하향의 AA곡선으로, 실물시장은 우상향의 DD곡선으로 표현되며 두 곡선이 교차하는 지점에서 경제는 균형을 이룬다. 폐쇄경제를 다루는 IS-LM모형을 개방경제로 확장시킨 모형으로 볼 수 있다.

개념체크OX

- 이자율평가설에 따르면 국내이자율이 상승할 때 환율이 상승한다. O X
- 이자율평가설은 폐쇄경제에서 성립한다. O X

X, X

CHAPTER 02 기출분석문제

01 변동환율제도하에서 환율을 하락시키는 요인이 아닌 것은? 주택도시보증공사

① 미국 달러자본의 국내 투자 확대
② 미국 달러자본의 국내부동산 매입
③ 미국산 제품의 국내 수입 증가
④ 국내산 제품의 수출 증가

[해설] ① 미국 달러자본의 국제 투자가 확대되면 우리나라 외환시장에서 외환에 대한 공급이 증가하여 환율이 하락한다.
② 미국 달러자본의 국내 부동산 매입이 증가하면 우리나라 외환시장에서 외환에 대한 공급이 증가하여 환율이 하락한다.
④ 국내산 제품의 수출이 증가하면 우리나라 외환시장에서 외환에 대한 공급이 증가하여 환율이 하락한다.

02 다음 중 환율에 대한 설명으로 옳은 것은? 한국부동산원

① 빅맥(Big Mac) 햄버거의 한국 판매가격이 3,000원이고 미국은 2달러이다. 실제환율이 1,000원/달러라면, 환율은 원화의 구매력을 과대평가하고 있다.
② 1달러당 원화의 교환비율이 상승하면 원화는 평가절상된다.
③ 원/달러 환율이 상승하면 미국에 수출하는 국내 제품의 가격경쟁력이 떨어진다.
④ 명목환율의 상승률은 외국물가의 상승률에서 국내물가의 상승률을 뺀 값에 실질환율의 상승률을 더한 것과 같다.

[해설] ① 구매력평가설을 이용하면 다음의 관계가 성립한다.

대미실질환율 = $\dfrac{\text{미국물가} \times \text{명목환율}}{\text{한국물가}}$, 한국 판매가격이 3,000원이고 미국은 2달러인 경우 구매력평가설에 의한 환율은 1,500원/달러이다. 시장에서의 균형환율이 1,000원/달러라면 구매력평가설에 비해 과대평가되는 것이다.

④ • 실질환율변화율 = 미국물가변화율 + 명목환율변화율 − 한국물가변화율
• 명목환율변화율 = 한국물가변화율 − 미국물가변화율 + 실질환율변화율

[정답] 01 ③ 02 ①

03 다음 중 나머지 경우와 다른 방향으로 대미 달러 환율에 영향을 미치는 것은?   한국보훈의료공단

① 국내 기업에 의한 해외직접투자가 증가한다.
② 정부가 외환시장에 개입하여 달러화를 매도한다.
③ 경상수지 흑자 폭 증가세가 지속된다.
④ 외국인 관광객들의 국내 지출이 큰 폭으로 증가한다.

[해설] ① 국내 기업에 의한 해외직접투자가 증가하면, 외환시장에서 달러화(외환)를 매입하여야 하고, 그 과정에서 환율이 상승하게 된다.
② 정부가 외환시장에 개입하여 달러화를 매도하면 달러화의 공급이 증가하므로 환율이 하락한다.
③ 경상수지 흑자 폭 증가세가 지속되면 달러화의 유입이 증가하므로 환율이 하락한다.
④ 외국인 관광객들의 국내 지출이 큰 폭으로 증가하면 달러화의 유입이 증가하므로 환율이 하락한다.

04 만약 캐나다에서의 이자율이 기타 세계의 이자율보다 상승한다고 가정할 경우, 이에 대한 설명으로 옳은 것은?   IBK기업은행

① 캐나다 달러에 대한 수요가 감소한다.
② 캐나다의 다른 나라에 대한 수출이 증가한다.
③ 캐나다의 다른 나라로부터 수입이 감소한다.
④ 캐나다 달러 가치의 절상을 초래하여 캐나다의 순수출 감소를 초래할 것이다.

[해설] 이자율평가설에 따르면 국가 간 자본의 이동은 투자자본의 수익률(이자율)의 차이에 기인한다. 다른 조건이 일정할 때 캐나다의 이자율의 상승은 캐나다로의 자본의 유입을 의미한다. 이는 캐나다 달러의 수요가 증가함을 의미하며 캐나다 달러 가치의 상승과 이에 따른 캐나다의 순수출의 감소를 가져온다.

05 (일본) 엔화 환율은 (미국) 달러당 엔화 금액으로 표시한다. 현재 엔화 환율이 달러당 100엔이라고 하자. 미국은 물가상승률이 4%이고, 일본은 3%일 때, 구매력평가설이 예측하는 엔화의 명목환율과 실질환율의 변화 방향으로 옳은 것은?   IBK기업은행

① 명목환율 하락, 실질환율 상승
② 명목환율 하락, 실질환율 변화 없음
③ 명목환율 상승, 실질환율 상승
④ 명목환율 상승, 실질환율 변화 없음

[해설] 변화율에 대해 이야기하고 있으므로 상대적 구매력평가설을 적용하면 명목환율의 변화 방향을 알 수 있다. $\frac{de}{e} = \frac{dP}{P} - \frac{dP_f}{P_f}$ 에 의해 명목환율은 1% 하락할 것으로 예상되며, 절대적 구매력평가설에 의해 실질환율은 변화가 없다.

06 자국과 외국의 명목이자율은 각각 3%, 2%이다. 외국의 물가상승률이 2%로 예상되며 현재의 원/달러 환율은 1,000원일 때, 옳은 것을 모두 고르면?(단, 구매력평가설과 이자율평가설이 성립한다) 주택도시보증공사

> ㄱ. 원/달러 환율은 1,010원이 될 것으로 예상된다.
> ㄴ. 자국의 물가상승률은 3%로 예상된다.
> ㄷ. 자국과 외국의 실질이자율은 같다.

① ㄱ
② ㄱ, ㄴ
③ ㄴ, ㄷ
④ ㄱ, ㄴ, ㄷ

해설 ㄱ. 이자율평가설이 성립하면 $r = r^f + \frac{\Delta e}{e}$ 이 만족한다. 따라서 $3 = 2 + \frac{\Delta e}{e}$ 이므로 환율 예상상승률은 1%이다. 현재의 환율 1,000원에서 1,010원으로 환율이 오를 것으로 예상된다.

ㄴ. 구매력평가설이 성립하면 $\frac{de}{e} = \frac{dP}{P} - \frac{dP_f}{P_f}$ 이 성립하므로 각국의 물가상승률과 구한 환율 예상상승률을 대입하면 자국의 물가상승률은 3%이다.

ㄷ. 피셔방정식 $i = r + \pi$ 에 의해서 실질이자율을 계산하면 자국의 실질이자율은 0%, 외국의 실질이자율도 0%이므로 같다.

07 이자율평가설(Interest Rate Parity theory)에 대한 설명으로 옳지 않은 것은?(단, 환율은 외국통화 1단위에 대한 자국통화의 교환비율이다) IBK기업은행

① 외국의 명목이자율과 기대 환율이 고정되었을 때 자국의 명목이자율이 증가하면 환율은 하락한다.
② 외국의 명목이자율과 자국의 명목이자율이 고정되었을 때 기대 환율이 증가하면 외국통화의 가치가 상승한다.
③ 양국의 국제자본시장에서 동일한 상품을 동일한 가격에 구매할 수 있도록 환율이 결정된다.
④ 이자율평가설이 성립하면 실질이자율은 항상 1이다.

해설 ④ 이자율평가설에서 실질이자율 변수는 특정값으로 고정되지 않는다.
① · ② $r - r^f = \frac{e_{t+1} - e_t}{e}$ 을 통해 자국의 명목이자율이 증가하면 환율 e 가 하락해야 함을 알 수 있고, 기대 환율이 증가할 때에는 환율이 상승해야 하므로 외국가치가 상승한다.
③ 일물일가의 법칙을 가정한다.

최신복원문제

키워드 먼델-플레밍 모형과 정책효과

변동환율제를 채택한 A국이 긴축 재정정책을 실시하였다. 먼델-플레밍 모형을 이용한 정책 효과에 대한 설명으로 옳은 것은?(단, 완전한 자본이동, 소국개방경제, 국가별 물가수준 고정을 가정한다)

한국주택금융공사

① 원화가치는 상승한다.
② 투자 지출을 증가시킨다.
③ 소득수준은 변하지 않는다.
④ 순수출이 감소한다.

해설 먼델-플레밍 모형에 따르면, 변동환율제 아래에서 재정정책의 효과는 없다. 따라서 A국이 긴축 재정정책을 실시하더라도 국민의 소득수준이 변하지 않는다.

정답 ③

Chapter 03

국제수지론

기출 키워드	중요도
☑ 국제수지표의 구성	★
☑ 국제수지통계의 작성원칙	★
☑ 국제수지의 균형	★★
☑ 국내총생산과 국제수지	★★★
☑ J 커브효과	★★
☑ IS-LM-BP모형	★★
☑ 먼델-플레밍 모형과 정책효과	★★★
☑ 포트폴리오 밸런스 모형	★

CHAPTER 03 국제수지론

1 국제수지표

1 국제수지표의 개념

국제수지표는 '국민경제' 영역 내부의 경제활동 주체와 영역 외부의 경제활동 주체 사이에 오고 간 모든 경제적 거래를 기록한 것을 의미한다. 국제수지표는 국제적으로 통일된 기준에 의하여 작성되며 유량개념으로 작성된다.

2 국제수지표의 구성

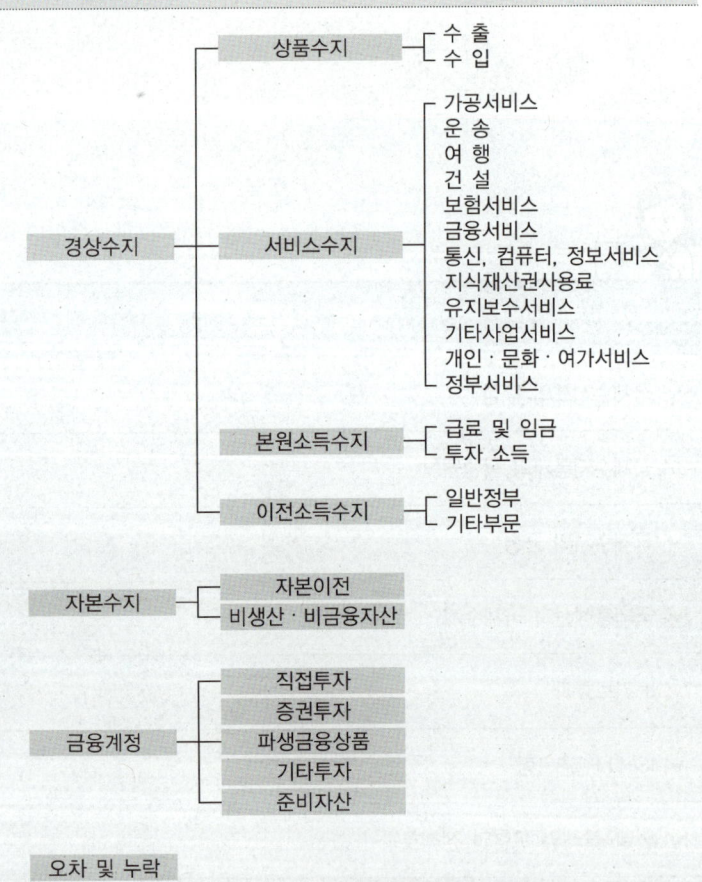

개념체크OX

- 국제수지표는 저량개념으로 작성된다. ⓞⓧ
- 수출과 수입은 경상수지에 속한다. ⓞⓧ

x, O

(1) 경상수지

국제 간의 거래에서 자본거래를 제외한 경상적 거래에 대한 수지를 말한다.

상품수지	• 상품수지는 상품의 수출액과 수입액의 차이를 의미한다. • 수출이 수입보다 크면 수지는 흑자가 되며, 수입이 수출보다 큰 경우 수지는 적자가 된다.
서비스수지	• 서비스수지는 외국과의 서비스거래로 수취한 돈과 지급한 돈의 차이를 의미한다. • 서비스 수입에는 우리나라의 선박이나 항공기가 상품을 나르고 외국으로부터 받은 운임, 외국인 관광객이 국내에서 쓴 돈, 국내기업이 외국기업으로부터 받은 특허권 사용료 등이 포함된다. • 서비스 지급에는 우리나라가 외국에 지급한 운임, 해외여행 경비, 해외 광고비 등이 포함된다.
본원소득수지	• 본원소득수지는 급료 및 임금 수지와 투자 소득수지로 구성된다. • 급료 및 임금 수지는 거주자가 외국에 단기간(1년 미만) 머물면서 일한 대가로 받은 돈과 국내에 단기로 고용된 비거주자에게 지급한 돈의 차이를 의미한다. • 투자 소득수지는 거주자가 외국에 투자하여 벌어들인 배당금·이자와 국내에 투자한 비거주자에게 지급한 배당금·이자의 차이를 의미한다.
이전소득수지	• 이전소득수지는 거주자와 비거주자 사이에 아무런 대가 없이 주고 받은 거래의 차이를 의미한다. • 이전소득수지에는 해외에 거주하는 교포가 국내의 친척 등에게 보내오는 송금이나 정부 간에 이루어지는 무상원조 등이 기록된다.

(2) 자본계정

자본이전	자산 소유권의 무상이전, 해외 이주비, 채권자에 의한 채무면제 등
비생산·비금융자산	다음과 같은 자산의 취득과 처분 • 브랜드네임, 상표 등 마케팅자산 • 토지, 지하자원 등 비생산 유형자산 • 기타 양도 가능한 무형자산

(3) 금융계정

직접투자	• 직접투자 관계에 있는 투자자와 투자 대상 기업 간에 일어나는 국외거래 • 해외부동산 취득 및 주식 구입이나 자금대여
증권투자	거주자와 비거주자 간에 이루어진 주식, 채권 등에 대한 투자
파생금융상품	파생금융상품거래로 실현된 손익 및 옵션 프리미엄 지급·수취
기타투자	직접투자, 증권투자, 파생금융상품 및 준비자산에 포함되지 않는 거주자와 비거주자 간의 모든 금융거래
준비자산	중앙은행의 외환보유액 변동분 중 거래적 요인에 의한 것

개념체크OX

• 정부 간의 무상원조는 본원소득수지이다. ⃞O⃞X
• 파생금융상품은 금융계정에 속한다. ⃞O⃞X

X, O

3 국제수지통계의 작성원칙

국제수지는 복식부기원칙에 의하여 작성되므로 항상 차변과 대변이 일치하는 국제수지 균형상태에 있다.

구 분	차변(지급)	대변(수입)
경상수지	• 상품 수입 • 서비스 지급 • 본원소득 지급 • 이전소득 지급	• 상품 수출 • 서비스 수입 • 본원소득 수입 • 이전소득 수입
자본수지	• 자본이전 지급 • 비생산 · 비금융자산 취득	• 자본이전 수입 • 비생산 · 비금융자산 처분
금융계정	• 금융자산 증가 • 금융부채 감소	• 금융자산 감소 • 금융부채 증가

4 국제수지의 균형

- 경상수지 + 자본수지 + 금융계정 + 오차 및 누락 = 0
- 경상수지 + 자본수지 = 0
- 경상수지 = − 자본수지

2 경상수지와 거시경제

1 국내총생산과 경상수지

지출 GDP = $Y = C + I + G + (X - M)$ 중 $C + I + G$를 총지출액(압솝션)이라 하며, 일정기간 국내외에서 생산된 재화와 서비스에 대해 지출하여 사용한 총액이다.

$X - M = Y - (C + I + G) = Y - A$
→ 경상수지 = 국민소득 − 압솝션

(1) 국민소득(Y) > 압솝션(A)이면 생산한 가치가 총지출액보다 많아 국내에서 사용하고 남은 상품이 수출되므로 그만큼 경상수지 흑자가 발생한다.

(2) 국민소득(Y) < 압솝션(A)이면 총지출액이 생산한 가치보다 크므로 수입을 통해 사용이 이루어지고, 이만큼 경상수지 적자가 발생한다.

2 저축 · 투자와 경상수지

$X - M = Y - (C + I + G)$
→ $X - M = (Y - C - T) + (T - G) - I$

개념체크OX

- 국제수지통계에서 서비스 수입은 대변에 기입된다. ◯✕
- 국민소득이 압솝션보다 크면, 경상수지 흑자가 발생한다. ◯✕

◯, ◯

순수출 식에 T를 한 번씩 더하고 빼서 위와 같이 나타내면
$$X - M = S_P + S_G - I$$
민간저축과 정부저축, 투자에 대한 식으로 간소화된다.

> $X - M = S_N - I$
> → 경상수지 = 국민저축 - 투자

(1) $S_N > I$이면 경상수지가 흑자이다.

(2) $S_N < I$이면 경상수지가 적자이다.

3 환율과 경상수지

1 J 커브효과

(1) J 커브효과는 환율인상(자국통화 평가절하)을 시행하면 일시적으로 경상수지가 악화되었다가 시간의 흐름에 따라 개선되는 효과를 말한다.

(2) 환율인상에 따른 수출입상품의 가격변동과 수출입물량 변동 간 시차로 인해 발생한다.

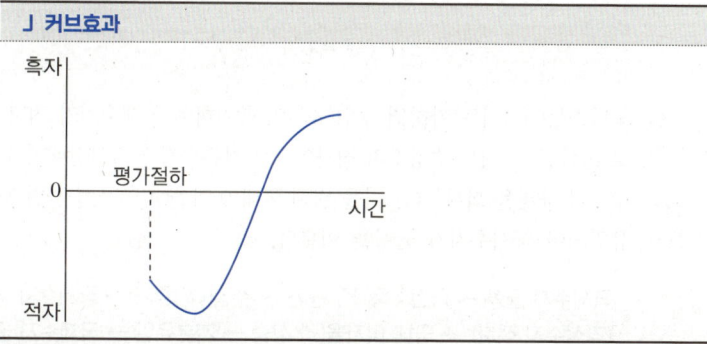

J 커브효과

2 마샬-러너 조건

(1) 마샬-러너 조건은 환율변화가 경상수지에 미치는 영향을 보여주는 것으로 외환시장의 안정조건이라고도 한다.

(2) 환율인상(자국통화 평가절하)을 시행할 때 경상수지 개선을 위해서는 외국과 자국의 수입수요 가격탄력성의 합이 1보다 커야 한다는 조건이다.

외국 수입수요 가격탄력성 + 자국 수입수요 가격탄력성	경상수지
> 1	개 선
= 1	불 변
< 1	악 화

> **개념체크OX**
> • 경상수지는 투자에서 국민저축을 뺀 값과 같다. ⃞O ⃞X
> • J 커브효과는 환율인상 시에 나타난다. ⃞O ⃞X
>
> X, O

(3) 예를 들어, 자국통화 10% 평가절하 시(환율인상 시) 경상수지 개선을 위해서는 수출량 증가분과 수입량 감소분의 합이 10% 이상이어야 한다.

4 IS-LM-BP모형

1 BP곡선

(1) BP곡선의 개념

BP곡선은 국제수지가 균형을 이루는 이자율과 국민소득의 조합을 나타내는 곡선이다.

(2) BP곡선의 도출

① 국제수지는 경상수지와 자본수지의 합으로 정의된다.
$$BP = (X - M) + CA$$

② 경상수지는 수출과 수입으로 결정되며 수출은 환율과 외국 국민소득의 증가함수이고, 수입은 환율의 감소함수, 국민소득의 증가함수이다.

$$X = X\left(Y_f, \frac{eP_f}{P}\right),\ M = M\left(Y, \frac{eP_f}{P}\right)$$

③ 자본수지는 양국 이자율 차이에 의해 결정된다고 가정한다.

$$CA = CA(r - r_f)$$

④ 국민소득(Y)이 증가하면 수입(M)이 증가하여 국제수지가 적자 상태로 전환된다. 이는 경상수지 적자이므로 자본수지가 흑자상태여야 국제수지가 균형을 회복한다. 이를 위해 국내 이자율(r)이 상승하면 자본이 유입되어 국제수지가 균형을 이룬다.

> 국제수지 균형 → 국민소득(Y) 증가 → 수입(M)증가 → 국제수지 적자(경상수지 적자) → 국내 이자율(r) 상승 → 자본유입 → 국제수지 균형 회복

이러한 과정에 의해 국민소득증가에 따라 국내 이자율이 상승한다. 따라서 BP곡선은 우상향한다.

(3) 국제수지의 불균형

BP곡선의 상방은 동일한 국민소득수준하에서 균형이자율 수준보다 높은 이자율 수준이므로 자본유입이 균형수준을 초과한 상태가 되어(자본수지 흑자), 국제수지 흑자를 나타낸다. BP곡선의 하방은 반대로 국제수지 적자를 나타낸다.

개념체크OX

- BP곡선은 외환시장이 균형을 이루는 이자율과 국민소득의 조합을 나타낸다. ◯☒
- BP곡선에서 BP는 경상수지와 금융계정의 합으로 나타낸다. ◯☒

×, ×

국제수지의 불균형

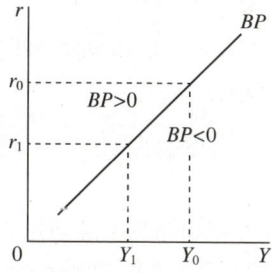

(4) BP곡선의 기울기

BP곡선의 기울기는 국가 간 자본 이동성에 의해 결정된다. 자본의 이동성이 용이하면 용이할수록 이자율이 약간만 올라도 경상수지 적자분을 메꿀 만큼의 자본이 쉽게 유입되므로 완만한 경사를 가진다.

① 자본이동이 불완전한 개방국의 경우 BP곡선은 우상향한다.
② 완전한 자본이동이 가능한 경우 BP곡선은 수평선으로 나타난다.
③ 자본이동이 불가능한 폐쇄국의 경우는 수직선의 형태로 나타난다.

자본 이동성에 따른 BP곡선의 기울기

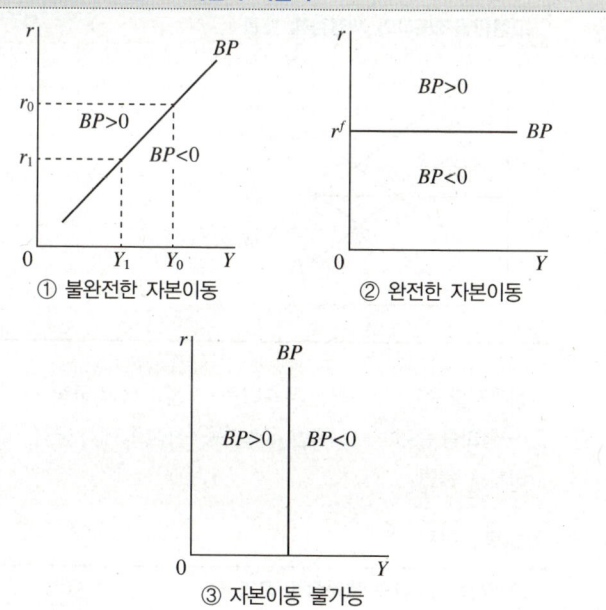

(5) BP곡선의 이동

① BP곡선상의 이동
  내생변수인 이자율(r)과 국민소득(Y)이 변하면 BP곡선 위의 점이 이동한다.

② BP곡선의 이동
  이자율(r)과 국민소득(Y)을 제외한 변수가 변하면 BP곡선 자체가 이동한다.

> **개념체크 OX**
> - 국가 간 완전한 자본이동이 보장된다면 BP곡선은 수평이다. ○ ×
> - 순수출이 증가하면 BP곡선이 상방으로 이동한다. ○ ×
>
> ○, ×

㉠ 순수출($X-M$)이 증가하거나 자본이 유입되어 국제수지가 흑자가 될 경우 BP곡선이 우측으로 이동한다.
㉡ 순수출($X-M$)이 감소하거나 자본이 유출되어 국제수지가 적자가 될 경우 BP곡선이 좌측으로 이동한다.

2 먼델-플레밍 이론

먼델(Robert Mundell)과 플레밍(Marcus Fleming)은 특정 환율제도하에서 재정, 금융 정책의 효과를 발표하였는데 이들 모형을 '먼델-플래밍 모형'이라고 부른다. 작은 개방 경제하에서 자유로운 자본이동이 가능할때 거시경제의 균형을 환율정책과 IS-LM-BP 균형으로 설명한 모형으로 고정환율제와 변동환율제하의 확대재정정책과 확대금융정책의 효과를 설명하는 이론이다.

(1) 고정환율제도에서의 정책효과(완전한 자본이동)

> 재정정책의 효과 > 통화정책의 효과

① 확대재정정책

고정환율제도하의 재정정책 효과

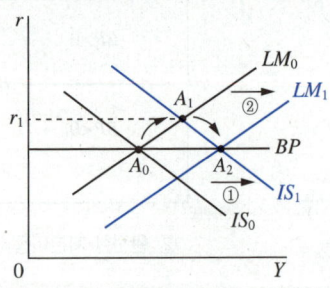

> 정부지출 증가 → IS곡선 우측이동 → 점 A_1에서 균형 → 국제수지 흑자 → 통화량 증가 → LM곡선 우측이동 → 점 A_2에서 균형, 국민소득 증가, 이자율 불변

② 확대통화정책

고정환율제도하의 통화정책 효과

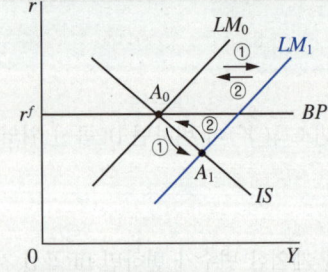

개념체크OX

- 먼델-플레밍 이론에 따르면 고정환율제도에서는 통화정책이 재정정책보다 유효하다. ⓞⓧ
- 먼델-플레밍 이론에서 고정환율제도하의 통화정책은 불균형 상태를 야기한다. ⓞⓧ

×, ×

통화량 증가 → LM곡선 우측이동 → 점A_1에서 균형 → 국제수지 적자 → 통화량 감소 → LM곡선 좌측이동 → 점A_0에서 균형, 국민소득 불변, 이자율 불변

(2) 변동환율제도에서의 정책효과(완전한 자본이동)

통화정책의 효과 > 재정정책의 효과

① 확대재정정책

변동환율제도하의 재정정책 효과

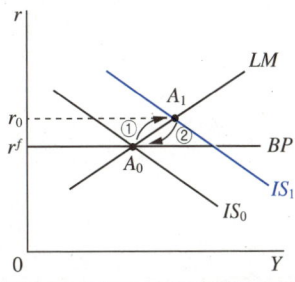

정부지출 증가 → IS곡선 우측이동 → 점A_1에서 균형 → 국제수지 흑자 → 환율 하락 → 수출 감소, 수입 증가 → IS곡선 좌측 이동 → 점A_0에서 균형, 국민소득 불변, 이자율 불변

② 확대통화정책

변동환율제도하의 통화정책 효과

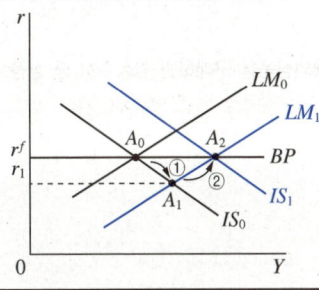

통화량 증가 → LM곡선 우측이동 → 점A_1에서 균형 → 국제수지 적자 → 환율 상승 → 수출 증가, 수입 감소 → IS곡선 우측 이동 → 점A_2에서 균형, 국민소득 증가, 이자율 불변

> 🔎 **개념더하기**
>
> - **오버슈팅 모형**
>   오버슈팅 모형은 뤼디거 돈 부시(R. Dornbusch)가 환율의 급격한 변동 현상을 설명하기 위해 제시한 모형으로, 물가는 경직적이며 투자자는 합리적 기대를 한다고 가정했다. 구매력평가설과 이자율평가설을 수용한다.
> - **포트폴리오 밸런스 모형**
>   포트폴리오 밸런스 모형은 쿠리(P. Kouri)가 제시한 모형으로, 국내자산과 해외자산이 불완전하게 대체된다는 가정하에 자산시장에서의 균형상태에서 환율이 결정된다고 보았다. 구매력평가설이나 이자율평가설을 수용하지 않는다.

CHAPTER 03 기출분석문제

01 다음 중 국제수지표상 경상수지에 속하지 않는 항목은?   한국도로공사

① 정부 사이의 무상원조
② 해외 교포로부터의 증여성 송금
③ 내국인의 해외여행 경비
④ 내국인의 해외주식 및 해외채권 투자

[해설] 내국인의 해외주식, 해외채권 투자는 금융계정에 해당한다.

02 다음 중 국제수지의 흑자 요인이 아닌 것은?   한국동서발전

① 국내 여행으로 입국한 외국인이 증가하였다.
② 내국인의 해외주식 투자가 감소하였다.
③ 국내에서 해외배송을 통해 해외상품을 구매하였다.
④ 상품의 수입액이 감소하였다.

[해설] 국제수지는 수출이 증가하고 수입이 감소하면 흑자가 된다. 국내 거주자가 해외상품을 구매하면 경상수지 중 상품수지 적자가 발생하여 국제수지는 적자가 된다.

03 다음 국제거래 중 우리나라의 경상수지 흑자를 증가시키는 것은?   서울주택도시공사

① 우리나라 기업이 중국 기업으로부터 특허료를 지급받았다.
② 우리나라 학생의 해외유학이 증가하였다.
③ 미국 기업은 우리나라에 자동차 공장을 건설하였다.
④ 우리나라 기업이 외국인에게 주식투자에 대한 배당금을 지급하였다.

[해설] 특허료 수취는 서비스수지(경상수지)를 개선하는 사례이다.
②는 서비스수지(경상수지) 악화에 대한 사례이다.
③은 자본수지 개선에 대한 사례이다.
④는 소득수지(경상수지) 악화의 요인이다.

04 다음 중 우리나라 국제수지에 대한 설명으로 옳은 것은?   한국동서발전

① 유학생에 대한 해외 송금액 증가는 자본수지 적자 요인이다.
② 상품수지와 서비스수지는 동시에 적자를 기록할 수 없다.
③ 외국인의 우리나라 채권 보유 증가는 자본수지 적자 요인이다.
④ 외국인에 대한 주식배당금의 해외송금은 경상수지 적자 요인이다.

[해설] ① 이전수지 적자 요인이다.
② 상품수지와 서비스수지는 서로 무관하다. 따라서 동시에 적자를 기록할 수도 있다.
③ 자본수지 흑자 요인이다.

05 국제수지와 환율에 대한 다음 설명 중 옳지 않은 것은?   IBK기업은행

① 국제수지는 거래의 형태에 따라 크게 경상수지와 자본수지로 나눌 수 있다.
② 개방경제의 총수요에는 순수출이 포함된다.
③ 명목환율은 서로 다른 나라 화폐 간의 교환비율이다.
④ 국민소득계정 항등식에 의하면, 국내 저축이 국내 투자보다 크면 순수출은 항상 0보다 작다.

[해설] 국민소득균형식을 변형하면 다음과 같이 나타낼 수 있다. $Y = C + I + G + X - M$, $S_N - I = X - M$. 즉, 국민저축(S_N)이 투자(I)보다 크면 저축의 일부는 순해외투자($X - M$)로 사용된다. 순해외투자가 이루어진다는 것은 경상수지가 흑자이고, 국제수지균형상태에서 자본수지가 적자임을 의미한다.

06 국제수지표에서 괄호 안에 들어갈 내용으로 바르게 묶인 것은?   한국토지주택공사

수지항목	금 액	수지내용
경상수지	-20억	(생 략)
자본수지	-9억	
(ㄱ)	-29억	
금융계정	(ㄴ)	(생 략)

① ㄱ : 종합수지, ㄴ : -29억
② ㄱ : 무역수지, ㄴ : 58억
③ ㄱ : 종합수지, ㄴ : 29억
④ ㄱ : 무역수지, ㄴ : -58억

[해설] ㄱ : 경상수지와 자본수지를 합한 것이 종합수지이다. ㄴ : 종합수지와 금융계정의 합은 0이므로 29억이 금융계정이 된다.

[정답] 01 ④ 02 ③ 03 ① 04 ④ 05 ④ 06 ③

07 어느 국가의 2024년 국제수지표가 다음과 같다고 하자. 괄호 안에 들어갈 국제수지 항목은 무엇이며, 이 국가의 2024년 국제수지는 얼마인가?

한국증권금융

항 목	차변(지급)	대변(수입)
경상수지	360억	420억
자본계정 ( ) 기타 자본수지	45억 55억	25억 30억

① 무역외수지, 5억 적자
② 이전수지, 5억 흑자
③ 소득수지, 10억 적자
④ 투자수지, 15억 흑자

[해설] 경상수지와 자본수지의 수입금액이 475억이고, 지급금액이 460억이므로 국제수지는 15억 흑자이다. 자본수지는 투자수지와 기타자본수지로 구성되어 있으므로 괄호 안에 들어갈 항목은 투자수지가 적합하다.

08 다음은 A국의 2023년과 2024년 국제수지표이다. 이 표에 대한 분석으로 가장 적절한 것은?(단위 : 억 달러)

IBK기업은행

항 목	2023년	2024년
재화와 서비스의 수출	1,100	1,300
재화와 서비스의 수입	500	600
소득수지	−100	−400
경상이전수지	−900	−1,100
⋮		
자본수지	700	1,300

① 2024년 A국 학생들의 해외유학 감소
② 2024년 A국 국민의 해외여행 감소
③ 2024년 외국기업들의 국내 투자 증가
④ 2024년 외국 노동자들의 A국 취업 불변

[해설] 자본수지가 2023년에는 700억 달러 흑자였으나 2024년에는 1,300억 달러 흑자로 증가하였다. 이는 외국인이나 외국기업의 직접투자가 증가했거나 외국으로부터 자본이 유입되었음을 의미한다.

09 다음 중 BP곡선의 좌측 이동 요인으로 옳지 않은 것은?

한국관광공사

① 수출의 감소
② 수입의 증가
③ 국제수지 적자
④ 해외 유학생 유입

[해설] BP곡선은 순수출($X-M$)이 감소하거나 자본이 유출되어 국제수지가 적자가 될 경우 좌측으로 이동한다. 해외 유학생 유입은 자본의 유입으로 BP곡선이 우측으로 이동한다.

10 자본이동이 완전히 자유로운 소규모 개방경제의 IS-LM-BP모형에서 대체지급수단의 개발로 화폐 수요가 감소할 때, 고정환율제와 변동환율제하에서 균형국민소득의 변화를 순서대로 바르게 나열한 것은?(단, IS곡선은 우하향하고 LM곡선은 우상향한다고 가정)   주택도시보증공사

① 증가, 증가
② 불변, 증가
③ 감소, 불변
④ 증가, 감소

해설 대체지급수단의 개발로 인해 화폐수요가 감소하면 LM곡선이 오른쪽으로 이동하면서 이자율이 하락한다. 고정환율제도하에서는 이자율 하락으로 외환에 대한수요가 증가하면서 환율상승 압력을 받게 되고, 환율상승을 막기 위한 중앙은행개입(자국통화 매입과 외환 매도)의 결과 통화량이 감소하게 된다. 이에 따라 LM곡선은 다시 왼쪽으로 이동하므로 국민소득이 불변한다. 한편, 변동환율제도하에서는 이자율 하락으로 인한 자본유출로 인해 외환수요가 증가하면 환율이 상승한다. 평가절하가 이루어지면 순수출이 증가하여 IS곡선도 오른쪽으로 이동하게 되므로 국민소득은 증가하게 된다.

11 A국은 오랜 기간 동안 B국에 대해 대규모 무역수지 흑자를 기록하고 있어서 B국으로부터 무역수지 흑자 축소 요청을 받고 있다. 이러한 문제를 해결하기 위한 조치로 옳지 않은 것은?   서울교통공사

① B국은 A국 제품에 대한 수입관세를 높인다.
② A국은 B국 제품에 대한 수입관세를 낮춘다.
③ A국은 수입시장 다변화를 통해 B국으로부터의 수입을 줄인다.
④ A국은 수출시장 다변화를 통해 B국으로의 수출을 줄인다.

해설 A국이 B국으로부터 수입을 줄일 경우, 수출대비 수입이 줄어 무역수지 흑자가 축소되는 것이 아니라 확대된다.

12 다음 〈보기〉의 빈칸에 들어갈 것으로 가장 옳은 것은?   금융결제원

| 보기 |
먼델-플레밍 모형에서 정부가 수입규제를 시행할 경우, 변동환율제에서는 순수출이 (ㄱ), 고정환율제에서는 순수출이 (ㄴ).

① (ㄱ) : 증가하고, (ㄴ) : 증가한다
② (ㄱ) : 증가하고, (ㄴ) : 불변이다
③ (ㄱ) : 불변이고, (ㄴ) : 불변이다
④ (ㄱ) : 불변이고, (ㄴ) : 증가한다

해설 IS-LM-BP모형에서 정부가 수입규제를 실시하게 되면 순수출이 증가하고, 이에 따라 IS곡선이 우측이동하여 이자율이 상승하게 된다. 변동환율제도에서는 이자율의 상승이 환율하락을 야기하여 수출이 감소한다. 따라서 종전의 순수출의 증가 효과는 상쇄되므로 변동환율제도하에서는 순수출이 불변이다. 고정환율제도에서는 이자율의 상승으로 환율이 하락하면 중앙은행은 환율을 안정시키기 위해 통화량을 증가시킨다. 따라서 고정환율제도에서는 순수출이 증가한다.

정답 07 ④ 08 ③ 09 ④ 10 ② 11 ③ 12 ④

PART 3 국제경제학 심화문제

01 2국 2재화의 경제에서, 갑국과 을국은 비교우위를 갖는 상품을 생산하여 교역을 한다. 갑국은 쌀 1섬을 얻기 위해 옷 1벌의 대가를 치러야 하고, 을국은 옷 1벌을 얻기 위해 쌀 2섬의 대가를 치러야 한다. 다음 설명 중 옳지 않은 것은?

① 갑국이 옷 생산에 특화하여 수출하는 경우, 양국 모두 이득을 얻을 수 있다.
② 갑국이 옷을 수출하면서 옷 1벌에 대해 쌀 2섬 이상을 요구하면, 을국은 스스로 옷을 생산하기로 결정할 것이다.
③ 쌀 1섬의 국제 가격이 옷 1/2벌보다 더 낮아야 교역이 이루어진다.
④ 두 나라 사이에 교역이 이루어지기 위해서는 쌀 1섬의 국제 가격이 옷 1벌보다 낮아야 한다.

[해설] 균형무역상태에서 옷으로 표시한 쌀의 가격은 1/2과 1 사이에서 결정된다. 따라서 쌀 1섬의 국제 가격은 옷 1/2벌보다 높고 옷 1벌보다 낮아야 한다.

02 A기업이 국내에서 X재의 생산을 독점하며, X재의 수입은 금지되고 있었는데, 〈보기〉에 주어진 정보에 따라 정부가 수입쿼터제를 도입하여 수입쿼터를 20으로 정하였다. 쿼터제 도입에 대한 설명 중 옳지 않은 것은? (단, Q는 기업A의 생산량이며 수입에 따른 관세나 운송비용은 0으로 가정한다)

┤ 보기 ├
A기업의 생산비용 : $C = 40Q + Q^2$
A기업의 국내수요량 : $Q_d = 320 - P$
X재의 국제 가격 : 180

① 쿼터제 도입으로 국내 수요량은 15만큼 증가한다.
② 쿼터제 도입으로 국내 가격은 15만큼 감소한다.
③ 쿼터제 도입과 A기업의 한계비용은 무관하다.
④ 국제거래가격이 170으로 하락하면 A기업은 생산량을 10만큼 감소시킨다.

[해설]
• 수입쿼터 도입 전
수요함수 $P = 320 - Q$로 MR을 구하면 $MR = 320 - 2Q$이다. 또한 비용함수 $C = 40Q + Q^2$로 MC를 구하면 $MC = 40 + 2Q$이다. 독점기업은 $MR = MC$ 지점에서 생산량을 정하므로 이를 통해 균형생산량을 구하면 $Q = 70$, 따라서 균형가격 $P = 250$이다.
• 수입쿼터 도입 후
수입쿼터 이후 수요량은 20 만큼 줄어든 $Q_d = 300 - P$에 해당한다. 이를 마찬가지로 P로 정리하여 MR을 구하면 $MR = 300 - 2Q$이다. MC는 동일하게 $MC = 40 + 2Q$이다. 균형생산량 $Q = 65$, $P = 235$가 균형가격에 해당한다.
④ 독점기업은 수입쿼터제 수량을 차감한 시장수요로 이윤극대화하기 때문에 국제 가격과 A기업의 생산량은 무관하다.
① 쿼터제 도입이후 A기업의 균형생산량은 $Q = 65$이고, 이에 수입쿼터 20을 더한 $Q = 85$가 국내 수요량에 해당한다. 국내수요량이 70에서 85로 증가하였으므로 15만큼 증가했다.
② 쿼터제 도입으로 균형가격이 250에서 235로 15만큼 감소했다.
③ 쿼터제 도입여부와 상관없이 한계비용은 $MC = 40 + 2Q$로 동일하다.

03 2020년과 2023년의 치즈 가격이 다음과 같다. 일물일가의 법칙이 성립할 때, 옳지 않은 것은?(단, 환율은 치즈 가격을 기준으로 표시한다)

2020년		2023년	
원화 가격	달러 가격	원화 가격	달러 가격
5,000원	5달러	5,400원	6달러

① 치즈의 원화 가격은 두 기간 사이에 8% 상승했다.
② 치즈의 1달러당 원화 가격은 두 기간 사이에 10% 하락했다.
③ 달러 대비 원화의 가치는 두 기간 사이에 10% 상승했다.
④ 달러 대비 원화의 실질환율은 두 기간 사이에 변했다.

[해설] 일물일가의 법칙이 성립한다고 하였으므로 구매력평가설이 성립한다. $e = \frac{P^f}{P}$ 이므로 2020년과 2023년의 환율, 즉 1달러당 원화가격을 구하면 $e_{2020} = \frac{5,000}{5} = 1,000$, $e_{2023} = \frac{5,400}{6} = 900$이다. 실질환율은 $\epsilon = \frac{eP^f}{P}$ 이므로 구매력평가설이 성립한다면 실질환율은 항상 1이다. 따라서 두 원화의 실질환율은 두 기간 사이에 변하지 않았다.

04 다음 〈보기〉와 같은 상황에서 1년 후 100엔당 원화의 환율수준은 얼마인가?

┤ 보기 ├
초밥집을 운영하는 A는 은행에서 운영 자금 100만원을 1년간 빌리기로 했다. 원화로 대출받으면 1년 동안의 대출금리가 21%인 반면, 동일한 금액을 엔화로 대출받으면 대출 금리는 10%이지만 대출금은 반드시 엔화로 상환해야 한다. 한편, 일식 우동집을 1년 동안 운영할 경우에 기대되는 수익은 160만원이며, 현재 원화와 엔화 사이의 환율은 100엔당 1,000원이다. 단, A는 두 대출 조건이 동일하다고 생각한다.

① 1,000원/100엔
② 1,100원/100엔
③ 1,200원/100엔
④ 1,250원/100엔

[해설] A는 두 대출 조건이 동일하다고 생각하며, 따라서 이자율평가설이 성립한다. 이자율평가설하에서는 $(1+r) = \frac{e_{t+1}}{e_t}(1+r^f)$ 이 성립하므로 $1.21 = \frac{e_{t+1}}{1,000}(1.1)$ 이다. 따라서 이를 계산하면 $e_{t+1} = 1,100$이다.

05 자본시장이 완전히 개방되어 있고 변동환율제도가 시행되는 소규모 경제에서 나타나는 현상으로 볼 수 없는 것은?

① 통화량 증가에 따라 순수출이 증가한다.
② 통화량 증가는 소득을 증가시킨다.
③ 정부지출의 증가는 국내통화의 가치를 하락시킨다.
④ 통화량 증가에 따라 자본유출이 발생한다.

해설 자본이동이 완전 자유로운 변동환율제하의 소국개방경제에서 재정정책과 금융 정책의 효과는 다음과 같다.
①・②・④ 확대금융정책 : 정부가 확대 통화정책을 실시하면 LM곡선은 우측이동하여 이자율이 하락하고 생산량이 증가한다. 국내 이자율의 하락으로 자본이 유출되어 국제수지의 적자가 발생한다. 자본의 유출을 위한 외환에 대한 수요 증가로 환율이 상승한다. 환율상승으로 국내기업의 수출가격은 하락하고 수입가격은 상승하여 경상수지 흑자가 발생한다. 따라서 경상수지 개선으로 IS곡선은 우측으로 이동하여 이자율은 다시 상승하고 생산량은 증가하게 된다.
③ 확대재정정책 : 폐쇄모형에 비하여 이자율상승에 따른 환율하락 효과로 인하여 국민소득이 소폭 증가하거나(불완전한 자본이동), 전혀 증가하지 않는다(완전자본이동의 경우). 이자율은 주어진 국제이자율 수준에서 불변이며 환율은 하락한다.

공기업 전공필기 경제학

하프모의고사

- **제1회** 하프모의고사
- **제2회** 하프모의고사
- **제3회** 하프모의고사
- **제4회** 하프모의고사

제1회 하프모의고사

제한 시간 : 20분   맞은 개수 : _____ / 20개

01 다음 중 생산가능곡선에 대한 설명으로 옳지 않은 것은?

① 생산가능곡선의 기울기는 한 재화를 생산함에 따라 포기해야 할 재화의 양, 즉 기회비용을 의미한다.
② 한계전환율은 생산가능곡선 기울기의 절댓값이다.
③ 생산가능곡선이 원점에 대하여 볼록하면 기회비용이 체감한다.
④ 실업이 증가하면 생산가능곡선이 안쪽으로 이동한다.

02 수요함수가 $Q^d = 3,600 - 10P$이고 가격 P^*에서 수요에 대한 가격탄력성의 절댓값은 $\frac{1}{2}$이다. 이때 가격 P^*는 얼마인가?(단, Q^d는 수요량, P는 가격이다)

① 100 ② 110
③ 120 ④ 150

03 연탄의 수요함수가 $Q_D = 28 - 4P$, 공급함수가 $Q_S = 4 + 2P$로 주어졌을 때 시장균형에서의 소비자잉여를 구하면?(단, P는 가격, Q_D는 수요량, Q_S는 공급량이다)

① 9   ② 18
③ 36 ④ 54

04 다음 중 무차별곡선(indifference curve)에 대한 설명으로 옳지 않은 것은?

① 선호체계에 있어서 이행성(transitivity)이 성립한다면, 무차별곡선은 교차하지 않는다.
② 두 재화가 완전대체재일 경우의 무차별곡선은 우하향 직선이다.
③ 무차별곡선이 원점에 대해서 오목하게 생겼다는 것은 한계대체율 체감의 법칙이 성립하고 있다는 것을 의미한다.
④ 하나의 비재화가 존재하는 경우 무차별곡선은 우상향하는 형태로 나타난다.

05 다음 중 도덕적 해이의 예로 옳지 않은 것은?

① 화재보험에 가입한 후 화재 예방 노력을 소홀히 한다.
② 전문경영인이 주주의 이익에 반하는 의사결정을 한다.
③ 실업급여를 받게 되자 구직 활동을 성실히 하지 않는다.
④ 중고자동차 시장에서 품질이 낮은 중고차만 거래된다.

06 다음 중 공공재에 대한 설명으로 옳지 않은 것은?
① 공공재는 소비의 비경합성과 비배제성의 특성을 갖는다.
② 공공재는 시장실패를 일으키는 주요 요인 중 하나이다.
③ 공공재의 시장수요곡선은 개인의 수요곡선을 수직 방향으로 합하여 도출한다.
④ 공공재는 무임승차자의 문제가 발생하지 않는다.

07 다음 중 중앙은행의 통화정책 중 통화량을 감소시키는 요인은?
① 시중은행에 대한 대출을 확대한다.
② 공개시장에서 국채를 대규모로 매각한다.
③ 법정지급준비율을 5%에서 4%로 인하한다.
④ 재할인율을 4%에서 3%로 인하한다.

08 다음 중 IS-LM 모형에서 재정정책과 통화정책에 대한 설명으로 옳은 것은?
① LM곡선이 수직일 때, 재정정책은 통화정책보다 더 효과적이다.
② IS곡선의 기울기가 가파를수록 재정정책으로 인한 국민소득의 증가폭이 작아진다.
③ LM곡선의 기울기가 가파를수록 재정정책으로 인한 국민소득의 증가폭이 작아진다.
④ 유동성함정에서는 통화정책이 재정정책보다 더 효과적이다.

09 다음 중 실업에 대한 설명으로 옳지 않은 것은?
① 직장을 구하다가 구직활동을 포기한 사람이 많아지면 실업률은 낮아진다.
② 일시적으로 직업을 옮기는 과정에서 발생하는 실업은 비자발적 실업이다.
③ 자연실업률은 경기적 실업이 0일 때의 실업률을 말한다.
④ 직업훈련, 재취업교육을 강화하면 마찰적 실업이 감소한다.

10 어느 한 경제의 필립스곡선이 $\pi_t - \pi_t^e = 15 - 3u_t$로 주어져 있다고 한다. 이때 기대인플레이션 π_t^e는 전기의 실제인플레이션율 π_{t-1}과 항상 같고, $t-1$기에 이 경제의 실업률이 자연실업률과 같았다고 한다면 자연실업률을 계산한 값으로 옳은 것은?
① 4%   ② 5%
③ 6%   ④ 7%

11 다음 중 케인즈 이론에 대한 설명으로 옳지 않은 것은?

① 노동시장에서 명목임금은 하방경직성을 갖는다.
② 경기침체 시에는 확대재정정책이 필요하다.
③ 공급은 스스로의 수요를 창조하므로 만성적인 수요부족은 존재하지 않는다.
④ 저축의 역설이라는 관점에서 '소비는 미덕, 저축은 악덕'이라고 주장한다.

12 다음 중 솔로우(Solow)의 성장모형에 대한 설명으로 옳은 것은?

① 생산요소 간의 비대체성을 전제로 한다.
② 인구증가율이 높아질 경우 새로운 정상상태(Steady-state)의 1인당 산출량은 증가한다.
③ 저축률은 1인당 자본량을 증가시키므로 항상 저축률이 높을수록 좋다.
④ 기술진보는 균형성장경로의 변화 요인이다.

13 다음 중 내생적 성장이론에 대한 설명으로 옳은 것만을 모두 고른 것은?

> ㄱ. 기술진보 없이는 성장할 수 없다.
> ㄴ. 자본의 한계생산성 체감을 가정한다.
> ㄷ. 경제개방, 정부의 경제발전 정책 등의 요인을 고려한다.
> ㄹ. AK모형의 K는 물적 자본, 인적 자본을 모두 포함한다.

① ㄱ, ㄴ   ② ㄱ, ㄹ
③ ㄴ, ㄷ   ④ ㄷ, ㄹ

14 다음 중 경기 동행종합지수에 속하는 변수에 속하는 것을 모두 고른 것은?

> ㄱ. 장단기금리차
> ㄴ. 비농림어업취업자수
> ㄷ. 소비자물가지수변화율
> ㄹ. 서비스업생산지수
> ㅁ. 수출입물가비율

① ㄱ, ㄷ   ② ㄱ, ㄴ
③ ㄴ, ㄹ   ④ ㄷ, ㄹ

15 다음 중 환율에 대한 설명으로 옳지 않은 것은?

① 환율이 상승하면 국내 기업의 수출은 증가한다.
② 환율이 하락하면 한국정부의 대외부채부담이 감소한다.
③ 미국인의 주식 투자자금이 국내에 유입되면 환율은 상승한다.
④ 환율이 하락하면 미국에 유학생을 둔 부모의 학비 송금 부담이 줄어든다.

16 아래 표는 고전학파와 케인즈학파의 경제관을 비교한 것이다. 빈칸에 들어갈 말로 옳지 않은 것은?

구 분	고전학파	케인즈학파
이자율의 결정	①	화폐시장
국민소득의 결정	총공급	②
물 가	신축적	③
고 용	완전고용상태	실업 존재
화폐의 중립성	장단기 모두 성립	④

① 대부자금시장
② 총수요와 총공급
③ 단기에 신축적
④ 장기에만 성립

17 A국과 B국은 자동차와 와인을 생산하고 있다. 각 재화를 1단위 생산하는 데 투입되는 노동량은 아래와 같다고 할 때, 다음 설명 중 옳은 것은?

구 분	자동차	와 인
A국	30	90
B국	40	80

① 자동차와 와인 생산의 절대우위는 모두 A국에 있다.
② B국의 자동차 1단위 생산을 위한 기회비용은 와인 1/3단위이다.
③ A국은 자동차 생산에 비교우위가 있다.
④ 자동차와 와인의 상대가격이 3/7이면 무역이 발생하지 않는다.

18 산업 간 무역과 산업 내 무역에 대한 다음 설명 중 옳은 것은?

① 동일한 재화를 생산하는 산업 간에 발생하는 무역이 산업 간 무역이다.
② 산업 간 무역은 규모의 경제에 의하여 발생한다.
③ 산업 내 무역은 무역의 이익을 발생시키지 않는다.
④ 비교우위만 존재하는 경우 산업 내 무역이 발생하지 않는다.

19 다음 중 변동환율제도와 고정환율제도에 대한 설명으로 옳은 것만을 모두 고른 것은?

ㄱ. 변동환율제도는 외환시장의 수급상황이 국내통화량에 영향을 미치지 못한다.
ㄴ. 고정환율제도하에서 재정정책보다는 통화정책이 더 효과적이다.
ㄷ. 변동환율제도하에서 자국의 경기안정화를 위한 독립적인 통화정책이 가능하다.

① ㄱ
② ㄴ
③ ㄱ, ㄷ
④ ㄴ, ㄷ

20 한국과 미국의 2020년 물가상승률은 각각 5%와 7%라고 가정하자. 2019년 말 환율이 1달러당 1,200원이라고 할 때 구매력평가설을 적용하면 2020년 말 환율은 대략 얼마인가?

① 1150원/달러
② 1176원/달러
③ 1225원/달러
④ 1350원/달러

제2회 하프모의고사

제한 시간 : 20분   맞은 개수 : _____ / 20개

01 매일 마시는 물보다 다이아몬드의 가격이 비싸다는 사실을 통해 내릴 수 있는 결론으로 가장 적절한 것은?

① 희소하지 않은 자원도 존재한다.
② 희소하지 않지만 유용한 재화도 있다.
③ 재화의 사용가치가 높을수록 가격도 높아진다.
④ 재화의 가격은 희소성의 영향을 많이 받는다.

02 다음 중 독점적 경쟁시장에 대한 특징으로 적절하지 않은 것은?

① 독점적 경쟁시장은 진입과 퇴거가 대체로 자유로우므로 각 기업은 장기에 정상이윤만을 얻는다.
② 독점적 경쟁의 장기균형은 장기평균비용곡선의 최소점보다 왼쪽에서 이루어지므로 최적생산규모에 비해 생산을 더 적게 한다.
③ 독점적 경쟁기업이 직면하는 수요곡선이 탄력적일수록 과잉설비규모는 크다.
④ 독점적 경쟁시장에서는 장기에 독점시장에서와 같이 가격이 한계비용을 초과한다.

03 다음 내용을 공통적으로 가장 잘 설명할 수 있는 개념은?

- 한국은 베트남보다 컴퓨터와 오락기를 모두 더 잘 만들 수 있지만 오락기는 베트남에서 수입하고 그 대신 컴퓨터를 생산해 수출한다.
- 대기업은 자동차 부품도 중소기업보다 잘 만들지만 부품 생산은 중소기업에 맡기고 자동차 완제품을 생산하는 데 주력한다.
- 한 로펌회사의 어떤 변호사는 타자 속도가 회사에서 가장 빠르지만 타자는 비서에게 맡기고 자신은 변론만 한다.

① 비교우위
② 외부효과
③ 공급의 법칙
④ 한계효용 체감

04 다음은 가격규제에 대한 내용이다. 가장 옳지 않은 것은?

① 가격에 대한 정부의 규제에는 가격이 일정한 수준 이상으로 올라가는 것을 막는 최고가격제도와 그 반대로 가격이 일정한 수준 이하로 내려가는 것을 막는 최저가격제도가 있다.
② 최고가격제도는 시장균형가격보다 낮은 가격을 최고가격을 설정하여 그 이상으로 가격이 올라가지 못하게 하는 제도이다.
③ 최저가격제도는 공급자 보호를 위해 시장균형가격보다 높은 가격수준에서 최저가격을 설정하여 가격이 그 이하로 내려가지 못하게 하는 제도를 말한다.
④ 최저가격제도를 실시하는 경우 시장에는 초과수요가 발생하여 비시장적 자원배분이 발생하고 암시장이 형성될 가능성이 있으며 인위적인 가격규제에 의한 비효율이 발생한다.

05 다음은 총수요와 총공급이 일치하지 않을 때 나타나는 경제 현상과 이에 대응하는 경제정책을 도식화한 것이다. (가)~(라)에 들어갈 내용으로 옳지 않은 것은?

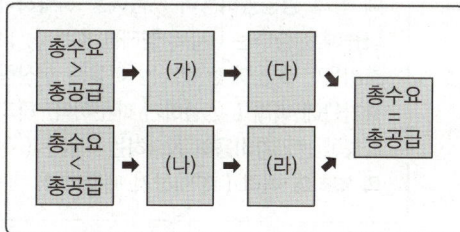

① (가) 재고 감소
② (나) 실업률 증가
③ (다) 세율 인상
④ (라) 정부지출 축소

06 다음은 임금 상승에 따른 노동과 여가의 변화를 나타내는 내용이다. 괄호 안에 알맞은 개념을 순서대로 나열한 것은?

> 임금률이 상승하여 소득이 증가함에 따라 여가가 감소하고 노동공급이 증가한다고 한다. 이 경우 여가는 (㉮)이거나, (㉯)이면서 (㉰)가 (㉱)를 능가할 경우 발생한다. 또한 노동시간이 늘어나면 그 자체로는 효용이 감소하므로 노동은 비재화로 볼 수 있다.

① ㉮ 정상재, ㉯ 열등재, ㉰ 대체효과, ㉱ 소득효과
② ㉮ 열등재, ㉯ 정상재, ㉰ 소득효과, ㉱ 대체효과
③ ㉮ 열등재, ㉯ 정상재, ㉰ 대체효과, ㉱ 소득효과
④ ㉮ 정상재, ㉯ 기펜재, ㉰ 대체효과, ㉱ 소득효과

07 경제학에서의 비용에 대한 다음 설명 중 가장 옳지 않은 것은?

① 명시적 회계비용이란 실제 지출이 이루어진 비용을 의미한다.
② 암묵적 기회비용이란 실제 지출되지 않았지만 경제행위를 통해 포기한 수익으로 평가된 비용을 의미한다.
③ 경제적 비용은 회계비용뿐만 아니라 기회비용까지 포함한다.
④ 기회비용이란 의사결정을 하고 실행한 이후에는 어떤 선택을 하든지 회수할 수 없는 비용을 의미한다.

08 수요와 공급의 가격탄력성에 대한 설명으로 옳지 않은 것은?

① 수요의 가격탄력성이 탄력적일 때 가격이 상승하면 판매 수입이 감소한다.
② 공급의 가격탄력성이 작을수록 생산자 잉여는 증가한다.
③ 필수재는 사치품에 비해 가격탄력성이 크다.
④ 독점기업의 공급의 가격탄력성은 존재하지 않는다.

09 인플레이션율과 실업률이 동시에 증가하는 경우를 다음과 같은 형태의 필립스곡선을 이용하여 설명한 것으로 옳은 것은?

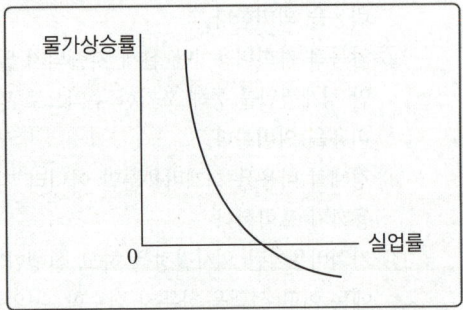

① 필립스곡선의 좌하향의 이동으로 설명된다.
② 동일한 필립스곡선상에서의 이동으로 설명된다.
③ 필립스곡선의 우상향의 이동으로 설명된다.
④ 이론과 실제 간의 괴리를 나타내주는 전형적인 예 중의 하나이다.

10 다음 중 생산자비용 및 생산자선택이론에 대한 설명으로 옳은 것은?

① 생산량 증가 시 한계비용이 평균비용보다 크면 평균비용은 하락한다.
② 장기에 생산량이 증가함에 따라 평균비용이 감소하는 것을 규모의 경제라 한다.
③ 총비용곡선이 직선인 경우에는 기업의 이윤 극대화 산출량은 0이나 무한대가 될 수 없다.
④ 평균비용이 증가할 때 한계비용은 평균비용보다 작다.

11 다음 괄호 안 Ⓐ~ⓒ에 들어갈 내용으로 옳은 것은?

> 단기에 기업의 평균총비용곡선은 생산량 증가에 따라 평균총비용이 처음에는 하락하다가 나중에 상승하는 U자의 형태를 갖는다. 평균총비용이 처음에 하락하는 이유는 생산량이 증가함에 따라 (Ⓐ)하기 때문이다. 하지만 나중에 평균총비용이 상승하는 이유는 (Ⓑ)의 법칙에 따라 (ⓒ)하기 때문이다.

① Ⓐ 평균고정비용이 하락, Ⓑ 한계생산 체감, ⓒ 평균가변비용이 증가
② Ⓐ 평균고정비용이 하락, Ⓑ 규모수익 체감, ⓒ 평균가변비용이 증가
③ Ⓐ 평균가변비용이 증가, Ⓑ 규모수익 체감, ⓒ 평균고정비용이 감소
④ Ⓐ 평균고정비용이 증가, Ⓑ 한계생산 체감, ⓒ 평균가변비용이 감소

12 담합행위에 대한 다음 설명 중 옳지 않은 것은?

① 담합행위에 참여한 기업들은 담합으로 얻은 이윤을 동일하게 분할하여 나눠 갖는다.
② 담합행위가 발생하면 가격은 높아지고 균형거래량은 줄어든다.
③ 정부에서는 담합행위의 구체적 사실을 밝혀내기 어렵기 때문에 카르텔의 불안정성을 이용한 리니언시 제도를 도입했다.
④ 담합행위는 과점기업들이 독점 이득을 취하기 위한 행위로 사회적 순후생 손실을 초래한다.

13 소득 불평등에 대한 다음 설명 중 옳지 않은 것은?

① 10분위 분배율은 중간 계층의 소득분포를 잘 반영하지 못한다는 단점이 있다.
② 10분위 분배율이 2에 가까워질수록 소득분배가 균등함을 나타낸다.
③ 로렌츠곡선은 대각선에 가까울수록 소득분배가 평등하다는 것을 의미한다.
④ 지니계수가 0이면 소득이 완전 불평등하게, 1이면 완전 평등하게 분배된 것이다.

14 생산요소시장에 대한 설명으로 옳지 않은 것은? (단, 생산물시장과 생산요소시장을 완전경쟁시장으로 가정한다)

① 생산요소들은 함께 투입되므로 한 요소의 공급량의 변화는 다른 요소들의 소득에 영향을 미친다.
② 이윤극대화를 추구하는 기업은 한계생산물가치가 요소가격과 같아지는 점에서 요소고용량을 결정한다.
③ 노동공급곡선이 우상향한다는 것은 임금이 상승하면 여가시간을 늘린다는 의미이다.
④ 생산요소에 대한 수요는 그 요소의 한계생산물가치를 반영하므로, 균형상태에서 각 요소는 한계생산물 가치만큼의 보수를 받는다.

15 다음 후생경제학 제 1정리에 대한 설명으로 가장 옳지 않은 것은?

① 제 1정리는 보이지 않는 손이 자원을 효율적으로 배분한다는 말로 달리 표현할 수 있다.
② 시장의 힘에 대한 신뢰를 이론적으로 정당화하며 시장의 제반조건이 충족되는 경우 정부의 개입이 불필요하다는 것을 의미한다.
③ 모든 소비자의 선호체계가 볼록성을 가지면, 파레토효율적인 자원배분은 일반경쟁균형이 된다.
④ 일정한 조건이 충족될 때 일반경쟁균형의 배분은 파레토효율적이다.

16 경제학자 피구는 환경오염 등 부정적 외부효과를 발생시키는 행위를 억제하기 위해 기업에게 세금을 부과할 것을 주장하였다. 이를 적용하여 A정부는 최근 심각한 환경오염을 초래하는 재화에 대해 생산량에 비례하여 세금을 부과하기로 하였다. 다음 중 옳지 않은 것은?

① 정부가 부정적인 외부효과로 인한 시장실패를 시정하기 위해 시장에 개입했다.
② 이 세금을 통해 재화의 가격은 오르고 재화의 생산량은 감소할 것이다.
③ 현실적으로 이 세금은 최적세율을 찾기 쉬워 실제로 많이 적용된다.
④ 정부는 환경오염문제에 따른 사회적 최적 생산량에서의 사회적 한계비용과 사적 한계비용과의 차이만큼을 기업에게 부과한다.

17 A국가의 명목GDP는 20,000달러이고, 통화량은 8,000달러이다. 이 나라의 물가수준은 20% 상승하고 통화량은 10% 증가, 실질GDP는 10% 증가할 경우 화폐유통속도는 얼마인가?

① 2.5
② 2.8
③ 3.0
④ 3.3

18 고전학파의 대부자금설이 성립할 경우 정부가 저축을 촉진하기 위해 이자소득세를 인하하고 동시에 투자를 촉진하는 투자세액공제제도를 도입할 때 예상되는 대부자금 시장의 변화로 옳은 것은?(단, 수요곡선은 우하향, 공급곡선은 우상향)

① 균형이자율 상승, 균형거래량 증가
② 균형이자율 상승, 균형거래량 감소
③ 균형이자율 하락, 균형거래량 증감 불분명
④ 균형이자율 등락 불분명, 균형거래량 증가

19 경제성장이론에 대한 설명으로 옳지 않은 것은?

① 해로드-도마 모형에서 적정성장률은 자본의 완전고용이 실현되는 성장률이다.
② 솔로우 성장모형에서는 1인당 소득이 높은 나라일수록 경제가 느리게 성장한다.
③ 쿠즈네츠 가설에 따르면 경제성장의 초기 단계에서 소득불평등이 발생하면 처음에는 악화되다가 점차 개선된다.
④ 내생적 성장이론은 경제성장에 있어 기술자본만의 중요성을 강조한다.

20 여름철 태풍으로 인해 농촌의 농작물 피해가 발생하였다. 우하향하는 총수요곡선과 우상향하는 총공급곡선을 이용하여 예측한다면 이러한 자연재해가 단기적으로 경제에 미치는 영향은?

① 물가수준은 상승하고 실질GDP는 감소한다.
② 물가수준은 하락하고 실질GDP는 증가한다.
③ 물가수준은 상승하고 실질GDP는 불변한다.
④ 물가수준은 하락하고 실질GDP는 감소한다.

제3회 하프모의고사

제한 시간 : 20분　　　　맞은 개수 : ____ / 20개

01 다음은 A국의 노동통계표이다. A국의 실업률은?

구 분	인구 수(만명)
전체 인구	1,000
생산가능인구	500
비경제활동인구	250
취업자	230

① 6%　　② 8%
③ 10%　　④ 12%

02 적응적 기대(Adaptive Expectations) 이론과 합리적 기대(Rational Expectations) 이론에 대한 다음 설명 중 가장 옳지 않은 것은?

① 적응적 기대 이론에서는 경제변수에 대한 예측에 있어 체계적 오류를 인정한다.
② 적응적 기대 이론에 따르면 통화량 증가는 장기균형에서의 실질 국민소득에는 영향을 미치지 않는다.
③ 합리적 기대 이론에 따르면 예측오차는 발생하지 않는다.
④ 합리적 기대 이론에 따르면 예측된 정부정책의 변화는 실질변수에 영향을 미치지 않는다.

03 다음 중 자연실업률에 대한 설명으로 가장 옳지 않은 것은?

① 인터넷의 발달은 자연실업률을 낮추는 역할을 한다.
② 최저임금제나 효율성임금, 노조 등은 마찰적 실업을 증가시켜 자연실업률을 높이는 요인으로 작용한다.
③ 새케인즈학파의 이력현상에 의하면 실제실업률이 자연실업률을 초과하게 되면 자연실업률 수준도 높아지게 된다.
④ 일자리를 찾는 데 걸리는 시간 때문에 발생하는 실업은 자연실업률의 일부이다.

04 국제유가 상승과 같은 공급충격이 우리나라 경제에 미치는 영향에 대한 다음 설명 중 옳은 것은?

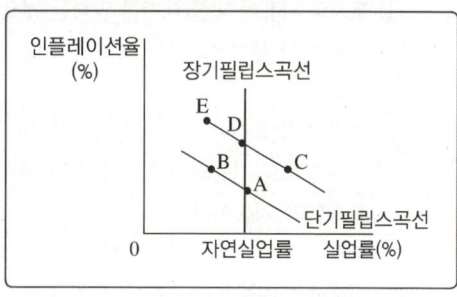

① 경제가 A → B → D로 움직일 것이다.
② 경제가 A → C → D로 움직일 것이다.
③ 경제가 D → B → A로 움직일 것이다.
④ 경제가 D → C → A로 움직일 것이다.

05 다음 중 고전학파 모형과 케인즈학파 모형에 대한 설명으로 옳지 않은 것은?

① 고전학파 모형에서는 저축이 미덕이지만 케인즈학파 모형에서는 소비가 미덕이다.
② 고전학파 모형은 공급측 모형이지만 케인즈학파 모형은 수요측 모형이다.
③ 고전학파 모형은 완전고용균형모형이지만 케인즈학파 모형은 불완전고용균형모형이다.
④ 고전학파 모형에서는 재정정책의 효과가 강력하지만 케인즈학파 모형에서는 재정정책의 효과가 미미하다.

06 다음 중 경제지대에 대한 설명으로 바른 것은?

① 토지의 사용에 대한 대가를 말하는 것으로 토지 이외의 생산요소에는 적용되지 않는 개념이다.
② 경제 외적 요인이 비슷한 상황에서 한 요소가 다른 용도로 사용되지 않도록 하는 데 필요한 최소한의 지출이다.
③ 다른 용도로 사용되지 않도록 하는 데 필요한 최소한의 지출을 초과하여 한 요소에게 지불된 요소소득이다.
④ 토지의 생산력에 관계없이 토지를 소유하고 있다는 그 사실만으로 토지소유자가 얻게 되는 지대를 말한다.

07 다음 중 내생적 성장이론에서 주장하는 내용으로 옳지 않은 것은?

① 금융시장이 발달하면 투자의 효율성이 개선되어 경제성장이 촉진된다.
② 연구부문의 고용비율이 높아지면 성장률이 장기적으로 높아질 수 있다.
③ 외부효과를 갖는 지식의 경우에는 수확체감의 법칙이 적용되지 않는다.
④ 자본의 한계생산이 체감하지 않으므로 국가 간 소득수준의 수렴이 빠르게 발생한다.

08 다음은 노동시장에 대한 설명이다. 가장 올바른 것은?

① 실질임금이란 노동자가 여가를 포기하고 얻는 여가 매몰비용이다.
② 실질임금이 상승할수록 노동공급의 실질임금에 대한 탄력성도 커진다.
③ 실질임금이 변동하면 노동공급량이 증감하여 노동공급곡선이 이동한다.
④ 자연실업률 수준에서는 기대인플레이션율이 실제인플레이션율과 같다.

09 다음 중 산업 간 무역과 산업 내 무역에 대한 설명으로 옳지 않은 것은?

① 산업 간 무역은 동일한 재화를 생산하는 선진국과 선진국 간의 무역을 의미한다.
② 산업 내 무역 발생 원인은 독점적 경쟁시장의 제품차별화, 규모의 경제 등으로 설명된다.
③ 산업 간 무역 발생 원인은 비교우위로 설명된다.
④ 산업 내 무역과 산업 간 무역 모두 무역의 이익을 발생시킨다.

10 정부지출승수는 정부지출이 변화할 때 균형국민소득이 얼마나 변화하는지를 나타내는 지표이다. 다음 중 정액세, 비례세, 누진세만 존재하는 각각의 경우의 정부지출승수의 크기가 큰 순서대로 바르게 나열한 것은?

① 정액세, 비례세, 누진세
② 정액세, 누진세, 비례세
③ 비례세, 누진세, 정액세
④ 누진세, 비례세, 정액세

11 다음 토빈의 q이론에 대한 설명으로 옳지 않은 것은?

① q값은 자본시장과 실물시장을 연결해주는 매개변수로 이자율보다 자본시장에 관한 포괄적인 정보를 제공해준다.
② q이론은 주식시장의 국민경제적 역할을 잘 보여준다.
③ q값이 1보다 큰 경우 투자는 증가하게 된다.
④ q이론은 거의 모든 국가에서 잘 적용될 수 있다.

12 다음 중 수요와 공급에 대한 설명으로 옳은 것은?

① 소득이 증가하면 재화에 대한 수요량이 증가한다.
② 휘발유 값이 많이 오르면 자동차의 수요가 증가한다.
③ 반도체 가격이 하락하면 개인용 컴퓨터의 공급곡선이 오른쪽으로 이동한다.
④ 특정 재화의 가격 하락은 그 재화의 공급을 감소시킨다.

13 다음 중 범위의 경제가 발생하는 경우는?

① 고정비용이 높고 한계비용이 낮을 때
② 전체시장에 대해 하나의 독점자가 생산할 때
③ 유사한 생산기술이 여러 생산물에 적용될 때
④ 비용이 완전히 분산될 때

14 재화에 대해 종량세를 부과할 때 나타날 수 있는 효과에 대한 설명으로 옳은 것을 모두 고르면?

> ㄱ. 수요와 공급의 가격탄력성이 큰 재화일수록 자중손실이 커진다.
> ㄴ. 수요의 가격탄력성이 완전탄력적인 재화인 경우 조세부담은 모두 소비자에게 귀착된다.
> ㄷ. 공급의 가격탄력성이 완전탄력적인 재화에 대해 공급자에게 종량세를 부과하면 조세부담은 모두 공급자에게 귀착된다.
> ㄹ. 종량세가 부과된 재화의 대체재가 많을수록 공급자에게 귀착되는 조세부담은 커진다.

① ㄱ, ㄴ   ② ㄱ, ㄹ
③ ㄴ, ㄷ   ④ ㄷ, ㄹ

15 기업이 한계수입과 한계비용이 같은 점에서 생산하고 있을 때 다음 중 옳은 것은?

① 생산량의 증가는 총이윤을 증가시킬 것이다.
② 생산량의 증가는 한계이윤을 증가시킬 것이다.
③ 어떤 생산량 변화도 총이윤을 감소시킬 것이다.
④ 어떤 생산량 변화도 한계이윤을 감소시킬 것이다.

16 우리나라 원화의 미국 달러화에 대한 환율이 1$ = 900에서 1$ = ₩920으로 변화하였을 경우 일어나는 현상은?

① 원화가 평가절상되었으므로 수출이 증가한다.
② 원화가 평가절하되었으므로 수출이 증가한다.
③ 원화가 평가절상되었으므로 수출이 감소한다.
④ 원화가 평가절하되었으므로 수출이 감소한다.

17 시중은행의 지급준비율이 0.25이고 본원통화는 10억 원일 때, 통화량은 얼마인가?(단, 현금통화비율은 0이다)

① 25억원
② 30억원
③ 40억원
④ 45억원

18 통화공급이 이자율의 증가함수라고 한다면 이자율의 영향을 받지 않는 경우에 비해 어떠한 현상이 발생하는가?

① IS곡선의 기울기가 급해진다.
② IS곡선의 기울기가 완만해진다.
③ LM곡선의 기울기가 급해진다.
④ LM곡선의 기울기가 완만해진다.

19 다음 중 금리에 대한 설명으로 옳지 않은 것은?

① 명목금리는 실질금리와 기대인플레이션의 합으로 나타낼 수 있다.
② 저축자의 시간 선호도와 투자자의 자본한계생산성을 반영하여 저축과 투자에 의해 결정되는 금리를 시장이자율이라고 한다.
③ 채권가격과 채권금리는 반비례 관계이다.
④ 기대인플레이션과 명목금리가 1:1의 비율로 같은 방향으로 움직이는 것을 완전한 피셔효과라 한다.

20 다음 필립스곡선 위에 있는 점들 가운데 가장 큰 명목GDP를 나타내고 있는 것은?

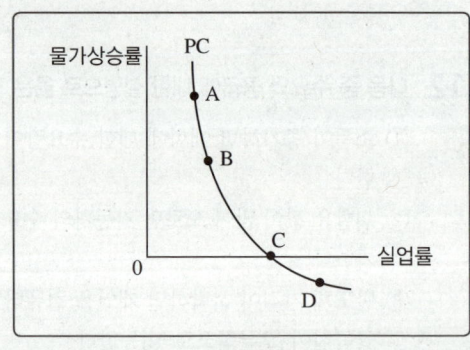

① A
② B
③ C
④ D

제4회 하프모의고사

제한 시간 : 20분　　　　　　　　　　　　　맞은 개수 : _____ / 20개

01 다음 중 산업 내 무역을 발생시키는 요인이 아닌 것은?

① 규모의 경제
② 차별화된 재화
③ 독점적 경쟁
④ 비교우위

02 다음 중 비용인상 인플레이션과 수요견인 인플레이션에 대한 설명으로 옳지 않은 것은?

① 노동조합의 확대, 최저임금 인상, 소득세율 인상, 수입 원자재 가격의 상승 등은 비용인상 인플레이션을 유발할 수 있다.
② 정부의 국공채 매도는 수요견인 인플레이션을 유발할 수 있다.
③ 비용인상 인플레이션 발생 시 소득정책이 적절한 대응책이 될 수 있다.
④ 고전학파는 수요견인 인플레이션의 대응책으로 준칙에 입각한 통화정책을 주장하는 반면, 케인즈학파는 긴축재정이나 긴축금융정책을 통한 총수요관리정책을 주장한다.

03 다른 조건이 일정한 경우 한계저축성향이 증대되었다면 IS곡선은 어떻게 되겠는가?

① IS곡선은 좌측으로 이동하며 그 기울기는 완만해진다.
② IS곡선은 좌측으로 이동하며 그 기울기는 급해진다.
③ IS곡선은 우측으로 이동하며 그 기울기는 완만해진다.
④ IS곡선은 우측으로 이동하며 그 기울기는 급해진다.

04 다음 중 경상수지 적자를 줄이기 위한 정책이 아닌 것은?

① 자국통화의 가치를 평가절하시킨다.
② 정부의 재정적자규모를 축소시킨다.
③ 국내저축을 증대시킨다.
④ 국내투자를 증대시킨다.

05 다음 중 시장실패를 의미하는 것은?

① 바람직한 자원배분이 이루어지지 않는 경우를 말한다.
② 가격이 신축적으로 움직여주지 않는 경우를 말한다.
③ 수요와 공급에 의해 경제문제가 해결되지 않는 경우를 말한다.
④ 가격에 대한 통제로 암시장이 생기는 경우를 말한다.

06 재화 A에 대한 수요곡선은 $Q=150-P$이고, A를 생산하는 독점기업의 비용함수는 $C(Q)=10Q+30$이다. 이 기업이 이윤을 극대화할 때의 러너지수 값은 얼마인가?

① $\frac{3}{4}$ ② $\frac{5}{6}$
③ $\frac{7}{8}$ ④ $\frac{8}{9}$

07 과점시장에 대한 다음 설명 중 가장 옳지 않은 것은?

① 과점시장은 둘 이상의 소수의 공급자가 진입장벽이 존재하는 시장의 대부분을 지배하는 시장으로 소수의 공급자가 시장을 지배하며 진입장벽이 존재한다.
② 소비자에 대한 독점력을 갖는 차별화된 재화를 공급하므로 기업이 직면한 수요곡선은 우하향하고, 기업은 가격결정자가 된다.
③ 꾸르노 모형에서는 기업들의 한계비용이 다르다면 각 기업의 생산량도 달라진다고 보고 있다.
④ 꾸르노 모형에서는 과점시장 내의 기업의 수가 많아질수록 시장의 산출량 수준은 완전경쟁시장에 근접하게 된다고 말한다.

08 소득분배에 대한 설명으로 옳지 않은 것은?

① 로렌츠곡선은 소득분배상태를 기수적으로 표현해주므로 한눈에 소득분배상태의 변화를 알 수 있다.
② 쿠즈네츠의 U자 가설은 경제발전단계와 소득분배의 균등도의 관계를 설명하고 있다.
③ 10분위 분배율은 최하위 40% 소득계층의 소득점유율을 최상위 20% 소득계층의 소득점유율로 나눈 비율이다.
④ 앳킨슨지수는 균등분배대등소득 개념을 도입하여 불평등에 대한 가치판단을 내린다.

09 경기변동과 경기지수에 대한 다음 설명 중 가장 옳지 않은 것은?

① 경기변동이란 실질GDP, 소비, 투자, 고용 등 집계변수들이 장기추세선을 중심으로 상승과 하락을 반복하는 현상을 말한다.
② 키친 파동이란 통화공급, 금리변동, 물가변동 등이 요인인 단기파동이다.
③ 기업경기실사지수는 객관적 요소보다는 주관적 지표를 이용해 경기를 진단하는 방법으로 50 이상은 경기를 긍정적으로 보는 업체가 많다는 뜻이고 50 미만은 경기를 부정적으로 보는 업체가 많다는 뜻이다.
④ 경기종합지수는 전월에 대한 증가율이 (+)일 경우에는 경기상승을, (-)일 경우에는 경기하강을 나타내며 그 증감률의 크기에 의해 경기변동의 진폭도 알 수 있다.

10 어느 나라의 총인구가 5,000만명, 15세 미만 인구가 2,400만명, 비경제활동인구가 1,200만명, 취업자 1,000만명, 실업자 400만명이라고 하자. 이때 경제활동참가율은?

① 15.38%   ② 25.57%
③ 38.46%   ④ 53.84%

11 기업의 투자이론에 대한 설명으로 옳은 것은?

① 토빈의 q는 주식시장에서 평가된 기업의 시장가치를 기업의 실물자본 대체비용으로 나눈 값으로 정의된다.
② 토빈 q이론은 이자율의 변화가 주요 투자요인이라고 설명한다.
③ 토빈 q값은 자본의 상대적 효율성을 나타내는 지표이며, 신규투자의 변화와는 관련이 없어 거시경제지표로 활용하기 어렵다.
④ 토빈은 장기적으로 q값이 0으로 근접하여 순투자가 일어나지 않는 경향이 있다고 주장한다.

12 다음 그림은 수박 시장에서 공급이 S에서 S'로 이동했을 때를 나타낸 그래프이다. 이에 관한 설명으로 옳은 것은?

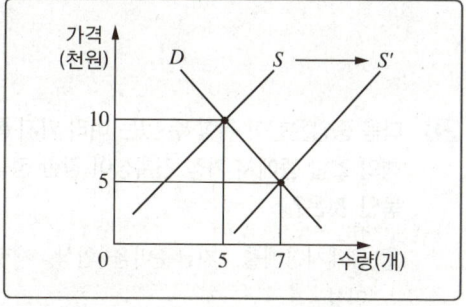

① 수박 수요의 가격탄력성은 4/5이다.
② 수박의 총판매수입이 35,000원 감소하였다.
③ 수박은 수박맛 아이스크림에 비해 가격 변동 폭이 작을 것이다.
④ 이와 같은 변화의 원인으로 대체재 가격의 상승을 들 수 있다.

13 다음은 후생경제학에 관한 내용이다. 괄호 안에 알맞은 용어를 바르게 나열한 것은?

- (㉮) 이론에 따르면 일부의 파레토효율성 조건이 추가로 충족된다고 해서 사회후생이 증가한다는 보장은 없다.
- 파레토효율성을 통해 (㉯)을 평가하고, 사회후생함수(사회무차별곡선)를 통해 (㉰)을 평가한다.
- 후생경제학 제 1정리를 따르면 모든 경제주체가 합리적이고 시장실패 요인이 없으면 (㉱)에서 자원배분은 파레토효율적이다.

① ㉮ 차선 ㉯ 효율성 ㉰ 공평성 ㉱ 완전경쟁시장
② ㉮ 코즈 ㉯ 효율성 ㉰ 공평성 ㉱ 완전경쟁시장
③ ㉮ 차선 ㉯ 효율성 ㉰ 공평성 ㉱ 독점적경쟁시장
④ ㉮ 코즈 ㉯ 공평성 ㉰ 효율성 ㉱ 독점적경쟁시장
⑤ ㉮ 차선 ㉯ 공평성 ㉰ 효율성 ㉱ 완전경쟁시장

14 화폐수요이론에 관한 설명이다. 다음 중 옳지 않은 것은?

① 고전학파는 통화량의 증가율이 물가상승에 직접적으로 영향을 끼치므로 화폐적 충격이 인플레이션에 영향을 미친다고 주장하였다.
② 케인즈의 투기적 동기에 의한 화폐의 수요는 이자율의 감소함수이다.
③ 신화폐수량설에 의하면 화폐의 유통속도는 이자율의 증가함수이다.
④ 유동성함정에서는 이자율이 최고수준이면 투기적 화폐수요는 최소가 된다.

15 다음 중 국제무역이론에 대한 설명으로 옳지 않은 것은?

① 요소가격 균등화 정리는 자유무역이 발생하여 양국 간 재화의 상대가격, 절대가격뿐만 아니라 생산요소의 절대가격과 상대가격이 같아진다고 주장한다.
② 헥셔-오린 모형은 생산요소의 국가 간 이동이 불가능하다고 가정한다.
③ 스톨퍼-사무엘슨 정리는 교역조건의 변화는 생산에는 변화를 가져오지만, 소득분배에는 변화를 가져오지 못한다는 이론이다.
④ 립진스키 정리는 재화가격이 불변일 때 생산요소 부존량이 증가하면 그 요소를 집약적으로 사용하여 생산하는 재화 생산이 절대적으로 증가한다는 이론이다.

16 한계비용이 체증하는 공장을 2개 가지고 있는 독점기업이 있다. 이 기업이 이윤을 극대화하는 생산량은?

① 각 공장의 한계비용곡선과 한계수입곡선이 교차하는 생산량이다.
② 두 공장의 한계비용곡선을 수평으로 합한 곡선과 한계수입곡선이 교차하는 생산량이다.
③ 각 공장의 평균비용곡선과 한계수입곡선이 교차하는 생산량이다.
④ 각 공장의 평균비용곡선과 평균수입곡선이 교차하는 생산량이다.

17 다음 중 수요곡선이 도출될 수 있는 것은?

① 생산가능곡선
② 소득소비곡선
③ 엥겔곡선
④ 가격소비곡선

18 다음 중 도덕적 해이의 예로 가장 적절한 것은?

① 화재보험에 가입한 후에는 화재예방의 노력을 줄인다.
② 환경보호운동에 참여하지 않더라도 그 운동의 효과를 누릴 수 있다.
③ 암 보험에는 암에 걸릴 확률이 높은 사람이 가입하는 경향이 있다.
④ 노동자는 실업기간이 길어지면 구직을 위한 노력을 포기한다.

19 한계소비성향이 0.9인데 정부가 재정지출을 25만큼 증가시키고 이를 위한 재원조달로서 25만큼의 세금을 증대시킨다면 국민소득의 변화는?

① 승수가 10이므로 250만큼 증가한다.
② 25만큼 증가한다.
③ 12.5만큼 감소한다.
④ 변동하지 않는다.

20 다음 중앙은행이 취할 수 있는 여러 가지 통화정책의 조합 중에서 가장 긴축성이 강한 정책들로 묶인 것은?

① 공개시장매출, 지급준비율 인상, 재할인율 인상
② 공개시장매출, 지급준비율 인상, 재할인율 인하
③ 공개시장매입, 지급준비율 인상, 재할인율 인하
④ 공개시장매입, 지급준비율 인상, 재할인율 인상

정답 및 해설

제1회 하프모의고사

빠른정답

01	02	03	04	05	06	07	08	09	10
④	③	②	③	④	④	②	③	②	②
11	12	13	14	15	16	17	18	19	20
③	④	④	③	③	③	③	④	③	②

01
정답 ④

실업의 증가는 생산요소 부존량의 변화를 일으키는 것이 아니므로 생산가능곡선의 이동을 초래하지 않는다. 다만 생산의 비효율이 발생함에 따라 생산가능곡선 내부의 점으로 생산점이 이동하게 된다.
③ 생산가능곡선은 일반적으로 원점에 대하여 오목한데 이는 기회비용의 체증을 의미한다. 기회비용이 불변이면 우하향하는 직선의 형태를 나타내고, 기회비용이 체감하면 원점에 대하여 볼록하다.

02
정답 ③

가격 P^*에서 수요에 대한 가격탄력성은 $\dfrac{P^*}{Q^*} \times \dfrac{\triangle Q_d}{\triangle P}$이다.

- $\dfrac{\triangle Q_d}{\triangle P} = \dfrac{\triangle (3{,}600 - 10P)}{\triangle P} = -10$
- $\dfrac{P^*}{Q^*} = \dfrac{P^*}{3{,}600 - 10P^*}$

따라서 가격탄력성은 $\dfrac{P^*}{3{,}600 - 10P^*} \times 10 = \dfrac{1}{2}$이므로 계산하면 $P^* = 120$이 된다.

03
정답 ②

시장의 균형조건 $Q_D = Q_S$, $28 - 4P = 4 + 2P$에서 균형가격은 $P = 4$가 도출되고, 이를 수요함수와 공급함수에 대입하면 균형거래량은 $Q_E = 12$가 된다. 소비자잉여는 소비자가 지급할 용의가 있는 수요가격(수요곡선의 높이)과 실제로 지급한 시장가격과의 차액이므로, 수요곡선과 시장균형가격 사이의 면적인 $(7 - 4) \times 12 \div 2 = 18$이 된다.

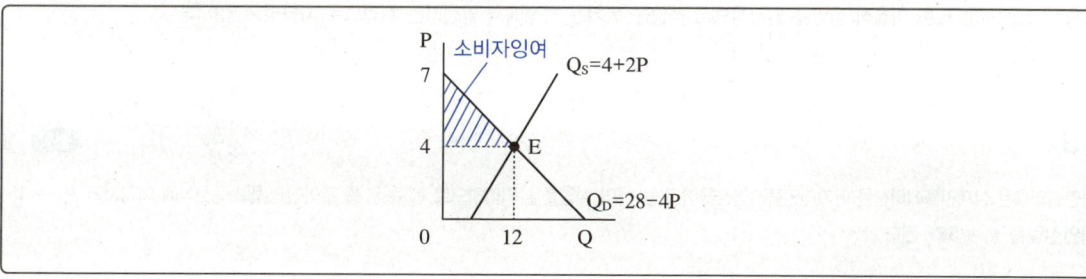

04
정답 ③

무차별곡선이 원점에 대해서 볼록하게 생겼다는 것은 한계대체율 체감의 법칙이 성립하고 있다는 것을 의미한다.

> **더알아보기** 무차별곡선의 특징
>
> - A재와 B재 모두 재화라면 무차별곡선은 우하향하는 모양을 갖는다(대체가능성).
> - 원점에서 멀어질수록 높은 효용수준을 나타낸다(단조성).
> - 두 무차별곡선은 서로 교차하지 않는다(이행성).
> - 모든 점은 그 점을 지나는 하나의 무차별곡선을 갖는다(완비성).
> - 원점에 대해 볼록하다(볼록성).

05
정답 ④

중고차 판매자는 차량의 결점을 알지만 구매자는 정확히 알 수 없다. 이때 양질 차량의 판매자는 높은 가격을 제시하지만 구매자는 저렴한 가격의 차를 구입하므로 결국 낮은 품질의 자동차만이 거래되는 역선택이 일어난다.

06
정답 ④

공공재는 비배제성과 비경합성을 특징으로 하기 때문에 무임승차자의 문제가 발생한다.

07
정답 ②

중앙은행이 공개시장에서 국채를 매각하면 본원통화가 감소하여 통화량은 감소하고, 국채를 매입하면 본원통화가 증가하여 통화량이 증가한다.

08
정답 ③

LM곡선의 기울기가 가파를수록 가파른 LM곡선을 이동시키는 것이 효과적이며, 완만한 IS곡선을 이동시키는 것은 국민소득을 크게 증가시키지 못한다.
① LM곡선이 수직인 경우에는 통화정책이 재정정책보다 더 효과적이다.
② IS곡선의 기울기가 가파를수록 재정정책으로 인한 국민소득 증가폭은 증가한다.
④ 유동성함정에서는 LM곡선은 수평이므로, LM곡선을 이동시키는 통화정책은 국민소득을 전혀 증가시키지 못한다.

09
정답 ②

마찰적 실업이다. 또한 마찰적 실업은 일시적으로 직업을 옮기는 과정에서 발생하는 실업으로 자발적 실업이다.

10
정답 ②

자연실업률은 실제인플레이션율과 기대인플레이션율이 같을 때의 실업률을 의미하므로 $\pi_t^e = \pi_t$를 주어진 필립스곡선식에 대입하면 $3u_t = 15$, 자연실업률 $u_t = 5$가 된다.

11
정답 ③

케인즈 이론에는 고전학파에서 주장하는 '공급은 스스로의 수요를 창출한다'는 세이의 법칙이 적용되지 않는다. 즉, 케인즈 학파는 유효수요의 부족으로 인해 경기침체가 발생하는 것으로 생각한다.

12
정답 ④

솔로우 성장모형에서 기술진보가 이루어지면 경제성장률이 높아지므로 균형성장경로가 바뀌게 된다.
① 솔로우의 성장모형은 생산요소 간 대체가 가능한 콥–더글라스 생산함수를 가정한다.
② 인구증가율이 높아지면 1인당 자본량이 감소하므로 새로운 정상상태에서 1인당 산출량은 감소한다.
③ 저축률이 높을수록 투자가 증가하여 1인당 자본량과 1인당 소득은 증가하지만 저축률이 황금률의 균제상태보다 더 높다면 저축을 감소시켜야 1인당 소비가 증가하게 된다. 그러므로 저축률이 높다고 해서 항상 좋은 것은 아니다.

13
정답 ④

ㄱ. 기술진보가 없더라도 다양한 요인(저축률의 증가 등)으로도 지속적인 성장이 가능하다.
ㄴ. 자본에 대한 수확체감이 나타나지 않는다.

14
정답 ③

ㄱ, ㅁ. 장단기금리차와 수출입물가비율은 경기 선행종합지수이다.
ㄷ. 소비자물가지수변화율은 경기 후행종합지수이다.

더알아보기 경기종합지수

구 분	내 용
선행종합지수	재고순환지표, 경제심리지수, 기계류내수출하지수, 건설수주액, 수출입물가비율, 코스피, 장단기금리차
동행종합지수	비농림어업취업자수, 광공업생산지수, 서비스업생산지수, 소매판매액지수, 내수출하지수, 건설기성액, 수입액
후행종합지수	취업자수, 생산자제품재고지수, 소비자물가지수변화율, 소미재수입액, CP유통수익율

15
정답 ③

미국인의 국내 주식 투자가 증가하면 국내로 미국 달러화의 유입이 늘어나 환율은 하락한다.

16
정답 ③

고전학파는 물가가 항상 신축적으로 변한다고 보았으며, 오직 화폐에 의한 것으로 화폐의 중립성을 주장하였다. 케인즈학파는 물가 등 가격변수는 단기에 경직적이라 화폐의 중립성이 성립하지 않고 장기에는 조정이 이루어진다고 보아 화폐의 중립성이 성립하는 것으로 보았다.

17

정답 ③

②·③ 자동차 1단위 생산의 기회비용은 A국이 와인 1/3단위이고 B국은 와인 1/2단위이므로 자동차 생산에는 A국이 비교우위가 있다.
① 와인 1단위 생산에 B국이 더 적은 노동이 투입되므로 와인 생산에 B국이 절대우위가 있다.
④ $\frac{1}{3} < \frac{3}{7} < \frac{1}{2}$ 이므로 무역이 발생하며, 이때 A국은 자동차에 특화하여 수출하고 B국은 와인에 특화하여 수출한다.

18

정답 ④

비교우위만 존재하는 경우 산업 내 무역은 발생할 수 없다.
① 산업 간 무역은 서로 다른 재화를 생산하는 산업의 본국과 외국 간의 무역을 의미하고, 산업 내 무역은 동일한 재화를 생산하는 산업의 본국과 외국 간의 무역을 의미한다.
② 산업 간 무역은 비교우위에 의해 발생하고, 규모의 경제, 불완전 경쟁에 의해 산업 내 무역이 발생한다.
③ 산업 간 무역과 산업 내 무역 모두 무역의 이익을 발생시킨다.

19

정답 ③

(ㄴ) 고정환율제도에서는 재정정책이 유효하고, 변동환율제도에서는 금융정책이 유효하다.

20

정답 ②

한국의 물가상승률이 5%, 미국의 물가상승률이 7%이므로 미국 달러화의 가치가 원화 가치보다 2% 더 하락했다. 따라서 원달러 환율도 2%, 즉 24원 하락해야 한다.

정답 및 해설

제2회 하프모의고사

🔍 빠른정답

01	02	03	04	05	06	07	08	09	10
④	③	①	④	④	③	④	③	③	②
11	12	13	14	15	16	17	18	19	20
①	①	④	③	③	③	③	④	④	①

01
정답 ④

물은 우리 삶에 필요한 유용하고 사용가치가 높은 재화지만 다이아몬드의 가격이 더 비싸다. 이는 다이아몬드가 물보다 희소성이 크기 때문이다. 여기서 '희소성'이란 인간의 욕망에 비해 그것을 충족시키는 수단이 질적으로나 양적으로 한정되어 있거나 부족한 상태를 의미한다.

➕ 더알아보기

희소성과 희귀성

희소성	인간의 욕구에 비해 자원의 양이 부족한 상태
희귀성	자원의 절대량이 부족한 상태

희소성의 유무에 따른 재화의 구분

구 분	무상재(또는 자유재)	경제재
의 미	인간의 욕구보다 많이 존재하여 무상으로 소비할 수 있는 재화	인간의 욕구보다 적게 존재하여 대가를 지불해야 소비할 수 있는 재화
희소성	없 음	있 음
사 례	공기, 햇빛, 바닷물 등	환자용 산소, 생수 등

※ 자유재였던 재화의 수요가 증가하거나 공급이 감소하는 경우, 자유재가 경제재로 바뀌기도 한다. 예를 들어, 맑은 물의 공급 감소와 수요 증가로 사먹는 생수가 등장하게 된 것을 들 수 있다.

02
정답 ③

일반적으로 수요가 탄력적일수록 독점적 경쟁기업이 보유하는 초과설비규모는 작아진다. 독점적 경쟁시장은 초과이윤이 발생하면 새로운 기업이 진입하고, 손실이 발생하면 일부 기업이 퇴거하므로 장기에는 정상이윤만을 얻는다. 독점적 경쟁의 장기균형은 우하향하는 수요곡선과 장기평균비용곡선이 접하는 점에서 이루어지므로 독점적 경쟁의 장기균형은 장기평균비용곡선의 최소점보다 왼쪽에서 이루어진다.

03 정답 ①

비교우위는 동일한 상품을 생산할 때 다른 생산자에 비해 더 적은 기회비용으로 생산할 수 있는 능력을 의미한다. 즉, 한 생산자(생산자 A)의 X재 생산의 상대적 기회비용이 다른 생산자(생산자 B)의 X재 생산의 상대적 기회비용보다 낮은 경우, A생산자가 X재 생산에 비교우위가 있다고 말할 수 있다.

04 정답 ④

최고가격제도를 실시하는 경우에 대한 설명이다. 미숙련 노동시장에서 최저임금제가 실시되면 시장 내의 초과공급 발생으로 비자발적 실업이 발생하며 인위적인 가격규제에 의해 사회적 비효율이 발생하게 된다.

05 정답 ④

총수요가 총공급보다 큰 경우에는 경제가 과열상태에 있기 때문에 세율 인상, 정부지출 축소, 이자율 인상 등의 총수요 억제정책을 활용하여야 한다. 반면 총공급이 총수요보다 큰 경우에는 경제가 위축된 상태이기 때문에 세율 인하, 정부지출 확대, 이자율 인하와 같은 총수요 확장정책을 활용하여야 한다.

06 정답 ③

임금상승 시 여가소비가 감소하는 것은 여가가 정상재이면서 대체효과가 소득효과보다 크거나 여가가 열등재일 경우이다.

07 정답 ④

매몰비용에 대한 정의이다. 매몰비용이란 이미 지출되었기 때문에 회수가 불가능한 비용으로 함몰비용이라고도 한다. 기회비용이란 어떤 경제행위 대신 다른 경제행위를 했을 때 얻을 수 있을 것으로 예상되는 수익을 말한다.

08 정답 ③

필수재는 가격이 변하더라도 구매할 수 밖에 없으므로 가격탄력성이 작으나 사치품은 가격변화에 민감하게 반응하므로 가격탄력성이 크다.

09 정답 ③

인플레이션과 실업이 동시에 증가하기 위해서는 원점에서 멀어져야 하므로 단기필립스곡선이 우상향으로 이동한다.

10 정답 ②

① 생산량 증가 시 한계비용이 평균비용보다 크면 평균비용은 상승한다.
③ 총비용곡선이 직선이더라도 총수입이 총가변비용에 미달한다면 이윤극대화 생산량은 0이 된다. 총비용곡선이 우상향의 직선인 경우에도 모든 생산량 수준에서 총수입이 총비용보다 작다면 이윤극대화 생산량은 0이 된다.
④ 평균비용이 증가하는 구간에서는 한계비용이 평균비용보다 크다.

11
정답 ①

생산량이 증가하는 초기에 단기평균비용이 낮아지는 것은 처음에는 생산량이 증가하면 평균고정비용이 급속히 낮아지는 효과가 크게 나타나기 때문이다. 생산량이 일정수준을 넘어서면 평균비용이 증가하는 것은 생산량이 한계생산물 체감으로 인해 평균가변비용이 증가하는 정도가 크게 나타나기 때문이다.

12
정답 ①

담합행위란 소수의 기업들이 이윤을 증대시키기 위해 명시적 또는 묵시적인 합의에 의해 경쟁을 제한하고 가격이나 생산량을 조절하는 행위를 말한다. 담합행위에 참여한 기업들은 이익을 얻지만 담합으로 얻은 이익이 동일하게 분배되는 것은 아니다. 한편, 담합이 이루어지면 소비자들이 일방적으로 손해를 보는 구조이므로 정부는 리니언시 제도 등을 도입하여 담합행위를 규제해야 한다. 리니언시 제도란 담합자진신고자 감면제라고도 하며, 기업들의 자수를 유도하는 제도이다. 기업들의 불공정행위에 대한 조사의 효율성을 높이기 위해 많은 나라들이 도입하고 있다.

13
정답 ④

지니계수가 0이면 소득이 완전 평등하게, 1이면 완전 불평등하게 분배된 것이다.

14
정답 ③

우상향의 노동공급곡선은 임금상승 시 노동자들이 노동시간을 늘린다는 의미이다. 이는 임금상승 시 노동자의 여가시간이 감소함을 의미한다.

15
정답 ③

후생경제학 제 2정리에 대한 설명이다. 후생경제학 제 1정리에 따를 때 제반 조건이 충족되지 못하면 시장 실패현상이 나타나게 되며 이는 정부 개입의 필요조건이 된다. 후생경제학 제 2정리는 정부가 개입하는 경우 정부개입의 이론적 근거와 정부개입방법의 기준을 제시한다.

16
정답 ③

부정적인 외부효과를 해결하기 위해서는 조세를 부과하여 경제활동을 억제하고, 긍정적인 외부효과를 해결하기 위해서는 보조금을 부과하여 경제활동을 활성화시킨다. 이러한 과정에서 외부효과로 인한 이득과 손실 금액을 정확히 산출하기가 어려우므로 적정 보조금 또는 조세 규모도 확정하기 어렵다.

17
정답 ③

교환방정식 $MV = PY$에서 명목GDP($= PY$)에 20,000달러, 통화량(M)에 8,000달러를 대입하여 최초의 화폐 유통속도를 계산하면 $V = 2.5$이다. 한편, 교환방정식을 증가율로 나타낸 $\frac{\Delta M}{M} + \frac{\Delta V}{V} = \frac{\Delta P}{P} + \frac{\Delta Y}{Y}$에 대입하면, $10\% + \frac{\Delta V}{V} = 20\% + 10\%$이므로 유통속도증가율$\left(\frac{\Delta V}{V}\right)$ = 20%이다. 따라서 실질GDP가 10% 증가할 경우 화폐유통속도는 2.5 × (1 + 0.2) = 3으로 상승한다.

18 정답 ④

이자소득세를 인하하면 세후실질이자율의 상승으로 저축이 증가하고, 투자세액공제가 시행되면 투자수익률이 상승하므로 투자가 증가한다. 저축이 증가하면 대부자금의 공급이 증가하고, 투자가 증가하면 대부자금의 수요가 증가한다. 대부자금의 수요곡선과 공급곡선이 모두 오른쪽으로 이동하면 대부자금의 거래량은 증가하지만 이자율은 대부자금 수요곡선과 공급곡선의 상대적인 이동폭에 따라 상승할 수도 있고 하락할 수도 있다.

19 정답 ④

내생적 성장이론에서 인적자본의 외부효과로 인적자본 축적이 이루어지면 규모에 대한 수확체증이 발생하여 지속적인 성장에 기여한다고 본다. 따라서 경제성장에 있어 인적자본의 축적이나 연구개발 부문의 중요성이 주목받는다.

20 정답 ①

자연재해로 인해 농작물 피해가 발생하면 경제전체의 총생산이 감소하므로 총공급곡선이 왼쪽으로 이동하게 된다. 이러한 비용인상 인플레이션이 일어나면 물가수준은 상승하고 실질GDP는 감소하게 된다.

정답 및 해설

제3회 하프모의고사

🔍 빠른정답

01	02	03	04	05	06	07	08	09	10
②	③	②	②	④	③	④	④	①	①
11	12	13	14	15	16	17	18	19	20
④	③	③	②	③	②	③	④	②	①

01
정답 ②

$$실업률(\%) = \frac{실업자}{경제활동인구} \times 100(\%) = \frac{20}{250} \times 100(\%) = 8\%$$

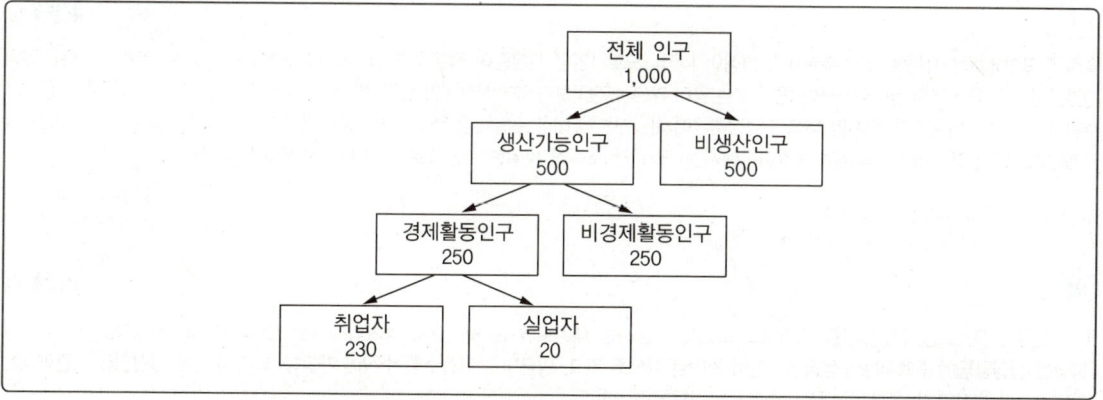

02
정답 ③

합리적 기대는 이용가능한 모든 정보를 이용하여 경제변수를 예상하는 것을 의미한다. 기대를 형성하는 시점에 이용가능한 모든 정보에 포함되지 않은 충격이 발생할 경우 합리적 기대라 하더라도 당연히 예측오차가 존재한다. 하지만 그 이후에는 변화가 일어난 것을 알아차려 즉각 기대를 조정하므로 체계적 오류는 발생하지 않는다.

03
정답 ②

자연실업률은 경제 내에 마찰적 실업과 구조적 실업만 있고 경기적 실업이 없는 완전고용상태를 의미한다. 최저임금제, 효율성임금, 노조 등은 마찰적 실업이 아닌 구조적 실업을 유발하여 자연실업률을 높이는 요인으로 작용한다.

04 정답 ②

국제유가가 상승하면 총공급곡선이 왼쪽으로 이동하므로 물가가 상승하고, 실질GDP가 감소하여 실업률이 높아진다. 실업률과 인플레이션이 모두 상승하면 단기필립스곡선은 우상방으로 이동하고(A → C), 장기에는 실제실업률이 자연실업률 수준으로 복귀하게 되므로 장기필립스곡선 위(C → D)로 이동한다.

05 정답 ④

고전학파 모형에서는 완전한 구축효과로 인해 총수요곡선이 이동하지 않으므로 재정정책의 효과가 없는 반면, 케인즈학파 모형에서는 재정정책의 효과가 강력하다.

06 정답 ③

지대는 토지를 포함하여 모든 생산요소에 적용될 수 있으며, ②의 경우는 전용수입, ④는 막스의 절대지대를 설명하는 것이다.

07 정답 ④

솔로우 모형에서는 자본에 대한 수확체감 현상이 나타나므로 1인당 자본량이 적은 나라일수록 경제성장률이 높게 나타난다. 즉, 1인당 자본량이 적은 후진국의 경제성장률이 1인당 자본량이 많은 선진국보다 경제성장률이 높다. 따라서 국가 간 1인당 소득이 동일한 수준으로 수렴하는 현상이 발생한다. 하지만 내생적 성장이론에서는 자본에 대한 수확체감 현상이 발생하지 않으므로 경제성장률은 1인당 자본량에 관계없이 결정된다. 따라서 내생적 성장이론에서는 국가 간 소득이 동일한 수준으로 수렴하는 현상이 발생하지 않는다.

08 정답 ④

① 실질임금이란 노동자가 여가를 포기하고 노동을 제공하는 대가로 받는 것이므로 여가의 기회비용이라고 할 수 있다.
② 낮은 실질임금 수준에서는 노동공급곡선이 완만한 형태를 갖고, 임금이 높아질수록 수직에 가깝다. 따라서 낮은 실질임금 수준에서는 탄력성이 크지만, 높은 실질임금 수준에서는 탄력성이 작다.
③ 실질임금이 변동하면 노동공급곡선상에서 노동공급량이 변동한다.

09 정답 ①

산업 내 무역에 대한 설명이다. 산업 간 무역은 서로 다른 재화를 생산하는 산업의 본국과 외국 간의 무역을 의미한다.

10 정답 ①

세율이 t로 주어져 있다고 가정한다면 정부지출 승수는 $\frac{dY}{dG} = \frac{1}{1-c(1-t)}$로 나타낼 수 있으며, 여기서 c는 한계소비성향을 의미한다. 이 공식을 통해 세율 t가 높아질수록 정부지출승수는 작아진다는 것을 알 수 있다. 정액세만 존재하는 경우($t=0$), 비례세만 존재하는 경우(t : 소득에 상관없이 일정), 누진세만 존재하는 경우(t : 소득이 증가할수록 커짐)의 정부지출승수를 비교해보면 정액세, 비례세, 누진세 순으로 크다.

➕ 더알아보기   조세의 분류

(1) 납세자와 담세자의 일치 여부에 따른 분류 : 직접세와 간접세

직접세	• 납세자와 담세자가 일치함 → 조세 전가가 일어나지 않음 • 주로 소득이나 재산에 부과 • 간접세에 비해 조세 저항이 강함 • 일반적으로 누진세가 적용되어 소득 재분배 효과가 큼 예 소득세, 재산세, 법인세 등
간접세	• 납세자와 담세자가 일치하지 않음 → 조세 전가가 가능 • 주로 소비 지출에 부과 • 직접세에 비해 조세 저항이 약함 • 일반적으로 비례세가 적용되어 조세 부담의 역진성이 나타남 예 부가가치세, 개별소비세 등

(2) 세율 적용 방식에 따른 분류 : 누진세, 비례세, 역진세

누진세	• 과세표준이 커질수록 높은 세율을 적용 • 소득 재분배 효과가 크고, 주로 직접세에 적용
비례세	• 과세표준에 상관없이 동일한 세율을 적용 • 주로 간접세에 적용되며, 간접세에 적용될 경우 조세 부담의 역진성이 나타남
역진세	• 과세표준이 커질수록 낮은 세율을 적용 • 현실적으로 거의 존재하지 않음

11   정답 ④

토빈의 q값이 의미 있게 적용되기 위해서는 주식가격이 기업의 내재가치를 잘 반영하고 있어야 하므로 주식시장이 존재하지 않거나 주식시장이 효율적이지 않다면 q값은 무의미하다. 즉, q값은 주식시장이 상대적으로 효율적인 국가의 경우 적용 가능하다.

12   정답 ③

① 소득이 증가하면 재화에 대한 수요가 증가한다. 즉, 수요의 증가와 수요량의 증가는 구분되어야 한다.
② 휘발유와 자동차는 보완재 관계이므로 휘발유의 값이 오르면 자동차의 수요는 감소하게 된다.
④ 가격의 하락은 공급량을 감소시키게 된다. 공급을 감소시키는 것은 가격 이외의 요인에 의해서 변화하게 된다.

13   정답 ③

'범위의 경제'는 결합생산의 이점으로 두 재화를 동시에 생산하면 비용이 더 적게 드는 것을 의미한다. 따라서 유사한 생산기술이 여러 생산물에 적용될 때 발생할 가능성이 높다.

14   정답 ②

ㄴ. 수요의 가격탄력성이 완전탄력적인 재화에 종량세를 부과하면 부과 주체와 상관없이 조세 부담은 모두 공급자에게 귀착된다.
ㄷ. 공급의 가격탄력성이 완전탄력적인 재화에 종량세를 부과하면 공급자에게 종량세를 부과하더라도 조세 부담은 모두 소비자에게 귀착된다.

15
정답 ③

현재 $MR=MC$인 점에서 생산하고 있으므로 이윤극대화 상태이다. 그러므로 이 상태에서 생산량을 변화시킨다면 이윤극대화 생산량이 아니게 되므로 총이윤을 감소시킬 것이다.

16
정답 ②

환율이 상승하면 원화의 가치가 하락된 것이므로 이를 '평가절하'라고 하고, 원화가치가 평가절하 되면 수출이 증가하고 수입이 감소한다.

17
정답 ③

지급준비율이 0.25일 때 통화승수는 $\frac{1}{\text{지급준비율}}$으로 계산되므로 $\frac{1}{0.25}=4$이다. 통화량은 통화승수에 본원통화를 곱하여 구하므로 4×10억원 = 40억원이 된다.

18
정답 ④

통화공급이 이자율의 증가함수이면, 이자율이 상승하면 이에 따라 공급되는 통화량도 늘어난다. LM곡선의 기울기는 이자율탄력성이 클수록 완만하다. 이자율의 영향을 받지 않는 경우에 비해 이자율탄력성이 크므로 비교적 LM곡선의 기울기가 완만해질 것이다.

19
정답 ②

시장이자율이란 자금의 수요와 공급이 일치하여 균형을 이루는 이자율을 의미한다.

20
정답 ①

일반적으로 물가상승률이 높을수록 명목GDP는 증가하므로 물가상승률이 가장 높은 점에서 명목GDP가 가장 크다.

정답 및 해설

제4회 하프모의고사

🔍 빠른정답

01	02	03	04	05	06	07	08	09	10
④	②	②	④	①	③	②	①	③	④
11	12	13	14	15	16	17	18	19	20
①	①	①	④	③	②	④	①	②	①

01
정답 ④

산업 내 무역은 동일한 산업 내에서 이루어지는 재화의 수출입으로, 규모의 경제, 제품 차별화 정도, 독점적 경쟁 등에 의해 발생한다. 비교우위는 서로 다른 산업에서 생산되는 재화의 수출입인 산업 간 무역의 발생원인이다.

02
정답 ②

정부의 국공채 매도가 아닌, 매입이 수요견인 인플레이션을 유발할 수 있다.

03
정답 ②

한계저축성향이 증가하면 소비가 감소하고 저축이 증가하므로 IS곡선이 좌측이동하게 된다. 또한 한계저축성향이 증가하면 IS곡선의 기울기는 급경사가 된다.

04
정답 ④

경상수지 적자를 줄이기 위해서는 긴축재정이 필요하다. 그러나 국내투자의 증대는 총수요를 증가시켜 생산량의 증가하여 수입이 증가하므로 경상수지 적자가 악화된다.

05
정답 ①

시장실패란 시장가격기구로 인해서 효율적인 최적의 자원배분이 저해되는 현상을 말한다.

06
정답 ③

러너지수는 독점기업의 독점도를 나타내는 지표이며 $\frac{P-MC}{P}$ 으로 계산된다. 독점기업의 이윤극대화 조건은 $MR=MC$ 이다. $MR=150-2Q$ 이고 $MC=10$ 이므로 이윤극대화하는 생산량은 $Q^*=70$ 이고 가격은 $P^*=80$ 이 된다. 따라서 러너지수는 $\frac{80-10}{80}=\frac{7}{8}$ 이다.

07   정답 ②

독점적 경쟁시장의 특징이다. 독점적 경쟁시장은 차별화된 재화의 공급이 있고, 다수의 기업이 존재하며, 진입장벽이 없다는 특징이 있다.

08   정답 ①

로렌츠곡선은 소득분배상태를 서수적으로 표현하고 있기 때문에 로렌츠곡선이 대각선에 가까워지면 소득분배가 평등해진 것은 분명하지만 어느 정도 평등해졌는지를 판단하는 것은 불가능하다.

09   정답 ③

기업경기실사지수(BSI ; Business Survey Index)는 계산식 마지막에 100을 더한다. 더하는 이유는 경기판단의 기준점을 100으로 보고자 하는 것이다. 100을 넘으면 경기를 긍정적으로 보는 업체가 많고 100 미만이면 경기를 부정적으로 보는 업체가 많다는 의미이다.

10   정답 ④

경제활동참가율은 생산가능인구 중에서 경제활동인구가 차지하는 비율을 의미한다.

$$경제활동참가율(\%) = \frac{경제활동인구}{생산가능인구} \times 100(\%) = \frac{경제활동인구}{15세\ 이상\ 인구} \times 100(\%)$$

$$= \frac{(취업자 + 실업자)}{(경제활동인구 + 비경제활동인구)} \times 100(\%) \left(= \frac{(취업자 + 실업자)}{(총인구 - 15세\ 미만\ 인구)} \times 100(\%) \right)$$

$$= \frac{(1,000 + 400)}{(1,000 + 400) + 1,200} \times 100(\%)$$

$$= \frac{1,400}{2,600} \times 100 = 53.84\%$$

11   정답 ①

② q이론에 의하면 이자율이 아니라 주식가격의 변동이 투자에 영향을 미치는 주요요인이다.
③ 토빈 q값이 1보다 큰 경우 신규투자가 증가하므로 관련이 있다.
④ 토빈은 장기적으로 q값이 1로 근접하여 순투자가 일어나지 않는 경향이 있다고 주장한다.

12   정답 ①

② 수박의 총판매수입은 50,000원에서 35,000원으로 15,000원 감소하였다.
③ 수박맛 아이스크림의 가격 변동폭에 대해서는 알 수 없다.
④ 대체재의 가격이 상승하면 재화의 수요가 증가하므로 수요곡선이 우상향으로 이동한다.

13   정답 ①

차선 이론은 모든 파레토효율성 조건이 동시에 충족되지 못하는 상황에서 더 많은 효율성 조건이 충족된다고 해서 더 효율적인 자원배분이라는 보장이 없다는 이론이다. 차선 이론에 따르면 점진적인 제도 개혁을 통해서 일부의 효율성 조건을 추가로 충족시킨다고 해서 사회후생이 증가한다는 보장이 없다. 한편, 후생경제학에서 효율성은 파레토효율성을 통하여 평가하고, 공평성은 사회후생함수(사회무차별곡선)를 통해 평가한다. 후생경제학의 제 1정리를 따르면 모든 경제주체가 합리적이고 시장실패 요인이 없으면 완전경쟁시장에서 자원배분은 파레토효율적이다.

14
정답 ④

유동성함정하에서 이자율이 최저수준이면 투기적 화폐수요는 최대가 된다.

15
정답 ③

스톨퍼-사무엘슨 정리는 교역조건의 변화는 상대적으로 비싸진 재화에 집약적으로 사용되는 생산요소의 가격을 그 재화 가격상승분보다 더 크게 상승시킴으로써 생산 및 소득분배에 변화를 가져온다는 이론이다.

16
정답 ②

독점기업의 경우, 각 공장의 한계비용의 합이 기업 전체의 한계비용곡선이 되고, 이윤극대화 조건인 한계수입과 한계비용이 접하는 점에서 생산량과 가격을 도출하게 된다.

17
정답 ④

가격소비곡선은 여러 가지 요인이 불변인 상태에서 한 재화의 가격이 변화할 때 소비자의 균형소비조합을 연결한 곡선으로, 가격소비곡선을 통해 수요곡선을 유도하고 수요의 가격탄력성을 추론할 수 있으며 두 재화의 관련재 관계를 파악할 수 있다.

18
정답 ①

도덕적 해이는 어느 한 쪽이 상대방을 충분히 파악할 수 없는 정보의 비대칭상황하에서 발생하는 것으로, 도덕적 해이 현상을 없애려면 정보의 비대칭을 없애야 한다. 예를 들어 보험가입자가 자발적으로 사고 예방에 애쓰도록 유인책을 만들어주는 방법이 있는데, 사고 피해액 중에서 처음 얼마의 금액을 가입자가 부담하도록 하거나 피해액의 일정비율만큼을 가입자에게 부담시키는 방법 등이 있다.

19
정답 ②

정부지출과 조세가 같은 금액으로 증가했다. 정부지출과 조세가 동액만큼 증가하면 정부의 재정상태는 변하지 않기 때문에 이때 승수를 '균형재정승수' 또는 '균형예산승수'라고 한다.
정액세의 경우 균형재정승수는 정부지출승수와 조세승수의 합으로 구성되는데, 이 값은 1이다. 따라서 국민소득 또한 정부지출에 균형재정승수를 곱한 25만큼 증가한다.

20
정답 ①

긴축성이 강한 통화정책은 통화공급을 감소시켜야 한다.

통화공급 감소	통화공급 증가
• 국공채 매각 • 재할인율 인상 • 지급준비율 인상	• 국공채 매입 • 재할인율 인하 • 지급준비율 인하

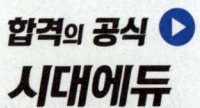 

자격증 · 공무원 · 금융/보험 · 면허증 · 언어/외국어 · 검정고시/독학사 · 기업체/취업
이 시대의 모든 합격! 시대에듀에서 합격하세요!
www.youtube.com → 시대에듀 → 구독